Die Informationsbeschaffung
im Zivilprozeß

Europäische Hochschulschriften
Publications Universitaires Européennes
European University Studies

Reihe II
Rechtswissenschaft

Série II Series II
Droit
Law

Bd./Vol. 3185

PETER LANG
Frankfurt am Main · Berlin · Bern · Bruxelles · New York · Oxford · Wien

Motoko Yoshida

Die Informationsbeschaffung im Zivilprozeß

Ein Vergleich zwischen dem deutschen, US-amerikanischen und japanischen Recht

PETER LANG
Europäischer Verlag der Wissenschaften

Die Deutsche Bibliothek - CIP-Einheitsaufnahme

Yoshida, Motoko:

Die Informationsbeschaffung im Zivilprozeß : ein Vergleich zwischen dem deutschen, US-amerikanischen und japanischen Recht / Motoko Yoshida. - Frankfurt am Main ; Berlin ; Bern ; Bruxelles ; New York ; Oxford ; Wien : Lang, 2001
(Europäische Hochschulschriften : Reihe 2, Rechtswissenschaft ; Bd. 3185)
Zugl.: Regensburg, Univ., Diss., 2000
ISBN 3-631-37514-X

Gedruckt auf alterungsbeständigem, säurefreiem Papier.

D 355
ISSN 0531-7312
ISBN 3-631-37514-X

Printed in Germany 1 2 3 4 5 7

www.peterlang.de

Vorwort

Die Arbeit hat im Sommersemester 2000 der Juristischen Fakultät der Universität Regensburg als Dissertation zur Einsicht vorgelegen.

Die Bearbeitung des Themas hat Herr Professor Dr. Peter Gottwald angeregt. Besonders ihm bleibe ich zu aufrichtigem Dank für die freundliche Betreuung und wohlwollende Unterstützung meiner Dissertation verpflichtet.

Herrn Professor Dr. Dr. h. c. Dieter Henrich danke ich herzlich für die Erstellung des Zweitgutachtens.

Gedankt sei auch den Mitarbeitern des Lehrstuhls, besonders Frau Christine Scherbaum, deren maßgebliche Hilfe erst meinen Studienaufenthalt in Deutschland erfolgreich machten.

Schließlich möchte ich meinen Eltern danken, deren unermüdliche Liebe eine große Stütze für mich war.

Tokio, im März 2001

Motoko Yoshida

Inhaltsverzeichnis

Abkürzungsverzeichnis

A. B. A. J.	American Bar Association Journal
Abs.	Absatz
AcP	Archiv für die civilistische Praxis
a.F.	alte Fassung
Anh.	Anhang
AnwBl	Anwaltsblatt
Art.	Artikel
Ariz. St. L. J.	Arizona State Law Journal
Aufl.	Auflage
BAG	Bundesarbeitsgericht
BB	Betriebs-Berater
B. C. L. Rev.	Boston College Law Review
Bd.	Band
BGB	Bürgerliches Gesetzbuch
BGH	Bundesgerichtshof
BGHZ	Entscheidungen des Bundesgerichtshofs in Zivilsachen, amtliche Sammlung
BRAK-Mitt.	BRAK Mitteilungen
BT-Drs.	Bundestagsdrucksache
BverfG	Bundesverfassungsgericht
BverfGE	Entscheidungen des Bundesverfassungsgerichts, amtliche Sammlung
B. Y. U. L. Rev.	Brigham Young University Law Review
bzw.	beziehungsweise
Cir.	Circuit
Colum. L. Rev.	Columbia Law Review
d.h.	das heißt
ders.	derselbe
DRiZ	Deutsche Richerzeitung
et al.	et alii
etc.	et cetera
f.	und folgende Seite
Fed. R. Evid.	Federal Rules of Evidence

ff.	und folgende Seiten
Fn.	Fußnote
Fordham L.Rev.	Fordham Law Review
F. R. C. P.	Federal Rules of Civil Procedure
F.R.D.	Federal Rules Decision
FS	Festschrift
FuR	Familie und Recht
F.2d	Federal Reporter, Second Series
Ga. L. Rev.	Georgia Law Review
GG	Grundgesetz
GVG	Gerichtsverfassungsgesetz
Harv. L. Rev.	Harvard Law Review
HGB	Handelsgesetzbuch
Hrsg.	Herausgeber
IPRax	Praxis des internationalen Privat- und Verfahrensrechts
i.S.	im Sinne
JuS	Juristische Schulung
JZ	Juristenzeitung
jZPO	japanische Zivilprozeßordnung
LG	Landgericht
MDR	Monatschrift für deutsches Recht
m.w.N.	mit weiteren Nachweisen
NCPC	Nouveau Code de procédure civile
n.F.	neue Fassung
NJW	Neue Juristische Wochenschrift
NJW-RR	Neue Juristische Wochenschrift Rechtsprechungs-Report Zivilrecht
Nr.	Nummer
OLG	Oberlandesgericht
Rn.	Randnummer
S.	Seite
S.D.N.Y.	Southern District New York
Stan. L. Rev.	Stanford Law Review
StPO	Strafprozeßordnung
tit.	title
u.a.	unter anderem

U. Chi. L. Rev.	University of Chicago Law Review
Unif. R. Evid.	Uniform Rules of Evidence
U. Penn. L. Rev	University of Pennsylvania Law Review
U. Pitt. L. Rev.	University of Pittsburgh Law Review
U.S.	United States Supreme Court Reporter
U.S.C.	United States Code
U.S.L.W.	United States Law Week
usw.	und so weiter
v.	versus
Va. L. Rev.	Virginia Law Review
Vand. L. Rev.	Vanderbilt Law Review
VersR	Versicherungsrecht
vgl.	vergleiche
z.B.	zum Beispiel
ZIP	Zeitschrift für Wirtschaftsrecht
ZPO	Zivilprozeßordnung
ZRP	Zeitschrift für Rechtspolitik
ZZP	Zeitschrift für Zivilprozeß
ZZPInt	Zeitschrift für Zivilprozeß International

§ 1 EINLEITUNG

I. Fragestellung

A. Zweck der Beschaffung von Informationen

Eine Person strengt einen Zivilprozeß an, um einen Anspruch durchzusetzen. Normalerweise wird der Inhalt dieses Anspruchs von der beklagten Person bestritten. Das Gericht hört die Behauptungen beider Parteien an und prüft die zu deren Begründung vorgelegten Beweise. Es entscheidet dann unter Berücksichtigung des gesamten Inhalts der Verhandlungen und des Ergebnisses einer etwaigen Beweisaufnahme, ob eine tatsächliche Behauptung als wahr oder als unwahr zu erachten ist (§ 286 ZPO).

Informationen spielen im Prozeß eine große Rolle. Zunächst sind sie wichtig, damit eine Partei den Prozeß gewinnt. Der Ausgang der meisten Prozesse hängt von den Ergebnissen der Beschaffung von Informationen ab. Um den Prozeß zu gewinnen, hat der Kläger seine Behauptungen zu beweisen. Der Beklagte ist dagegen gehalten, den Richter mit Hilfe von Beweisen zu veranlassen, die Wahrheit der Behauptungen des Klägers in Zweifel zu ziehen[1].

Erst wenn sie über ausreichende Informationen verfügen, sind die Parteien in der Lage, die eigenen Behauptungen zu begründen und Behauptungen des Gegners zu widerlegen, um den Prozeß zu gewinnen. Wenn die Parteien ihre Behauptungen und Beweise nur auf die in den eigenen Händen befindlichen Informationen stützen, gewinnt stets die Partei, die die meisten davon besitzt. Um den Prozeß zu gewinnen, sind die Parteien in der Realität allerdings sowohl vor dem Prozeß als auch während des Prozesses bemüht, möglichst viele Informationen zu beschaffen.

Weiterhin sind Informationen auch für eine angemessene Beurteilung durch das Gericht wichtig. Ohne ausreichende Informationen ist es für das Gericht schwierig, den Sachverhalt in der jeweiligen Sache genau aufzuklären. Wenn

---

[1] Dabei muß der Kläger den Richter davon überzeugen, daß seine Behauptungen wahr sind. Für den Beklagten genügt dagegen, die Überzeugung des Gerichts zu erschüttern.

der Sachverhalt falsch verstanden wird, wird auch der Inhalt des Urteils den Tatsachen nicht gerecht. Wenn ausreichende Informationen vorliegen, kann das Gericht daraus ein den Tatsachen gerechtes Urteil herleiten. Natürlich kann der Inhalt des Urteils idR nicht beide Parteien zufriedenstellen, weil zumindest die Behauptungen einer der beiden Parteien nicht (völlig) anerkannt werden. Allerdings werden beide Parteien das Urteil akzeptieren, solange dessen Inhalt den Tatsachen gerecht wird.

Außerdem sind Informationen wichtig, damit das Gericht und die Parteien ein gemeinsames Fallverständnis haben. Das gemeinsame Fallverständnis trägt zur präzisen Klärung strittiger Punkte bei und ermöglicht eine angemessene und zeitige Verhandlung. Es begünstigt die Herbeiführung von Vergleichen. Es erlaubt somit eine angemessene und zeitige Entscheidung, die nicht nur von den beiden Parteien, sondern auch von den Bürgern akzeptiert wird, deren Steuergelder den Gerichtsbetrieb mitfinanzieren.

Ausreichende Informationen dienen der genauen Aufklärung der Sachverhalte in einem Prozeß. Diese genaue Aufklärung ist ihrerseits wichtig, damit das Gericht eine den Sachverhalten gerecht werdende Beurteilung vornehmen kann. Weiterhin ermöglichen sie dem Gericht und den Parteien ein gemeinsames Fallverständnis, was die Herbeiführung von Vergleichen begünstigt. Dadurch bildet die Vollständigkeit des Systems zur Informationsbeschaffung eine wichtige Voraussetzung für Zivilprozesse.

B. Bedeutungen der Beschaffung von Informationen

Die Informationsbeschaffung hat die folgende Bedeutung.

(1) Die Voraussetzung für eine gerichtliche Entscheidung ist die Anwendung des Rechts auf den Sachverhalt. Eine ausreichende Informationsbeschaffung ermöglicht es, die dazu erforderliche Verhandlung auf der Grundlage einer genauen und inhaltlich vollständigen Beweisaufnahme durchzuführen.

(2) Ohne ein vollkommenes System der Informationsbeschaffung ist es für die Parteien schwer, treffende Beweise vorzulegen. Wenn ein Beweis nicht treffend ist, trägt seine Erhebung nicht zur Aufklärung des Sachverhaltes bei. In solchen Fällen bleibt dem Richter die Wahl, ohne genaue Kenntnis

des Sachverhaltes zu urteilen oder gegen die beweisbelastete Partei zu entscheiden. Jede Partei trägt die Beweislast für die ihr günstigen Anspruchsvoraussetzungen[2]. Im Regelfall fingieren diese allgemeinen Regeln der Beweislastverteilung bei einem Scheitern der Sachverhaltsklärung ein negatives Beweisergebnis. Die Frage nach der tatsächlichen Verwirklichung des betreffenden Tatbestandsmerkmals ist also zu verneinen. Zweifellos wird in Fällen, in denen der Sachverhalt nicht geklärt werden konnte, eine auf der Beweislastverteilung begründete Entscheidung als bereinigende Maßnahme anerkannt. Wenn die Gerichte aber häufig aufgrund der Beweislastverteilung urteilen, büßen sie das Vertrauen der Bürger ein. Durch ein vollständiges System der Informationsbeschaffung kann dies vermieden werden.

(3) Weiterhin trägt eine ausreichende Beschaffung von Informationen zur Umsetzung der Verhandlungsmaxime bei. Nach der Verhandlungsmaxime fällt den Parteien die Aufgabe zu, die Tatsachen, über die das Gericht entscheiden soll, vorzutragen und — soweit erforderlich — zu beweisen. Damit die Verhandlungsmaxime faktisch zum Tragen kommt, müssen die Parteien in der Lage sein, sich ausreichende Informationen zu beschaffen. Wenn — wie in Produkthaftungsprozessen — nur eine der beiden Parteien im Besitz der wichtigen Informationen ist, ist die andere Partei mangels Informationen eventuell nicht in der Lage, die eigenen Behauptungen zu substantiieren. Gerade in solchen Fällen ist ein Mittel der Informationsbeschaffung wichtig, damit die Parteien ihre tragende Rolle im Prozeß spielen können. Erst wenn ausreichende Informationen gesammelt werden können, verwirklicht sich Waffengleichheit im Prozeß.

(4) Außerdem können sich die Parteien durch die Beschaffung von Informationen Kenntnis von den Grundlagen der gegnerischen Behauptungen verschaffen und abschätzen, ob der Gegner in der Lage ist, seine Behauptungen zu beweisen. Die beschafften Informationen ermöglichen den Parteien eine objektive Beurteilung, was zu der Hoffnung berechtigt, daß in einer größeren Zahl von Fällen ein Vergleich geschlossen wird.

(5) Zusätzlich dient eine frühzeitige und vollständige Informationsbe-

---

2 Rosenberg / Schwab / Gottwald, § 117 II. 1.; MünchKomm-ZPO / Prütting, § 286 Rn. 105 ff.; Musielak / M. Stadler, Grundfragen des Beweisrechts, 1984, Rn. 202, 213 ff.; Jauernig, Zivilprozeßrecht, 25. Aufl., § 50 IV.; Musielak / Foerste, § 286 Rn. 35; BGH NJW 1995, 1095 m.w.N.

schaffung der Wahrheitsfindung. Das Gedächtnis kann sich im Zeitablauf verändern oder erlöschen. Es kommt auch vor, daß eine Partei, die den Prozeß verlieren könnte, wenn bestimmte Informationen bekannt würden, diese vorsätzlich verändert oder vernichtet. Durch frühzeitige Beschaffung der Informationen kann diese Gefahr vermieden werden.

C. Durch die Erweiterung auftretende Probleme

Wie ausgeführt, spielt die Informationsbeschaffung für eine angemessene Verhandlung und Entscheidung eine mehrfache Rolle. Wenn allerdings das System der Informationsbeschaffung übermäßig ausgebaut ist, können ebenfalls Gefahren entstehen.

Zunächst kann eine Partei gezwungen sein, die gerichtliche Verfolgung ihrer Rechte einzuschränken. Die Beschaffung umfangreicher Informationen erfordert einen hohen Zeit- und Kostenaufwand. Für die Parteien versteht es sich von selbst, daß sie sich die für sie günstigen Informationen beschaffen. Wenn allerdings ein großer Zeit- und Kostenaufwand für die Beschaffung von Informationen hinzunehmen ist, die für den Gegner günstig sind, stellt dies für die betroffene Partei ein beträchtliches Opfer dar. Ferner kann es sein, daß eine finanziell schwach gestellte Partei nicht in der Lage ist, die für die Informationsbeschaffung anfallenden Kosten aufzubringen. Wenn der Zeit- und Kostenaufwand zu groß ist, kann dies einer Partei die Fortsetzung des Prozesses unmöglich machen. Außerdem kann die Partei sich gezwungen sehen, einen Vergleich zu schließen, den sie in Wirklichkeit nicht wünscht. Durch eine übermäßige Ausweitung des Systems der Informationsbeschaffung besteht also die Gefahr, daß finanziell schwache Parteien aufgrund des anfallenden Zeit- und Kostenaufwands von der gerichtlichen Verfolgung Abstand nehmen müssen oder zu Vergleichen gezwungen werden.

In den USA ist den Parteien die Möglichkeit einer breit angelegten Informationsbeschaffung durch *discovery* gegeben[3]. *Discovery* umfaßt vor dem *trial*: (1) Mündliche Aussagen von jedem möglichen Zeugen (*deposition*, Rule 30 F. R. C. P.), (2) schriftliche Fragen an den Gegner (*interrogatory*, Rule 33 F. R. C. P.), (3) Vorlegung der Dokumente jeder Art und anderer transportabler Gegenstände sowie (4) die Ortsbesichtigung (*production of documents and things and entry upon land for inspection*, Rule 34 F. R. C. P.), (5) ärztliche

---

[3] Vgl. zum US-amerikanischen Recht § 3.

Untersuchung (*physical or mental examination*, Rule 35 (a) F. R. C. P.) und (6) Zugestehen der bestimmten Tatsachen (*request to admit*, Rule 36 F. R. C. P.). Eine der Wirkungen der *discovery* ist die Förderung von Vergleichen[4]. Allerdings entsprechen diese Vergleiche nicht immer den eigentlichen Absichten der Parteien. Zum einen kann es sein, daß eine Partei dank umfangreicher Informationen als Ergebnis der Analyse der objektiven Situation einen Vergleich anstrebt. Zum anderen kann eine Partei einen Vergleich aber auch notgedrungen eingehen, weil sie außerstande ist, die *discovery* durchzuführen.

Außerdem können die Gerichte die Informationsbeschaffung lediglich als Instrument zum Sammeln der für die Beurteilung benötigten Informationen verstehen. Dabei entsteht die Gefahr, daß die Rolle der Parteien trotz ihrer Behauptungs- und Beweislast eines Lieferanten wichtiger Informationen an das Gericht begrenzt wird. Das bedeutet, daß die Parteien ihre tragende Rolle im Zivilprozeß einbüßen. Die Informationsbeschaffung ist eine Aktivität, die von den Parteien getragen werden sollte. Nach der Verhandlungsmaxime berücksichtigt das Gericht bei der sachlichen Feststellung anhand von Beweisen nur die von den Parteien vorgelegten Beweise. Die Parteien treten Beweis an, um diese zur Durchsetzung der eigenen Behauptungen dem Gericht vorzulegen. Diese Beschaffung dient somit der Partei selbst. Entsprechend sollte diese Beschaffung unabhängig vom Gericht durch die Parteien erfolgen.

Mit der Erweiterung des Systems der Informationsbeschaffung wird auch die nicht behauptungs- und beweisbelastete (risikobelastete) Partei zur Bereitstellung von Informationen und Beweisen verpflichtet. Damit handelt es sich um die Beziehung dieses Systems zur allgemeinen Regel der Beweislastverteilung. Wenn die behauptungs- und beweisbelastete Partei stets ausreichende Informationen und Beweise besäße, bestünde keine Notwendigkeit zur Ausweitung des Informationsbeschaffungssystems. Eine Partei legt dann die ihr vorliegenden Informationen vor, wenn sie die Behauptungs- und Beweislast trägt, da sie anderenfalls den Prozeß verlieren könnte. Auf diese Weise kann auch ohne Ausweitung des Systems zur Informationsbeschaffung eine eingehende Verhandlung und Beweisaufnahme durchgeführt

---

4 Gottwald, Linzer Universitätsschriften, Beiträge zum Zivilprozeßrecht V., S. 21, 25; Lorenz, Die Neuregelung der pre-trial-Discovery im US-amerikanischen Zivilprozeßrecht—Inspiration für den deutschen und europäischen Zivilprozeß?, ZZP 111 (1998), S. 35, 49.

werden. Dies gilt jedoch nicht, wenn sich wichtige Informationen in den Händen der nicht risikobelasteten Partei oder Dritter befinden, weil diese bei Einhaltung des allgemeinen Grundsatzes der Beweislast nicht zur Vorlegung von Informationen bewegt werden können, die für die eigene Sache nachteilig wären. Wie dieses Problem gelöst werden kann und wie die Behauptungs- und Beweislast gegen diese Lösungsmaßnahmen abzugrenzen ist, ist eine schwierige Frage.

Auch kommt es vor, daß eine Person durch die Beschaffung von Informationen einen Nachteil erleidet. Wenn z.B. ein Krankenpapier vorgelegt wird, werden dadurch Dinge offenbart, die die Persönlichkeitsrechte des Patienten berühren. Weiterhin unterliegt der Arzt der Schweigepflicht[5]. Eine Ausweitung der Informationsbeschaffung muß daher auch mit den Interessen dieser Personen vereinbar sein.

Die Informationsbeschaffung ist von großer Bedeutung für eine genaue Aufklärung des Falls und für die Verwirklichung einer gerechten Entscheidung. Durch eine übermäßige Ausweitung ihres Umfangs wächst allerdings die Gefahr, daß der Sachverhalt nicht klar wird und die Partei, die nach Lage des Sachverhaltes gewinnen sollte, den Prozeß verliert. Dies weckt Mißtrauen bei den Bürgern gegen das Recht und die Gerichte.

D. Informationsbeschaffungssysteme in den anderen Ländern

Die Festlegung, welche Methoden und welcher Umfang der Informationsbeschaffung zuzulassen sind, ist von großer Bedeutung und in der Zivilprozeßordnung jedes Landes als eine der wichtigsten Fragen anzusehen. In welchem Maße die Informationsbeschaffung garantiert wird, ist letztlich der Politik des Gesetzgebers in den einzelnen Ländern anheimgestellt.

Angesichts ihrer Wichtigkeit erscheint es wünschenswert, daß im Prinzip eine Abrundung innerhalb des Rahmens der das Prozeßwesen umgebenden gesellschaftlichen Voraussetzungen angestrebt wird.

In den europäischen Ländern haben sich die prozeßrechtlichen Systeme zur Informationsbeschaffung weiter entwickelt. Insbesondere sehen viele kontinentaleuropäische Zivilprozeßordnungen eine weit über das deutsche Recht

---

[5] BGH JZ 1964, 183.

hinausgehende Vorlegungspflicht vor.

In Frankreich wurde das System zur Beschaffung von Informationen in den 70er Jahren durch Änderungen des *Code de procédure civile* und des *Code civil* erweitert[6]. Nach Art. 10 *Code civil* sind die Bürger zur Mitwirkung an der Wahrheitsfindung der Justiz verpflichtet[7]. Als Gegenstück hierzu ist Art. 11 *Nouveau Code de procédure civile* (NCPC) konzipiert[8]. In Frankreich sind die Parteien auch zur Bereitstellung von für den Gegner vorteilhaften Informationen verpflichtet. Die Vorlegung von für den Prozeß erforderlichen Urkunden ist eine allgemeine Pflicht des Bürgers. Sowohl der Gegner als auch Dritte sind verpflichtet, in ihrem Besitz befindliche Urkunden auf Anordnung des Gerichts vorzulegen, wenn diese für das Verfahren benötigt werden (*production forcée des pièces*)[9].

Auch in der Schweiz ist das System der Informationsbeschaffung fortgeschritten[10]. Insbesondere die Zivilprozeßordnung des Kantons Zürich wählt die gleichen Lösungen wie Art. 11, 132 ff. NCPC in der französischen Zivilprozeßordnung[11]. Wenn ein Vorbringen unklar oder ersichtlich unvoll-

---

6 Vgl. zum französichen Recht Vincent / Guinchard, Procédure civile, 24 éd, 1996, S. 685, 693; Lang, Die Aufklärungspflicht der Parteien des Zivilprozesses vor dem Hintergrund der europäischen Rechtsvereinheitlichung, 1999, S. 99 ff.

7 Art. 10 *Code civil*
„Jedermann ist verpflichtet, seinen Beitrag zur Arbeit der Justiz zu leisten, damit die Wahrheit zu Tage tritt.
Derjenige, der sich ohne legitimen Grund dieser Verpflichtung entzieht, wenn er dazu rechtmäßig verpflichtet wurde, kann zur Erfüllung gezwungen werden, notfalls durch Zwangsgeld oder zivile Ordnungsstrafe; eine Schadensersatzpflicht bleibt davon unberührt."
Vgl. dazu Lang, Aufklärungspflicht der Parteien, S. 103.

8 Art. 11 NCPC
„Die Parteien sind verpflichtet, ihren Beitrag zur Beweisaufnahme zu leisten; der Richter kann im Falle der Weigerung daraus jede Schlußfolgerung ziehen.
Wenn eine Partei ein Beweismittel in den Händen hat, kann auf Antrag der Gegenpartei der Richter sie verpflichten, es vorzulegen, notfalls unter der Androhung eines Ordnungsgeldes. Er kann auf Antrag einer Partei – notfalls unter derselben Sanktion – verlangen oder anordnen, alle Dokument in den Händen von Dritten vorzulegen, sofern kein legitimer Hinderungsgrund besteht."
Vgl. dazu Lang, Aufklärungspflicht der Parteien, S. 103.

9 Dritte brauchen allerdings keine Urkunden vorzulegen, die berufliche Geheimnisse betreffen (Art. 141 NPCP).

10 Vgl. zum Zürcher Recht Gottwald, Linzer Universitätsschriften, Beiträge zum Zivilprozeßrecht V., S. 36.

11 Gottwald, Linzer Universitätsschriften, Beiträge zum Zivilprozeßrecht V., S. 36.

ständig ist, ist die Partei bzw. ihr Vertreter informell zur Aufklärung zu befragen (§ 55, 118 Abs. 2 Zürcher ZPO [ZPO-ZH]). Eine Verweigerung kann disziplinarisch durch Ordnungsstrafe geahndet werden (§ 150 Abs. 3 ZPO-ZH). Jede Partei hat eine prozessuale Editionspflicht. Die Parteien haben auf gerichtliche Aufforderung alle erheblichen Urkunden vorzulegen, die sie in ihrem Gewahrsam haben oder die sie sich ohne weiteres beschaffen können (§ 183 ZPO-ZH)[12]. Wenn eine Partei deren Vorlegung verweigert, berücksichtigt das Gericht die Tatsache der Nichtvorlegung der Urkunde bei der Beweiswürdigung (§ 183 Abs. 2 ZPO-ZH). Auch Dritte haben eine allgemeine Urkundenvorlagepflicht[13]. Wenn das Gericht zur Vorbereitung oder Vereinfachung der Hauptverhandlung eine Referentenaudienz anordnet, sollen die Parteien darin vorläufig ihre Angriffs- und Verteidigungsmittel bekanntgeben und dazu auch bereits Urkunden vorlegen (§ 118 Abs. 1 ZPO-ZH). Verstöße werden mit Ordnungsbuße bestraft.

Dagegen kennt die deutsche Zivilprozeßordnung (ZPO) die prozessuale Editionspflicht nicht[14]. Nach der ZPO müssen sich die Parteien in Bezug auf den Sachverhalt wahrheitsgemäß erklären (Erklärungspflicht, § 138 Abs. 2). Das Gericht muß von den Parteien zwar vollständige Erklärungen und das Angebot von Beweismitteln (vgl. § 138 Abs. 1) fordern (richterliche Aufklärungspflicht, § 139), jedoch ist das konkrete System zur praktischen Durchsetzung dieser Pflichten nicht ausreichend. Im Prinzip hat in Deutschland eine Partei dem Gegner aus prozeßrechtlichen Gründen keine Informationen zu gewähren oder Beweismaterial vorzulegen[15]. Eine Pflicht der Vorlegung von Urkunden wird nur begrenzt zugestanden, d.h. nur im Falle von Urkunden, auf deren Vorlegung ein zivilrechtlicher Anspruch besteht (§ 422) und im Falle von Urkunden, auf die im Prozeß selbst bezug genommen wurde (§ 423). Auch für Dritte besteht keine allgemeine Vorlegungspflicht für Urkunden.

---

12 Walder, Zur Anwendung der Beweisaussage im Kanton Zürich in: FS für Baumgärtel, 1990, S. 629. Nach der Züricher ZPO von 1976 ist diese allgemeine Vorlegungspflicht der Urkunden völlig unabhängig von einem privatrechtlichen Auskunft- oder Vorlegungsanspruch. Vgl. Gottwald, Linzer Universitätsschriften, Beiträge zum Zivilprozeßrecht V., S. 37.

13 Sie können die Vorlegung aber in Fällen verweigern, in denen sie als Zeugen das Zeugnisverweigerungsrecht besitzen würden.

14 Vgl. zum deutschen Recht § 2.

15 BGH NJW 1990, 3151; MünchKomm-ZPO / Prütting, § 286 Rn. 125; Gottwald, Linzer Universitätsschriften, Beiträge zum Zivilprozeßrecht V., S. 30.

Die Erweiterung des Systems für die Informationsbeschaffung wird seit vielen Jahren diskutiert. Von manchen Lehrmeinungen wird zwar die Ansicht vertreten, daß allen Parteien eine prozessuale Aufklärungspflicht obliegt[16]. Nach diesen Meinungen würde beiden Parteien nach geltender ZPO eine weitreichende Aufklärungspflicht auferlegt, die in ihrem Umfang mit der in der *discovery* weitgehend übereinstimmt. In der Praxis wird die Vorlegung von Urkunden häufig auf der Grundlage von materiellrechtlichen Auskunftsansprüchen verlangt. Die Rechtsprechung hat die Theorien der Beweisvereitelung und der sekundären Behauptungslast entwickelt, mit denen das unzureichende System der ZPO ergänzt wird. Sie stellen allerdings beide keine prozeßrechtlichen Lösungen dar. Es wurden zwar Änderungen der ZPO zur Erweiterung des Informationsbeschaffungssystems vorgeschlagen[17], diese sind aber bislang nicht umgesetzt worden. Bis heute steht eine durchgreifende prozeßrechtliche Lösung dieser Probleme noch aus.

Die Unzulänglichkeit des Informationsbeschaffungssystems wirkt sich in der Praxis nachteilig aus. Bei starrem Festhalten an der allgemeinen Regel der Beweislastverteilung kann eine genaue Erfassung der Sachlage anhand gemeinsamer Informationen des Gerichts und der beiden Parteien schwierig sein. In Zivilprozessen wie Produkthaftungsprozessen oder Arzthaftungsprozessen sind die Informationen manchmal einseitig verteilt. In solchen Prozessen stellt sich die Notwendigkeit, auch die nicht risikobelastete Partei oder Dritte zur Offenbarung fallrelevanter Informationen zu veranlassen.

Auch aus rechtsvergleichender Sichtweise heraus dürfte in Deutschland die Erweiterung des Systems der Informationsbeschaffung eine dringende Aufgabe sein. Viele kontinentaleuropäische Zivilprozeßordnungen sehen deutlich weitreichendere Systeme der Informationsbeschaffung als das deutsche Recht vor[18].

---

16 Stürner, Die Aufklärungspflicht der Parteien des Zivilprozesses, 1976; A. Stadler, Der Schutz des Unternehmensgeheimnissen im Zivilprozeß, 1989; Henckel, Buchbesprechung, ZZP 92 (1979), S. 100 ff.; Schlosser, Die lange deutsche Reise in die prozessuale Moderne, JZ 1991, S. 599. Vgl. dazu § 2 V. B.

17 Bundesministerium der Justiz (Hrsg.), Bericht der Kommission zur Vorbereitung einer Reform der Zivilgerichtsbarkeit, 1961, S. 205; *dass.*, Bericht der Kommission für das Zivilprozeßrecht, 1977, S. 145 ff.; *dass.*, Bericht zur Rechtsmittelreform in Zivilsachen, 1999, S. 111 ff.

18 Ferner befindet man sich auf der europäischen Ebene derzeit im Stadium der Vorarbeiten für eine Richtlinie über den Zivilprozeß. Im Abschlußbericht zur Vereinheitlichung des Zivilprozeßrechts (sog. Storme-Bericht) hat die Kommission große

II. Grundlegende Gesichtspunkte

Der Zweck dieser Dissertation besteht darin, einen Vorschlag zur Verwirklichung einer besseren Informationsbeschaffung zu erarbeiten.

Die Lösungen jedes Landes zur Aufklärungspflicht weichen ganz erheblich voneinander ab. Das Verständnis von den Grenzen sachgerechter Aufklärung ist grundsätzlich der Politik des Gesetzgebers in den einzelnen Ländern anheimgestellt[19]. Die deutsche Zivilprozeßordnung kennt die Erklärungspflicht der Parteien (§ 138) und die richterliche Aufklärungspflicht (§ 139). Die Parteien werden zu Wahrheit und Vollständigkeit verpflichtet und haben sich über die von dem Gegner behaupteten Tatsachen zu erklären. Der Vorsitzende muß dahin wirken, daß sich die Parteien über alle erheblichen Tatsachen vollständig erklären und sachdienliche Anträge stellen, insbesondere auch ungenügende Angaben der geltend gemachten Tatsachen ergänzen und die Beweismittel bezeichnen. Zur Durchsetzung dieser Pflichten sind allerdings keine ausreichenden konkreten Systeme vorgesehen. Dieser Mangel wird durch Heranziehung von Auskunftsansprüchen aus dem materiellen Recht und durch Entwicklung der Theorien der Rechtsprechung ausgeglichen. Es versteht sich, daß hier ein auf dem Prozeßrecht basierendes System der Informationsbeschaffung vorzugswürdig wäre.

Um einen Vorschlag für ein besseres System der Informationsbeschaffung zu entwickeln, werden in dieser Dissertation die Systeme anderer Länder untersucht.

Unterschied der Rechtslage in den Mitgliedsstaaten der EG über die Pflicht zur Vorlegung von Dokumenten festgestellt. Die Kommission hat gesehen, daß die Vorlegungspflicht von Urkunden in vielen kontinentaleuropäischen Zivilprozeßordnungen voraussetzt, daß der Gegner Kenntnis von der Existenz der Urkunde hat. Sie hat sich daher wie im geltenden US-amerikanischen Recht für eine Verpflichtung zur ungefragten Vorlage aller prozeßrelevanten Urkunden entschieden. Vgl. dazu Roth, Die Vorschläge der Kommission für ein europäischen Zivilprozeßgesetzbuch—das Erkenntnisverfahren, ZZP 109 (1996), S. 271 ff.; Lang, Die Aufklärungspflicht der Parteien, S. 224 ff.; Lorenz, ZZP 111 (1998), S. 64.

19 Das hat im Verhältnis zwischen USA und Europa und Japan gar zu einer Art Justizkonflikt und zu einer diplomatischen Intervention geführt. Vgl. dazu Habscheid, Der Justizkonflikt mit den vereinigten Staaten von Amerika, 1986; Schlosser, Der Justizkonflikt zwischen USA und Europa, 1985.

Die Erweiterung der Informationsbeschaffung in Deutschland wurde bislang hauptsächlich im Vergleich zwischen der Informationsbeschaffung in den europäischen Ländern diskutiert[20]. In diesem Rechtsvergleich scheint sich die Diskussion aber bereits beruhigt zu haben, ohne bislang zur Überwindung des Problems geeignete Maßnahmen hervorgebracht zu haben.

Hier wird das US-amerikanische und japanische Recht als Rechtsvergleich zum deutschen Recht vorgestellt. In beiden Ländern, jeweils außerhalb des kontinentaleuropäischen Raums, bestehen weitergehende rechtliche Grundlagen.

Nach dem US-amerikanischen Recht sammeln beide Parteien vor dem *trial* Informationen im *discovery*-Verfahren (Rule 26 ff. F .R. C. P.). Die Spanne der durch *discovery* beschaffbaren Informationen ist sehr weit gefaßt und die Parteien können sich auf diesem Wege ausreichenden Prozeßstoff verschaffen. Wegen seiner breiten Spanne verleitet dieses Verfahren aber auch zur Ausforschung nicht prozeßrelevanter Informationen und Beweise (*fishing expedition*). Weiterhin erfordert die *discovery* einen übermäßigen Zeit-, Kosten- und Arbeitsaufwand, der für eine Partei nicht immer vertretbar ist. In solchen Fällen bleibt der Partei nichts anderes übrig als von einer prozessualen Lösung des Rechtsstreits Abstand zu nehmen: Der erleichterte Zugang zu Informationen im US-amerikanischen Recht hat den Zugang zu den Gerichten behindert.

Zur Lösung dieses Problems wurde in den USA im Jahr 1993 durch eine Reform der Bundesprozeßordnung (*Federal Rules of Civil Procedure*) das Institut des *disclosure* eingeführt. *Disclosure* verlangt von den Parteien, unaufgefordert alle für den Prozeß relevanten grundlegenden Informationen vorzulegen. Weiterhin wurde mit dieser Reform die Häufigkeit von *deposition* und *interrogatory* begrenzt.

Mit der Reform wurde versucht, einer exzessiven Informationsbeschaffung durch Darlegung des Umfangs der möglichen Beschaffung vorzubeugen. Mit der Begrenzung der Informationsbeschaffung verläuft der Trend in umgekehrter Richtung zum deutschen Recht, in dem die Beschaffung ausgeweitet werden soll. Hierbei ist jedoch zu bedenken, daß die Systeme des deutschen und des amerikanischen Rechts von entgegengesetzten Ausgangspositionen

---

[20] Vgl. § 1 I . C.

ausgingen. In der Folge sind die beiden Systeme einander durch die Reform ähnlicher geworden[21]: Das amerikanische Recht hat sich mit der Änderung dem deutschen Recht angenähert.

Eine vollständige Übernahme der *discovery* als Maßnahme gegen die enge Begrenztheit des prozessualen Informationsbeschaffungssystems im deutschen Recht wurde bisher abgelehnt. Der Grund dafür ist, daß im deutschen Recht im Unterschied zum US-amerikanischen Recht dem Richter eine wichtige Rolle zukommt, weshalb eine *discovery* dem deutschen Recht zu unvertraut wäre[22]. Auch wurde der Nutzen des Vergleichs mit dem US-amerikanischen Recht darin gesehen, die Wesensmerkmale des deutschen Systems deutlicher werden zu lassen[23].

Das heutige amerikanische System steht dem deutschen näher als das frühere. Man könnte daher annehmen, daß der Rechtsvergleich mit dem US-amerikanischen Recht heute weniger relevant ist. Doch gilt wohl eher das Gegenteil. Sicher stimmt, daß der Kontrast zwischen beiden Systemen heute weniger markant ist. Praktisch gesehen dürfte dies aber bedeuten, daß das US-amerikanische Recht heute in der Praxis für das deutsche Recht eine bessere Orientierungshilfe bietet als zuvor.

Die Reform des US-amerikanischen Rechts legt nahe, daß ein ideales Informationsbeschaffungssystem zwischen dem US-amerikanischen und dem deutschen System angesiedelt sein dürfte. Zwischen beiden liegt bereits das neue japanische Informationsbeschaffungssystem.

Die japanische Zivilprozeßordnung ist nach deutschem Vorbild konzipiert. Die erste japanische Zivilprozeßordnung wurde im Jahr 1889 verankert. Ihr Muster war die deutsche Civilprozeßordnung von 1877, die damals die modernste einheitliche Zivilprozeßordnung war. Bei ihrer weiteren Entwicklung folgte das japanische Recht in der Regel den Veränderungen im deutschen Recht[24].

---

21 Junker, Die Discovery-Reform des Jahre 1993 – Zeitenwende oder Gesetzeskosmetik?, ZZPInt 1 (1996), S. 235, 243; Lorenz, ZZP 111 (1998), S. 54 f.

22 Lorenz, ZZP 111 (1998), S. 61.

23 Lorenz, ZZP 111 (1998), S. 44.

24 Aus diesem Grunde war auch ein Vergleich zwischen dem deutschen und dem japanischen Recht bisher wenig sinnvoll.
Sicherlich wurde das japanische Recht später auch vom US-amerikanischen Recht beeinflußt. Es besitzt aber die gleiche Prozeßstruktur wie das deutsche Recht, wes-

Dies bedeutet, daß das japanische Recht auch mit den gleichen Nachteilen wie das deutsche Recht behaftet war. In Japan sind die gleichen Probleme wie in Deutschland aufgetreten. Dies gilt auch in Bezug auf das Problem der Informationsbeschaffung. In Fällen, in denen nur eine Partei die Informationen und Beweise besitzt, funktioniert die allgemeine Regel der Beweislastverteilung nicht. Die *discovery* des US-amerikanischen Rechts wird auch in Japan seit langem diskutiert[25]. Sie hat als ein effektives System zur Vermeidung langwieriger Verfahren große Beachtung gefunden[26].

Im Jahr 1998 ist in Japan die neue Zivilprozeßordnung in Kraft getreten, mit der bei der Informationsbeschaffung ein aus vergleichenden Studien hervorgegangenes eigenständiges System eingerichtet wurde.

Die neue Zivilprozeßordnung in Japan ist das Ergebnis konzentrierter Gesetzgebung über den Zeitraum von fünf Jahren. Hinsichtlich der Erweiterung der Informationsbeschaffung als eines der wichtigsten Schwerpunkte fand eine aktive Diskussion statt. Dabei wurde die Einführung der *discovery* vorgeschlagen. In der japanischen Zivilprozeßordnung von 1996 wurde aber im Prinzip beim Informationsbeschaffungssystem der gleiche Rahmen wie in Deutschland beibehalten: Ein System zur vorausgehenden Beschaffung von Prozeßstoff wurde nicht eingeführt. Zur Erweiterung des Informationsbeschaffungssystems führte man aber in einer der japanischen Prozeßstruktur angepaßten Form einen Teil der *discovery* ein. Besonderes Interesse verdienen in diesem Zusammenhang verschiedene Änderungen zur Vorlegung von Urkunden und die Einführung der Parteibefragung[27].

---

halb aus dem amerikanischen Recht eingeführte Systeme nicht in jedem Falle auch funktionsfähig sind. Zum Beispiel ist das japanische Verfahren der Zeugenvernehmung das gleiche wie das des US-amerikanischen Rechts. Die Zeugen werden zunächst von der Partei vernommen, von der sie berufen werden. Als nächstes folgt dann die Vernehmung durch die gegnerische Partei und abschließend eine ergänzende Vernehmung durch den Richter (Art. 202 jZPO, § 113 jZPRechtsverordnung). Damit dieses Verfahren funktioniert, ist allerdings erforderlich, daß zuvor bereits durch *discovery* der Prozeßstoff beschafft worden ist. Das japanische Zivilprozeßrecht kennt aber keine *discovery*, weshalb kritisiert wird, daß dieses Verfahren insbesondere durch die gegnerischen Partei keine wirkungsvolle Vernehmung zuläßt. Vgl. Kigawa, Minji Sosho Ho Kaisei Mondai, 1992, S. 63 ff., 80 ff.

25 Tanaka, Sosho Shiryo no Aitekata yori no Shushu (1) (2), Hogakukyokaizasshi, Bd. 58 Heft 3 (1930), S. 1 ff., Heft 4 (1930), S. 16 ff.; *ders.*, Beikoku Minji Sosho Ho ni okeru Kaiji no Seido, Hosojiho, Bd. 4 Heft 11 (1952), S. 1 ff.; Hattori, Beikoku ni okeru Puritoraiaru oyobi Kaiji no Seido, 1955, S. 1 ff.

26 Tanabe, Minji Sosho no Doko to Haikei, 1957, S. 1 ff.

27 Vgl. dazu § 4 V. B. und C.

Entsprechend setzte man sich in Japan früher als in Deutschland mit der Frage auseinander, in welchem Maße das Verfahren der Informationsbeschaffung des angloamerikanischen Rechts in das System des deutschen Rechts integriert werden kann. Das japanische Recht dürfte daher für die Diskussion über die Erweiterung des Informationsbeschaffungssystems in Deutschland sehr wertvolle Anhaltspunkte bieten.

In dieser Dissertation wird zunächst das deutsche System für die Informationsbeschaffung zusammengefaßt und auf seine Probleme eingegangen[28]. Es folgt eine Zusammenfassung zur Situation im US-amerikanischen Recht[29]. Dieses Recht wird heute als das modernste, dem deutschen System konträr gegenüberstehende Verfahren für die Informationsbeschaffung angesehen. Danach folgt die Untersuchung des japanischen Rechts[30]. Dabei wird zunächst auf das Problembewußtsein der alten japanischen Zivilprozeßordnung eingegangen, um dann auf dieser Grundlage die Informationsbeschaffung unter der neuen Zivilprozeßordnung vorzustellen. Dann werden diese Systeme verglichen. Schließlich folgt eine Betrachtung zu den Anregungen, die insbesondere das japanische Recht dem deutschen Recht geben kann, um dann einen Vorschlag für eine bessere Informationsbeschaffung vorzulegen.

Hier schließt der Begriff der „Informationsbeschaffung" die Beweisbeschaffung mit ein.

In der Tat wird zwar sogar bei der *discovery* eine strenge Unterscheidung der Verfahren zur Informations- und Beweisbeschaffung getroffen, jedoch trägt nicht nur die Informationsbeschaffung, sondern auch die Beweisbeschaffung zur Aufklärung des Falles bei. Dabei kann die Beweisbeschaffung auch zur Informationsbeschaffung beitragen. Die Informationsbeschaffung wird vor der Beweisbeschaffung durchgeführt. Im Wege der Beweisbeschaffung bemühen sich die Parteien um Beweise für die eigenen Behauptungen und die Beweisführung. Es kommt vor, daß diese Beweise einer Partei anzeigen, welche Behauptungen sie danach vorbringen sollte. Dies ergibt sich daraus, daß die Beweise Auskunft darüber geben können, worauf sich die Behauptungen des Gegners gründen und wie dieser seine Behauptungen beweisen kann. Besonders bei den Prozessen mit einseitig verteilten Beweisen kann es vorkommen, das aus den beschafften Beweisen die neuen

---

[28] Vgl. § 2.
[29] Vgl. § 3.
[30] Vgl. § 4.

Informationen hervorgehen, die den Verlauf des Prozesses verändern. Eine genaue Unterscheidung zwischen der Informations- und Beweisbeschaffung ist deshalb schwierig.

Aus diesen Gründen wird der Begriff „Informationsbeschaffung“ in dieser Dissertation als ein die Beweisbeschaffung einschließender Oberbegriff betrachtet.

§ 2 DAS DEUTSCHE RECHT

I. Einführung

Die deutsche Zivilprozeßordnung (ZPO) geht im Ansatz von der Verhandlungsmaxime aus. Die Parteien sind für die Vollständigkeit des Sachverhaltes verantwortlich.

Ausgangspunkt für die Verteilung der Verantwortung zwischen den Parteien ist die allgemeine Regel der Beweislastverteilung: Jede Partei trägt die Beweislast für die ihr günstigen Anspruchsvoraussetzungen.

Nach der ZPO hat jede Partei im Prinzip aus eigener Kraft Informationen zu beschaffen und auf deren Grundlage eine schlüssige und substantiierte Klage zu erheben bzw. erhebliche Verteidigungsmittel zu erarbeiten[1]. Ausreichende Instrumente für die Beschaffung von Informationen sind aber in der ZPO nicht ausgebildet. Weder zur Prozeßvorbereitung noch während des Verfahrens hat eine Partei dem Gegner aus prozeßrechtlichen Gründen Auskunft zu gewähren oder Beweismaterial vorzulegen[2].

Wenn eine Partei die Risikolast (Behauptungs- und Beweislast) trägt, stellt sie Behauptungen zum Vorliegen (bzw. Nichtvorliegen) eines Sachverhaltes auf, zu dem sie sich selbst Informationen beschafft hat. Die risikobelastete Partei verliert den Prozeß, wenn es ihr nicht gelingt, den Richter vom Vorliegen (bzw. Nichtvorliegen) dieses Sachverhaltes voll zu überzeugen (§ 286). Um den Prozeß zu gewinnen, behauptet sie die Haupttatsachen, die den für sie günstigen Eintritt (oder Nichteintritt) einer Rechtsfolge bewirken und legt die Beweise vor, die geeignet sind, den Richter vom Vorliegen dieses Sachverhaltes zu überzeugen.

Demgegenüber kann die nicht risikobelastete Partei den Prozeß gewinnen, sofern der Gegner außerstande ist, den Richter von der Richtigkeit seiner Behauptungen voll zu überzeugen. Die nicht risikobelastete Partei schuldet

---

1 Gottwald, Linzer Universitätsschriften, Beiträge zum Zivilprozeßrecht V., S. 30.

2 MünchKomm-ZPO / Prütting, § 286 Rn. 125; Gottwald, Linzer Universitätsschriften, Beiträge zum Zivilprozeßrecht V., S. 30.

die substantiierte Erklärung zu den Behauptungen des beweisbelasteten Gegners (§ 138 Abs. 2). Ferner schuldet sie die Vorlage von Urkunden bei besonderen materiellrechtlichen Beziehungen (§ 422). Außerdem trifft sie gemäß § 242 BGB nach Treu und Glauben eine (sekundäre) Behauptungs- und Beweislast, wenn eine darlegungspflichtige Partei außerhalb des von ihr darzulegenden Geschehensablaufes steht und keine nähere Kenntnis der maßgebenden Tatsachen besitzt, während die nicht risikobelastete Partei sie hat und ihr nähere Angaben zumutbar sind[3]. Es ist jedoch für die nicht risikobelastete Partei in der Regel nicht erforderlich, der anderen Partei günstige Informations- und Beweismittel zu verschaffen[4].

Ein Dritter schuldet eine Zeugenaussage (§ 373 ff.). Die Zeugenpflichten sind (abgesehen von der Befreiung aufgrund des Zeugnisverweigerungsrechts) allgemeine Pflichten. Ein Dritter ist jedoch nur unter engen Voraussetzungen bei materiellrechtlichen Beziehungen zu einer Partei zur Urkundenvorlegung verpflichtet und kann dazu nur im Wege der Klage genötigt werden (§ 429).

In Deutschland wird die ZPO dadurch ergänzt, daß verschiedene von der Rechtsprechung und der Lehre entwickelte Theorien und die Vorschriften des materiellen Rechts zur Anwendung kommen. Charakteristisch für das deutsche Recht ist dabei, daß das System zur Informationsbeschaffung sowohl von der Prozeßordnung als auch vom materiellen Recht gebildet wird[5].

Nach der ZPO bestehen folgende Möglichkeiten für die Informationsbeschaffung: Als Instrument vor oder während eines Verfahrens kennt die ZPO das selbständige Beweisverfahren (§§ 485 ff.). Das selbständige Beweisverfahren führt zu einer vorsorglichen Tatsachenfeststellung durch Beweisauf-

---

3 BGH NJW 1987, 1201; BGH NJW 1987, 2008. Vgl. zur sekundären Behauptungslast unter IV. A.

4 MünchKomm-ZPO / Prütting, § 286 Rn. 125; Stein / Jonas / Leipold, § 138 Rn. 22; BGH NJW 1990, 3151.

5 Ein Rechtsvergleich zeigt, daß materiellrechtliche Informationsansprüche außerhalb Deutschlands so gut wie unbekannt sind.
Die grundsätzliche Mitwirkungspflicht der Staatsbürger zur Arbeitsfähigkeit der Justiz ist in Frankreich nur deshalb im *Code civil* niedergelegt, weil der *Code de procédure civile* den Charakter einer Rechtsverordnung hat und daher in ihm grundlegende staatsbürgerliche Pflichten nicht begründet werden konnten. Vgl. Schlosser, Die lange deutsche Reise in die prozessuale Moderne, JZ 1991, S. 599, 606.

nahme außerhalb des Prozesses[6].

Während eines Verfahrens kann von den Parteien und Dritten die Vorlegung benötigter Urkunden gefordert werden (§§ 422, 423)[7]. Wenn wichtige Urkunden im Besitz von Behörden sind, werden diese um Mitteilung der Urkunden ersucht (§ 432). Ferner werden diese Personen zur Aussage als Beweisperson aufgefordert, d.h. die Parteien sagen als Prozeßbeteiligte (§§ 445 ff.) und Dritte als Zeugen aus (§§ 373 ff.)[8]. Darüber hinaus trifft die Partei gemäß § 138 eine Erklärungspflicht. Weiterhin besteht die Möglichkeit zur Einnahme des Augenscheins von Sachen, die sich im Besitz einer Partei oder eines Dritten befinden (§§ 371 ff.)[9].

Gleichzeitig kann auf der Grundlage verschiedener materiellrechtlicher Auskunftsansprüche von dem Gegner die Beibringung der zur Prozeßvorbereitung benötigten Informationen verlangt werden. Diese materiellrechtlichen Ansprüche können sowohl vor und außerhalb des Prozesses als auch nach Einleitung eines Verfahrens geltend gemacht werden. In der Rechtsprechung wird versucht, die Informationspflicht durch großzügige Anwendung von §§ 809, 810 BGB und eine auf § 242 BGB basierende Interpretation von Treu und Glauben weiter auszudehnen[10].

Manche Vorschriften sehen zur Erleichterung der Informationsbeschaffung eine Umkehr der Behauptungs- und Beweislast vor. Teilweise hat auch die Rechtsprechung für bestimmte Fallkonstellationen eine Beweislastumkehr angenommen[11].

Darüber hinaus erkennen einige Autoren eine allgemeine prozessuale Aufklärungspflicht an, die sämtliche Systeme der Informationsbeschaffung einschließt[12]. Weiterhin wird lebhaft auf die Möglichkeit verwiesen, die Beschaffungsmöglichkeiten durch die Änderung der ZPO zu vervollständigen[13].

---

6 OLG Nürnberg, NJW 1989, 235. Vgl. zum selbständigen Beweisverfahren u. II. A.
7 Vgl. u. II. B.
8 Vgl. u. II. C.
9 Vgl. u. II. D.
10 Vgl. u. III.
11 Vgl. u. IV.
12 Vgl. u. V. B.
13 Vgl. u. VI.

Dieser Paragraph behandelt die Rechtslage, die in Deutschland bezüglich der Informationsbeschaffung besteht. Dabei wird zunächst danach unterschieden, welche die Möglichkeiten von der ZPO (II.), vom materiellen Recht (III.) oder von der Rechtsprechung (IV.) anerkannt sind. Es folgen eine Einführung in die Diskussion über die allgemeine prozessuale Aufklärungspflicht als Versuch einer Lösung durch Auslegung und ein Einblick in die Beurteilungen der diesbezüglichen Rechtsprechung und Lehrmeinungen (V.). Den Abschluß bilden Erläuterungen zum Stand der aktuellen Diskussion über mögliche Änderungen der ZPO (VI.).

II. Institute der Informationsbeschaffung in der ZPO

A. Selbständiges Beweisverfahren

1. Einführung

Vor allem beim Produkthaftungsprozeß ist es ziemlich häufig, daß der Gläubiger mangels Kenntnis über den Sachverhalt nur abstrakte Ansprüche oder Beweise anmelden kann, während der Schuldner mit der Sachlage gut vertraut ist bzw. mühelos über Beweise verfügen kann. Wenn es dem Gläubiger nicht gelingt, vor dem Prozeß ausreichende Informationen zu beschaffen, muß er auf die Klageerhebung verzichten. Hier ist es gerecht und angemessen, den Schuldner zur Beibringung von Informationen über diese Schuld zu verpflichten.

Nach § 485 a.F. war eine Beweissicherung zur Aufklärung der Sachverhalte zulässig, falls die gegnerische Partei zustimmte. Diese vorprozessuale Beweisaufnahme war zweckmäßig, wenn der Streit im wesentlichen um Tatsachen und ihre faktischen Ursachen ging (Punktsachen)[14] oder wenn, wie bei Verkehrsunfällen oder ärztliche Kunstfehler betreffende Klagen, eine spezielle Beurteilung durch einen Sachverständigen erforderlich war.

Durch das Rechtspflege-Vereinfachungsgesetz wurde dann das selbständige Beweisverfahren als Mittel zur Aufklärung der Rechtsverhältnisse und der

---

14 Rosenberg / Schwab / Gottwald, § 119 I.

auf diesen basierenden Sachverhalten in die ZPO eingeführt[15]. Dieses System gibt den Parteien die Möglichkeit, nicht nur während eines Prozesses, sondern auch vor einem Prozeß eine Beweisaufnahme durchzuführen, die einen weiten Bereich abdeckt.

2. Voraussetzungen

Das Verfahren ist nicht zulässig beim Beweis durch Urkunden und durch Parteivernehmung[16]. Es ist nur zulässig zur Einnahme des Augenscheins, der Vernehmung von Zeugen und zur Begutachtung durch einen Sachverständigen (§ 485 Abs. 1).

Das selbständige Beweisverfahren kann vor oder während eines anhängigen Gerichtsverfahrens beantragt werden. Es ist immer zulässig, wenn der Gegner zustimmt oder die Gefahr besteht, daß das Beweismittel verloren geht oder seine Benutzung erschwert wird (§ 485 Abs. 1).

Wenn ein Rechtsstreit noch nicht anhängig ist, kann eine Partei die schriftliche Begutachtung durch einen Sachverständigen beantragen (§ 485 Abs. 2). Damit die schriftliche Begutachtung zugelassen wird, muß die Partei ein rechtliches Interesse daran haben, daß

(a) der Zustand einer Person oder der Zustand oder Wert einer Sache,

(b) die Ursache eines Personenschadens, Sachschadens oder Sachmangels,

(c) der Aufwand für die Beseitigung eines Personenschadens, Sachschadens oder Sachmangels,

festgestellt wird.

Diese Einschränkungen sollen verhindern, daß das vorprozessuale Beweisverfahren als Instrument zur Ausforschung der Beweise benutzt wird. In

15 MünchKomm-ZPO / Schreiber, § 485 Rn. 1; Stein / Jonas / Leipold, § 485 Rn. 1.

16 OLG Hamm, MDR 1994, 307. Zudem könne beispielsweise die Echtheit einer Urkunde durch Augenschein, daher auch im Wege der selbständigen Beweisausnahme beantragt werden. Vgl. dazu Baumbach / Lauterbach / Hartmann, § 485 Rn. 2; Rosenberg / Schwab / Gottwald, § 119 II. 1.; Stein / Jonas / Leipold, § 485 Rn. 4.

Deutschland wird es nach wie vor für unzulässig gehalten, daß ein Beweisführer sich durch die Beweisaufnahme konkreten Tatsachenstoff zur Stützung der eigenen Behauptungen beschafft (Ausforschungsbeweis)[17].

Jeder, der aus den zu begutachtenden Umständen ein Recht herleiten will, sowie derjenige, gegen den hieraus ein Anspruch hergeleitet werden kann, ist antragsberechtigt. Ist der festzustellende gegenwärtige Zustand als Indiz für die Beweisführung wegen eines anderen Anspruchs von Bedeutung, wird das Bestehen eines rechtlichen Interesses gemäß § 485 Abs. 2 gebilligt[18].

3. Verfahren

Die Zuständigkeit für das selbständige Beweisverfahren liegt beim für die Hauptsache zuständigen Gericht: Nach Anhängigkeit des Rechtsstreits ist das Prozeßgericht zuständig (§ 486 Abs. 1), vor Anhängigkeit ist das Gericht des Hauptprozesses zuständig, das nach dem Tatsachenvortrag des Antragstellers zuständig wäre (§ 486 Abs. 2).

Der Antrag an das zuständige Gericht kann auch zu Protokoll der Geschäftsstelle erklärt werden (§ 486 Abs. 4); er unterliegt daher nicht dem Anwaltzwang (§§ 486 Abs. 4, 78 Abs. 3). Der Antrag muß den Gegner und die Tatsachen bezeichnen, über die Beweis erhoben werden soll. Der Antragsteller muß den Sachverhalt zum Nachweis der Rechtmäßigkeit des selbständigen Beweisverfahrens und der diesbezüglichen Zuständigkeit glaubhaft machen (§ 487). Für die Auswahl des Sachverständigen ist das Gericht zuständig (§§ 492, 404 Abs. 1). Die Ernennung eines Sachverständigen durch das Gericht verringert das Risiko einer Ablehnung des Sachverständigen wegen Befangenheit[19] und einer damit verbundenen Verzögerung[20].

Wird dem Antrag stattgegeben, erfolgt die Beweisaufnahme nach den allgemeinen Regeln (§ 492 Abs. 1). Der Gegner oder der für den unbekannten Gegner von Amts wegen bestellte Vertreter (§ 494 Abs. 2) ist rechtzeitig zu der Beweisaufnahme von Amts wegen zu laden (§ 491 Abs. 1). Die Beweisaufnahme findet jedoch unabhängig davon statt (§ 491 Abs. 2).

---

17 Vgl. dazu u. IV. C.

18 Stein / Jonas / Leipold, § 485 Rn. 21 ff.

19 OLG Düsseldorf, MDR 1982, 414; Rosenberg / Schwab / Gottwald, § 119 III. 2.

20 Zöller / Herget, § 487 Rn. 5.

Wenn zu erwarten ist, daß sich die Parteien aufgrund des Beweisergebnisses einigen, kann sie das Gericht zur mündlichen Erörterung laden. Im Fall der Einigung kann ein Vergleich im Beweisverfahren gerichtlich protokolliert werden (§ 492 Abs. 3).

4. Nutzung der Beweisaufnahme im künftigen Prozeß

Beruft sich eine Partei im Prozeß auf Tatsachen, über die selbständig Beweis erhoben worden ist, so steht die selbständige Beweiserhebung einer Beweisaufnahme vor dem Prozeßgericht gleich (§ 493 Abs. 1). Eine weitere Beweiserhebung kommt nur noch aus allgemeinen Gründen in Betracht, besonders wenn das bisherige Beweisergebnis nicht ausreichend ist[21]. War ein zum selbständigen Beweisverfahren nicht erschienener Prozeßgegner rechtzeitig geladen, kann das Ergebnis ebenfalls benutzt werden (§ 493 Abs. 2).

5. Klagefrist und Kosten des Beweisverfahrens

Wenn ein Rechtsstreit nicht anhängig ist, muß das Gericht nach Beendigung der Beweiserhebung auf Antrag ohne mündliche Verhandlung anordnen, daß der Antragsteller binnen einer zu bestimmenden Frist Klage zu erheben hat (§ 494a Abs. 1). Dies entspricht der Anordnung der Klageerhebung nach dem Arrest (§ 926 Abs. 1).

Wenn das selbständige Beweisverfahren durchgeführt wird, wird über die Kosten im allgemeinen nicht innerhalb dieses Verfahrens entschieden: In der Regel gehören die Kosten des selbständigen Beweisverfahren zu den Kosten des späteren Prozesses[22]. Nur wenn in der Hauptsache keine Klage erhoben wird, kann die gegnerische Partei vom Antragsteller die Kosten fordern, die ihr durch das selbständige Beweisverfahren entstanden sind. Das Gericht kann auf Antrag beschließen, daß der Antragsteller die dem Gegner entstandenen Kosten tragen muß (§ 494a Abs. 2).

B. Vorlegungspflicht von Urkunden

Während des Prozesses besteht die Möglichkeit, von einer Partei die Vorlegung von Urkunden zu fordern, um den darin beurkundeten Inhalt bei

[21] Rosenberg / Schwab / Gottwald, § 119 IV.
[22] Stein / Jonas / Leipold, § 485 Rn. 1.

der Tatsachenfeststellung heranzuziehen.

Das Gericht kann ohne Antrag anordnen, daß eine Partei die in ihren Händen befindlichen Urkunden, auf die sie sich bezogen hat, sowie Stammbäume, Pläne und sonstige Zeichnungen vorlege (§ 142).

Die beweisbelastete Partei, die nicht selbst im Besitz der beweisrelevanten Urkunde ist, kann den Urkundenbeweis dadurch antreten, daß sie bei Gericht beantragt, dem Beweisgegner die Vorlegung der Urkunde aufzugeben (§ 421).

Der Gegner des Beweisführers ist zur Vorlegung der Urkunde verpflichtet, wenn der Beweisführer nach den Vorschriften des Bürgerlichen Rechts die Herausgabe oder die Vorlegung der Urkunde verlangen kann (§ 422). Entsprechend ist der Gegner verpflichtet, eine von ihm besessene Urkunde dem Beweisführer vorzulegen, wenn der Beweisführer einen Vorlegungsantrag (§§ 421, 424) stellt, der Gegner den unmittelbaren Besitz an der Urkunde einräumt, ein materiellrechtlicher Anspruch des Beweisführers auf Vorlage besteht und das Gericht die Vorlage wegen Beweiserheblichkeit gemäß § 425 anordnet.

Ein nach materiellem Recht bestehender Anspruch auf Auskunft und Rechnungslegung (§ 259 Abs. 1 BGB) oder Herausgabe wird gemäß § 422 anerkannt. Bei zum eigenen Gebrauch erstellten Gedächtnishilfen und Notizen und dem Gegner vertraulich erteilten Papieren besteht kein Anspruch nach materiellem Recht und damit keine Pflicht zur Vorlegung[23]. Nach herrschender Meinung gibt es bei Nichtbestehen einer materiellrechtlichen Vorlegungspflicht keine Möglichkeit, eine solche Pflicht aus der prozessualen Mitwirkungspflicht oder der Förderungspflicht herzuleiten[24].

Der Gegner des Beweisführer ist auch zur Vorlegung der in seinen Händen befindlichen Urkunden verpflichtet, auf die er im Prozeß zur Beweisführung Bezug genommen hat (§ 423). § 423 enthält als Ausfluß der Prozeßförderungspflicht der Parteien einen rein prozessualen Verpflichtungsgrund[25].

Nach der ZPO ist es ausreichend, wenn die nicht risikobelastete Partei nur

---

23 BGHZ 60, 275; Zöller / Geimer, § 422 Rn. 3.

24 MünchKomm-ZPO / Schreiber, § 424 Rn. 1; Zöller / Geimer, § 422 Rn. 3.

25 Baumbach / Lauterbach / Hartmann, § 423 Rn. 1.

in diesen Fällen die Urkunden vorlegt. Eine allgemeine Vorlegungspflicht von Urkunden im Besitz einer Partei kennt das deutsche Recht nicht[26].

Beweisanträge und Vorlegungsanträge für Urkunden müssen unter Bezug auf einen konkreten Sachverhalt, d.h. eine konkrete Urkunde, gestellt werden (§ 424). Ein Anspruch auf Vorlegung von oder Einsicht in Aktengesamtheiten besteht nicht[27]. Auch der Antrag auf ausforschende Beweisaufnahme ist unzulässig. Es stellt allerdings keinen Ausforschungsbeweis dar, wenn die materielle Vorlegungspflicht zugunsten des Beweisführers und seiner Interessen eingesetzt wird (z.B. §§ 259, 810 BGB)[28].

Bestreitet der Gegner die Vorlegungspflicht, kann über die Vorlegungspflicht durch Zwischenurteil entschieden werden (§ 303). Wenn er den Besitz zugibt oder sich nicht erklärt, ordnet das Gericht durch Beschluß die Vorlegung der Urkunde durch ihn an. Bestreitet er den Besitz, kann er über den Verbleib der Urkunde, erforderlichenfalls unter Eid vernommen werden (§§ 426, 452, 484). Seine Aussage wird vom Gericht frei gewürdigt (§§ 426, 453).

Falls die gegnerische Partei die gerichtliche Anordnung der Urkundenvorlegung gemäß § 426 nicht befolgt, kann das Gericht eine vom Beweisführer vorgelegte Abschrift der Urkunde als richtig ansehen. Wenn keine Abschrift der Urkunde vorgelegt wurde, können die Behauptungen des Beweisführers zu Beschaffenheit und Inhalt der Urkunde vom Gericht als bewiesen angesehen werden. Das gleiche gilt auch, wenn in unter § 426 fallenden Fällen das Gericht zu der Ansicht kommt, daß vom Gegner nicht mit genügender Ernsthaftigkeit nach dem Verbleib der Urkunde gesucht wurde (§ 427).

Wenn sich eine Urkunde in den Händen eines Dritten befindet, wird der Beweis durch den Antrag auf Fristbestimmung zur Herbeischaffung der Urkunde angetreten (§ 428). Der Dritte ist zu ihrer Vorlegung aus denselben Gründen wie der Gegner verpflichtet, notfalls auch durch selbständige Klage (§ 429). Hält das Gericht den Antrag für begründet, entspricht es diesem Antrag ohne mündliche Verhandlung (§ 431 Abs. 1). Hat die Klage keinen

---

[26] MünchKomm-ZPO / Schreiber, § 422 Rn. 1; Rosenberg / Schwab / Gottwald, § 121 IV. 2. b.; Stein / Jonas / Leipold, § 138 Rn. 22; Baumbach / Lauterbach / Hartmann, § 422 Rn. 1.

[27] Stürner / Brand, Die amerikanische Beweisaufnahme in Deutschland, Jura 1983, S. 427.

[28] Zöller / Geimer, § 424 Rn. 2.

Erfolg oder läuft die Frist ungenutzt ab, ist der Urkundenbeweis mißglückt. Das Verfahren wird nach Fristablauf fortgesetzt, kann aber auf Antrag des Gegners auch schon vorher aufgenommen werden, wenn die Klage gegen den Dritten erledigt ist oder ihre Erledigung oder die Zwangsvollstreckung verzögert wird (§ 431 Abs. 2)[29].

Eine Urkunde, die sich in den Händen einer Behörde befindet, kann im Prinzip von der Partei selbst beschafft werden. Ein Antrag gemäß § 432 ist nur zu stellen, wenn die Partei nicht in der Lage ist, die Urkunde selbst von der Behörde zu erhalten (Ersuchen um die Mitteilung der Urkunden). Behörde und Gericht sind im Wege der Amtshilfe verpflichtet (Art. 35 Abs. 1 GG), einander Einsicht in Akten zu gewähren oder Auskünfte aus Akten zu erteilen (§ 168 GVG). Nach § 432 wird auch in Fällen, in denen einer Behörde gemäß §§ 429, 422 keine Vorlegungspflicht obliegt, ein Ersuchen um die Mitteilung der Urkunden gestellt.

Weiterhin kann das Gericht bei Unterhaltsstreitigkeiten gemäß § 621 Abs. 1 Nr. 4, 5 und 11 beiden Parteien auferlegen, Belege über ihre Einkünfte und, sofern für die Bemessung des Unterhalts erforderlich, Auskunft über ihr Vermögen und ihre persönlichen oder wirtschaftlichen Beziehungen zu erteilen (§ 643 Abs. 1). Der Zweck dieser Vorschrift ist die Beschleunigung und Förderung des Verfahrens durch effiziente konkrete Maßnahmen für die richterliche Bemessung des Unterhalts[30]. Diese Auskunftspflicht ist nicht Folge einer Amtsermittlungspflicht des Gerichts, sondern soll die Aufklärung gemäß § 139 erleichtern und verbessern[31]. Falls eine der Parteien diesem Verlangen nicht (ausreichend) nachkommt, kann das Gericht gemäß § 643 Abs. 2 Auskünfte im für die Aufklärung des Sachverhaltes erforderlichen Umfange direkt beim Arbeitgeber, Versicherer, Rentenversicherer und Sozialleistungsträger (§ 643 Abs. 2 Nr. 1 und 2) und — bei Forderung von Unterhalt für minderjährige Kinder — beim Finanzamt anfordern (§ 643 Abs. 2 Nr. 3)[32]. Ferner sind die in § 643 Abs. 2 bezeichneten Personen und Stellen verpflichtet, dem gerichtlichen Ersuchen Folge zu leisten (§ 643 Abs. 3). Dabei ähnelt die Auskunft einer Zeugenaussage. Wer berechtigt ist, das

---

[29] Rosenberg / Schwab / Gottwald, § 121 IV. 2. c.

[30] Thomas / Putzo, § 643 Rn. 1

[31] Thomas / Putzo, § 643 Rn. 2.

[32] Seit 1.7.1998 ist dies möglich. Vgl. dazu Gerhardt, Das neue Kindesunterhaltsgesetz, FuR 1998, S. 145, 148 f.; Weber, Das Gesetz zur Vereinheitlichung des Unterhaltsrechts minderjähriger Kinder, NJW 1998, S. 1992, 2000.

Zeugnis zu verweigern, darf auch die Auskunft verweigern[33].

C. Aussagen der Parteien und Dritter

Im Prozeß können von den Parteien bzw. Dritten Aussagen zur Aufklärung des Sachverhaltes gefordert werden[34].

1. Aussagen der Parteien

a. Erklärungspflicht

Jede Partei muß sich über die vom Gegner behaupteten Tatsachen erklären (§ 138 Abs. 2). Diese Pflicht ist Auswirkung der Verhandlungsmaxime, der Wahrheitspflicht (§ 138 Abs. 1) und der Prozeßförderungspflicht der Parteien (§ 282).

Der Vorsitzende muß dahin wirken, daß die Parteien sich über alle erheblichen Tatsachen vollständig erklären und sachdienliche Anträge stellen, insbesondere auch ungenügende Angaben der geltend gemachten Tatsachen ergänzen und die Beweismittel bezeichnen. Dafür hat er das Sach- und Streitverhältnis mit den Parteien nach der tatsächlichen und der rechtlichen Seite zu erörtern und Fragen zu stellen (§ 139 Abs. 1). Dabei verbietet die Wahrheitspflicht gemäß § 138 nur die bewußte Lüge, nicht aber die Behauptung bloß vermuteter Tatsachen[35].

Das Gericht soll das persönliche Erscheinen beider Parteien anordnen, wenn dies zur Aufklärung des Sachverhaltes geboten erscheint (§ 141). Durch die Aussage der Partei, der die Sachlage am besten bekannt ist, kann das Gericht die Streitpunkte klarer verstehen. Das Erscheinen der Partei zum Termin wird durch Verhängung eines Ordnungsgelds praktisch erzwungen

---

33 Thomas / Putzo, § 643 Rn. 11; Zöller / Philippi, § 643 Rn. 11.

34 Vgl. dazu Junker, Die Informationsbeschaffung für den Zivilprozeß: Informationsbeschaffung durch Beweispersonen in: Schlosser (Hrsg.), Die Informationsbeschaffung für den Zivilprozeß – Die Verfahrensmäßige Behandlung von Nachlässen, ausländisches Recht und Internationales Zivilprozeßrecht, 1996, S. 63, 71 ff.

35 Lorenz, Die Neuregelung der pre-trial-Discovery im US-amerikanischen Zivilprozeßrecht – Inspiration für den deutschen und europäischen Zivilprozeß?, ZZP 111 (1998), S. 35, 42.

(§ 141 Abs. 3)[36].

Die Erklärungspflicht ist nach Bestehen und Umfang davon abhängig, wie die behauptungsbelastete Partei vorgetragen hat[37]. Wurden zwar alle zur Begründung des behaupteten Rechts bzw. der erhobenen Einwendung erforderlichen Tatsachen vorgetragen, aber nicht näher konkretisiert, muß sich der Gegner hierzu erklären, er braucht aber ebenfalls keine konkreten Einzelheiten vorzutragen, sondern kann sich auf einfaches Bestreiten beschränken[38]. Erst wenn die behauptungsbelastete Partei die Substantiierungspflicht erfüllt, muß sich auch der Gegner substantiiert äußern.

An die Substantiierungspflicht der beweisbelasteten Partei dürfen dabei keine überzogenen Anforderungen gestellt werden. Es genügt die Wiedergabe der Umstände, aus denen sich die gesetzlichen Voraussetzungen der begehrten Rechtsfolge ergeben[39]. Wenn sie erfüllt sind, trifft den Gegner die Pflicht zur konkreten Erwiderung nach § 139 Abs. 2. Daneben ergibt sich zumindest nach der Rechtsprechung[40] eine Grenze der Erwiderungspflicht daraus, daß keine Partei verpflichtet ist, dem Gegner das Material für seinen Prozeßsieg zu verschaffen, über das er nicht schon von sich aus verfügt: Eine allgemeine Aufklärungspflicht der nicht risikobelasteten Partei über die Pflicht zum substantiierten Bestreiten hinaus[41] ist nicht anerkannt.

b. Parteivernehmung

Das Gericht kann eine Partei als echtes Beweismittel vernehmen (Parteivernehmung). Die Parteivernehmung setzt voraus, daß zunächst alle anderen Möglichkeiten des Beweises ausgeschöpft wurden. Sie ist also nur zulässig, wenn entweder andere Beweismittel nicht zur Verfügung stehen oder keinen Beweis erbracht haben[42]. Die Parteivernehmung wird auf

---

36 Gehrlein, Warum kaum Parteibeweis im Zivilprozeß?, ZZP 110 (1997), S. 451, 453 ff.

37 BGH NJW-RR 1996, 1211.

38 BGH NJW 1995, 3311; Zöller / Greger, §138 Rn. 8a.

39 BGH NJW 1991, 2707; BGH NJW-RR 1993, 189; BGH ZIP 1996, 963; Zöller / Greger, § 138 Rn. 8a.

40 BGH NJW 1990, 3151.

41 Stürner, Die Aufklärungspflicht der Parteien des Zivilprozesses, 1976.

42 BGH NJW 1960, 1950; MünchKomm-ZPO / Schreiber, § 445 Rn. 6; Zöller / Greger, § 445 Rn. 3.

Antrag einer Partei oder von Amts wegen angeordnet (§ 448)[43].

Das Gericht kann die der Vernehmung unterzogene Partei vereidigen, der Eid kann aber nicht erzwungen werden. Bei der Parteivernehmung wird die Aussage von Informationen nicht erzwungen. Auch wenn die Partei die Aussage oder den Eid verweigert, hat das Gericht lediglich die Möglichkeit, den behaupteten Sachverhalt im Rahmen der freien Beweiswürdigung als bewiesen anzusehen (§§ 446, 453 Abs. 2).

2. Aussagen von Dritten

a. Zeugnis

Dritte können schriftlich oder mündlich als Zeugen vernommen werden (§ 377 Abs. 3). Zeugen sollen im Prozeß über ihre außerhalb des Prozesses erworbenen Kenntnisse von Tatsachen aussagen[44].

Zeugen werden von der Partei benannt und vom Gericht geladen (§ 273 Abs. 2 Nr. 4). Sie müssen vor dem Gericht ihre Aussagen machen. Diese Aussagen werden vom Gericht und den Parteien zur Aufklärung des Sachverhaltes herangezogen.

Entsprechend dem anwaltlichen Berufsrecht trifft sich der Prozeßvertreter vor der Zeugenvernehmung nicht mit Zeugen. Wenn dem Gericht zur Kenntnis gelangt, daß ein Prozeßvertreter vor dem Zeugenvernehmungstermin mit einem Zeugen Kontakt aufgenommen hat, wird der Beweiswert der Aussage des betreffenden Zeugen als niedrig angesehen. Ein Rechtsanwalt ist nicht allgemein verpflichtet, Anschrift und Namen möglicher Zeugen beizubringen.

Einem Zeugen obliegen drei Pflichten; die Pflicht zum Erscheinen vor dem vernehmenden Richter an der Terminstelle (§ 219), die Pflicht zur wahrheitsgemäßen und vollständigen Aussage (§ 390) und die Pflicht zur Beeidigung oder Bekräftigung seiner Aussage (§ 391). Durch Auferlegung von Ordnungsgeld oder Ordnungshaft und der bei Nichterscheinen verur-

---

[43] Es steht grundsätzlich im Ermessen des Gerichts, ob und wenn ja welche der Partei verhört wird. Vgl. dazu LG Mönchengladbach, NJW-RR 1998, 501; OLG Zweibrücken, NJW 1998, 167.

[44] Rosenberg / Schwab / Gottwald, § 122 I .

sachten Kosten erzwingt das Gericht Erscheinen, Eid und Aussage des Zeugen (§§ 380 Abs. 1, 390 Abs. 1). Im Falle wiederholten Ausbleibens kann die zwangweise Vorführung des Zeugen angeordnet werden (§ 380 Abs. 2). Bei wiederholter Verweigerung des Eides kann auf Antrag der Eid durch Anordnung von Haft erzwungen werden (§ 390 Abs. 2). Diese Zwangsmittel lassen darauf schließen, daß die Zeugenvernehmung eine allgemeine Pflicht begründet, während die Vorlegungspflicht von Urkunden eine begrenzte Pflicht darstellt[45].

Allerdings bestehen Zeugnisverweigerungsrechte als Ausnahmen von dieser Pflicht. Ein Zeuge, der als Beamter zur Amtsverschwiegenheit verpflichtet ist (§ 376), ist von der Aussagepflicht befreit. Ferner ist der Zeuge davon befreit, wenn persönliche oder sachliche Gründe vorliegen (§§ 383, 384). Dabei wird in der Praxis zwischen folgenden drei Kategorien unterschieden[46]: Die erste Kategorie bilden nahe Angehörige (§ 383 Abs. 1 Nr. 1 bis 3). Über die in § 385 Abs. 1 geregelten wichtigen Angelegenheiten wie Geburt oder Ableben naher Angehörige müssen aber auch nahe Angehörige aussagen. Die zweite Kategorie umfaßt Personen wie Geistliche[47] oder Mitarbeiter von Presse und Rundfunk, sowie alle Geheimnisträger mit der Pflicht zur Berufsverschwiegenheit (§ 383 Abs. 1 Nr. 4 bis 6). Die dritte Kategorie bilden Zeugen in Konfliktsituationen (§ 384). Sie können das Zeugnis verweigern, soweit durch die Beantwortung von Fragen die Gefahr eines direkten finanziellen Schadens oder einer strafrechtlichen Bestrafung für den Zeugen oder einen Beteiligten besteht oder Kunst- oder Betriebsgeheimnisse offenbart werden müßten.

Der Zeuge muß Aufzeichnungen und andere Unterlagen zuvor einsehen, um sein Gedächtnis aufzufrischen. Soweit zulässig und zumutbar, muß er solche Unterlagen auch zur Vernehmung mitbringen (§ 387 Abs. 1). Allerdings braucht der Zeuge seine Unterlagen weder dem Gericht noch dem Gegner zur Einsicht vorzulegen. Eine Vorlegungspflicht besteht nur wie beim Urkundenbeweis[48].

---

45 Vgl. o. u. II . B.

46 Jauernig, Zivilprozeßrecht, § 53 II . 3.

47 Reichskonkordat Art. 9, sowie Gleichbehandlung nichtkatholischer Geistlicher. Vgl. LG Nürnberg-Fürth, FamRZ 1964, 514; LG Fulda, SJZ 50, 826.

48 Rosenberg / Schwab / Gottwald, § 122 V. 1. a.

b. Sachverständigengutachten

Sachverständige sind Personen, die dem Richter auf seine Anordnung hin die ihm fehlenden Kenntnisse von Rechtsnormen oder von Erfahrungssätzen vermitteln oder auf Grund von Erfahrungssätzen aus einem feststehenden Sachverhalt Schlußfolgerungen ziehen oder auf Grund ihrer besonderen Sach- und Fachkunde Tatsachen feststellen. Die Wahrnehmung des Zeugen beruht auf seiner besonderen, meist zufälligen Beziehung zu dem konkreten Einzelfall, deshalb ist seine Aussage unvertretbar und im Prinzip unersetzlich. Dagegen beruht ein Gutachten des Sachverständigen auf allgemein zugänglichen Erfahrungen und Kenntnissen seines Fachgebietes. Sachverständiger kann daher jeder Dritte sein, dem das Gericht die notwendige Sachkunde zutraut, auch ein Angestellter oder Organ einer Partei, sofern es nicht deren gesetzlicher Vertreter ist[49]. Die Meinung des Sachverständigen wird in einem mündlichen oder schriftlichen Gutachten geäußert (§ 411)[50]. Die Begutachtung ist insbesondere nützlich, wenn im Prozeß spezielle wissenschaftliche Erfahrungssätze, auslandsrechtliche Fachkenntnisse oder eine medizinische Beurteilung wichtig sind[51].

Für den Beweis durch Sachverständige gelten, sofern keine abweichende Vorschriften bestehen, die für den Zeugenbeweis geltenden Vorschriften (§ 402). Zwischen Zeugen und Sachverständigen wird nach den folgenden Punkten unterschieden, weshalb die ZPO bezüglich der Begutachtung eigene Vorschriften für sachverständigen Zeuge enthält (§ 414).

Ein Sachverständiger ist kein Gehilfe der Partei, sondern einer des Richters[52]. Das Gericht muß die Tätigkeit des Sachverständigen leiten und kann Anleitungen zu Art und Umfang seiner Tätigkeit erteilen (§ 404a). Es besteht die Möglichkeit, daß ein Sachverständiger aus denselben Gründen wie ein Richter abgelehnt wird (§ 406).

Eine allgemeine Pflicht zur Erstattung von Gerichtsgutachten besteht nur

---

49 Rosenberg / Schwab / Gottwald, § 123 III. 1.

50 In der Praxis ist die schriftliche Begutachtung normal. Rosenberg / Schwab / Gottwald, § 123 IV. 3.; Jauernig, Zivilprozeßrecht, § 54 III.

51 Vgl. BGH NJW 1982, 109; BGH MDR 1974, 831; BGH ZZP 72, 201; Rosenberg / Schwab / Gottwald, § 123 III. 2. a.

52 BGHZ 23, 207; Rosenberg / Schwab / Gottwald, § 123 I .; Zöller / Greger, § 404a Rn. 1; Musielak, Grundkurs ZPO, 4. Aufl., 1998, Rn. 426.

für öffentlich bestellte Gutachter, für Personen, die das entsprechende Fach oder Gewerbe öffentlich zum Erwerb ausüben oder zur Ausübung öffentlich bestellt oder ermächtigt sind (§ 407 Abs. 1). Andere Personen sind erst verpflichtet, wenn sie sich dem Gericht gegenüber zur Gutachtertätigkeit bereit erklärt haben (§ 407 Abs. 2). Wenn ein Sachverständiger trotz seiner Pflicht nicht erscheint, die Begutachtung verweigert oder Akten oder sonstige Unterlagen zurückbehält, wird er mit den dadurch verursachten Kosten und einem Ordnungsgeld belegt (§ 409 Abs. 1).

D. Augenschein

Das Gericht kann auf Antrag einer Partei oder von Amts wegen die Einnahme des Augenscheins anordnen (§§ 371, 144 Abs. 1). Während sich der Beweis durch Urkunden oder Zeugen auf den Bedeutungsinhalt von Urkunden oder ihrer Aussage als Beweismaterial bezieht, dient beim Beweis durch Augenschein grundsätzlich das Vorhandensein selbst und das Äußere als Beweismaterial[53].

Nach § 358a Nr. 5 kann die Augenscheinseinnahme in einem vorbereitenden Beweisbeschluß angeordnet werden. Sie ist aber nicht die Vorlage von Augenscheinsobjekten.

In der ZPO ist eine allgemeine prozessuale Pflicht zur Duldung des Augenscheins nicht aufgestellt[54]. Die Rechtsprechung verlangt, Augenscheinsobjekte vorzulegen und den Augenschein an Grundstücken und Untersuchungen an Augenscheinsobjekten zu dulden[55]. Ein Zwang zur Duldung besteht aber nicht[56].

Als Ausnahme besteht bei Vaterschaftsklagen eine Duldungspflicht von Untersuchungen zur Feststellung der Abstammung (§ 372a). Wenn diese Untersuchung wiederholt unberechtigt verweigert wird, kann der unmittel-

53 Jauernig, Zivilprozeßrecht, § 52 I.; Rosenberg / Schwab / Gottwald, § 120 I.; Zöller / Greger, § 370 Rn. 2. Vgl. zur Ausnahme § 372a.

54 Jauernig, Zivilprozeßrecht, § 52 II.; Stein / Jonas / Berger, vor § 371 Rn. 32 f.; Musielak, Grundkurs ZPO, Rn. 418.

55 Vgl. LG Köln, NJW-RR 1994, 1487; LG Frankfurt (Main), NJW-RR 1991, 13; OLG München, NJW 1984, 807.

56 Jauernig, Zivilprozeßrecht, § 52 II.; Rosenberg / Schwab / Gottwald, § 120 II. 2.

bare Zwang oder die zwangsweise Vorführung angeordnet werden (§ 372a Abs. 2).

III. Materiellrechtliche Auskunftsansprüche

A. Arten der Auskunftsansprüche

1. Einführung

In Deutschland besteht die Möglichkeit, sich aufgrund der materiellrechtlichen Auskunftsansprüche die für den Prozeß benötigten Informationen zu beschaffen[57]. Bei Vorliegen bestimmter Voraussetzungen erkennt das deutsche Recht individuelle Auskunftsansprüche an. Diese individuellen Auskunftsansprüche werden durch die Vorschriften des materiellen Rechts geregelt. Der Zugang zu Information wird grundsätzlich auf der materiellrechtlichen Ebene gelöst[58].

Die Auskunftsansprüche funktionieren grundsätzlich in Fällen, in denen zwar das Bestehen eines Rechts klar ersichtlich, sein konkreter Umfang und Inhalt aber nicht genau bekannt ist[59].

Die Auskunftsansprüche basieren auf dem materiellen Recht, so daß die betroffenen Informationen sowohl vor und außerhalb des Prozesses als auch bei anhängigem Prozeß angefordert werden können. Es ist eine Besonderheit des deutschen Rechts, daß die Offenlegung der im Prozeß benötigten Informationen durch Ausübung von Rechten herbeigeführt wird, die im materiellen Recht geregelt sind.

---

57 Lorenz, Auskunftsansprüche im Bürgerlichen Recht, JuS 1995, S. 569 ff.

58 Schlosser, JZ 1991, S. 606; Hay, Informationsbeschaffung über schriftliche Unterlagen und Augenscheinsobjekte im Zivilprozeß unter besonderer Berücksichtigung des anglo-amerikanischen Rechts in: Schlosser (Hrsg.), Die Informationsbeschaffung für den Zivilprozeß – Die verfahrensmäßige Behandlung von Nachlässen, ausländisches Recht und internationales Zivilprozeßrecht, 1996, S. 1, 55.

59 G. Lüke, Der Informationsanspruch im Zivilprozeß, JuS 1986, S. 2, 5.

2. Überblick über die Auskunftsansprüche

Im materiellen Recht finden sich viele Auskunftsansprüche.

Ist jemand aufgrund eines Rechtsverhältnisses tätig geworden, das ihn zur Beachtung und Wahrnehmung fremder Interessen verpflichtete, ergibt sich hieraus regelmäßig eine Auskunftspflicht. Das trifft zu auf: Beauftragte (§ 666 BGB), nutzungsberechtigte Pfandgläubiger (§ 1214 Abs. 1 BGB), Eltern (§ 1698 BGB), Vormund und Pfleger (§§ 1890, 1915 Abs. 1 BGB), Nachlaßpfleger bzw. Erben bei Nachlaßinsolvenz (§§ 1978, 1991 BGB), Vorerben (§ 2130 Abs. 2 BGB) und Insolvenzverwalter (§ 66 InsO).

Ferner obliegt die Vorlegungspflicht über ein Inventar bei Bestehen einer Herausgabepflicht über inbegriffene Gegenstände und die Vorlegungspflicht über ein Inventar bei Bestehen einer sonstigen Auskunftspflicht über den Bestand eines solchen Inbegriffs (§ 260 Abs. 1 BGB) folgenden Personen: Ehegatten (§ 1360 BGB), Verwandten (§ 1605 BGB), Vormund und Gegenvormund (§ 1891 BGB), Fiskus (§ 2011 BGB), Erbschaftsbesitzer (§ 2027 BGB), Hausgenosse (§ 2028 BGB), Nacherbe (§ 2127 BGB), Erbe (§ 2314 BGB) und Personen, denen ein unrichtiger Erbschein ausgestellt wurde (§ 2362 BGB).

Außerdem umfassen die Auskunftsansprüche den Anspruch auf die Besichtigung einer Sache (§ 809 BGB) und den Anspruch auf Einsicht in eine Urkunde (§ 810 BGB).

Gemäß § 809 BGB kann die Person, die gegen den Besitzer einer Sache einen Anspruch in Ansehung der Sache hat oder die sich Gewißheit verschaffen will, ob ihr ein solcher Anspruch zusteht, verlangen, daß der Besitzer ihr die Sache zur Besichtigung vorlegt oder die Besichtigung gestattet, falls die Besichtigung der Sache aus diesem Grunde für sie von Interesse ist.

Das Verlangen nach Besichtigung der Sache wird an den Besitzer der Sache gerichtet. Damit ein diesbezüglicher Anspruch besteht, müssen folgende zwei Voraussetzungen erfüllt sein: Erstens muß der Gläubiger einen Anspruch an der Sache haben oder sich Gewißheit darüber verschaffen wollen, ob er einen solchen Anspruch hat. Zweitens muß der Gläubiger ein Interesse an der Besichtigung der Sache haben.

Gemäß § 810 BGB kann die Person, die ein rechtliches Interesse daran hat, eine in fremdem Besitze befindliche Urkunde einzusehen, von dem Besitzer die Gestattung der Einsicht verlangen, wenn die Urkunde in seinem Interesse errichtet oder in der Urkunde ein zwischen ihm und einem anderen bestehendes Rechtsverhältnis beurkundet ist.

Der Besichtigungsanspruch steht in Korrelation zu den §§ 809, 810 BGB. Gleichzeitig stützt er sich auch auf eine Reihe von Vorschriften über die Vorlegung von Urkunden in der ZPO[60].

B. Erweiterung durch die Rechtsprechung

Bereits zu Zeiten des Reichsgerichts hat die Rechtsprechung versucht, die Auskunftsansprüche auszuweiten[61]. Es wurde auch vom Bundesgerichtshof[62] und der Lehre akzeptiert.

Der Bundesgerichtshof hat von Anfang an darauf hingewiesen, daß die Auskunftspflicht generell eine mit einem wichtigen Anspruch einhergehende Pflicht darstellt. Entsprechend wird bei der Erweiterung verlangt, daß tatsächlich eine Auskunftspflicht besteht und durch diese Information ihr Umfang individuell klar sein sollte[63].

In der Praxis setzte sich die Tendenz zur Erweiterung der Informationsansprüche durch großzügige Auslegung danach aber weiter fort.

Eine besondere Schwierigkeit bei der großzügigen Auslegung von § 810 BGB bereitet die Frage, ob eine Urkunde ein Rechtsverhältnis beurkundet. Zunächst einmal gilt, daß eine Urkunde ein zwischen dem Beweisführer und einem anderen bestehenden Rechtsverhältnis beurkunden muß. Dabei ist der Besitzer der Urkunde normalerweise als anderer zu verstehen. Wichtig ist der in die Urkunde eingetragene Inhalt und nicht der Errichtungszweck oder der Ersteller der Urkunde. Dies ist daraus begründet, daß ein objektiver und direkter Zusammenhang zwischen der rechtlichen Stellung des

---

60 Schilken, Ansprüche auf Auskunft und Vorlegung von Sachen im materiellen Recht und im Verfahrensrecht, Jura 1988, S. 525, 530.
61 Vgl. zum Fall über die Warenzeichenverletzung RGZ 108, 1.
62 BGHZ 10, 385.
63 BGH NJW 1957, 669.

Beweisführers und dem von der Urkunde beurkundeten Inhalt die Grundlage für die Anerkennung der Vorlegungspflicht bildet. Eine Urkunde wird bereits als rechtlich relevant angesehen, wenn sie auch nur partiell ein Rechtsverhältnis betrifft. Dabei genügt es, wenn die Urkunde nur eine hierfür relevante Tatsache als Tatbestand oder Teil davon beurkundet.

In der Rechtsprechung erkannte der Bundesgerichtshof u.a. Ansprüche auf folgende Informationen an: In einem Fall, bei dem zwischen einer Pumpenfirma und ihrem Kunden „größtmögliche Begünstigung“ vereinbart worden war, Auskunft über Lieferungen[64]; in einem anderen Fall mußte ein Dritter den Erben Auskunft darüber geben, ob er vom Erblasser eine Schenkung erhalten hatte[65]; ein nicht zur Geschäftsführung berechtigter Gesellschafter einer OHG mußte Informationen zur Bilanz und Gewinn- und Verlustrechnung herausgeben[66].

Weiterhin wurde in der Rechtsprechung im Rahmen von Einzel- und Sonderfällen ein Auskunftsanspruch auf der Grundlage von Treu und Glauben (§ 242 BGB) anerkannt. Der Bundesgerichtshof befand, daß einer nicht beweisbelasteten Partei nach § 242 BGB eine Substantiierungspflicht zur Klärung von Sachverhalten obliegt, zu der die beweisbelastete Partei außerstande ist, Beweise zu beschaffen, während die nicht beweisbelastete Partei mühelos über solche Beweise verfügen kann[67]. Auf Grundlage dieser Pflicht hat die nicht beweisbelastete Partei die von ihr im Besitz befindlichen Unterlagen als Beweismaterial vorzulegen[68].

Der Umfang des Auskunftsanspruchs ist auf den erforderlichen und erwartbaren Umfang begrenzt. Eine darüber hinausgehende Nutzung des Informationsanspruchs zur ungerechtfertigten Ausforschung ist nicht zulässig. Wenn die zur Beibringung von Informationen verpflichtete Partei ihrer Pflicht nicht nachkommt, bleiben die Folgen auf eine negative Beurteilung im Rahmen der freien Beweiswürdigung (§ 286) begrenzt[69].

---

64 BGH LM Nr. 19 zu § 242.

65 BGHZ 61, 180.

66 BGHZ 50, 316.

67 BGH NJW 1974, 1822; BGH NJW 1983, 687; BGH NJW 1986, 3193; BGH NJW 1987, 1201; BGH NJW 1987, 2008; BGH NJW 1989, 161; BGH NJW 1990, 3151.

68 Gottwald, Zur Wahrung von Geschäftsgeheimnissen im Zivilprozeß, BB 1979, S. 1780, 1782 f.

69 Arens, Zur Aufklärungspflicht der nicht beweisbelasteten Partei im Zivilprozeß, ZZP 96 (1983), S. 1; Gottwald, Linzer Universitätsschriften, Beiträge zum Zivilpro-

C. Verwirklichung von Auskunftsansprüchen im Prozeß—Stufenklage

1. Zweck der Stufenklage

Die Klageschrift muß grundsätzlich einen bestimmten Antrag enthalten, d.h. angeben, welchen Rechtsschutz der Kläger in welchem Umfang begehrt (§ 253 Abs. 2). Die Stufenklage ist eine Ausnahme vom Erfordernis des bestimmten Antrags (§ 254)[70]. Sie erlaubt mittels objektiver Klagehäufung die Verbindung mehrerer selbständiger Ansprüche, über die das Gericht stufenweise zu entscheiden hat. Sie dient der vereinfachten Durchsetzung eines dem Kläger nach Bestand und Umfang oder Gegenstand unbekannten Hauptanspruchs, wenn die Unkenntnis auf Tatsachen beruht, die in der Sphäre des Beklagten liegen[71]. Darüber hinaus dient die Stufenklage der Prozeßökonomie, indem sie mehrere Ansprüche, die um die selben Lebensverhältnisse ranken, in einem Prozeß aufarbeitet[72]. Generell werden unbestimmte Leistungsklagen im Prinzip als unzulässig angesehen und unterbrechen nicht die Verjährung. In Falle der Stufenklage wird demgegenüber auch der Hauptanspruch rechtshängig und seine Verjährung (§ 209 Abs. 1 BGB)[73] wird unterbrochen.

Materiellrechtliche Auskunftsansprüche können durch Leistungsklage eigenständig geltend gemacht werden. Auch ist bei manchen dieser Auskunftsansprüchen gesetzlich vorgesehen, daß sie im Wege des einstweiligen Rechtsschutzes durchgesetzt werden können (§ 940)[74]. Bei der Stufenklage

---

zeßrecht V., S. 33; *ders.*, BB 1979, S. 1781.

70 MünchKomm-ZPO / Lüke, § 254 Rn. 1; Rosenberg / Schwab / Gottwald, § 97 II. 3. b.; Baumbach / Lauterbach / Hartmann, § 254 Rn. 1.

71 Rosenberg / Schwab / Gottwald, § 97 II. 3. b. (1).

72 MünchKomm-ZPO / Lüke, § 254 Rn. 2; Stein / Jonas / Schumann, § 254 Rn. 1; Baumbach / Lauaterbach / Hartmann, § 254 Rn. 2; Musielak / Foerste, § 254 Rn. 1.

73 BGH NJW 1992, 2563; MünchKomm-ZPO / Lüke, § 254 Rn. 3; Rosenberg / Schwab / Gottwald, § 97 II. 3. b.; Stein / Jonas / Schumann, § 254 Rn. 18; Baumbach / Lauterbach / Hartmann, § 254 Rn. 1.

74 Vgl. beispielweise § 140b PatG, § 19 MarkenG, § 100a UrhG, § 14a GeschmMG, § 24 GebrMG.
Ein Auskunftsanspruch wird im Prinzip als ein Mittel dazu vorgegeben, in Fällen, in denen das Recht sicher besteht, dessen konkreter Umfang oder Inhalt aber nicht genau bekannt ist, darüber nähere Kenntnisse zu beschaffen. Dagegen werden die durch einstweiligen Rechtsschutz durchgeführten Auskunftansprüche dazu gebraucht, um das Bestehen von Ansprüchen oder von ihren Begründungen zu untersuchen.

dagegen werden Klagehäufung von Hauptanspruch und Auskunftsanspruch zugelassen. Das bietet den Vorteil, daß das Bestehen oder Nichtbestehen des Hauptanspruchs und dessen Umfang in den Behauptungen nicht bestimmt sein muß und daß eine Duplizierung von Klagen, die dasselbe Lebensverhältnis betreffen, vermieden werden kann[75]. Aus diesem Grunde wird normalerweise eine Stufenklage eingereicht, wenn von materiellrechtlichen Auskunftsansprüchen die Offenbarung von Informationen zu einer bestimmten Klage gefordert wird.

2. Verfahren der Stufenklage

Die Stufenklage ist eine besondere Form der Klagehäufung (§ 260). Wenn ein Hauptanspruch und ein Auskunftsanspruch in einer Klage verbunden und erhoben werden, kann über diese Ansprüche nicht gleichzeitig verhandelt werden[76]. Die Verhandlung hat sich zunächst mit dem Hilfsanspruch zu befassen[77]. Damit soll verhindert werden, daß eine Versäumnisentscheidung (§ 333) ergeht, da der Kläger zu einer ausreichenden Konkretisierung zum Hauptanspruch aus Mangel an Informationen nicht imstande ist[78].

Neben dem Auskunftsanspruch kann mit dem Hauptanspruch auch der Anspruch auf eidesstattliche Versicherung in einer Klage verbunden werden. In diesem Falle ergeht Teilurteil (§ 301) zunächst über den Auskunftsanspruch und danach über den Anspruch auf eidesstattliche Versicherung, weil der Anspruch auf eidesstattliche Versicherung von der Art des Auskunftsanspruchs abhängig ist[79]. Weiterhin kann der Anspruch auf eidesstattliche Versicherung dem Auskunftsanspruch nachträglich angefügt werden (dreiteilige Stufenklage).

Der Kläger hat das Bestehen der Hilfsansprüche zu beweisen[80]. Wenn der Auskunftsanspruch deswegen als unbegründet abgewiesen wurde, weil dem

---

[75] MünchKomm-ZPO / Lüke, § 254 Rn. 2; Stein / Jonas / Schumann, § 254 Rn. 1; Baumbach / Lauterbach / Hartmann, § 254 Rn. 2; Musielak / Foerste, § 254 Rn. 1.

[76] BGH FamRZ 1996, 1071; BGH NJW 1980, 2881; MünchKomm-ZPO / Lüke, § 254 Rn. 18; Stein / Jonas / Schumann, § 254 Rn. 19; Zöller / Greger, § 254 Rn. 11; Baumbach / Lauterbach / Hartmann, § 254 Rn. 1, 13.

[77] Stein / Jonas / Schumann, § 254 Rn. 19.

[78] MünchKomm-ZPO / Lüke, § 254 Rn. 18; Zöller / Greger, § 254 Rn. 11.

[79] Stein / Jonas / Schumann, § 254 Rn. 3; Zöller / Greger, § 254 Rn. 10.

[80] Baumgärtel / Strieder, Handbuch der Beweislast im Privatrecht, Bd. 1, 2. Aufl., 1981, § 259 BGB Rn. 2; Schilken, Jura 1988, S. 527.

Kläger ein derartiger Anspruch materiellrechtlich nicht zusteht, so ist ein Anspruch auf eidesstattliche Versicherung nicht gegeben und muß der Kläger den Hauptanspruch geltend machen. Wenn der Anspruch auf eidesstattliche Versicherung abgewiesen wird oder der Kläger auf diesen verzichtet, kann er in jedem Fall auch sofort den Hauptanspruch geltend machen[81].

Das ersuchende Gericht ist an das Teilurteil zum Auskunftsanspruch gebunden (§ 318). Diesem Urteil muß eine vorläufige Vollstreckbarkeitserklärung angefügt werden (§ 708). Die Beibringung der Informationen wird durch Zwangsgeld oder Zwangshaft zwangsweise durchgesetzt (§ 888). Nach dem gleichen Verfahren wird auch im Falle der eidesstattlichen Versicherung vorgegangen (§ 889)[82]. Die Kosten der Zwangsvollstreckung fallen dem Schuldner zur Last (§ 788)[83].

3. Verfahren in der Berufungsinstanz

Sind in der ersten Instanz sowohl der Hauptanspruch als auch die unterstützenden Ansprüche abgewiesen werden, ist in der Berufungsinstanz aber dem Auskunftsanspruch als ein unterstützender Anspruch stattgegeben worden, wird der Hauptanspruch in entsprechender Anwendung von § 538 Abs. 1 Nr. 3 (notwendige Zurückweisung) an die erste Instanz zurückverwiesen[84].

Wenn in der ersten Instanz durch ein Teilurteil nur der unterstützende Anspruch abgewiesen wird, ist das Gericht der ersten Instanz weiterhin für den Hauptanspruch zuständig, auch wenn gegen des Teilurteil Berufung eingelegt wird. In der Rechtsprechung wurde entschieden, daß in diesem Falle das Berufungsgericht befugt ist, eine den Hauptanspruch abweisende Entscheidung auszusprechen. Dies sollte in Fällen gelten, in denen durch die Entscheidung auf Abweisung des unterstützenden Anspruchs und deren Gründe auch die Gründe des Hauptanspruchs hinfällig werden[85]. In der letzten Zeit wird diese Rechtsprechung allerdings in der Literatur wegen

---

81 Stein / Jonas / Schumann, § 254 Rn. 27.

82 Rosenberg / Gaul / Schilken, Zwangvollstreckungsrecht, 11. Aufl., 1997, § 71 I . 3.; Schilken, Jura 1988, S. 527.

83 Schilken, Jura 1988, S. 527.

84 BGH NJW 1991, 1893; BGH NJW 1985, 862; MünchKomm-ZPO / Lüke, § 254 Rn. 27; Rosenberg / Schwab / Gottwald, § 140 IV. 1.; Stein / Jonas / Schumann, § 254 Rn. 39.

85 BGHZ 9, 28; 10, 385; BGH NJW 1985, 2405; Zöller / Greger, § 254 Rn. 13.

dieser Begründung abgelehnt, da die Rechtsmittelinstanz nur einen in der ersten Instanz bereits entschiedenen Anspruch verhandeln und entscheiden darf (§ 536). Daher sei es eine übermäßige Ausweitung der gerichtlichen Befugnis, dem Berufungsgericht speziell bei der Stufenklage eine diesbezügliche Befugnis einzuräumen[86].

4. Handhabung von Besichtigungsansprüchen im Prozeß

Die materiellrechtlichen Besichtigungsansprüche gemäß §§ 809 und 810 BGB können prozessual geltend gemacht werden, wenn der Besitzer seine Pflicht nicht erfüllt. Bei der Geltendmachung eines solchen Anspruchs im Prozeß sind Beweise vorzulegen, um den Richter vom Bestehen des Anspruchs zu überzeugen.

Wenn eine eilige Erfüllung erforderlich ist, kommt in bestimmten Fällen auch eine einstweilige Verfügung in Betracht. Hierzu sind allerdings die Voraussetzungen von § 935 (einstweilige Verfügung bezüglich des Streitgegenstandes) bzw. § 940 (einstweilige Verfügung zur Sicherung des Rechtsfriedens) zu erfüllen. Bei der einstweiligen Verfügung ist die Glaubhaftmachung ausreichend.

Die Zwangvollstreckung von Besichtigungsansprüchen erfolgt auf der Grundlage von § 883 zur Herausgabe bestimmter beweglicher Sachen[87].

Im Unterschied hierzu gilt §§ 420 ff., wenn bei anhängigem Prozeß die Vorlegung einer Urkunde gefordert wird. Hierbei ist ausreichend, wenn der Sachverhalt glaubwürdig gemacht wird, der die Vorlegungspflicht für die Urkunde begründet (§ 425 Nr. 5). Die Anordnung der Urkundenvorlegung kann allerdings nicht mit Zwangsmitteln durchgesetzt werden.

---

[86] Rosenberg / Schwab / Gottwald, § 139 III. 3. C.; MünchKomm-ZPO / Lüke, § 254 Rn. 28; Stein / Jonas / Schumann, § 254 Rn. 41; Bettermann, Anfechtung und Kassation, ZZP 88 (1975), S. 365, 400.

[87] Baumbach / Lauterbach / Hartmann, § 883 Rn. 5.

IV. Ausweitung durch die Rechtsprechung

A. Sekundäre Behauptungslast

Zur Milderung der Risikolast in den jeweiligen Fällen wurde das Instrument der sekundären Behauptungslast entwickelt[88]. Dieses Instrument wurde anfänglich in Wettbewerbsachen gebilligt und wird heute in verschiedenen Rechtsbereichen anerkannt[89].

In der Rechtsprechung wird die sekundäre Behauptungslast bei Vorliegen folgender Umstände anerkannt[90]:

(a) Wenn die risikobelastete Partei außerhalb des Geschehens steht,

(b) sie daher die maßgeblichen, von ihr darzulegenden Tatsachen nicht kennt,

(c) die Gegenpartei dagegen die erforderliche Aufklärung leicht beibringen kann, und

(d) ihr dies den Umständen nach zumutbar ist.

Wenn diese Voraussetzungen erfüllt werden, muß die nicht risikobelastete Partei das Vorbringen der gegnerischen Partei substantiiert bestreiten. Die Theorie der sekundären Behauptungslast setzt voraus, daß die risikobelastete Partei in der Lage ist, substantiierte Behauptungen aufzustellen[91]. Diese müssen der nicht risikobelasteten Partei in der Regel Erklärungspflicht nach § 138 Abs. 2 ermöglichen, nähere Angaben[92] über die betref-

---

88 Dieses Instrument heißt auch erweiterte prozessuale Aufklärungspflicht (Baumgärtel, Beweislastpraxis im Privatrecht, 1996, Rn. 307), Erklärungsobliegenheit (BGH NJW 1996, 315), erweiterte Darlegungspflicht (Winkler v. Mohrenfels, Abgeleitete Informationspflichten im deutschen Zivilrecht, 1986, S. 215).

89 Vgl. dazu Morhard, Die Informationspflicht der Parteien bei der Erklärung mit Nichtwissen, 1993, S. 23 ff. Beispielsweise fand dieses Instrument in einem Unterhaltsabänderungsverfahren (BGH NJW 1987, 1201) oder in einem Verfahren über einen Maklervertrag (BGH NJW 1998, 2277) Anwendung.

90 BGH NJW 1987, 1201; BGH NJW 1961, 826; BGH NJW 1983, 687.

91 Lorenz, ZZP 111 (1998), S. 58.

92 BGHZ 86, 23; 109, 139

fenden, im eigenen Wahrnehmungsbereich liegenden Beziehungen zu machen[93].

Bezüglich der Grundlage der sekundären Behauptungslast bestehen unterschiedliche Auffassungen, die entweder vom Grundsatz von Treu und Glauben (§ 242 BGB)[94] oder von der Prozeßförderungspflicht (Mitwirkungspflicht gemäß § 138 Abs. 2)[95] ausgehen.

Sanktionen für den Fall ungenügender Wahrnehmung der sekundären Behauptungslast sind durch die Rechtsprechung nicht einheitlich festgelegt. Es stehen sich die Auffassungen gegenüber, eine Beurteilung im Rahmen der freien Beweiswürdigung nach § 286 vorzunehmen[96] oder den Vortrag der behauptungsbelasteten Partei als zugestanden anzusehen[97].

B. Beweisvereitelung

1. Begriff

Als Instrument der praktischen Vereinfachung der Informations- und Beweisbeschaffung kommt in der Rechtsprechung häufig die Theorie der Beweisvereitelung zur Anwendung.

Beweisvereitelung liegt vor, wenn die nicht beweisbelastete Partei eine an sich mögliche Beweisführung schuldhaft durch eine pflichtwidrige Handlung oder Unterlassung vereitelt. In diesem Fall legt das Gericht grundsätzlich der weiteren Rechtsanwendung die (glaubhaften) Behauptungen der beweisbelasteten Partei zugrunde. Zu diesem Ergebnis gelangt sie je nach Fallgestaltung durch einen Schluß im Rahmen der freien Beweiswürdigung (§ 286)[98] oder durch Beweislastumkehr.

Die Theorie der Beweisvereitelung wurde erstmals in einem RG-Urteil vom 9.11.1877[99] verwendet[100] und ist in der nachfolgenden Rechtsprechung fest

93 Zöller / Greger, vor § 284 Rn. 34.
94 BGH NJW 1962, 2149; BGH NJW 1961, 826.
95 BAG BB 1990, 553.
96 BGH NJW 1960, 821; BGH NJW 1963, 389.
97 BGH NJW 1996, 315; Zöller / Greger, § 284 Rn. 34.
98 Rosenberg / Schwab / Gottwald, § 117 II. 6. a.
99 RGZ 20, 5.

eingeführt. Sie wird auf alle Beweismittel angewandt. Die Rechtsprechung hat eine Beweisvereitelung in verschiedenen Fällen angenommen. Als Frage der Beweiswürdigung wurden angesehen: der Schluß auf ein Verschulden des Arztes, der einen in der Operation zurückgelassenen Tupfer weggeworfen hatte[101]; der Schluß auf den gewöhnlichen Inhalt einer Auftragsbestätigung, wenn der Empfänger diesen bestreitet, die Bestätigung jedoch nicht mehr vorlegen kann[102]; der Schluß auf die unterlassene Mitwirkung, wenn die Anschriften und Namen von Zeugen nicht mitgeteilt wurden[103]. Die herrschende Meinung stimmt der Rechtsprechung zu[104].

2. Voraussetzungen

Die Voraussetzungen der Beweisvereitelung sind folgende[105]:

(a) Verletzung der Aufbewahrungspflicht oder Verletzung der Mitwirkungspflicht an der Aufklärung des Sachverhaltes,

(b) aus dieser Verletzung hervorgegangene Unmöglichkeit der Aufklärung wichtiger Sachverhalte,

(c) dadurch hinfällig gewordene Aussicht auf Aufklärung des Sachverhaltes durch die beweisbelastete Partei,

(d) wobei diese Verletzung schuldhaft ist, und

(e) gegen die Anforderung der fairer Prozeßführung verstößt.

---

100 Gerhardt, Beweisvereitelung im Zivilprozeßrecht, AcP 169 (1969), S. 289.

101 BGH VersR 1955, 344.

102 OLG Köln, MDR 1974, 227.

103 BGH NJW 1960, 821.

104 Rosenberg / Schwab / Gottwald, § 117 II. 6. a.; Stein / Jonas / Leipold, § 286 Rn. 120 ff.; Rosenberg, Die Beweislast, 5. Aufl., 1965, S. 190 ff.; Jauernig, Zivilprozeßrecht, § 55 IV.; Blomeyer, Die Umkehr der Beweislast, AcP 158 (1959), S. 97 ff.; E. Schneider, Die Beweisvereitelung, MDR 1969, S. 4 ff.; a. A. Maassen, Beweismaßprobleme im Schadensersatzprozeß, 1975, S. 175 ff.

105 Matthias, Anmerkung, JZ 1986, S. 961; Taupitz, Prozessuale Folgen der » vorzeitigen « Vernichtung von Krankenunterlagen, ZZP 100 (1987), S. 287, 302 ff.

3. Grundlage

Über die Grundlagen der Beweisvereitelung bestehen unterschiedliche Auffassungen, die vom Erfahrungssatz, einer Verletzung der materiellrechtlichen Pflicht oder dem Grundsatz von Treu und Glauben ausgehen.

Rosenberg hält es für einen Erfahrungssatz, daß eine beweisvereitelnde Partei befürchten muß, daß die Beweisaufnahme zur Aufklärung des Sachverhaltes führt[106]. Als Kritik hiergegen wird angeführt, daß dies bei Verschulden oder bei Fahrlässigkeit des Erfüllungsgehilfen nicht funktioniert[107].

Nach der von einer Verletzung einer materiellrechtlichen Pflicht ausgehenden Auffassung wird die Beweislast umgekehrt, weil der Nachweis aufgrund einer materiellrechtlichen Pflichtverletzung der Gegenseite, z.B. Verletzung der vertraglichen Aufbewahrungspflicht wie Aufbewahrungspflicht gemäß Vertrag, fehlt[108]. Hiergegen wird die Kritik vorgebracht, daß eine Begrenzung auf die Verletzung der materiellrechtlichen Pflicht zu eng wäre und unklar sei, warum die Verletzung der materiellrechtlichen Pflicht eine Umkehr der prozessualen Beweislast bewirken sollte[109].

Die von Treu und Glauben ausgehende Auffassung vertritt die Ansicht, daß es nach dem Verbot des venire contra factum proprium nicht erlaubt ist, daß eine Partei sich in einer für sie vorteilhaften Weise auf die Nichtvorlegung eines Beweises durch den Gegner beruft, obwohl sie diesen Beweis selbst verdunkelt hat. Das Verbot des venire contra factum proprium sei die Verkörperung des Grundsatzes von Treu und Glauben im Prozeß[110]. Hieran wird kritisiert, daß diese Handlungen keinen Widerspruch darstellen, sondern eher als konsequent anzusehen sei[111].

Es ist somit zwar die Grundlage der Beweisvereitelung umstritten, dies hat jedoch bezüglich ihrer Wirkung keine direkten Auswirkungen.

---

[106] Rosenberg, Die Beweislast, S. 190 ff.

[107] Blomeyer, AcP 158 (1959), S. 98 f.

[108] Blomeyer, AcP 158 (1959), S. 103.

[109] Gerhardt, AcP 169 (1969), S. 300 f.; Stürner, Die Aufklärungspflicht der Parteien des Zivilprozesses, S. 155.

[110] Gerhardt, AcP 169 (1969), S. 289 ff.; *ders.*, Anmerkung, ZZP 86 (1973), S. 60, 64 f.; E. Schneider, MDR 1969, S. 4 ff.

[111] Stürner, Die Aufklärungspflicht der Parteien des Zivilprozesses, S. 9.

4. Wirkung

Als Sanktion gegen die Beweisvereitelung wird eine Beweiserleichterung im Rahmen der freie Beweiswürdigung (§ 286) zugestanden, wobei sich diese Beweiserleichterung bis zur Beweislastumkehr erstrecken kann[112].

Nach herrschender Meinung besteht im Rahmen der freien Beweiswürdigung lediglich die Möglichkeit einer negativen Beurteilung[113]. Es werden jedoch andere Meinungen vertreten, die für die Umkehr der Beweislast[114], für einen im Prinzip auf die freie Beweiswürdigung abstellenden, die Möglichkeit einer Umkehr aber offenhaltenden Kompromiß[115], für die analoge Anwendung von §§ 427, 444[116] oder für eine Senkung des Beweismaßes[117] eintreten.

Die auf die Kompromißlösung und analoge Anwendung von §§ 427, 444 abstellenden Meinungen sehen die Möglichkeit von Sanktionen vor, die über den Rahmen der freien Beweiswürdigung hinausführen. Dies bedeutet, daß die umstrittenen Tatsachenbehauptungen als bewiesen angesehen werden. Darüber hinaus kompensieren sie die Schwächen der herrschenden Meinung und der Umkehrung der Beweislast, indem sie den Richter mit der Beurteilung der Angemessenheit betrauen.

5. Forderung der Urkundenvorlegung

In der Praxis wird die Urkundenvorlegung häufig nicht im Wege der prozeß-

---

112 BGHZ 99, 391; BGH JZ 1986, 958.

113 BGH GRUR 1995, 697; BGH NJW 1998, 81; Rosenberg / Schwab / Gottwald, § 117 II. 6. a.; Baumbach / Lauterbach / Hartmann, Anh § 286 Rn. 27; Musielak / M. Stadler, Grundfrage des Beweisrechts, 1984, Rn. 183 ff.; Gerhardt, AcP 169 (1969), S. 307; Rosenberg, Beweislast, S.191; Musielak, Die Grundlagen der Beweislast im Zivilprozeß (1975), S. 133 ff.; E. Peters, Beweislastverteilung und Mitwirkungspflicht des Beweisgegners, ZZP 82 (1969), S. 200, 212; Baumgärtel, Die Beweislast im Zivilprozeß in: FS für Kralik, 1986, S. 63, 73 ff.

114 RGZ 60, 147; BGH BB 1976, 812; Stein / Jonas / Leipold, § 286 Rn. 120 ff.; Blomeyer, AcP 158 (1959), S. 103.

115 Arens, Minji Sosho Ho no Taikei ni okeru Shomeibogai ni tsuite, Minshohozasshi Bd. 87, Heft 1 (1982), S. 1, 23 ff.

116 Prütting, Gegenwartsprobleme der Beweislast, 1983, S. 186 ff.; *ders.*, Beweisprobleme im Arzthaftungsprozeß in: FS für 150 Jahre Landgerichts Saarbrücken, 1985, S. 265 f.

117 Walter, Freie Beweiswürdigung, 1979, S. 236 ff., 243 ff.

rechtlichen Vorlegungspflicht, sondern nach Maßgabe eines materiellrechtlichen Auskunftsanspruchs gefordert[118].

Nach der Rechtsprechung wird die Urkundenvorlegung teilweise auch außerhalb von §§ 422, 423 nach Maßgabe der allgemeinen Prozeßförderungspflicht gefordert[119]. Diese Pflicht soll dazu führen, daß bei verweigerter Urkundenvorlegung nicht nur die in § 427 vorgesehene Sanktion eingreift, sondern weitergehend der Schluß auf die Primärtatsache gestattet ist, die die Gegenseite mit der Urkunde beweisen wollte[120].

C. Ausforschungsbeweis

Als Ausforschungsbeweis wird verstanden, wenn dem Beweisführer der Hergang des Sachverhaltes, den er erklären will, nicht näher bekannt ist und er zur Ergänzung der ihm nicht bekannten Teile Beweisanträge mit noch unklarem Hauptthema stellt, um über die Beweisaufnahme Beweisstoff zur Abstützung der eigenen Behauptungen zu beschaffen.

Der Ausforschungsbeweis ist auch heute, obwohl inzwischen das selbständige Beweisverfahren gesetzlich verankert wurde, im Prinzip noch verboten[121]. Nach der Rechtsprechung liegt allerdings keine Ausforschung vor, wenn die behauptungsbelastete Partei notgedrungen mangels Kenntnis von Einzeltatsachen von ihr zunächst nur vermutete Tatsachen als Behauptungen in den Prozeß einführt[122].

---

118 Vgl. o. u. II. B.

119 OLG Koblenz, NJW 1968, 897.

120 Schlosser, JZ 1991, S. 604.

121 BGH MDR 1971, 574; OLG Hamm, NJW-RR 1987, 1395; Jauernig, Zivilprozeßrecht, § 51 III. 1.; MünchKomm-ZPO / Schreiber, § 422 Rn. 5; Rosenberg / Schwab / Gottwald, § 118 II.; Stein / Jonas / Leipold, § 422 Rn. 5; Zöller / Greger, vor § 284 Rn. 5; Musielak, Grundkurs ZPO, Rn. 405.

122 BGH NJW 1995, 1160.

V. Vorschläge zur Erweiterung der Aufklärungspflicht

A. Einführung

Wie ausgeführt, sind die Vorschriften der ZPO in Bezug auf die Informationsbeschaffung nicht ausreichend. Das selbständige Beweisverfahren ist zwar ein Instrument zur Offenlegung von Beweisen, es erstreckt sich jedoch nur auf Augenscheinsobjekte, Zeugen und Sachverständige als Beweismittel, während Urkunden und die Parteien selbst nicht einbezogen sind (§ 485 Abs. 1). Eine zusätzliche Verfolgung materiellrechtlicher Auskunftsansprüche während eines Prozesses ist im Prinzip nicht zulässig, so daß die Ausübung nur durch eine Stufenklage erfolgen kann, die zeitraubend und kostspielig ist. Ferner wird eine Urkundenvorlagepflicht nur begrenzt zugestanden, wobei im Antrag auf Anordnung der Vorlegung (§ 424) zumindest eine identifizierbare Bezeichnung der Urkunden und eine Angabe des angeblichen Inhalts gefordert werden. Weiterhin gilt, daß zumindest gesetzlich eine Pflicht der Parteien und Dritter zur Duldung der Augenscheinseinnahme nicht anerkannt ist.

Einen Ausgleich für die diesbezüglichen Unzulänglichkeiten der ZPO bieten verschiedene in Rechtsprechung und Lehre entwickelte Theorien über die Anwendung der Bestimmungen des materiellen Rechts.

Sicherlich sind auch die Bemühungen um eine Abrundung der ZPO zu würdigen. Sie gehen jedoch über die teilweise Ergänzung der prozessualen Aufklärungspflicht nicht hinaus und bieten keine durchgreifende Lösung für die schwierige Informationsbeschaffung. Es läßt sich schwerlich behaupten, daß diese Ergänzungen ausreichend sind. Bei Beweisvereitelung wird zwar die Sanktion einer bis zur Beweislast reichenden Beweiserleichterung eingeräumt, sie kann aber nicht als allgemeingültiger Grundsatz verstanden werden[123]. Weiterhin setzt die sekundäre Behauptungslast voraus, daß die beweisbelastete Partei imstande ist, substantiierte Behauptungen aufzustellen[124].

Man war sich stets darüber im klaren, daß entweder durch Auslegung oder vor allem durch die Gesetzgebung durchgreifende Maßnahmen zur Schaf-

[123] Lorenz, ZZP 111 (1998), S. 59.
[124] Arens, ZZP 96 (1983), S. 1, 13.

fung eines Systems zu überlegen sind, das eine ausreichende Informationsbeschaffung ermöglicht. Hierzu wurden auch verschiedene Entwürfe vorgelegt.

B. Aufklärungspflicht der Parteien

1. Lehrmeinungen zur allgemeinen prozessualen Aufklärungspflicht

a. Aufklärungspflicht der nicht risikobelasteten Partei

Die Aufklärungspflicht kann nicht nur der behauptungs- und beweisbelastete Partei, sondern auch der nicht behauptungs- und beweisbelasteten Partei auferlegt werden. Die Anerkennung einer prozessualen Aufklärungspflicht ermöglicht ein einheitliches Verständnis der von Rechtsprechung und Lehrmeinungen entwickelten Theorien, einschließlich Beweisvereitelung, Ausforschungsbeweis und materiellrechtlicher Auskunftsansprüche.

Einer der repräsentativen Wortführer dieser Meinungen ist Stürner. Vor ihm hatten bereits Fritz von Hippel, Lüderitz und Egbert Peters versucht, der nicht risikobelasteten Partei eine allgemeine Aufklärungspflicht aufzuerlegen.

Fritz von Hippel versuchte bereits in Jahre 1939, eine weit gefaßte Aufklärungspflicht in das Zivilprozeßrecht einzuführen. Dabei ging er von der Unterscheidung zwischen Wahrheitspflicht und Aufklärungspflicht aus[125]. Er betrachtete die Wahrheitspflicht als die Pflicht der Parteien, die Bildung einer zutreffenden Einsicht im Prozeß nicht zu behindern, während er die Aufklärungspflicht als eine aktive Parteipflicht zur Förderung der Bildung einer zutreffenden Einsicht betrachtete. Nach seiner Meinung obliege den Parteien grundsätzlich eine vollständige Aufklärungspflicht, wobei sämtliche Parteien, die Aufklärungsfähigkeit besitzen, als Informationsquellen benutzt werden[126]. Diese Aufklärungspflicht bestünde nicht, wenn eine Partei keine Aufklärungsfähigkeit besitze, ihre Aussage nicht im gesellschaftlichen Interesse liege, eine Aufklärung des entsprechenden Sachverhaltes nicht erforderlich sei oder ein Dritter oder andere Prozeßbeteiligter

---

125 Fritz von Hippel, Wahrheitspflicht und Aufklärungspflicht der Parteien im Zivilprozeß, 1939, S. 40 ff., 148 ff., 370 ff.

126 Fritz von Hippel, Wahrheitspflicht und Aufklärungspflicht, S. 336 f.

besser zur Aufklärung geeignet seien als die betreffende Partei[127]. Auf die Folgen einer Verletzung der Aufklärungspflicht geht Fritz von Hippel nicht näher ein.

Die Aufklärungspflicht der nicht beweisbelasteten Partei wurde danach auch von Lüderitz und Egbert Peters bejaht.

Lüderitz machte geltend, daß für die nicht beweisbelastete Partei zwar keine unmittelbare Aufklärungspflicht besteht, ihr aber eine Aufklärungspflicht zukommt, wenn die beweisbelastete Partei eine Aussage gemacht hat, die bestimmte, individuell festzulegende Mindestanforderungen erfüllt[128]: Zunächst einmal werde die Einlassungslast des Gegners verstärkt, wenn die behauptungsbelastete Partei bei der Behauptung einen Anhaltspunkt vorbringt, d.h. es besteht die Möglichkeit, daß der Gegner sich auch über Sachverhalte erklären muß, die für seine eigene Sache nachteilig sind. Als nächstes gilt, daß sich die Behauptungs- und Beweislast auf den Gegner umkehrt, wenn die Aussagen über konkrete und bestimmte Sachverhalte für die Schlüssigkeitsprüfung nicht ausreichend sind und der Gegner im Besitz der für konkrete Sachverhaltaussagen benötigten Kenntnisse ist oder diese beschaffen kann[129]. In diesem Falle sind schwerwiegende Anhaltspunkte gefordert, da eine stärkere Verletzung der gegnerischen Interessensphäre erfolgt. Weiterhin gilt, daß auch dann, wenn die beweisbelastete Partei nicht imstande ist, die gemäß § 253 Abs. 2 geforderten Angaben in der Klageschrift zu machen, über die ausdrücklichen Vorschriften hinaus eine Auskunftspflicht gemäß § 242 BGB zugestanden wird, wenn eine hohe Wahrscheinlichkeit dafür spricht, daß der behauptete Anspruch besteht (d.h. die Forderung klar den Tatsachen zu entsprechen scheint)[130].

Egbert Peters erläutert, daß nach der Theorie der Beweisvereitelung die nicht beweisbelastete Partei benachteiligt wird, weil ihr eine Mitwirkungspflicht zukommt[131]. Nach Egbert Peters ist diese Mitwirkungspflicht in dreifacher Weise begründet: Erstens besteht eine Mitwirkungspflicht nach dem materiellen Recht, die aus Vorschriften im materiellen Recht oder

[127] Fritz von Hippel, Wahrheitspflicht und Aufklärungspflicht, S. 287 ff.
[128] Lüderitz, Ausforschungsverbot und Auskunftsanspruch bei der Verfolgung privater Rechte, 1966, S. 29 ff.
[129] So auch BGH WRP 1962, 405.
[130] Lüderitz, Ausforschungsverbot und Auskunftsanspruch, S. 32 ff.
[131] E. Peters, ZZP 82 (1969), S. 205 f.

Verträgen wie unter § 259 BGB (Rechenschaftspflicht), § 371 BGB (Rückgabe des Schuldscheins) und § 716 BGB (Kontrollrecht der Gesellschafter) hervorgeht. Zweitens besteht eine Mitwirkungspflicht nach Vorschriften der ZPO, wie § 372a (Untersuchungen zur Feststellung der Abstammung) und § 423 (Vorlegungspflicht von Urkunden). Drittens besteht eine allgemeine Mitwirkungspflicht bei der Materialbeschaffung, die sich aus den mit der Änderung der ZPO von 1933 eingeführten Vorschriften herleitet. Dabei handelt es sich u.a. um § 138 Abs. 1 mit der Forderung nach Mitwirkung bei der Beschaffung des für die eigene Sache nachteiligen Materials, § 138 Abs. 3 mit der Fiktion eines Geständnisses bei Nichtmitwirkung durch Stillschweigen und §§ 445 ff. zur Nutzung gegnerischer Kenntnisse. Nach Peters wurde das Grundkonzept der ZPO durch die Vorschriften von §§ 138 Abs. 1, Abs. 3, 445 ff. usw. tiefgreifend verändert. Nach seiner Auffassung kann mit der Einführung einer allgemeinen Mitwirkungspflicht bei der Materialbeschaffung das Problem der aus der Nichtübereinstimmung der Umfänge von Aufklärungsmaßnahmen (§§ 142, 143) und Vorlegungspflicht von Urkunden (§§ 422, 423) hervorgehenden Widersprüchlichkeit der ZPO gelöst werden. Dies bringe die deutsche Rechtslage in Übereinstimmung mit der Rechtslage in anderen europäischen Ländern[132].

b. Meinung von Stürner

aa. Allgemeine prozessuale Aufklärungspflicht

Stürner entwickelt diese Meinungen weiter und untermauert damit die Lehre von der allgemeinen prozessualen Aufklärungspflicht.

Nach Stürner bestehen dafür folgende Gründe: Die Vorschriften der ZPO, die die gegnerische Aufklärungspflicht regeln (§§ 138 Abs. 1, Abs. 2, Abs. 3, 422 f., 372a, 445 ff., 656 a.F.) seien unzulänglich. Zum Ausgleich für diese Unzulänglichkeit sei in der Praxis die Theorie der Beweisvereitelung entwickelt worden[133]. Die Rechtfertigung der Beweisvereitelung mit Erfahrungssatz, Treu und Glauben und dem Verbot des venire contra factum proprium sei theoretisch allerdings schwierig. Durch analoge Anwendung der Vorschriften der ZPO sei aber das Bestehen einer allgemeinen prozes-

---

[132] E. Peters, ZZP 82 (1969), S. 206 ff.; *ders.*, Auf dem Wege zu einer allgemeinen Prozeßförderungspflicht der Parteien? in: FS für Schwab, 1990, S. 399, 407.

[133] Stürner, Die Aufklärungspflicht der Parteien des Zivilprozesses, S. 9 ff.

sualen Aufklärungspflicht der Parteien denkbar, womit das Problem der Unzulänglichkeit der ZPO gelöst werden kann.

Die Bejahung einer solchen Aufklärungspflicht stehe in Übereinstimmung damit, daß der Zweck eines Zivilprozesses in der Wahrheitsfindung besteht. Ausgehend von der Beziehung zum — vom Grundgesetz anerkannten — Prinzip des Gesetzesvorbehalts seien bei Verletzung der Aufklärungspflicht Sanktionen wie unmittelbarer Zwang, Haft oder Bußgeld allerdings nur bei Vorliegen einer ausdrücklichen Vorschrift zulässig. Wenn diese Pflicht schuldhaft verletzt werde, könne das Gericht die von der risikobelasteten Partei aufgestellten Behauptungen für erwiesen ansehen[134].

Nach der Meinung von Stürner haben die in der ZPO enthaltenen Vorschriften zu den einzelnen Aufklärungspflichten den Charakter von Sondervorschriften, die auf begrenzte Fälle anwendbar sind, verloren und sind als Ausdruck einer allgemeinen prozessualen Aufklärungspflicht zu verstehen.

Die Anerkennung einer allgemeinen prozessualen Aufklärungspflicht biete u.a. die folgenden Vorteile: Sie ermögliche ein einheitliches Verständnis für die im Prozeß auftretenden Fragen. Ferner trage sie zur Prozeßökonomie bei, da die Gewinnung von Informationen keine getrennten Klagen erforderlich mache. Eine prozessuale Aufklärungspflicht entspreche besser als das geltende Recht dem Zweck der ZPO, Urteile auf der Grundlage der Wahrheit (§ 138) zu erlassen. Außerdem stimme sie mit dem die Wahrheitsfindung garantierenden Verfassungsrecht überein. Darüber hinaus stehe sie in Übereinstimmung mit der Rechtsprechung und löse das Problem, daß der Umfang der Aufklärungsmaßnahme weiter reiche als der der Vorlegungspflicht von Urkunden[135].

bb. Voraussetzungen

Nach Stürners Meinung besteht für die nicht behauptungs- und beweisbelastete Partei eine Aufklärungspflicht, wenn die folgenden Voraussetzungen erfüllt sind[136]:

(a) Die beweisbelastete Partei gibt bei der sachlichen Begründung ihrer

[134] Stürner, Die Aufklärungspflicht der Parteien des Zivilprozesses, S. 237, 242.
[135] Stürner, Die Aufklärungspflicht der Parteien des Zivilprozesses, S. 15 f., 69.
[136] Stürner, Die Aufklärungspflicht der Parteien des Zivilprozesses, S. 106 ff.

behaupteten eigenen Ansprüche Anhaltspunkte, die die Plausibilität dieser Ansprüche zeigen und ihre Schlüssigkeit klären;

(b) die beweisbelastete Partei steht außerhalb des zur Klärung des Sachverhaltes ermöglichenden Tatsachenablaufs und ist dadurch außerstande, den Sachverhalt aufzuklären, wobei diese Unkenntnis ihr nicht selbst vorzuwerfen ist;

(c) die nicht behauptungs- und beweisbelastete Partei kann den Sachverhalt einfach aufklären, wobei diese Aufklärung erforderlich und zumutbar ist.

cc. Inhalt

Die allgemeine Aufklärungspflicht hat eine weitreichende prozessuale Auskunfts- und Rechnungslegungspflicht zur Folge. Nach Astrid Stadler stimmt der Umfang dieser Pflicht praktisch mit dem der US-amerikanischen *discovery*-Pflicht überein[137].

Nach der Anhängigkeit des Prozesses umfasse die Aufklärungspflicht die Offenlegung nicht bekannter Tatsachen und Beweismittel, die Vorlegung von Augenscheinsobjekten, die Duldung der Untersuchung von Grundstücken und des eigenen Körpers und eine allgemeine Vorlegungspflicht von Urkunden[138]. Bei anhängigem Prozeß habe die prozessuale Auskunftspflicht Vorrang vor der materiellrechtlichen Informationspflicht, wobei diese bei der Vorbereitung des Prozesses in Anspruch genommen wird.

Vor der Anhängigkeit des Prozesses entstehe eine vorprozessuale Vorwirkung der Aufklärungspflicht. Stürner erkennt zunächst eine vorprozessuale Informationspflicht an[139]. Durch analoge Anwendung der Vorschriften zur materiellrechtlichen Informationspflicht erkennt er dann die Entstehung eines einklagbaren und erzwingbaren Auskunftsanspruchs an. Wenn eine Partei das Fehlen der benötigten Kenntnisse oder des benötigten Materials nicht selbst zu verantworten habe, könne sie auf der Grundlage dieses

137 A. Stadler, Der Schutz des Unternehmensgeheimnisses im deutschen und U.S.-amerikanischen Zivilprozeß und im Rechtshilfeverfahren, 1989, S. 82, 106.

138 Stürner, Die Aufklärungspflicht der Parteien des Zivilprozesses, S. 134 ff.; A. Stadler, Der Schutz des Unternehmunggeheimnisses, S. 82.

139 Stürner, Die Aufklärungspflicht der Parteien des Zivilprozesses, S. 269 ff.

Auskunftsanspruchs vom Gegner die Beibringung schriftlicher Informationen, die Einsicht in Urkunden oder die Augenscheinseinnahme von Sachen verlangen[140]. Dies besagt, daß der materiellrechtliche Auskunftsanspruch zusammen mit der vorprozessualen Informationspflicht die Aufklärungspflicht der zukünftigen Prozeßparteien bildet.

In Fällen, in denen die Gefahr einer Strafverfolgung besteht oder Persönlichkeitsrechte oder Geschäftsgeheimnisse betroffen sind, kann keine Aufklärungspflicht auferlegt werden[141].

dd. Wirkung der Verletzung

Laut Stürner sehen alle bereits bestehenden Meinungen als Wirkung einer Verletzung der Aufklärungspflicht Prozeßnachteile vor, so daß hier keine größeren Unterschiede bestehen. Er macht zunächst geltend, daß ein Eintreten für die freie Beweiswürdigung problematisch ist, weil die Daseinsberechtigung für über § 286 zur Regelung der freien Beweiswürdigung hinausgehende Vorschriften über Verletzungen der gesetzlichen Aufklärungspflicht (§§ 427, 444, 446, 453) entfällt. Als nächstes führt er aus, daß die für eine Beweislastumkehr eintretende Meinung nicht in Übereinstimmung mit dem Wortlaut der Vorschriften über die Pflichtverletzung steht. Weiterhin hält er solche Sanktionen bei leichten Pflichtverletzungen für zu schwerwiegend.

Als Sanktion bei Verletzungen dieser Pflicht tritt Stürner dafür ein, eine für den Verletzten ungünstige Fiktion und ein für die risikobelastete Partei günstiges Aufklärungsergebnis zu unterstellen. Er sieht Grundlagen hierfür im Gesetzgebungsprozeß sowie in den den Wortlaut und tatsächlichen Ergebnissen der die Verletzung der Aufklärungspflicht regelnden Vorschriften von §§ 427, 444, 446, 453 Abs. 2[142].

2. Rechtsprechung

Der Bundesgerichtshof hat dieser weitreichenden Pflicht allerdings eine Absage erteilt. In seiner Entscheidung vom 11.6.1990[143] stellte er klar, daß

---

[140] Stürner, Die Aufklärungspflicht der Parteien des Zivilprozesses, S. 287 ff.
[141] Stürner, Die Aufklärungspflicht der Parteien des Zivilprozesses, S. 174 ff.
[142] Stürner, Die Aufklärungspflicht der Parteien des Zivilprozesses, S. 234.
[143] BGH NJW 1990, 3151.

eine allgemeine prozessuale Aufklärungspflicht nicht besteht.

Diese Entscheidung meint, aus der prozessualen Wahrheits- und Vollständigkeitspflicht des § 138 Abs. 1 folge nicht, daß die Parteien generell zur Wahrheitsfindung beitragen müßten. Vielmehr sei grundsätzlich vom Verhandlungs- und Beibringungsgrundsatz auszugehen. Ob eine Partei Ansprüche gegen die andere auf Erteilung von Auskünften, Rechnungslegung, Herausgabe von Unterlagen usw. habe, sei eine Frage des materiellen Rechts. Dieses kenne jedoch keine allgemeine Auskunftspficht und es sei daher nicht Aufgabe des Prozeßrechts, sie einzuführen. Es bleibe vielmehr bei dem Grundsatz, daß keine Partei gehalten sei, dem Gegner für seinen Prozeßsieg das Material zu verschaffen, über das er nicht schon von sich aus verfüge.

3. Stellungnahmen in der Lehre

a. Zustimmende Meinungen

Die Zahl der Meinungen, die die Lehrmeinung von Stürner unterstützen, nimmt ständig zu[144].

Henckel schätzt unter Anerkennung der Möglichkeit von Verstößen gegen die Prämissen der bisherigen Rechtsauslegung die Untersuchung von Stürner[145].

Schlosser würdigt die Entwicklung von Rechtsprechung und Auslegung und eine auf materiellrechtliche Informationsansprüche gestützte Beschaffung von Informationen und Beweisen, hält diese aber für nicht ausreichend und sieht die Notwendigkeit zur Fortbildung dieser Fragen über das Prozeßrecht[146]. Nach seinem Verständnis wird von einem Teil der Entscheidungen des Bundesgerichtshofs[147] auf der Grundlage der bestehenden Gesetze eine prozessuale Aufklärungspflicht anerkannt. Er hält es für möglich, auf der

---

[144] Vgl. neben dem unten genannten Schrifttum Schaaff, Discovery und andere Mittel der Sachverhaltsaufklärung im englichen Pre-Trial-Verfahren im Vergleich zum deutschen Zivilprozeß, 1983, S. 129 ff.; Koller, Zur Aufklärung über die Schadensentstehung im Straßentransportrecht, VersR 1990, S. 553, 558; Bruns, Zivilprozeßrecht, 2. Aufl., 1979, S. 104 f.

[145] Henckel, Buchbesprechung, ZZP 92 (1979), S. 100, 104 ff.

[146] Schlosser, JZ 1991, S. 604 ff.

[147] BGH NJW 1987, 1201; BGH NJW 1987, 2008.

Grundlage der prozessualen Aufklärungspflicht auch ohne Stufenprozeß vom Gegner die Beibringung von Informationen und Beweisen zu verlangen und ihm im Falle der Nichtbeibringung Prozeßnachteile aufzuerlegen[148].

Astrid Stadler stimmt Stürner zu und vertritt die Ansicht, daß die allgemeine Aufklärungspflicht zu einer weiten prozessualen Auskunfts- und Rechnungslegungspflicht auszubauen sei. Sie umfasse Angaben zum Sachverhalt, zu vorhandenen Beweismitteln, gebiete umfassende Urkundeneinsicht, Vorlage von Augenscheinsgegenständen, Duldung der Untersuchung von Grundstücken und im Rahmen des Zumutbaren auch Untersuchungen am eigenen Körper. Sie unterscheide sich ihrem Umfang nach kaum von der *discovery*-Pflicht nach dem US-amerikanischen Recht[149].

b. Ablehnende Meinungen

Die allgemeine prozessuale Aufklärungspflicht wird von der herrschenden Meinung nicht bejaht[150]. Sie stellt darauf ab, daß im Prinzip die Mittel der vom geltenden Recht ausgehenden Rechtsprechung und Lehrmeinungen ausreichen[151].

Nach herrschender Meinung legt die Meinung von Stürner zwischen Verhandlungsmaxime und Wahrheitspflicht nur Gewicht auf die letztere und widerspreche der Verhandlungsmaxime. Seine Meinung würde die Befugnisse des Gerichts stärken und Rechtssicherheit, Rechtsklarheit und Voraussehbarkeit des Verfahrensablaufs gefährden[152].

Ferner sei die Aufklärungspflicht nur aus dem materiellen Recht begründbar. Aufgabe des Prozeßrechts sei es lediglich, geeignete Regeln zur Erfüllung materiellrechtlicher Pflichten bereitzustellen. Es sei fraglich, Pflichten der genannten Art als prozessuale Verpflichtungen zu qualifizieren, weil sie den (nur prozessual) Berechtigten drängen müßten, möglichst schnell die Gerichte anzurufen, um sein prozessuales Recht und damit die Pflicht seines

---

148 Schlosser, JZ 1991, S. 607 f.

149 A. Stadler, Der Schutz des Unternehmensgeheimnisses, S. 80 ff., 106.

150 Neben dem unten genannten Schrifttum vgl. Schneider, Buchbesprechung, NJW 1977, S. 428; Brehm, Die Bindung des Richters an den Parteivortrag und Grenzen freier Verhandlungswürdigung, 1982, S. 24 ff.; Musielak / M. Stadler, Grundfragen des Beweisrechts, Rn. 185.

151 Arens, ZZP 96 (1983), S. 21 ff.

152 Arens, ZZP 96 (1983), S. 21 ff.; G. Lüke, JuS 1986, S. 3.

Prozeßgegners entstehen zu lassen, der sich seinerseits auf eine fehlende Pflicht solange berufen könnte, als er noch nicht verklagt sei[153]. Entsprechend sieht es die herrschende Meinung für nicht zulässig an, das materielle Recht in anderen Fällen als bei der aus materiellem Recht hergeleiteten Aufklärungspflicht im Interesse prozessualer Pflichten zu modifizieren oder im Falle des non liquet die Risikoverteilung zu verändern[154].

VI. Vorschläge zur Gesetzesänderung

A. Vorschläge vom Bericht der Kommission für das Zivilprozeßrecht 1977

1. Vorlegungspflicht von Urkunden

Schon die Vorbereitungskommission im Jahre 1961 schlug vor, daß die Parteien zu Beginn des Prozesses sämtliche Urkunden vorlegen sollen, die sich auf den Rechtsstreit beziehen[155].

Der Bericht der Kommission für das Zivilprozeßrecht 1977 befaßte sich eingehend mit dem Urkundenbeweis und schlug vor, auch für die nicht beweisbelastete Partei eine allgemeine prozessuale Vorlegungspflicht vorzusehen (§ 419 Abs. 1 des Entwurfs der Kommission [(E)]), sofern dem nicht schutzwürdige Belange Dritter entgegenstünden oder ihm die Vorlegung wegen der über den Rechtsstreit hinausgehenden Folgen unzumutbar war (§ 419 Abs. 2 (E)).

Wenn im Falle des § 419 Abs. 2 (E) nur ein Teil der Urkunde beweiserheblich ist oder sich nach § 419 Abs. 2 Satz 2 (E) die Vorlegungspflicht auf einen Teil der Urkunde beschränkt, so kann ein öffentlich beglaubigter Auszug vorgelegt werden (§ 420 (E))[156].

---

153 Stein / Jonas / Schumann, 20. Aufl., Einl. Rn. 239 f.; Prütting, Gegenwartsprobleme der Beweislast, S. 137 ff.

154 Stein / Jonas / Leipold, § 138 Rn. 22; G. Lüke, JuS 1986, S. 3; Prütting, Gegenwartsprobleme der Beweislast, S. 137 ff.

155 Bundesjustizministerium (Hrsg.), Bericht der Kommission zur Vorbereitung einer Reform der Zivilgerichtsbarkeit (1961), S. 205, 512.

156 Kommissionsbericht von 1977, S. 145 f., 350 f.

Auch ein Dritter sollte zur Vorlegung von Urkunden verpflichtet sein. Er durfte die Vorlegung jedoch ablehnen, wenn er als Zeuge die Aussage verweigern konnte, sowie in Fällen des § 419 Abs. 2 (E). Außerdem befaßte sich der Kommissionsbericht auch mit der Vorlegungspflicht von Behördenurkunden, wobei über etwaige Weigerungsrechte der um Vorlage gebetenen Behörde das Zivilgericht entscheiden sollte (§ 422 (E))[157].

2. Augenschein

Der Kommissionsbericht von 1977 schlug vor, die Regelungen für die Duldungspflicht, die die Kommission für den Urkundenbeweis angeregt hat, beim Augenschein zu übernehmen.

Für die Gegner des Beweisführers sollte eine allgemeine, unbeschränkte Duldungspflicht bestehen, wenn der Beweisführer nach materiellem Recht die Duldung verlangen könne oder wenn der Gegner sich auf den Augenschein an dem in seinem Besitz befindlichen Gegenstand berufen habe (§ 372 (E))[158].

Es war umstritten, ob man die Duldungspflichten Dritter nicht noch stärker einschränken sollte. Die Mehrheit der Kommission stellte entsprechende Bedenken letztlich zurück und entschied mit knapper Mehrheit, man solle den Augenschein ohne die Zustimmung des Wohnungsinhabers dann zulassen, wenn die erforderlichen Feststellungen auf andere Weise nicht getroffen werden könnten (§ 373 (E))[159].

B. Einführung durch die Änderung der ZPO

Manche Lehrmeinungen schlagen auch die Einführung der Aufklärungspflicht durch Gesetzesänderung vor.

Gottwald vertritt die Ansicht, daß ein zwischen dem US-amerikanischen und dem deutschen Recht angesiedeltes System der Informationsbeschaffung am besten geeignet wäre[160], und durch Änderung der ZPO eine solche

---

[157] Kommissionsbericht von 1977, S. 146 f., 351.
[158] Kommissionsbericht von 1977, S. 151, 339.
[159] Kommissionsbericht von 1977, S. 151 ff., 339.
[160] Gottwald empfiehlt eine Anlehnung an die Regelungen im schweizerischen (insbe-

Aufklärungspflicht ausdücklich vorgeschrieben werden sollte[161]. Er schlägt vor, den Parteien eine allgemeine Editionspflicht aufzuerlegen. Er sieht allerdings auch eine erhöhte Notwendigkeit dafür, daß die vom Gegner gewünschten Beweise bei der Anforderung konkret bezeichnet werden und daß das Gericht die Vorlegung der zur Beweisführung erforderlichen Urkunden je nach Relevanz und Streitigkeit der jeweiligen Sachverhalte anordnet. Darüber hinaus schlägt Gottwald vor, dem Richter von Amts wegen die Prüfung sämtlicher Beweise zu gestatten und den Parteien eine Duldungspflicht für die Augenscheinseinnahme aufzugeben. Um eine übermäßige Offenlegung von Geheimnissen durch das Informationsbeschaffungssystem zu verhindern, regt er auch die Einführung eines Geheimverfahrens an, das die Möglichkeit einer Begrenzung der Parteiöffentlichkeit einschließt[162].

Lorenz vertritt den Standpunkt, daß — soweit der Grundgedanken des US-amerikanischen Rechts mit den Grundsätzen der ZPO vereinbar sei — eine Offenbarungspflicht nach Art des US-amerikanischen Rechts in das deutsche Recht eingeführt werden sollte[163], und schlägt zur Realisierung von Wahrheitsfindung, prozessualer Waffengleichheit, Förderung angemessener Vergleiche und Verfahrensförderung die Einführung einer Pflicht zur automatischen Vorlegung prozeßrelevanten Beweismaterials vor[164]. Nach seiner Meinung stehen diese Pflichten nicht im Widerspruch zur Dispositionsmaxime, da das Recht der Parteien zur Entscheidung über den Streitgegenstand nicht verletzt wird. Er sieht diese Pflicht auch nicht als im Widerspruch zur Verhandlungsmaxime stehend, sondern eher als diese bestärkend an. Dies erklärt er daraus, daß auch bei Einführung dieser Pflicht die Prozeßleitung in den Händen des Richters bleibt und die Beibringung des Tatsachenstoffs weiterhin den Parteien überlassen ist[165].

Greger vertritt die Ansicht, daß das Gericht in die Lage versetzt werden müßte, auch von sich aus Sachverhaltsaufklärung zu betreiben oder eine

---

sondere im zürichen) oder englischen Prozeßrecht, die sachgerechte und moderne Lösungen bieten. Gottwald, Linzer Universitätsschriften, Beiträge zum Zivilprozeßrecht V., S. 41; *ders.*, Gutachten, A 17.

161 Gottwald, Gutachten, A 19.

162 Gottwald, Linzer Universitätsschriften, Beiträge zum Zivilprozeßrecht V., S. 39 ff.; *ders.*, Gutachten, A 15 ff.

163 Lorenz, ZZP 111 (1998), S. 56, 61.

164 Lorenz, ZZP 111 (1998), S. 56.

165 Lorenz, ZZP 111 (1998), S. 60 ff.

solche durch andere Stellen zu veranlassen, um die Parteien zu einem wahren und vollständigen Vortrag des Sachverhaltes zu zwingen. Nach Greger müssen dazu auch mit entsprechenden Sanktionen bewehrte Aufklärungspflichten gegenüber dem Gericht geschaffen werden[166].

Lang stimmt der Meinung von Gottwald zu und tritt für die Einführung einer allgemeinen Vorlegungspflicht von Urkunden ein. Nach seiner Ansicht ist der Aufbau der Aufklärungspflicht nicht systemwidrig, was er folgendermaßen begründet: Zunächst gelte, daß in der ZPO bereits weit gefaßte Parteienpflichten wie die Prozeßförderungspflicht bestehen. Weiterhin werde durch die Einführung einer allgemeinen Vorlegungspflicht von Urkunden die Verhandlungsmaxime nicht berührt, da die Vorlage von Urkunden trotz einer allgemein bestehenden Vorlegungspflicht noch eine Parteienangelegenheit bliebe. Die allgemeine Vorlegungspflicht von Urkunden führt nicht dazu, daß sich die Kompetenzen des Richters zur Untersuchung von Informationen erweitern, sondern lediglich, daß die Verantwortung der gegnerischen Partei mehr Gewicht erhält. Auch die Rechtsprechung und der Gesetzgeber der Reform des § 643 spiegeln diesen Trend. Weiterhin könnten die beiden Parteien auch bei Einführung einer allgemeinen Vorlegungspflicht von Urkunden ohne Schwierigkeiten über den Streitgegenstand bestimmen, so daß auch die Dispositionsmaxime nicht berührt werde[167].

C. Diskussion auf dem 61. Deutschen Juristentag

1. Vorschläge von Gottwald

Gottwald unterbreitete dem 61. Deutschen Juristentag von 1996 in Karlsruhe den Vorschlag, durch Änderung der ZPO eine allgemeine prozessuale Aufklärungspflicht einzuführen[168].

Die Einführung einer solchen Pflicht wurde als Mittel zur Stärkung des erstinstanzlichen Verfahrens vorgeschlagen. Nach Ansicht Gottwalds hätte

166 Greger, Vom „Kampf ums Recht“ zum Zivilprozeß der Zukunft, JZ 1997, S. 1077, 1080.

167 Lang, Die Aufklärungspflicht der Parteien des Zivilprozesses vor dem Hintergrund der europäischen Rechtsvereinheitlichung, 1999, S. 264 f.

168 Gottwald, Gutachten, A 15 ff.

ihre Einführung zusammen mit der verschärften Präklusion in der zweiten Instanz die Wirkung, daß die Sachverhalte im Prinzip in der ersten Instanz geklärt und vorbereitende begleitende Klagen wie die Stufenklage abnehmen würden[169].

Nach Ansicht von Gottwald sollte die geforderte Beibringung eines Beweises nur dann erlaubt werden, wenn die behauptungs- und beweisbelastete Partei ihre Behauptung begründet und den Beweis substantiiert dargelegt hat. Für den Fall der Verletzung der Aufklärungspflicht sah er die gleichen Sanktionen vor wie bei Beweisvereitelung. Durch die Einführung dieser Pflicht bestünde zwar die Möglichkeit, daß alte Tradition zerstört werden, aber sie bringe in vielem eine Vereinfachung[170].

Vom Bericht der Kommission für das Zivilprozeßrecht 1961, mit dem eine Ausweitung der prozessualen Vorlegungspflicht vorgeschlagen wurde, unterscheidet sich die Meinung Gottwalds darin, daß nach seinem Ansatz die Aufklärungspflicht nicht erst im Rahmen der Beweisaufnahme des Gerichts besteht, sondern bereits mit der Klageerhebung einsetzt. Gottwald führt die Ablehnung der Einführung der Pflicht durch die damalige Kommission auf das Mißverständnis zurück, sie diene der „vorprozessualen“ Beweisaufnahme[171].

Der von ihm vorgestellte Änderungsvorschlag besagt, § 138 Abs. 2 im Sinne einer ausdrücklichen Anerkennung der Aufklärungspflicht folgendermaßen abzuändern:

> „Jede Partei hat sich über die vom Gegner behaupteten Tatsachen zu erklären und zu streitigen Tatsachen alle relevanten Unterlagen vorzulegen, die sie in ihrem Besitz hat oder die sie sich ohne weiteres beschaffen kann.[172]“

Diese Änderung wandelt die vom bestehenden Recht anerkannte Erklärungspflicht zu dem von einer Partei behaupteten Sachverhalt in eine prozessuale Aufklärungspflicht.

---

169 Gottwald, Gutachten, A 15.
170 Gottwald, Gutachten, A 17 f.
171 Gottwald, Gutachten, A 17 f.
172 Gottwald, Gutachten, A 19.

Dieser Modifikation folgend wird vor § 254 Abs. 1 der folgende Absatz eingefügt:

> „Hängt die bestimmte Angabe der Leistungen, die der Kläger beansprucht, von der Sachaufklärung durch den Gegner ab, so kann der Kläger zunächst einen unbezifferten Klageantrag unter Angabe eines Mindestbetrages stellen. Er hat seinen Antrag zu beziffern, sobald die Gegenpartei die geschuldete Aufklärung erbracht hat oder verweigert.[173]"

Da weiterhin zu berücksichtigen ist, daß sich im Falle der Einführung einer allgemeinen prozessualen Aufklärungspflicht die Notwendigkeit zum Schutz etwaiger in den Urkundenbeweisen verzeichneter Geheimnisse ergeben kann, soll §§ 421 ff. folgendermaßen geändert werden:

> „§ 421 Befindet sich die Urkunde, ein elektronisches Dokument oder eine sonstige Unterlage im Besitz des Gegners oder eines Dritten, so wird der Beweis durch den Antrag angetreten, dem Gegner oder dem Dritten die Vorlegung aufzugeben.
> § 422 (1) Der Gegner ist verpflichtet, jede für die Entscheidung des Rechtsstreits relevante Urkunde vorzulegen, die er in seinem Besitz hat oder die er sich ohne weiteres beschaffen kann.
> (2) Würde die Vorlegung schutzwürdige Belange Dritter, insbesondere deren Persönlichkeitsrecht, ein Geschäftsgeheimnis oder eine Verschwiegenheitspflicht verletzen oder ist die Vorlage aus einem sonstigen Grunde unzumutbar, so kann der Gegner bei Gericht beantragen, daß er von der Pflicht zur Vorlage entbunden wird oder einem sachverständigen Dritten die Einsicht nur soweit zu gewähren hat, wie es zur Feststellung der Richtigkeit oder Vollständigkeit der streitigen Tatsachenbehauptungen erforderlich ist.[174]"

Um auch Dritten eine Aufklärungspflicht aufzugeben, schlägt Gottwald vor, im weiteren auch die Vorschriften über die Vorlegung von Urkunden durch Dritte folgendermaßen zu ändern:

> „§ 429 (1) Ein Dritter ist verpflichtet, die in seinem Gewahrsam befindlichen Urkunden, Ausdrucke von in seinem Gewahrsam befind-

---

[173] Gottwald, Gutachten, A 19.
[174] Gottwald, Gutachten, A 19 f.

lichen elektronischen Dokumenten oder sonstige Unterlagen auf Anordnung bei Gericht einzureichen, sofern er über deren Inhalt nicht als Zeuge die Aussage gemäß §§ 376 und 383 bis 385 verweigern könnte.

(2) Wird die Vorlage innerhalb einer vom Gericht oder dem Berichterstatter bestimmten Frist verweigert, obgleich eine Vorlagepflicht besteht, so gelten die §§ 380, 381 entsprechend.

(3) Bestreitet der Dritte den Besitz der Urkunde, so kann er über den Verbleib als Zeuge vernommen werden.

§ 432 (1) unverändert

(2) entfällt

(3) Verweigert die Behörde oder der Beamte die Mitteilung der Urkunde, so gilt § 429 Absätze 2 und 3 entsprechend.[175]"

Nach Gottwald dient die Vorlegung von Unterlagen auch vor der mündlichen Verhandlung zur Förderung des Verfahrens ohne Beschädigung eines schutzwürdigen Interesses. Auf dieser Grundlage schlägt er vor, in § 385a als Nr. 6 den Zusatz „die Anordnung der Vorlage von Urkunden" zu ergänzen, damit die Vorlegung von Urkunden auch vor der mündlichen Verhandlung angeordnet werden kann[176].

2. Diskussion

Die Vorschläge von Gottwald wurden auf dem 61. Juristentag lebhaft diskutiert.

a. Zustimmende Meinung von Jaeger

Vorsitzender Richter am OLG Jaeger stimmte den Vorschlägen von Gottwald zu und setzte sich für die Einführung der Aufklärungspflicht ein.

Jaeger machte geltend, daß der effektive Rechtsschutz eine Reform zwecks Vermehrung der Prozesse erforderlich macht, damit diese in der ersten Instanz abgeschlossen werden können. Nach seiner Ansicht wäre es ein Schritt in diese Richtung, auf der Stufe der ersten Instanz — unabhängig von der jeweiligen Zuordnung der Behauptungs- und Beweislast beiden Parteien — eine die Pflicht zur Vorlegung relevanter Urkundenbeweise und

175 Gottwald, Gutachten, A 20.
176 Gottwald, Gutachten, A 20 f.

sonstiger Unterlagen einschließende allgemeine prozessuale Aufklärungspflicht aufzugeben[177].

Nach Jaegers Ansicht bietet die Einführung einer der Aufklärungspflicht die folgenden drei Vorteile:

(a) Sie ermögliche einen den wahren Tatsachenverhältnissen und der jeweiligen Rechtslage entsprechenden Rechtsschutz in einigen Fällen, in denen dieser Schutz reell nicht gewährt wurde.

(b) Sie vereinfache den Rechtsschutz auch in anderen Fällen.

(c) Auskunftsforderungs- und Stufenklagen würden überflüssig, was Zeit und Kosten spart.

Der Zweck der Klage bestehe in der Beurteilung eines realen Anspruchs auf der Grundlage der Prüfung korrekter Sachverhalte. Hierzu sei das gegenwärtige System nicht ausreichend. Zur Förderung der Wahrheitsfindung sollte nach seiner Meinung daher eine positive Mitwirkungspflicht beider Parteien eingeführt werden[178].

Wie Jaeger selbst einräumt, stellen sich als Problempunkte dieser Meinung die Handhabung von mißbräuchlichen Klagen oder Klagen ins Blaue und die Sanktionen bei Pflichtverletzung. Er entgegnet hierzu folgendes:

Zunächst rechtfertige der Umstand, daß die Voraussetzungen nicht klargestellt sind, keine vollständige Ablehnung der Einführung einer prozessualen Aufklärungspflicht. Als nächstes gelte bezüglich mißbräuchlicher Klagen oder Klagen ins Blaue, daß das zum Zeitpunkt der Behauptung von der beweisbelasteten Partei verlangte Maß der dem Gericht zu vermittelnden Überzeugung niedrig sei und im Einzelfall das Schwierigkeitsmaß von Behauptungen und Beweisführung berücksichtigt werde. Bezüglich der Sanktionen tritt er dafür ein, daß in gleicher Weise wie bei der Verweigerung der Parteivernehmung (§ 446) eine Bewertung im Rahmen der freien

[177] Jaeger, Empfehlen sich im Interesse eines effektiven Rechtsschutzes Maßnahmen zur Vereinfachung, Vereinheitlichung und Beschränkung der Rechtsmittel und Rechtsbehelfe des Zivilverfahrensrechts? in: Verhandlungen des 61. Deutschen Juristentages, Bd. II/1, Teil 1 (Referat), 1996, (zitiert: Jaeger, Referat), I 39, I 41 f.

[178] Jaeger, Referat, I 42 ff.

Beweiswürdigung erfolgen sollte. Darüber hinaus sollte dem Gericht die Befugnis erteilt werden, auf Antrag einer Partei die Mitwirkung des Verpflichteten zu erzwingen[179].

Nach Jaeger führt diese Pflicht nicht zu einer Demontage der Verhandlungsmaxime. Er begründet dies damit, daß die Aufklärungspflicht nur auf Antrag einer Prozeßpartei entstehe und der Richter nur eingreife, wenn die Rechtmäßigkeit einer Verweigerung zu beurteilen ist oder Antrag auf eine Sanktion gegen eine Pflichtverletzung gestellt wurde[180].

Nach seiner Auffassung sollte auch einem Dritten, der im Besitz eines mit der Tatsachenbeurteilung zusammenhängenden Dokuments ist, eine prozessuale Vorlegungspflicht auferlegt werden. Wenn der Antragsteller dann die Behauptung aufstelle, daß das Dokument in Zusammenhang mit der Tatsachenbeurteilung stehe, werde der Dritte wie ein Zeuge behandelt, wobei als Bedingung für den Umfang der Vorlegungspflicht eine analoge Anwendung der Bestimmungen zu Personenbeweisen erfolgen würde[181].

b. Ablehnende Meinung von Senninger

Rechtsanwalt Senninger vertritt die Meinung, daß die Einführung der Aufklärungspflicht eine Umkehrung der Verhandlungsmaxime, die der Theorie der Behauptungs- und Beweispflicht zugrunde liegt, bedeuten würde, und nimmt hierzu eine ablehnende Haltung ein. Zur Begründung führt er die folgenden drei Punkte an:

(a) Rechtspolitische Bedenken

(b) Durch Einführung dieser Pflicht bestehe umgekehrt die Möglichkeit, daß die Verfahren der ersten Instanz noch komplizierter werden.

(c) Der Begriff relevanter Urkundenbeweise bzw. Unterlagen sei unklar, so daß die Möglichkeit bestehe, daß er auf eine verhältnismäßig große Zahl von Urkunden angewandt werde.

Dem letzten Argument maß Senninger besonderes Gewicht zu. Es bestehe

---

179 Jaeger, Referat, I 43 f.
180 Jaeger, Referat, I 45.
181 Jaeger, Referat, I 45 f.

die Möglichkeit, daß eine verhältnismäßig große Zahl von Unterlagen wie z.B. eine interne Stellungnahme, die ein Gewerbetreibender von einem seiner Beschäftigung nachgehenden Mitarbeiter erhält, ein Informationsbrief des Mandanten an den Anwalt oder auch der Briefwechsel zwischen einem Versicherten und seinem Versicherer unter den Begriff „relevanter" Urkundenbeweise bzw. Unterlagen falle. Sei dies der Fall, dürfte dies eine Aufblähung des Aktenvolumens in der ersten Instanz mit sich bringen[182].

Senninger unterstützt die auf den Schutz der Geheimnisse Dritter bedachte Haltung Gottwalds. Nach seiner Ansicht wäre es Sache des Gerichts, in einem Zwischenurteil (§ 303) darüber zu entscheiden, ob eine Befreiung von der Vorlegungspflicht erfolgen oder einem Sachverständigen im zur Prüfung der Richtigkeit streitiger Tatsachenbehauptungen erforderlichen Ausmaß Einsicht gewährt werden soll[183].

Senninger ist der Ansicht, daß das geltende Recht eine ausreichende Beschaffung von Informationen und Beweisen zulasse. Er verweist darauf, daß das materielle Recht zahlreiche Vorschriften enthalte, die Ansprüche auf Information, auf Auskunft, auf Einsicht und auf Vorlegung von Unterlagen einräumen. Auch im Prozeßrecht sei von beiden Prozeßparteien eine vollständige Aufklärung gefordert (§ 138). Weiterhin könne das Gericht von beiden Parteien jederzeit Vervollständigung und Erläuterung ihrer Behauptungen und die Vorlegung von Urkundenbeweisen verlangen (§ 139). Das geltende Recht bilde aus Verhandlungsmaxime und Behauptungs- und Beweispflicht etc. ein sinnvolles System für die Aufklärung. Dieses System durch die Einführung einer allgemeinen prozessualen Aufklärungspflicht zu zerstören, würde eine Zunahme der vom Gericht begleitend zu beurteilenden Streitigkeiten und Unterlagen mit sich bringen und wäre somit unnötig[184].

3. Abstimmung

Die Vorlage von Gottwald wurde mit 44 Ja-Stimmen, 94 Nein-Stimmen und

---

182 Senninger, Empfehlen sich im Interesse eines effektiven Rechtsschutzes Maßnahmen zur Vereinfachung, Vereinheitlichung und Beschränkung der Rechtsmittel und Rechtsbehelfe des Zivilverfahrensrechts? in: Verhandlungen des 61. Deutschen Juristentages, Bd. II/1, Teil 1 (Referat) 1996, (zitiert: Senninger, Referat), I 11, I 14.

183 Senninger, Referat, I 14 f.

184 Senninger, Referat, I 45.

2 Enthaltungen abgelehnt[185]. Die Mehrheit stimmte aber dafür, die materiellrechtlichen Auskunfts- und Vorlegungsansprüche nicht getrennt durch eine Auskunfts- oder Stufenklage, sondern in einem Verfahren zum Hauptanspruch auszuüben.

D. Diskussionen zum Gesetz zur Reform des Zivilprozesses

1. Einführung

Das Bundesministerium der Justiz hat der Justizministerkonferenz vom 7. bis 9.6.1999 in Baden-Baden einen „Bericht zur Rechtsmittelreform in Zivilsachen" vorgelegt. Dieser Diskussionsentwurf ist unter Einbeziehung der Überlegungen der seit 1997 tätigen Bund-Länder-Arbeitsgruppe „Rechtsmittel im zivilgerichtlichen Verfahren" erarbeitet worden[186]. Das Bundesministerium der Justiz untersuchte die Vor- und Nachteile der Einführung einer allgemeinen prozessualen Aufklärungspflicht[187] und legte einen Diskussionsvorschlag vor[188]. Am 23.12.1999 wurde ein Referentenentwurf eines Gesetzes zur Reform des Zivilprozesses (ZPO-RefE) vorgelegt. Er enthielt auch Regelungen zur Erweiterung prozessualer Aufklärungs- und Vorlegungspflichten in den Bereichen des Urkunden- und Augenscheinsbeweises[189]. Ferner wurde ein Entwurf eines Gesetzes zur Reform des Zivilprozesses (ZPO-E) am 4.7.2000 vorgelegt, in dem die Änderungen gegenüber dem Referentenentwurf des ZPO-RG enthalten sind[190].

---

185 Beschlüsse, Verhandlungen des 61. Deutschen Juristentages, Bd. II /1, Teil I (1996), I 67.

186 Die Arbeitsgruppe hatte sich im Anschluß an den 61. Deutschen Juristentag 1996 konstituiert, um die Diskussion, die von der Arbeitsgruppe „Vereinfachung des zivilgerichtlichen Verfahrens und des Verfahrens der freiwilligen Gerichtsbarkeit" begonnen worden war, fortzuführen. Vgl. den Referentenentwurf „Gesetz zur Reform des Zivilprozesses" (zitiert: Referentenentwurf des ZPO-RG), S. 70. Der Wortlaut und die Begründung des Referentenentwurf des ZPO-RG ist auf der Internetseite des Bundesministerium der Justiz (http://www.bmj.bund.de) zu lesen.

187 Mit der Stärkung der ersten Instanz geht die Umgestaltung der zweiten einher. Referentenentwurf des ZPO-RG, S. 63.

188 Bundesministerium der Justiz (Hrsg.), Bericht zu Rechtsmittelreform in Zivilsachen (1999) (zitiert: Diskussionsentwurf von 1999), S. 111 ff. Vgl. dazu Vorschläge des Bundesministeriums der Justiz zur Justizreform in Zivilsachen, AnwBl 1999, S. 543 ff.

189 Diskussionsentwurf von 1999, S. 72.

190 BT-Drs. 14 / 3750.

2. Diskussionsentwurf von 1999

a. Vorlegung von Urkunden oder Unterlagen

Im Diskussionsentwurf wurde zunächst vorgeschlagen, dem Gericht die Befugnis zu erteilen, von den Prozeßparteien die Vorlegung sämtlicher den Streitgegenstand betreffender Urkunden zu verlangen, was es ermögliche, die Tatsachenfeststellung auf einer weiteren und solideren Basis durchzuführen. Die Einführung dieser Befugnis werde zwar eine Revision und Einschränkung des Beibringungsgrundsatzes mit sich bringen, angesichts des Gewichts von Unterlagenbeschaffung und Tatsachenfeststellung stelle dies aber kein Problem dar. Das Prinzip gelte auch für die anderen Bereiche der ZPO (Familien- oder Kindschaftssachen) und helfe bei der Wahrheitsfindung. Die Gefahr einer übermäßigen Annäherung an die *discovery* bestehe durch die Einführung nicht, da das Gericht nicht aktiv die Untersuchung durchführe, sondern lediglich durch Parteivorbringen behauptete oder aufgrund der Erfahrung des Gerichts naheliegende Unterlagen in den Prozeß einbringen könne, auch wenn dies nicht konkret beantragt wurde. Dadurch werde es möglich, unter Berücksichtigung des Beibringungsgrundsatzes Urkunden von der nicht beweisbelasteten Partei vorlegen zu lassen[191].

In Zukunft solle dem Gericht auch die Befugnis erteilt werden, die Vorlegung von Urkunden durch Dritte anzuordnen. Sofern sie nicht zur Zeugnis- oder Auskunftsverweigerung berechtigt sind, seien Dritte zur Aussage über Urkunden und Augenscheinsobjekte verpflichtet. Darüber hinaus solle Dritten vom Gericht auch die Vorlegung der Urkunden und Augenscheinsobjekte aufgegeben werden können[192].

Wenn diese Urkunden oder Unterlagen schutzwürdige Informationen enthalten, bedürfe die angemessene Berücksichtigung derartiger schutzwürdiger Interessen noch eingehender Prüfung[193].

Das Bundesministerium der Justiz schlug folgendes vor: Zunächst könne die allgemeine Vorschrift (§§ 355 ff.) eingestellt werden, um dann als nächstes die folgende neue Vorschrift einzufügen:

---

[191] Diskussionsentwurf von 1999, S. 111 f.
[192] Diskussionsentwurf von 1999, S. 112.
[193] Diskussionsentwurf von 1999, S. 112 f.

„§ X (E) (2) Das Gericht kann den Parteien oder Dritten auch ohne entsprechenden Antrag die Vorlage von Urkunden und sonstigen Unterlagen, auf die Bezug genommen wurde, aufgeben; es kann den Parteien hierfür eine Frist setzen. Dritte sind zur Vorlage nicht verpflichtet, wenn sie zur Zeugnisverweigerung gem. §§ 383, 384 berechtigt wären.[194]"

Für den Fall, daß eine Partei die Vorlegung einer Urkunde oder Unterlage eigenmächtig unterläßt, solle § 427 gelten. Falls ein Dritter die Vorlegung ungerechtfertigt verweigert, solle wie bei der ungerechtfertigten Zeugnisverweigerung Ordnungsgeld und -haft verfügt werden können[195].

b. Augenschein

Nach dem Diskussionsentwurf sollte dem Gericht die Befugnis erteilt werden, den Prozeßparteien und Dritten die Bereitstellung von Augenscheinsobjekten bzw. die Duldungspflicht des Augenscheins aufzulegen. Er schlug hierzu vor, die folgenden Vorschriften neu einzuführen:

„§ X (E) (1) Das Gericht kann auch ohne entsprechenden Antrag die Einnahme des Augenscheins anordnen sowie den Parteien oder Dritten die Vorlage von Augenscheinsobjekten aufgeben; es kann hierfür eine Frist setzen.
(2) Die Parteien sowie Dritte sind zur Duldung eines gerichtlich angeordneten Augenscheins verpflichtet. Dies gilt nicht, soweit der Dritte zur Zeugnisverweigerung gem. §§ 383, 384 berechtigt wäre.[196]"

Sanktionen sollen gegenüber den Prozeßparteien gemäß § 427 (Folgen der Nichtvorlegung von Urkunden) sowie gegenüber Dritten nach §§ 380 (Folgen des Ausbleibens des Zeugen), 390 (Zeugniszwang) ergriffen werden[197].

c. Bewertung des Diskussionsentwurfs von 1999

Der Deutsche Richterbund begrüßte grundsätzlich den Diskussionsentwurf von 1999. Soweit Neuregelungen für den Urkunden- und Augenscheins-

---

[194] Diskussionsentwurf von 1999, S. 113.
[195] Diskussionsentwurf von 1999, S. 113.
[196] Diskussionsentwurf von 1999, S. 115.
[197] Diskussionsentwurf von 1999, S. 116.

beweis vorgeschlagen wurden, sei ein Bedürfnis hierfür jedoch nicht erkennbar, weil § 286 eine hinreichende Sanktionsmöglichkeit für unterlassene Mitwirkung einer Partei bei der Sachaufklärung darstelle. Auch begegne die sanktionenbewehrte Einbeziehung Dritter in den Prozeß Bedenken; sogar im Falle ihrer Verpflichtung zur Duldung eines Augenscheins besteht die Gefahr des Verstoßes gegen Verfassungsrecht (zum Beispiel, wenn dieser in der Wohnung eines Dritten eingenommen werden soll)[198].

3. Referentenentwurf des ZPO-RG

a. Vorlegung von Urkunden oder Unterlagen

Die Referenten schlugen vor, daß das Gericht die Vorlegung von Urkunden und sonstigen Unterlagen unabhängig von einem Beweisantritt einer Partei unter Beachtung der Grundsätze der Verhältnismäßigkeit und Zumutbarkeit anordnen kann. Ferner sei nicht nur eine Partei, sondern auch ein Dritter zur Vorlegung verpflichtet, auch wenn er materiellrechtlich dazu nicht verpflichtet sei. Eine Vorlegungspflicht bestehe hingegen nicht, soweit ihm ein Zeugnisverweigerungsrecht zur Seite stehe[199].

Nach dem Referentenentwurf erhält § 142 folgende Neufassung:

> „§ 142 ZPO-RefE (1) Das Gericht kann anordnen, daß eine Partei oder ein Dritter die in ihrem Besitz befindlichen Urkunden und sonstigen Unterlagen vorlege. Das Gericht kann hierfür eine Frist setzen sowie anordnen, daß die vorgelegten Unterlagen während einer von ihm zu bestimmenden Zeit auf der Geschäftsstelle verbleiben.
> (2) Dritte sind zur Vorlegung nicht verpflichtet, soweit sie zur Zeugnisverweigerung gemäß §§ 383 bis 385 berechtigt sind. §§ 386 bis 390 gelten entsprechend.
> (3) Das Gericht kann anordnen, daß von den in fremder Sprache abgefassten Urkunden eine Übersetzung beigebracht werde, die ein nach den Richtlinien der Landesjustizverwaltung hierzu ermächtigter Übersetzer angefertigt hat. Die Anordnung kann nicht gegenüber dem Dritten ergehen.[200]“

---

198 DRB begrüßt Bestrebungen zur Rechtsmittelreform in Zivilsachen, DRiZ 1999, S. 426, 428.
199 Referentenentwurf des ZPO-RG, S. 110.
200 Referentenentwurf des ZPO-RG, S. 6 f.

Diese Modifikation führte zur folgenden Änderung:

> „§ 428 ZPO-RefE Befindet sich die Urkunde nach der Behauptung des Beweisführers im Besitz eines Dritten, so wird der Beweis durch den Antrag angetreten, zur Herbeischaffung der Urkunde eine Frist zu bestimmen oder eine Anordnung nach § 142 zu erlassen.[201]"

Die Referenten schlugen vor, dem Beweisführer, der sich zum Beweis auf eine im Besitz eines Dritten befindlichen Urkunde beruft, die Möglichkeit einzuräumen, den Beweis auch dadurch anzutreten, daß er den Erlaß einer gerichtlichen Anordnung nach § 142 beantragt. Der Beweisführer solle aus Gründen der Prozessökonomie unabhängig vom Bestehen eines materiell-rechtlichen Vorlegungs- und Herausgabeanspruchs den Urkundenbeweis durch einen Antrag auf Anordnung der Urkundenvorlegung antreten. Das Gericht habe dem Gesuch zu entsprechen, wenn es davon überzeugt sei, daß (1) die Urkunde sich im Besitz des Dritten befinde, (2) die Tatsache, die durch die Vorlegung der Urkunde bewiesen werden solle, erheblich sei und (3) der Inhalt der Urkunde zum Beweis dieser Tatsache geeignet erscheine. Das Gericht könne die Vorlegung gegenüber Dritten jedoch letztlich nicht erzwingen, sondern insoweit nur Ordnungsgeld und -haft verhängen. Die Verweigerung der Vorlegung habe das Gericht frei zu würdigen[202].

b. Augenschein

Die Referenten schlugen zunächst vor, die gerichtliche Befugnis zur Anordnung der Einnahme eines Augenschein auf die Vorlegung von Augenscheinsobjekten zu erweitern[203].

Nach dem Referentenentwurf sollte § 144 folgendermaßen geändert werden:

> „§ 144 ZPO-RefE (1) Das Gericht kann die Einnahme des Augenscheins sowie die Begutachtung durch Sachverständige anordnen. Es kann zu diesem Zweck einer Partei oder einem Dritten die Vorlegung eines in ihrem Besitz befindlichen Gegenstandes aufgeben und hierfür eine Frist setzen.
> (2) Dritte sind zur Vorlegung nicht verpflichtet, soweit sie zur

---

201 Referentenentwurf des ZPO-RG, S. 14.
202 Referentenentwurf des ZPO-RG, S. 127 f.
203 Referentenentwurf des ZPO-RG, S. 110 f.

Zeugnisverweigerung gemäß §§ 383 bis 385 berechtigt sind. §§ 386 bis 390 gelten entsprechend.
(3) Das Verfahren richtet sich nach den Vorschriften, die eine auf Antrag angeordnete Einnahme des Augenscheins oder Begutachtung durch Sachverständige zum Gegenstand haben.[204]"

Nach dem Referentenentwurf sollten die Voraussetzungen für den Antritt des Augenscheinsbeweises präzisiert werden, wenn sich das Augenscheinsobjekt im Besitz eines Dritten befindet. Danach sollte dem Beweisführer die Möglichkeit eröffnet werden, entweder das Gericht um Bestimmung einer Frist für die Vorlegung des Augenscheins zu ersuchen oder eine gerichtliche Anordnung über die Einnahme des Augenscheins zu beantragen[205].

Die erste Alternative sollte in Betracht kommen, wenn der Beweisführer nach den materiellrechtlichen Vorschriften vom Dritten die Herausgabe oder die Vorlegung des Augenscheinsobjekts verlangen kann. Die zweite Alternative sollte insbesondere in Betracht kommen, wenn eine materiellrechtliche Verpflichtung des Dritten zur Vorlegung und Herausgabe des Augenscheinsobjekts gegenüber dem Beweisführer nicht besteht. Die Referenten waren der Ansicht, daß das Gericht dem Gesuch zu entsprechen habe, wenn es davon überzeugt sei, daß (1) der Gegenstand sich im Besitz des Dritten befindet, (2) die Tatsache, die durch die Einnahme des Augenscheins bewiesen werden soll, erheblich ist und (3) die Einnahme des Augenscheins zum Beweis dieser Tatsache geeignet erscheint. Das Gericht könne die Vorlegung gegenüber dem Dritten allerdings nicht erzwingen. Ihm stehe insofern nur die Verhängung von Ordnungsgeld und -haft zur Verfügung. Die Verweigerung der Vorlegung habe das Gericht frei zu würdigen[206].

Ferner solle eine Beweisregel für den Fall, daß die Gegenpartei des Beweisführers die ihr zumutbare Einnahme des gerichtlichen Augenscheins vereitele, eingeführt werden. Die Vorschrift sei anwendbar, wenn die Gegenpartei die Herausgabe des in ihrem Besitz befindlichen Augenscheinsobjekts verweigert, das Augenscheinsobjekt zerstört oder beiseite schafft. Die Beweisregel gelte auch dann, wenn die Gegenpartei zur Duldung eines ihr zumutbaren Augenscheins nicht bereit ist (für den Urkundenbeweis vgl.

---

[204] Referentenentwurf des ZPO-RG, S. 7.
[205] Referentenentwurf des ZPO-RG, S. 126.
[206] Referentenentwurf des ZPO-RG, S. 127.

§ 444)[207].

Nach dem Referentenentwurf soll § 371 folgendermaßen geändert werden:

> „§ 371 ZPO-RefE (1) Der Beweis durch Augenschein wird durch die Bezeichnung des Gegenstandes des Augenscheins und durch die Angabe der zu beweisenden Tatsachen angetreten.
> (2) Befindet sich der Gegenstand nach der Behauptung des Beweisführers im Besitz eines Dritten, so wird der Beweis außerdem durch den Antrag angetreten, zur Herbeischaffung des Gegenstandes eine Frist zu setzen oder eine Anordnung nach § 144 zu erlassen. §§ 429 bis 432 gelten entsprechend.
> (3) Vereitelt eine Partei die ihr zumutbare Einnahme des Augenscheins, so können die Behauptungen des Gegners über die Beschaffenheit des Gegenstandes als bewiesen angesehen werden.[208]"

4. Entwurf des Zivilprozeßreformgesetzes

Der Entwurf des Zivilprozeßreformgesetzes enthält Regelungen zur Erweiterung prozessualer Aufklärungs- und Vorlagepflichten in den Bereichen des Urkunden- und Augenscheinsbeweises, um die erste Instanz zu verstärken[209].

a. Vorlegung von Urkunde oder Unterlagen

Nach dem Entwurf des Zivilprozeßreformgesetzes werden Dritte von der Vorlegungspflicht der Urkunde nicht nur durch die Zeugnisverweigerung sondern auch dadurch befreit, daß die Vorlegung ihnen nicht zumutbar ist (§ 142 Abs. 2 ZPO-E). § 428 ZPO-E setzt den Vorschrift des § 428 ZPO-RefE fort[210].

> „§ 142 ZPO-E (1) Das Gericht kann anordnen, daß eine Partei oder ein Dritter die in ihrem oder seinem Besitz befindlichen Urkunden und sonstigen Unterlagen, auf die sich eine Partei bezogen hat, vorlege. Das Gericht kann hierfür eine Frist setzen sowie anordnen,

---

207 Referentenentwurf des ZPO-RG, S. 127.
208 Referentenentwurf des ZPO-RG, S. 14.
209 BT-Drs. 14 / 3750, S. 100.
210 BT-Drs. 14 / 3750, S. 20, 163.

daß die vorgelegten Unterlagen während einer von ihm zu bestimmenden Zeit auf der Geschäftsstelle verbleiben.
(2) Dritte sind zur Vorlegung nicht verpflichtet, soweit ihnen diese nicht zumutbar ist oder sie zur Zeugnisverweigerung gemäß §§ 383 bis 385 berechtigt sind. §§ 386 bis 390 gelten entsprechend.
(3) Das Gericht kann anordnen, daß von den in fremder Sprache abgefassten Urkunden eine Übersetzung beigebracht werde, die ein nach den Richtlinien der Landesjustizverwaltung hierzu ermächtigter Übersetzer angefertigt hat. Die Anordnung kann nicht gegenüber dem Dritten ergehen.[211]"

b. Augenschein

§ 144 ZPO-E erhält folgende Fassung:

„§ 144 ZPO-E (1) Das Gericht kann die Einnahme des Augenscheins sowie die Begutachtung durch Sachverständige anordnen. Es kann zu diesem Zweck einer Partei oder einem Dritten die Vorlegung eines in ihrem oder seinem Besitz befindlichen Gegenstandes aufgeben und hierfür eine Frist setzen. Es kann auch die Duldung der Maßnahme nach Satz 1 aufgeben, sofern nicht eine Wohnung betroffen ist.
(2) Dritte sind zur Vorlegung oder Duldung nicht verpflichtet, soweit ihnen diese nicht zumutbar ist oder sie zur Zeugnisverweigerung gemäß §§ 383 bis 385 berechtigt sind. §§ 386 bis 390 gelten entsprechend.
(3) Das Verfahren richtet sich nach den Vorschriften, die eine auf Antrag angeordnete Einnahme des Augenscheins oder Begutachtung durch Sachverständige zum Gegenstand haben.[212]"

Der Entwurf schreibt in Abs. 1 Satz 2 die Pflicht zur Duldung des Augenscheins vor: Die gerichtliche Anordnungskompetenz zur Vorlegung von Augenscheinsobjekten durch die Partei oder einen Dritten wird über die passive Duldung der Augenscheinnahme hinaus erweitert. Nach der Begründung des Entwurfs ist die gerichtliche Anordnung zur Vorlage nicht erzwingbar[213]. Entsprechend § 142 ZPO-E trifft die Vorlegungspflicht auch Dritte, aber sie müssen den Augenschein nicht dulden, wenn ihnen die Vor-

---

[211] BT-Drs. 14 / 3750, S. 9 f.
[212] BT-Drs. 14 / 3750, S. 10.
[213] BT-Drs. 14 / 3750, S. 139.

legung unzumutbar ist oder ihnen ein Zeugnisverweigerungsrecht zur Seite steht.

§ 371 ZPO-E bleibt wie in § 371 ZPO-RefE bestehen[214]. Nach § 378 Abs. 1 Satz 2 ZPO-E sollen die §§ 142 und 429 unberührt bleiben[215]. Diese Ergänzung stellt klar, daß der Zeuge vor seiner Vernehmung einschlägige Aufzeichnungen durchsehen und zum Termin mitbringen muß, daß das Gericht aber unabhängig davon die Vorlage der entsprechenden Unterlagen anordnen kann[216].

VII. Zwischenergebnis

Das in der ZPO vorgegebene System der Informationsbeschaffung ist nicht ausreichend[217]. Dieser Mangel wird mit Hilfe verschiedener, von der Rechtsprechung und in der Lehre entwickelter Theorien und durch Anwendung der Vorschriften des materiellen Rechts ausgefüllt.

Als Instrument der Informationsbeschaffung nicht nur während des Prozesses, sondern auch vor dem Prozeß existiert das selbständige Beweisverfahren. Weiterhin kann die Beibringung von Informationen auf der Grundlage von Auskunftsansprüchen des materiellen Rechts verlangt werden. Rechtsprechung und Lehre sind bemüht, auch in Fällen, in denen kein ausdrücklich geregelter materiellrechtlicher Auskunftsanspruch vorgegeben ist, durch großzügige Auslegung von §§ 809, 810, 242 BGB einen weit gefaßten Auskunftsanspruch einzuräumen. Besonders unzureichend ist das System der Beschaffung von Informationen im anhängigen Prozeß. Die Rechtsprechung geht hierauf ein, indem sie von Fall zu Fall unterschiedlich starke Anforderungen an die Substantiierungspflicht der beiderseitigen Parteivorbringen stellt. Hierzu wird häufig die Theorie der sekundären Behauptungslast und der Beweisvereitelung herangezogen.

---

214 BT-Drs. 14 / 3750, S. 19, 161 f.

215 BT-Drs. 14 / 3750, S. 19.

216 BT-Drs. 14 / 3750, S. 162.

217 Nach Gottwald hat in Deutschland „zwar das soziale Zivilprozeßrecht literarische Anerkennung gefunden, die Aufklärungspflicht von Parteien und Dritten beruhe aber wesentlich auf der sonst überholten sporting theory of justice.“ Gottwald, Linzer Universitätsschriften, Beiträge zum Zivilprozeßrecht V., S. 36.

Die Lehre bejaht zwar den von der Rechtsprechung vorgegebenen weiten Rahmen, gibt sich damit aber nicht zufrieden. Eine einflußreiche Meinung besagt, daß eine allgemeine prozessuale Aufklärungspflicht anerkannt werden sollte, um bei der Auslegung der von der Rechtsprechung formulierten Theorien zu einem einheitlichen Verständnis zu kommen. In der Rechtsprechung und nach herrschender Meinung wird dies allerdings mit der Begründung abgelehnt, daß die Anerkennung der Aufklärungspflicht nicht Sache des Prozeßrechts, sondern Aufgabe des materiellen Rechts sei und die Verhandlungsmaxime inhaltlich verändert würde.

Es wurde auch versucht, die von der Rechtsprechung formierten Theorien durch Änderung der ZPO gesetzlich als System zu instituieren. In den Kommissionsberichten von 1961 und 1977 wurde die Einführung einer Vorschrift vorgeschlagen, die den Prozeßparteien und Dritten im Prinzip eine allgemeine Vorlegungspflicht von Urkunden aufgibt. Weiterhin enthielt der Kommissionsbericht von 1977 auch den Vorschlag zur Aufnahme einer Bestimmung, die den Parteien eine allgemeine und Dritten eine begrenzte Duldungspflicht des Augenscheins auferlegt. Auf dem 61. Deutschen Juristentag von 1996 präsentierte Gottwald einen Vorschlag zur ausdrücklichen Verankerung der prozessualen Aufklärungspflicht und einer allgemeinen Vorlegungspflicht von Urkunden für Prozeßparteien und Dritte in der ZPO. Weiterhin wurde im Diskussionsentwurf von 1999 die Einführung einer allgemeinen Urkundenvorlagepflicht und einer Duldungspflicht des Augenscheins für die Prozeßparteien angeregt. Gleichzeitig wurde auch in Bezug auf Dritte die Einführung einer begrenzten Duldungspflicht des Augenscheins vorgeschlagen und darauf verwiesen, daß auch die zukünftige Einführung einer Vorlegungspflicht von Urkunden zu überlegen sei. Auch der Referentenentwurf und Entwurf eines ZPO-RG schlagen ein Konzept zur Erweiterung der Informationsbeschaffung vor.

Diese Entwicklung von Lehrmeinungen und Änderungsvorschlägen zur ZPO bestätigt, daß im deutschen Recht das Beschaffungssystem für Informationen der geltenden ZPO durch Heranziehung des materiellen Rechts und von der Rechtsprechung formierten Theorien nicht als ausreichend angesehen wird.

Bezüglich der vorprozessualen Beschaffung von Informationen und Beweisen gilt, daß mit dem selbständigen Beweisverfahren zwar ein teilweises Offenbarungssystem für Informationen vorhanden ist, dieses aber nicht in allen Fällen ausreicht. Die Beschaffung von Informationen nach Klageerhebung ist nach wie vor der Entwicklung von Rechtsprechung und Lehre überlassen. Auf dem 61. Deutschen Juristentag wurde aber die Einführung einer allgemeinen prozessualen Aufklärungspflicht von einem Drittel der Teilnehmer unterstützt und entgegen der Ablehnung auf dem 61. Juristentag wurde im Diskussionsentwurf von 1999, Referentenentwurf und Entwurf des ZPO-RG eine Erweiterung der Aufklärungsmöglichkeiten vorgeschlagen. Das läßt darauf schließen, daß eine abschließende Aufklärung dieser Frage noch aussteht.

§ 3 DAS US-AMERIKANISCHE RECHT

I. Einführung

A. Zivilprozeß in den USA

Unstreitig ist das US-amerikanische System der Informationsbeschaffung ganz anders als das deutsche System.

In den USA werden Informationen und Beweismittel mit Hilfe des *discovery*-Systems gesammelt. *Discovery* ist ein juristisches Offenlegungsverfahren, das zwischen den *pleadings* und dem *trial* durchgeführt wird[1].

In den USA beginnt das Verfahren wie in Deutschland mit Einreichen der Klage bei Gericht (*filing of the complaint*, Rule 3 F. R. C. P.). *Pleading* ist das Verfahren, in dem die Schriftsätze, in denen die Behauptungen der Parteien geschrieben sind, zwischen den Parteien ausgetauscht werden. Diese Schriftsätze selbst heißen ebenfalls *pleading*. Das erste *pleading* ist die Klageschrift. Die Klageschrift wird mit der vom Gericht ausgestellen Ladung (*summons*) im Parteibetrieb zugestellt (Rule 4 (c) (1) F. R. C. P.). Die Klage enthält eine bloße Andeutung des Sachverhaltes und den Klageantrag (Rule 8 (a) F. R. C. P.). Sie dient allein dazu, den Gegner grob ins Bild zu setzen (*notice-pleading*). Die Konkretisierung des Streitstoffs und die Ermittlung der Tatsachen erfolgt erst in der *discovery*[2].

Rule 26 (b) (1) F. R. C. P. sieht vor:

> „*Parties may obtain discovery regarding any matter, not privileged, which is relevant to the subject matter involved in the pending action,* …….[3]"

---

1 In den USA hat jeder Staat sein eigenes *discovery*-System: Nicht alle Systeme sind einheitlich. Das System einiger Staaten nimmt sich jedoch das System des Bundesstaats (*State*), des Bundesgerichts (*Federal Court*), geregelt durch die *Federal Rules of Civil Procedure* zum Vorbild. Deshalb wird hier grundsätzlich das System des Bundesstaats erklärt.

2 Hickman v. Taylor, 329 U.S. 495 (1947). Vgl. dazu u. II . A.

3 „Die Parteien können die Aufdeckung jedes Gegenstandes erlangen, der nicht einem

Nach der *discovery* kommt das *trial*. *Trial* ist die Hauptverhandlung vor dem Gericht. Im *trial* findet eine intensive Verhandlung statt. Deswegen muß jede Partei vor dem *trial* alle Vorbereitungen erledigt haben, d.h. das Tatsachenmaterial und die Beweismittel vollständig gesammelt haben. Die *discovery* ermöglicht es den jeweiligen Parteien vor dem *trial*, Sachverhalte zu begreifen, Streitpunkte klar zu machen und genau zu definieren sowie nötige Beweismittel zu sichern. In der Praxis werden über 90 % der Prozesse vor dem *trial* durch Vergleich erledigt[4].

Dieses als „Gerippe" bezeichnete Schriftstück[5] muß weder konkrete Tatsachen noch irgendwelche Beweisangebote enthalten. Durch die *discovery* werden sie ermittelt. Im deutschen Verfahren ist der wichtigste Teil des Verfahrens der Haupttermin. In den USA werden dagegen viele Prozesse vor dem *trial* abgeschlossen. Das Schwergewicht des US-amerikanischen Zivilprozesses liegt also im *discovery*-Verfahren.

B. Begriff *discovery*

Die *discovery* wurde 1938 eingeführt, als die *Federal Rules of Civil Procedure* erlassen wurden. Man ging von der Vorstellung aus, daß das *discovery*-Verfahren eine vorzeitige Ausschaltung von Überraschungen bei der Beweisaufnahme in der Hauptverhandlung ermöglicht[6]. Ziel dieses Systems ist es, eine Waffengleichheit zwischen den Parteien herbeizuführen, wobei grundlegende Streitpunkte, Tatsachen und Beweismittel offengelegt werden[7].

Im Rahmen der *discovery* wird das Sammeln der Informationen und Beweismittel von den betroffenen Parteien selbst durchgeführt, d.h. die

---

Zeugnisverweigerungsrecht unterliegt (nicht privilegiert ist) und der für den Gegenstand des anhängigen Prozesses relevant ist······."
Vgl. Junker, Die Discovery-Reform des Jahres 1993: Zeitenwende oder Gesetzeskosmetik?, ZZPInt 1 (1996), S. 235, 263.

4 Paulus, Discovery, Deutsches Recht und das Haager Beweisübereinkommen, ZZP 104 (1991), S. 397, 400; Schack, Einführung in das US-amerikanische Zivilprozeßrecht, 2. Aufl., 1995, S. 59.

5 Schack, Einführung in das US-amerikanische Zivilprozeßrecht, S. 40.

6 Gottwald, Linzer Universitätsschriften, Beiträge zum Zivilprozeßrecht V., 1995, S. 23.

7 Vgl. Hickman v. Taylor, 329 U.S. 495.

discovery wird auf Initiative der Parteien geführt. Abgesehen von der ärztlichen Untersuchung des körperlichen und geistigen Zustands (Rule 35 (a) F. R. C. P.), können die Parteien von der Gegenpartei die Offenlegung jeglicher Beweismittel und Informationen verlangen. Die Nichtbefolgung der *discovery*-Forderung einer Partei hat jedoch strenge Sanktionen zur Folge, wie z.B. die Geständnisfiktion der Behauptungen der fordernden Partei (Rule 37 F. R. C. P.).

Mit Hilfe der *discovery* können umfangreiche Informationen und Beweismittel beschafft werden. Die Art und Weise der Informationsbeschaffung ist vielfältig und umfangreich. Durch die *discovery* können die folgenden Informationen begehrt werden[8].

(a) Jede Partei kann mündliche Aussagen von jedem möglichen Zeugen begehren (*deposition*, Rule 30 und 31 F. R. C. P.).

(b) Jede Partei kann dem Gegner schriftliche Fragen stellen (*interrogatory*, Rule 33 F. R. C. P.).

(c) Jede Partei kann verlangen, daß ihr Dokumente jeder Art zur Einsicht und zur Kopie vorgelegt werden (*document production*); sie kann die Inaugenscheinnahme beweglicher Sachen und den Zutritt zum Besitz des Gegners verlangen, um dort Erhebungen, Messungen und andere Tests durchzuführen, um zu fotografieren oder Proben zu entnehmen (Rule 34 F. R. C. P.).

(d) Jede Partei kann die ärztliche Untersuchung einer Partei oder einer Person in der Obhut der Partei verlangen (Rule 35 F. R. C. P.). Und:

(e) Jede Partei kann den Gegner auffordern, bestimmte Tatsachen zuzugestehen (*request for admission*, Rule 36 F. R. C. P.).

Ursprünglich war *discovery* als eine Ergänzung des vereinfachten *pleading* gedacht. Später im Verlauf der Ergänzung des *pleading* hatte die *discovery* die Funktion, die für einen Prozeß notwendigen Informationen und Beweismittel zu sichern. Dies wurde immer nützlicher für die Einordnung der Streitpunkte und Förderung eines Vergleichs vor dem *trial*. Auf diese Art

[8] Vgl. dazu u. III. D. 1.

und Weise erlangte die *discovery* eine zentrale Bedeutung im Zivilprozeß in den USA. Mit der *discovery* erhielt man bei vielen Prozessen bessere Chancen. Teilweise führen die Ergebnisse der *discovery* sogar dazu, daß die Parteien auf die Durchführung des *trial* verzichten, z.B. weil sie einer Klage auf der gefundenen Tatsachengrundlage keine Erfolgaussichten einräumen.

Aber diese große Bedeutung führte zu einem Mißbrauch. In den USA kam es zu einem ständigen Anstieg der Prozeßzahlen (sog. *litigation explosion*). Dies hatte zur Folge, daß die Prozeßdauer anstieg und die Kosten der Prozeßführung zu einem großen Problem wurden. Die Hauptursache dafür ist der Mißbrauch der *discovery*. Oftmals werden der Partei, die die *discovery* fordert, neben den geforderten Materialien noch so viele andere übergeben, daß unter all dem Irrelevanten, die dem Gegner nachteiligen Materialien nur mühsam gefunden werden können. Zudem mußten manche Kläger eine Lösung der Konflikte und die Verfolgung ihrer Rechte im Prozeßweg aufgeben, weil dies zu viel Zeit und Geld kostete. Nach einer Reform der *Federal Rules of Civil Procedure* im Jahre 1970 war die Situation ganz schwierig geworden. Der Grund dafür ist, daß diese Reform der Anwendung der *discovery* stark förderlich war. Obwohl es für die Parteien leichter wurde, Beweise zu erheben, kam es häufiger zu unbefriedigenden Vergleichen, weil eine Fortsetzung des Prozesses zuviel Zeit und Geld gekostet hätte.

1980 und 1983 wurden die *Federal Rules of Civil Procedure* erneut geändert, um diesen Mißbrauch abzuschaffen. Aber diese Reformen zeigten wenig Wirkung[9]. Für die Lösung dieses Problems war es notwendig, das Verfahren grundlegend zu refomieren.

Deshalb wurde im Jahre 1993 ein neuer Versuch zur Reform des Verfahrens unternommen. Das *disclosure* wurde eingeführt, das beide Parteien zur selbständigen Offenbarung der Informationen verpflichtet. Das bedeutet, daß jede Partei danach den Stoff für ihre Behauptungen und Beweise ergänzen kann. Gleichzeitig wurde die Anzahl der *depositions* und *interrogatories* beschränkt: Der Gegenstand der *deposition* wurde auf maximal 10 Personen pro Partei begrenzt, sofern das Gericht nicht etwas anderes genehmigt (Rule 30 (a) (2) F. R. C. P.). Die Zahl der Fragepunkte in *interrog-*

[9] Diese Reformen erwiesen sich, gemessen am Kriterium der Effektivität, als ein „Schlag ins Wasser". Vgl. Lorenz, Die Neuregelung der pre-trial-Discovery im US-amerikanischen Zivilprozeßrecht—Inspiration für den deutschen und europäischen Zivilprozeß?, ZZP 111 (1998), S. 35, 51; Junker, ZZPInt 1 (1996), S. 241.

atories ist außer bei Genehmigung durch das Gericht oder Einverständnis des Gegners auf 25 Punkte einschließlich Unterpunkte begrenzt. Neben den *Federal Rules of Civil Procedure* verabschiedete der Gesetzgeber den *Civil Justice Reform Act* von 1990. Auch darin liegt ein Versuch des Gesetzgebers, den Mißbrauch der *discovery* zu verhüten. Durch dieses Gesetz werden *District Courts* ermächtigt, auf Probe die Häufigkeit der *discovery* zu beschränken[10] und die Parteien zu verpflichten, von sich aus die in ihrer Hand befindlichen Informationen auszutauschen[11].

In diesem Paragraph wird das *discovery*-System vorgestellt, auf dem die Informationsbeschaffung in den USA basiert. Zunächst wird ein Überblick über die Geschichte der Reform des *discovery*-Systems gegeben und Versuche den Mißbrauch einzudämmen, vorgestellt (II.). Danach folgt ein Überblick über die Reformen der *Federal Rules of Civil Procedure* von 1980 und 1983 sowie das seit der Reform von 1993 geltende *discovery*-System (III.). Eine Bewertung dieser Reformbemühungen schließt sich daran an (IV.). Schließlich sollen interessante Gesichtspunkte für den deutschen Gesetzgeber aufgezeigt werden (V.)[12].

---

10 28 U.S.C. § 473 (a) (3).

11 28 U.S.C. § 473 (a) (4). Vgl. dazu u. III. B.

12 Die Regelungen der *discovery* in der *Federal Rules of Civil Procedure* wurde nach der Reform von 1993 in den folgenden Punkten weiter geändert:
– Der Umfang von *discovery* der Rechtsanwälte wird auf die Sachverhalte beschränkt, die mit den Angriffs- und Verteidigungsmitteln der beiden Parteien zusammenhängen;
– in die Durchführung von *initial disclosure* werden nur die vorteilhaften Prozeßstoffe für die Parteien einbezogen;
– *deposition* soll nur an einem Tag und innerhalb von sieben Stunden durchgeführt werden;
– ein Bundesgericht kann durch *local rule* die Einführung von *initial disclosure*, die Begrenzung der Häufigkeit von *deposition* und *interrogatory*, die Verpflichtung von *intial disclosure* vor der *discovery*, und die Durchführung von *scheduling conference* nicht mehr ablehnen.
Diese Reform ist am 1.12.2000 in Kraft getreten. Vgl. dazu Amendments to the Federal Rules of Civil Procedure, Federal Rules of Evidence, Federal Rules of Criminal Procedure and Federal Rules of Bankruptcy Procedure, 192 F.R.D. 340 ff. (2000). Zur Reform von 1993 und zum System danach u. III. C. und D.

II. Geschichtlicher Überblick über das *discovery*-System bis zur Reform von 1993

A. *Federal Rules of Civil Procedure* von 1938

Nach den *Federal Rules of Civil Procedure* von 1938 wurde der Umfang der *discovery* bestimmt (Rule 26 (b)). Nach dieser *Rule* hatte das *pleading* nur die Funktion, dem Gegner die Grundlage der eingeklagten Forderung bzw. der Einreden, mitzuteilen (*notice-pleading*). Die Beschränkung des Streitgegenstandes sowie die Ermittlung der damit zusammenhängenden Tatsachen wurden der umfangreichen *discovery* überlassen[13]. Die *discovery* wurde als ein System eingeführt, das effektiver und vollkommener funktionieren sollte als das frühere *common law pleading*, das die Beschränkung des Streitgegenstandes und die Beschaffung der Informationen über den Streitgegenstand nur unvollkommen gewährleistete.

Die *discovery* war früher grundsätzlich ein System, das der gegnerischen Partei, die keine geeigneten Beweismittel besaß gestattete, die bei einem *trial* benötigten Beweismittel für sich zu erlangen.

Zwar hatte jede Partei in *equity* die Möglichkeit, den Gegner zu zwingen, auf schriftliche Fragen unter Eid zu antworten und diese schriftlichen Antworten konnten in der Hauptverhandlung als Beweismittel benutzt werden[14]. Diese Aufklärungspflicht in *equity* beseitigte praktisch die Grundregel, daß keine Seite gezwungen werden kann, gegen sich selbst auszusagen. Aber diese Aufklärungspflicht war begrenzt auf Tatsachen, die unmittelbar zum Streitgegenstand gehörten. Sie richtete sich nur gegen den Gegner und bezog sich nur auf Tatsachen, die auch sonst zulässigerweise in den Prozeß einbezogen werden konnten. Damit war ein Ausforschungsbeweis (sog. *fishing expedition*) noch nicht möglich[15].

Auch nachdem Mitte des 19. Jahrhunderts die Parteivernahme als Beweis-

---

[13] Pike / Willis, The New Federal Deposition-Discovery Procedure, 38 Colum. L. Rev. 1179 (1938); Wright, Law of Federal Courts, 5. Aufl., 1994, 557; Wright / Miller / Kane, Federal Practice and Procedure, Bd. 8, 2. Aufl., 1990, § 2001.

[14] James / Hazard / Leubsdorf, Civil Procedure, 4. Aufl., 1992, S. 232; Teply / Written, Civil Procedure, 1991, S. 535.

[15] Gottwald, Linzer Universitätsschriften, Beiträge zum Zivilprozeßrecht V., S. 22.

mittel anerkannt wurde[16], wurde *discovery* nicht ungebräuchlich, sondern entwickelte sich weiter[17]. Dieses Verfahren wurde bis zu Beginn des 20. Jahrhunderts letztlich nur ähnlich wie ein Beweissicherungsverfahren benutzt[18]. Ferner entwickelte sich die Vorstellung, daß die *discovery* dazu dienen sollte, jede Überraschung bei der Beweisaufnahme in der Hauptverhandlung vorab auszuschalten[19].

Durch den Erlaß der *Federal Rules of Civil Procedure* wurde diese Vorstellung gesetzlich anerkannt. Aufgrund dessen konnte der Betroffene nach den *Federal Rules of Civil Procedure* durch die vorgeschaltete *discovery* grundsätzlich alle Informationen für den Prozess beschaffen. Eine Partei kann danach die vorteilhaften Tatsachen und Beweise der Gegenpartei für sich nutzen und von der Gegenpartei sogar die Abgabe von Erklärungen fordern. Der Prozeß soll so von einem „Spiel für Blinde" zu einem legitimen Wettbewerb werden, durch den grundsätzlich Streitstand, Tatsachen und Beweise geklärt werden[20].

Präzedenzfall zur *discovery* ist die Entscheidung des Falls *Hickman v. Taylor*[21], in dem die Vertreter einer auf einem gesunkenen Schiff Verstorbenen einen Prozeß gegen den Besitzer des Schiffes eingeleitet hatten. In diesem Fall wurde über die Pflicht zur Vorlegung der Notizen gestritten, die der Rechtsanwalt des Beklagten von den Überlebenden gesammelt hatte. Der Beklagte verweigerte die Vorlegung dieser Notizen, weil für sie ein *privilege* (das allgemein anerkannte Verweigerungsrecht) gelte. Das *Supreme Court* urteilte wie folgt: Für diese Notizen gebe es zwar kein *privilege*, aber sie müssen nur offenbart werden, wenn die besondere Notwendigkeit der Notizen beim Prozeß bewiesen werde. Nach dieser Entscheidung muß ein Rechtsanwalt keine Schrift seiner Tätigkeit für die Vorbereitung eines Prozesses, d.h. *work product* (Arbeitsprodukt der Rechts-

---

16 Diese Änderung erfolgte unter der Einfluß des *County Court Act* von 1864 in England. In den USA wurde zuerst in Connecticut die Beweis- und Zeugenfähigkeit der Partei gesetzlich anerkannt.

17 Der *Field Code* in New York hatte das *discovery*-System eingeführt. Nach der Meinung des Gesetzgebers führte die *discovery* zur Feststellung des Tatsachenstoffs innerhalb kürzester Frist, und war sehr wichtig für ein effektives Funktionieren des *Field Code*.

18 James / Hazard / Leubsdorf, Civil Procedure, S. 234; Teply / Written, S. 536.

19 Gottwald, Linzer Universitätsschriften, Beiträge zum Zivilprozeßrecht V., S. 23.

20 United States v. Procter Gamble Company, 356 U.S. 677 (1958); Wright, Law of Federal Courts, S. 557; 8 Wright / Miller / Kane, § 2001.

21 329 U.S. 495 (1947).

anwälte) vorlegen. In dieser Entscheidung verabschiedete sich das *Supreme Court* von der sog. *sporting theory of justice*, nach der der Zivilprozeß eine Art Wettkampf zwischen den Parteien mit dem Richter als neutralem Schiedsrichter sein sollte.

Der Fall *Hickman v. Taylor* wurde zu einer Zeit entschieden, als sich die *discovery* zu entwickeln begann. Mit dieser Entscheidung setzte sich in der Praxis durch, daß grundsätzlich nur *privilege* und *work product* vom Gegenstand der *discovery* ausgeschlossen wurden.

Seit diesem Zeitpunkt bis 1970 wurden die Vorschriften über die *discovery* nur wenig geändert. Die *discovery* wurde in großem Umfang zugelassen.

B. Reform von 1970

Die Reform von 1970 basierte auf dem Ergebnis einer Untersuchung der praktischen Verwendung der *discovery*, die im Rahmen des *Project for effective Justice* an der Columbia Universität unter Vorsitz von Maurice Rosenberg durchgeführt wurde. Das *Advisory Committee* (der beratende Ausschuß zur Änderung der *Federal Rules of Civil Procedure*) hatte dem *Project for Effective Justice* einen Untersuchungsauftrag erteilt. In dieser Untersuchung werden die Antworten von ca. 2,000 Rechtsanwälten ausgewertet, die im Jahre 1963 am *District Court* als Prozeßvertreter tätig waren[22].

Durch diese Untersuchung wurde die Funktionsweise der *discovery* aufgezeigt, wobei sich zeigte, daß die landläufig betonten Vor- und Nachteile nicht unbedingt der Realität entsprachen.

Vor der Untersuchung wurden der *discovery* folgende Vorteile zugeschrieben:

(a) Förderung von Vergleichen, da der Sachverhalt klar wird und den Beteiligten der eigene Standpunkt gegenüber dem Gegner verdeutlicht wird.

---

[22] Glaser, Pretrial Discovery and the Adversary System, 1968, berichtet das Ergebnis.

(b) Kürzere Prozesse durch den Wegfall von Streitpunkten, da ermittelt werden kann, ob trotz Nichtübereinstimmung im *pleading* in Wirklichkeit Übereinstimmung hinsichtlich der Tatsachen besteht und eventuell irrelevante Rechtsfrage ausgeschieden werden können.

(c) Ermittlung und Erlangen von Beweisen: Von den Betroffenen und Zeugen können auf klarer Erinnerung beruhende und durch andere Personen unbeeinflußte präzise Aussagen erlangt werden, und die Vorenthaltung von Informationen und Beweisen kann auf ein Minimum reduziert werden.

Hingegen verband man mit der *discovery* folgende Nachteile:

(a) Enormer Kosten- und Zeitaufwand, und in dessen Folge

(b) das Herbeiführen von Vergleichen, die von den Parteien nur widerwillig eingangen werden[23].

Allerdings ergaben sich aus der Untersuchung der Universität Columbia Erkenntnisse, die im Widerspruch zu den vorher erwähnten Feststellungen stehen. Erstens hatte die *discovery* in Wirklichkeit keinen positiven Einfluß auf die Vergleichsbereitschaft. Der Grund dafür ist, daß bei der *discovery* die Parteien Zugriff auf zusätzliche Informationen und Beweise erhalten, die sie in dem Glauben bestärken, den Prozess gewinnen zu können, und daher einen Kompromiß nun ablehnen[24]. Außerdem hat – statistisch gesehen – die *discovery* keinen Einfluß auf die zeitliche Verkürzung der Verhandlungen[25]. Anderseits entdeckte man bei einer Umfrage auf der Basis von tatsächlichen Fällen die Tatsache, daß Rechtsanwälte durch die *discovery* Zugang zu neuen Informationen in verschiedenen Formen erhielten. Die *discovery* dient somit als ein System zur Beschaffung von Informationen und Beweisen[26], das in der überwiegenden Zahl von Zivilprozessen in den Vereinigten Staaten als notwendiger Bestandteil des Prozessablaufs verwendet wird[27].

---

23 Note, Development in the Law—Discovery, 74 Harv. L. Rev. 940, 942 ff. (1961).
24 Glaser, Pretrial Discovery and the Adversary System, S. 234.
25 Glaser, Pretrial Discovery and the Adversary System, S. 71.
26 Glaser, Pretrial Discovery and the Adversary System, S. 84.
27 Glaser, Pretrial Discovery and the Adversary System, S. 52 f., 56, 63, 77.

Nach der Untersuchung hatte die *discovery* nicht die eigentlich vom Gesetzgeber erwartete Wirkung, wie eine Förderung von Vergleichen und eine Verkürzung der Prozesszeiten. Aber diese Untersuchung führte zu der Erkenntnis, daß die *discovery* als Informationsbeschaffungssystem ausreichend gut funktioniert und daß die hierzu erforderlichen finanziellen Aufwendungen und die damit verbundenen Unannehmlichkeiten durch die erwähnten Vorteile als gerechtfertigt betrachtet werden können. Rechtsanwälte als Prozeßvertreter hatten die gleichen Meinung[28].

Basierend auf diesen Ergebnissen stimmte das *Advisory Committee* 1970 einer Reform der F. R. C. P. zu[29] und vertrat den Standpunkt, daß die damalige Methode der *discovery* grundsätzlich sachgemäß sei. Die Reform wurde in Kraft gesetzt, um eine Einmischung durch das Gericht zu reduzieren und die Anwendungsmöglichkeiten der *discovery* zu erweitern.

Nachfolgend wird der Ablauf dieser Reform erläutert. Als erstes wurden die Bestimmungen in Bezug auf die *discovery* neu geregelt. In Rule 26 F. R. C. P. wurde eine allgemeine Klausel über die *discovery* aufgenommen. Ebenso wurden neue Bestimmungen zur Festlegung der Erfordernisse und des Ausmaßes definiert. Bezüglich des Inhalts von Versicherungspolicen wurde *discovery* ausdrücklich für zulässig erklärt, wodurch sich eine alte Streitfrage erledigte (Rule 26 (b) (2) F. R. C. P.)[30].

Ebenso wurden Einzelheiten zum *work product*, das seit der Entscheidung *Hickman v. Taylor*[31] als Fallbeispiel anerkannt ist, geklärt (Rule 26 (b) (3) (4) F. R. C. P.). Früher bestehende Vorteile für die Partei, die als erste *discovery* durchführte[32], wurden beseitigt. *Discovery* konnte nun von beiden Parteien gleichzeitig durchgeführt werden (Rule 26 (d) F. R. C. P.). Die Vorlegung von Dokumenten und anderen Sachen konnte jede Partei ohne Begründung und gerichtliche Verfügung verlangen (Rule 34 F. R. C. P.). Der Vollzug einer

---

28 Glaser, Pretrial Discovery and the Adversary System, S. 234 f.

29 Das Advisory Committee's Explanatory Statement Concerning Amendments of the Discovery Rules, 48 F.R.D. 487, 491 (1971).

30 Das *Advisory Committee* erhoffte sich davon eine Zunahme der Vergleichsbereitschaft und eine Vermeidung der Verlängerung der Prozeßdauer. Advisory Committee's Explanatory Statement Concerning Amendments of the Discovery Rules, 48 F.R.D. 499 (1971).

31 329 U.S. 495 (1947).

32 Die Partei, die früher als der Gegner *discovery* macht, kann ihm gegenüber im Vorteil sein, deshalb ist die Zeit der Zustellung der Klageschrift wichtig und streitig. James, Civil Procedure, 1965, S. 187 f.; Note, 74 Harv. L. Rev. 954 f.

Sanktion wurde erleichtert, während der Sanktionsinhalt flexibler gestaltet wurde (Rule 37 F. R. C. P.). Die Zahl der Fälle, in denen die Einwilligung des Gerichts eingeholt werden muß, wenn ein Kläger den frühzeitigen Vollzug einer Offenlegung fordert, wurde stark reduziert (Rule 30 (a), 33 (a) F. R. C. P. usw.). Untersuchungen des Körper- und Geisteszustands eines Dritten wurden ebenfalls zulässig (Rule 35 (a) F. R. C. P.).

Diese Änderung stellte klar, daß die *discovery* generell verwendet werden kann. Die Ausnahme sind *privilege*, *work product*, Begrenzung nach Ermessen des Gerichts und begrenzte Nutzung körperlicher und geistiger Untersuchungen (bei Vorliegen von *good cause*). Weiterhin wurde den Parteien die Möglichkeit gegeben, die von ihnen für erforderlich gehaltenen Informationen unabhängig von deren Verwendbarkeit als Beweismittel im *trial* zu beschaffen[33]. Eine Kontrolle durch das Gericht wurde nur auf Antrag durch eine der Parteien sowie in besonderen Fällen ausgeübt. Damit beinhaltete die Änderung eine beinahe grenzenlose Umsetzung des von den *Federal Rules of Civil Procedure* vorgegebenen Leitbilder der *discovery* als Abrundung des *pleading* und einer effektiveren Begrenzung der Streitpunkte und Beschaffung relevanter Informationen.

C. Reform von 1980

Mitte der 70er Jahre kam heftige Kritik am Mißbrauch der *discovery* auf. Es wurde darauf hingewiesen, daß der äußert hohe Kosten- und Zeitaufwand der *discovery* finanziell schwachen Parteien die Fortsetzung ihrer Prozesse unmöglich macht und sie zu Vergleichen zwingt[34]. Kritik wurde auch auf der *Pound Conference* von 1976 geäußert[35]. Die von der *American Bar Association* (amerikanischen Anwaltskammer) einberufene *Pound Conference* setzte eine Arbeitsgruppe (*Pound Conference Follow-up Task Force*) ein, deren Mitglieder einen Bericht vorlegten, in dem die *American Bar Association* zu einem geeigneten Vorschlag zur Verhinderung des Mißbrauchs von *discovery*

---

33 Das war bei der Reform von 1970 als allgemeine Regel gesetzlich vorgegeben. Nach einer Anmerkung des *Advisory Committee* bei der Reform von 1948 vermindert eine Überprüfung der Verwertbarkeit als Beweismittel im Prozeß die Wirksamkeit der *discovery*.

34 Berger, Agenda for 2000 A.D. – A Need for Systematic Anticipation, 70 F.R.D. 79, 95 f. (1976); Pollack, Discovery – Its Abuse and Collection, 80 F.R.D.219, 220 (1978).

35 Erickson, The Pound Conference Recommendations: A Bluepoint for the Justice System in the Twenty-First Century, 76 F.R.D. 277 (1978).

aufgefordert wurde. Die *American Bar Association* richtete daraufhin das *Special Committee for the Study of Discovery Abuse* ein. Dieser Sonderausschuß legte seinerseits einen Bericht vor, in dem vorgeschlagen wurde, die die *discovery* betreffenden Regeln der *Federal Rules of Civil Procedure* komplett zu überarbeiten[36].

In Jahre 1978 übernahm das *Committee on Rules of Practice and Procedure of the Judicial Conference of the United States* die Vorschläge des Sonderausschusses praktisch unverändert und veröffentlichte den Vorentwurf als *Preliminary Draft of proposed Amendments to the Federal Civil Procedure.*

Der Bericht des Sonderausschusses stieß allerdings auch auf scharfe Kritik, die insbesondere hervorhob, daß (a) die bestehenden Regeln bei entsprechender Anwendung auch ohne Änderungen ausreichend seien[37] und (b) nicht ausreichend belegt sei, daß die *discovery* tatsächlich mißbraucht werde[38]. Nach Ansicht der Kritiker hatten das *Special Committee for the Study of Discovery Abuse* und das *Committee on Rules of Practice and Procedure of the Judicial Conference of the United States* die Thematik der *discovery* nicht ausreichend geprüft. Daraus wurde gefolgert, daß es noch verfrüht sei die *discovery*-Regelungen, wie vorgeschlagen zu ändern.

Angesichts dieser Kritik zog das *Advisory Committee* die Vorschläge zurück. Bei der Reform von 1980 wurden dann letztlich—mit Ausnahme von Rule 26 (f) F. R. C. P. zur neuen Einrichtung einer *discovery conference* — keine substantiellen Änderungen vorgenommen. In den *Advisory Committee's Notes* (Anmerkungen vom beratenden Ausschuß) wurde als Begründung angeführt, daß zwar in bestimmten Fällen ein ernstlicher Mißbrauch der *discovery* vorgekommen sei, dieser Mißbrauch aber keine so große Verbreitung habe, daß er fundamentale Änderungen der sämtlichen Fälle der

---

36 American Bar Association, Report of Special Committee for Study of Discovery Abuse, 1977.

37 Pollack, 80 F.R.D. 220; Becker, Modern Discovery: Promoting Efficient Use and Preventing Abuse of Discovery in the Roscoe Pound Tradition, 78 F.R.D. 267 (1978). Nach dieser Meinung passiere der Mißbrauch von der *discovery* nur bei den Prozessen, in denen eine Partei (normalerweise der Beklagte) mehr Informationen oder Beweise hat und die Gegner,diese nicht bekommen können. Dabei könne dem Mißbrauch durch eine richterliche Kontrolle vorgebeugt werden. Vgl. Kaminsky, Proposed Federal Discovery Rules for Complex Civil Litigation, 48 Fordham L. Rev. 907 (1980).

38 Schroeder / Frank, The Proposed Changes in the Discovery Rules, 1978 Ariz. St. L. J. 475 (1978).

discovery regelnden *Federal Rules of Civil Procedure* erforderlich mache[39]. Bei der Verkündung der Reform von 1980 wurde allerdings auch eine den Mißbrauch der *discovery* kritisierende Gegenmeinung von Richter Powell u.a. angefügt[40].

D. Reform von 1983

Der Ruf nach Bestimmungen zur Verhinderung eines *discovery*-Mißbrauchs verstummte allerdings nicht. Auch das *Special Committee for the Study of Discovery Abuse* bestand auf der Legitimität der eigenen Verbesserungsvorschläge und legte einen zweiten Bericht vor, in dem eine Reform der *discovery*-Bestimmungen gefordert wurde[41]. Hierin war als generelle Regelung zur Verhinderung eines *discovery*-Mißbrauchs im wesentlichen eine Revision der Grundregel in Rule 26 F. R. C. P. vorgesehen. Der Ausschuß schlug u.a. vor, die Möglichkeit einzuführen, die Zahl der *discovery*-Anträge durch Gerichtsbeschluß zu begrenzen, bezüglich des Umfangs den Ausdruck „Prozeßsache" zu streichen, für sämtliche *discovery*-Anträge und Einreden die Unterschrift des Rechtsanwalts zu fordern und einem Mißbrauch der *discovery* primär über die Ethik und Verantwortlichkeit des Anwalts vorzubeugen. Rosenberg und King plädierten dafür, einem Mißbrauch primär durch Stärkung der gerichtlichen Kontrolle zu begegnen[42]. Beide schlugen vor, die Anzahl der *discovery*-Anträge durch das Gericht zu begrenzen und Gerichtsbeschlüssen mehr Gewicht zu verleihen.

Bei der Reform von 1983 setzten sich diese beiden Auffassungen durch[43]. In Rule 26 (a) F. R. C. P. wurde der Ausdruck „*frequency unlimited*" gestrichen. Der Titel von Rule 26 (b) F. R. C. P. wurde durch „Umfang und Grenzen der *discovery*" ersetzt und unter (1) die nachstehende Regelung getroffen:

Wenn das Gericht befindet, daß (a) die *discovery* sich ungerechtfertigt kumuliert oder wiederholt oder Informationen anderswo einfacher zu beschaffen sind, (b) daß bei einer vorherigen *discovery* die Gelegenheit zur

---

39 85 F.R.D. 526 (1980).

40 Powell, Dissenting, 446, U.S. 997 (1980).

41 American Bar Association, Second Report of Special Committee for Study of Discovery Abuse, 1980.

42 Rosenberg / King, Curbing Discovery Abuse in Civil Litigation: Enough is Enough, 1981 B. Y. U. L. Rev. 579 (1981).

43 97 F.R.D. 171 ff. (1983).

Beschaffung der betreffenden Informationen gegeben war oder (c) daß die *discovery* angesichts der Umstände der Sache ungerechtfertigte Belastungen oder Kosten verursacht, kann das Gericht auf Antrag einer Partei bzw. Kraft seiner Amtsgewalt den Umfang der *discovery* begrenzen.

Weiterhin wurde geregelt, daß Anforderung, Erwiderung und Einrede bei der *discovery* der Unterschrift des Rechtsanwalts bedürfen, die nicht mißbräuchlich sein darf, und daß Verstöße mit Sanktionen wie Erstattung der Anwaltskosten etc. geahndet werden können (Rule 26 (g) F. R. C. P.).

E. Probleme des *discovery*-Systems

Die Geschichte der *discovery* zeigt den Konflikt zwischen der Anerkennung der Initiative der Parteien und der Kontrolle durch den Richter. Würden alle von den Parteien beantragten *discoveries* durchgeführt werden, würde zuviel Geld und Zeit benötigt. Mit der Reform der *Federal Rules of Civil Procedure* im Jahre 1970 wurde daher die Möglichkeit der Kontrolle durch den Richter in einem extremen Maße den Parteien unterstellt.

In der Folge häuften sich allerdings Stimmen, die auf einen Mißbrauch der *discovery* verweisen. Es wird behauptet, daß die *discovery* durch den Mißbrauch übermäßig kompliziert und aufgebläht werde. Dies habe zur Folge, daß die *discovery* in der Praxis einen mit dem *trial* vergleichbaren Zeit-, Arbeits- und Kostenaufwand erfordert. Dadurch wurde zum einen die Beschaffung von Informationen und Beweismitteln ineffektiv und der Prozeß kostspielig, zum anderen waren finanziell schwache Parteien gezwungen, ungewollte Prozesse einzugehen, wobei in manchen Fällen Prozesse zur Beilegung von Streitigkeiten oder Durchsetzung von Ansprüchen sogar notgedrungen eingestellt werden mußten. Die Geschichte der *discovery* ist daher auch eine Geschichte der Maßnahmen gegen ihren Mißbrauch.

Der *discovery*-Mißbrauch kann verheerende Ausmaße annehmen. Zunächst einmal kommt es vor, daß ein Vertreter sich nicht selbst gründlich mit der Sachlage und den Beweisen vertraut macht und stattdessen umgehend die gegnerische Seite durch Antrag auf *interrogatory* oder Vorlage von Urkunden der *discovery* unterzieht[44]. Es kommt auch vor, daß der dem Beklagten

---

[44] Brazil, The Adversary Character of Civil Discovery: A Critique and Proposals for Change, 31 Vand. L. Rev. 1295, 1315 (1978).

durch die *discovery* entstehende Aufwand (Zeit, Kosten usw.) vom Kläger dazu genutzt wird, dem Beklagten einen Vergleich aufzuzwingen. Umgekehrt ist es auch möglich, daß der Beklagte vom Kläger eine über den erforderlichen Rahmen hinausgehende *discovery* verlangt, um das *trial* hinauszuschieben und einen vorteilhaften Vergleich zu erreichen. Weiterhin führt die Besorgnis einer Verletzung der Intimsphäre oder der Preisgabe von Betriebsgeheimnissen durch die *discovery* zu Vermeidungstechniken in der Praxis[45] wie bei Abfassen der Urkunden immer einen Rechtsanwalt anwesend sein zu lassen oder die Urkunden mit dem Stempel „*attorney-client privilege*" der *discovery* zu entziehen[46]. Daneben besteht auch die Möglichkeit, daß Anwälte die *discovery* über den erforderlichen Rahmen hinaus ausdehnen und ihren Mandanten hohe Anwaltshonorare in Rechnung stellen[47].

Eine übermäßig aufgeblähte *discovery* ist nicht nur für die Parteien nachteilig, sondern hat auch sozialschädliche Folgen, da es die zur Bereinigung von Streitigkeiten durch Prozesse erforderliche Zeit verlängert und die Verwirklichung gerechter Lösungen behindert.

Mit den nach 1970 vorgenommenen Reformen wurde versucht, dem Mißbrauch der *discovery* durch Begrenzung der Häufigkeit der *discovery*[48], Verstärkung der Kontrolle des Gerichts[49], Regulierung der Kostenbelastung[50] und Gewährleistung der Vorteilhaftigkeit durch den Rechtsanwalt[51]

---

45 Hazard, Discovery Vices and Trans-Substantive Virtues in the Federal Rules of Civil Procedure, 137 U. Penn. L. Rev. 2237, 2240 (1989).

46 Hosokai (Hrsg.), Amerika ni okeru Minji Sosho no Unei, 1994, S. 176.

47 Rosenberg / King, 1981 N. Y. U. L. Rev. 581 (1981).

48 Nach der Reform von 1983 kann das Gericht die *discovery*-Zahl beschränken.

49 Bei der Reform von 1980 wurde das System *discovery conference* eingeführt (Sie wurde bei der Reform von 1993 durch die *scheduling conference* ersetzt). Bei der Reform von 1983 wurde das System *pre-trial conference* geändert. Diese Tendenz hängt mit den Begriff des sog. *managerial judge* zusammen. Beim *pre-trial*-Verfahren ergreifen die Parteien die Initiative, aber der Einfluß der Meinung, daß die Einmischung des Richters auch beim *pre-trial* notwendig ist, um die frühe und angemessene Prüfung zu gewährleisten, hatte sich durchgesetzt. Das spiegelte auch *discovery* wider.

50 Nach der Reform von 1970 können unnötige Kosten des Gegners bzw. ein Teil der Kosten der gesamten *discovery* betreibenden Partei auferlegt werden. Daher wird oft von vornherein die *discovery* beschränkt (Rule 26 (b) (4) (c), 26 (c) F. R. C. P.).

51 Nach der Reform von 1983 hatte eine Partei einen Anspruch auf Erstattung der Prozeßkosten einschließlich der Kosten für den Anwalt gegen die andere Partei, wenn deren Anwalt durch seine Unterschrift fälschlicherweise die Richtigkeit des

vorzubeugen. Trotz dieser Maßnahmen hielt der Mißbrauch weiter an, was dazu führte, daß das Zivilprozeßsystem in den USA generell in Frage gestellt wurde. Man stellte sich zunehmend die Frage, ob die *discovery* im traditionellen *adversary system* tatsächlich rational funktionieren kann, auch wenn die Zielsetzung der *discovery* an sich angemessen ist und beibehalten werden sollte.

III. „Von der *discovery* zum *disclosure*" – *Civil Justice Reform Act* von 1990 und die Reform der *Federal Rules of Civil Procedure* von 1993

A. Begriff *disclosure*

Nachdem die bisherigen Reformen zur Vermeidung eines Mißbrauchs der *discovery* keine Wende zum Besseren gebracht hatten, wurde seit Ende der 80er Jahre erneut die Forderung nach einem Umdenken bezüglich der Konzeption der *discovery* laut. Nach der neuen Auffassung soll von der Haltung, daß Tatsachen und Beweise erst auf Anforderung der gegnerischen Partei offenbart werden müssen, abgerückt werden. Stattdessen sollte jede Partei verpflichtet werden, die der eigenen Person bekannten Tatsachen und Beweise aktiv zu offenbaren, und sollte erst auf dieser Grundlage das Recht erhalten, von der gegnerischen Seite die Offenbarung von zusätzlichem Material fordern zu dürfen[52]. Diese Entwicklung wird als die Wende von der *discovery* zum *disclosure* bezeichnet.

Beim *disclosure* warten die beiden Parteien nicht eine Aufforderung der gegnerischen Seite ab, sondern offenbaren zu bestimmten Punkten von sich aus die in ihrer Hand befindlichen Beweise.

Das Grundkonzept des *disclosure* wurde von Brazil[53] und Schwarzer[54]

Inhalts seines Schriftsätze bestätigt. Nach der Reform von 1993 muß die Partei nicht von der anderen Partei, sondern vom Gericht diese Kosten fordern.

52 Brazil, 31 Vand. L. Rev. 1311 ff. (1978).

53 Brazil, 31 Vand. L. Rev. 1295 ff. (1978).

54 Schwarzer, The Federal Rules, the Adversary Process, and Discovery Reform, 50 U. Pitt. L. Rev. 703 (1989); *ders.*, Slaying the Monsters of Cost and Delay: Would Disclosure Be more Effective than Discovery?, 74 Judicature 174 (1991).

entwickelt[55]. Brazil machte schon Ende der 70er Jahre geltend, daß die *discovery* unter dem traditionellen *adversary system* im *pre-trial* nicht ausreichend funktioniert, weshalb es von Elementen des *adversary systems* bereinigt und das Gericht fortlaufend und aktiv eingeschaltet werden sollte. Schwarzer vertrat die Auffassung, daß das *adversary system* zwar beibehalten werden sollte, im *pre-trial* aber einer Überarbeitung bedürfe, durch die die *discovery* wesentlich begrenzt und ein *disclosure* eingeführt wird. Damit wichen beide zwar inhaltlich voneinander ab, stimmten aber in den Grundgedanken überein.

Hintergrund dieser Überlegungen ist die Erkenntnis, daß ein Anwalt im *adversary system* kaum Beweise offenbaren wird, die für seinen Mandanten nachteilig sind. Weiterhin wird er vorab auch keine der Gegenseite vorteilhaften Beweise offenbaren, um die Ergreifung von Gegenmaßnahmen durch die Gegenseite zu verhindern. Dies sind verständliche Reaktionen, was zu dem Schluß führt, daß eine rationelle Offenbarung nicht durchführbar ist, solange das Prinzip nicht geändert wird. Diese Einschätzung bildete die Grundlage für die Einführung des *disclosure*, das sich durch eine Art Kooperationsmaxime vom *adversary system* unterscheidet.

Ein System zur automatischen Offenbarung von Dokumenten war zuvor bereits in England eingeführt worden[56]. Bei der Reform von 1993 dürfte sich der amerikanische Gesetzgeber des britischen Systems bewußt gewesen sein. In den USA sah man als Gegenstand des *disclosure* allerdings im Prinzip nicht die Urkunden selbst an, sondern nur Informationen über der Inhalt der Urkunden, was auch Informationen über Zeugen einschließt. Insoweit weicht das US-amerikanische System vom britischen ab.

---

55 Supreme Court of the United States, Federal Rules of Civil Procedure—Amendments to Federal Rules of Civil Procedure, Effective December 1, 1993, 146 F.R.D. 401, 628 (1993).

56 Auch in England existiert ein *discovery*-System, das sich vom US-amerikanischen System allerdings unterscheidet. Die britische *discovery* ist ein Verfahren für die Vor- und Offenlegung von Urkunden, sowie die Einsicht in diese Urkunden, das nur im Rahmen der im *pleading* (jetzt *statement of case*) angeführten Sachverhalte gestattet ist.
Vor einigen Jahre wurde eine Überarbeitung der Zivilprozeßordnung durchgeführt, die vor allem von Woolf getragen wurde. Sie führte zur Abschaffung der *Rules of the Supreme Court* (sog. „*White Book*") und zur Einführung der *Civil Procedure Rules* (*CPR*), die am 26.4.1999 in Kraft getreten sind. Nach den *CPR* wird beim Prozess über *personal injury* und *resolution of clinical disputes* vor Aufnahme des Prozesses als *pre-action protocol* die Offenbarung von Urkunden verlangt.

Das *disclosure* wurde auf zwei Wegen an den Bundesgerichten eingeführt. Zum einen erfolgte die Einführung in Form des *Civil Justice Reform Act* von 1990 im Rahmen eines Versuchs zur übergreifenden Reform des Zivilprozeßrechts im bundesweiten Maßstab[57]. Wegen seines experimentellen Charakters wurde die Geltungsdauer dieses Gesetzes bis Dezember 1997 befristet, wobei inzwischen eine Würdigung der Ergebnisse des Versuchs veröffentlicht wurde[58]. Zum anderen erfolgte sie in Form einer Reform der *Federal Rules of Civil Procedure* von 1993. Zwar ist zutreffend, daß beide in der Ausgestaltung des gebilligten *disclosure* nicht völlig übereinstimmen, beide jedoch im Interesse einer rationalen und effektiven *discovery* eine *disclosure*-Pflicht einführen.

B. *Civil Justice Reform Act* von 1990

Mit dem während der Amtszeit von Präsident Bush verabschiedeten *Civil Justice Reform Act* von 1990 strebte das Parlament schnellere und billigere Zivilprozesse an[59]. Dieses Gesetz forderte die einzelnen Bundesgerichte auf, mit Hilfe einer *advisory group* Pläne für Prozeßmanagement aufzustellen, durch das die Kosten verringert und die Prozeßdauer verkürzt wird[60]. Gemäß den Anweisungen dieses Gesetzes benannte die *Judicial Conference of the United States* zehn Bundesgerichte als Probegebiet[61], um Material zur Bewertung von auf diesem Gesetz basierenden Verfahren zu erhalten. Die als Probegebiet ausgewiesenen Bundesgerichte waren gehalten, ein eigenes Prozeßmanagement anhand der nachstehenden Prinzipien zu entwickeln. Darüber hinaus ernannte die *Judicial Conference of the United States* zehn

---

57 Nach dem *Civil Justice Reform Act* von 1990 wurde das *disclosure* zu Probezwecken in 21 Landgerichten (*District Courts*) eingeführt.

58 Vgl. *Judicial Inprovements Act* von 1990, tit. I Pub. L. No. 101-650, §§ 103 (b) (2), 104 Stat. 5096. Der *Civil Justice Reform Act* von 1990 kommentierte *RAND's Institute for Civil Justice* und *Federal Judicial Center*. Ferner berichtet die *Judicial Conference of the United States* dem Parlament von den Wirkung des *Civil Justice Reform Act* von 1990.

59 28 U.S.C. § 471.

60 28 U.S.C. §§ 472 (a), 478.

61 *Judicial Inprovements Act* von 1990, tit. I Pub. L. No.101-650, §§ 105 (a) (b), 104 Stat. 5097.
Zu dem Probegebiet gehörten: Kalifornien (the South), Delaware, Georgia, New York (the South), Oklahoma (the West), Pennsylvania (the East), Tennessee (the South), Texas (the South), Utah, und Wisconsin (the East). Vgl. Kakalik et al., An Evaluation of Judicial Case Management under the Civil Justice Reform Act XVII, 1996.

weitere Bundesgerichte, in der die Aufnahme der nachstehenden Prinzipien in die Pläne freigestellt waren[62]. Den Bundesgerichten des Probegebiets wurde auferlegt, bis zum 31.12.1991 ein einheitliches Verfahren zur Bewältigung des Problems der Prozeßkosten und Verzögerungen einzuführen. Allen anderen Bundesgerichtshöfen einschließlich derer des Vergleichssektors wurde eine Einführung bis zum 1.12.1993 vorgeschrieben.

Zur Realisierung kostengünstigerer und schnellerer Zivilprozesse spielten Maßnahmen gegen den Mißbrauch der *discovery* eine wichtige Rolle. Den Probegebieten wurden für die *discovery* die folgenden Prinzipien vorgegeben:

(a) Durchführung der *discovery* innerhalb einer angemessenen Zeit durch Kontrolle des *discovery*-Umfangs und der Dauer im Zuge einer frühzeitigen Verfahrensleitung (*case management*) durch den Richter[63];

(b) Aufstellung eines *discovery*-Programms und -Plans zwecks Vermeidung der Durchführung von unnötiger oder kostspieliger *discovery* und Begrenzung der *discovery*-Häufigkeit im Rahmen der Prozeßleitung in komplizierten Sachen durch das Gericht[64];

(c) Realisierung einer kooperativen *discovery* mit freiwilligem Austausch von Informationen zwischen den Parteien zur Förderung der Effektivität der *discovery*[65];

(d) Der Nachweis der erfolglosen Bemühungen zur Beilegung der die *discovery* betreffenden Streitigkeit als Zulässigkeitsvoraussetzung der *discovery*-Anträge[66].

Damit wurde insbesondere durch (c) faktisch ein *disclosure* verlangt.

Weiterhin wurden für die *discovery* die folgenden Prinzipien als wahlfreie

---

62 Zu dem Vergleichssektor gehörten: Arizona, Kalifornien (the middle), Florida (the North), Illinois (the North), Indiana (the North), Kentucky (the West), Maryland, New York (the East), und Pennsylvania (the middle). Vgl. Kakalik et al., An Evaluation of Judicial Case Management under the Civil Justice Reform Act XVII.

63 28 U.S.C. § 473 (a) (2).

64 28 U.S.C. § 473 (a) (3).

65 28 U.S.C. § 473 (a) (4).

66 28 U.S.C. § 473 (a) (5).

Möglichkeiten vorgegeben:

(a) Zum Beratungstermin vor der ersten Verhandlung werden die beiden Vertreter verpflichtet, zusammen den Plan der *discovery*-Verfahrensleitung vorzulegen; falls dies nicht erfolgt, müssen sie dem Gericht die Gründe dafür erläutern[67];

(b) Anträge auf Ausdehnung der *discovery* erfordern die Unterschrift von Rechtsanwalt und Partei[68].

C. Hauptinhalte der Reform der *Federal Rules of Civil Procedure* von 1993

Die Reform der *Federal Rules of Civil Procedure* von 1993 erfolgte, bevor das *Civil Justice Reform Act* von 1990 Früchte tragen konnte, da das *Advisory Committee* der Auffassung war, man würde durch Warten auf einen Bericht zu den Resultaten lediglich den richtigen Zeitpunkt verpassen[69].

Die Änderung der *discovery* hatte zwei Hauptinhalte. Zum einen sollte der Austausch grundlegender Informationen zur Sache gefordert und die schriftliche Anforderung von Informationen abgeschafft werden[70]. Zum anderen wurde die quantitative Begrenzung von *deposition* und *interrogatory* aufgegeben, um die Durchführung der traditionellen *discovery* so planmäßig und effizient wie möglich zu gestalten.

Besondere Aufmerksamkeit gebührt der Einführung des *disclosure*, das eine wichtige Änderung darstellt, da mit ihm der Grundgedanke der *discovery* geändert wird. Durch die Einführung des *disclosure* müssen zuvor nur auf Aufforderung offenbarte grundlegende Informationen und Informationen über Zeugen und Gutachter, die zur Vorladung im *trial* vorgesehen sind, unabhängig davon offenbart werden, ob dies von der gegnerischen Seite gefordert wird. Gleichzeitig verringert die Begrenzung der Häufigkeit von *deposition* und *interrogatory* die Belastung des Gerichts für die Verhandlung und die den Parteien für die Beschaffung von Informationen und Beweisen

---

67 28 U.S.C. § 473 (b) (3).
68 28 U.S.C. § 473 (b) (3).
69 Supreme Court of the United States, 146 F.R.D. 629 f. (1993).
70 Supreme Court of the United States, 146 F.R.D. 628 (1993).

entstehenden Kosten. Von diesen Effekten versprach man sich eine effektivere Gestaltung der Prozesse.

D. Verfahren nach den Regelungen der *Federal Rules of Civil Procedure* von 1993

Im Folgenden soll das *discovery*-Verfahren gemäß dem Änderungsgesetz von 1993 beschrieben werden[71].

1. Mittel der *discovery*

Die Mittel der *discovery* sind in Rule 26 F. R. C. P. niedergelegt. Als Mittel der *discovery* sind *deposition* (die eidliche Befragung von Gegenpartei und Zeugen, Rule 30 und 31 F. R. C. P.), *interrogatory* (schriftliche und schriftlich von der Gegenpartei zu beantwortende Fragekataloge, Rule 33 F. R. C. P.), *production of documents and things and entry upon land for inspiration* (die Vorlegung von Dokumente und anderer beweglicher Gegenstände sowie die Ortsbesichtigung, Rule 34 F. R. C. P.), *physical or mental examination* (Untersuchung des körperlichen oder geistigen Zustands, Rule 35 F. R. C. P.) und *request to admit* (Aufforderung zum Geständnis von Tatsachen, Rule 36 F. R. C. P.) zu nennen, von denen die ersten drei eine häufige Anwendung finden. Hinsichtlich des Gegenstandes bestehen im Prinzip keine Einschränkungen. Ausnahmen enthalten die *privileges* (Rule 26 (b) (1) F. R. C. P.), das *work product* (Rule 26 (b) (3) F. R. C. P.) sowie die *protective order* (Schutzanordnung, Rule 26 (c) F. R. C. P.).

a. *Deposition*

Als *deposition* werden die von Gegner und Zeugen, die im Besitz vorteilhafter Informationen sind, mündlich (Rule 30 F. R. C. P.) oder schriftlich (Rule 31 F. R. C. P.) zuvor angefertigten Protokolle sowie das entsprechende Verfahren bezeichnet. Eine Partei kann ohne Mitwirkung des Gerichts den Gegner und Dritte in Anwesenheit eines gerichtlichen Protokollbeamten, der auch die Vereidigung durchführt, über alles vernehmen, was in irgendeiner Weise Bezug zum Prozeßgegenstand hat.

---

[71] Vgl. dazu Schack, Einführung in das US-amerikanische Zivilprozeßrecht, S. 44; Lorenz, ZZP 111 (1998), S. 44 ff.

Historisch gesehen ist die *deposition* ein Mittel zur Beweissicherung. Nach der Einführung der *deposition* im *Field Code* von 1848 des Bundesstaats New York entwickelte sich die *deposition* zu einem System, das die Blüte der *discovery* herbeiführte.

Die *deposition* wird im Frage- und Antwort-Verfahren erstellt. Bei mündlicher Durchführung können die Fragen flexibel entsprechend den Antworten der befragten Person gestellt werden, weshalb in vielen Fällen das mündliche Verfahren gewählt wird. Das mündliche Verfahren wird an einem zwischen den Parteien vereinbarten Ort in Anwesenheit der Anwälte beider Parteien, der vorgesehenen Zeugen und eines Notars bzw. Protokollführers durchgeführt. Dabei ist die Angemessenheit der Befragung im Prinzip dem Berufsethos der Anwälte anvertraut. Rule 30 (d) (1) F. R. C. P. schreibt die Durchführung angemessener Aktivitäten vor.

Deposition ermöglicht zwar die Beschaffung von Informationen und Beweisen, die mit anderen Mitteln nicht erhältlich sind, ist aber mit beträchtlichen Kosten verbunden. Als Maßnahme gegen einen Mißbrauch wurde mit den Reformen von 1980 und 1983 eine *discovery conference* vorgesehen und eine Beschränkung mißbräuchlicher Anträge sowie ein Anspruch auf Erstattung der durch mißbräuchliche Anträge verursachten Kosten gesetzlich verankert. Gegen den Mißbrauch erwies sich dies jedoch nicht als ausreichend.

Durch die Reform von 1993 wurde die Häufigkeit von *deposition* begrenzt. Sie wurde außer bei Genehmigung durch das Gericht oder Einverständnis der gegnerischen Partei auf maximal 10 Personen pro Partei begrenzt (Rule 30 (a) (2) F. R. C. P.). Zu Beginn der Reformarbeit wurde auch die Ergänzung einer zeitlichen Begrenzung auf sechs Stunden vorgeschlagen, wovon dann aber wieder abgesehen wurde.

Ziel der Beschränkung der Häufigkeit der *deposition* ist es, die gerichtliche Prüfung der Notwendigkeit der *discovery* gemäß Rule 26 (b) (2) F. R. C. P. wirksamer werden zu lassen[72]. Das Gericht kann von Amts wegen und soll auf Antrag einen Plan aufstellen, der die Häufigkeit von Aufklärungsbegehren und ihren Umfang auf ein vernünftiges Maß im Verhältnis zu Gegenstand und Schwierigkeit des Rechtsstreits, zum Streitwert und zu den

---

72 Supreme Court of the United States, 146 F.R.D. 662 (1993).

Vermögensverhältnissen der Parteien, also nach einer Art Kosten-Nutzen-Analyse begrenzt[73]. Rule 26 (b) (2) F. R. C. P. verpflichtet das Gericht, das *discovery*-Verfahren vernünftig zu leiten[74]. Für *deposition* gegen mehr als 10 Personen muß vom Gericht festgestellt werden, daß die Information durch ein anderes Mittel nicht erlangt werden kann und daß *deposition* dem Gegner oder Dritten nicht ungerecht zur Last fällt.

Indem die Aufhebung der genannten Beschränkungen das Einverständnis des Gegners voraussetzt, wird der Rechtsanwalt angehalten, eine günstige *discovery* zu planen[75].

b. *Interrogatory*

Beim *interrogatory* werden der gegnerischen Partei schriftliche Fragen gestellt und schriftliche Antworten von ihr gefordert (Rule 33 F. R. C. P.). Dieses Verfahrens ist auf die gegnerische Partei begrenzt. Allein in dem Fall, daß das Gericht Einwände durch den Erlaß einer *protective order* stattgibt, ist die dem *interrogatory* unterzogene Partei verpflichtet, diese Fragen schriftlich zu beantworten. Aus diesem Grunde ist das *interrogatory* ganz wirksam in Fällen, in denen nur eine Partei die wichtigen Informationen hat.

Mit der Reform von 1993 wurde aus den gleichen Erwägungen wie bei der *deposition* auch für das *interrogatory* eine quantitative Begrenzung vorgegeben. Demnach wurde die Zahl der Fragepunkte im *interrogatory* außer bei Genehmigung durch das Gericht oder Einverständnis der gegnerischen Partei auf 25 Punkte einschließlich Unterpunkte begrenzt (Rule 33 (a) F. R. C. P.).

Das Ziel der Begrenzung der Häufigkeit des *interrogatory* ist das gleiche wie das bei der Limitierung der *deposition*. Außerdem würden manche Informationen, die bisher durch *interrogatory* offenbart wurden, nun durch *disclosure* automatisch offenbart, weshalb diese Begrenzung nicht in Frage käme[76].

---

73 Gottwald, Linzer Universitätsschriften, Beiträge zum Zivilprozeßrecht V., S. 26.

74 Braun, Die Rolle des Federal District Court Judge im Verhältnis zu den Parteien, 1986, S. 36 ff., 52 ff.

75 Supreme Courts of the United States, 146 F.R.D. 662 (1993).

76 Supreme Courts of the United States, 146 F.R.D. 675 (1993).

c. *Production of documents and things and entry upon land for inspection*

Jede Partei kann verlangen, daß ihr Dokumente jeder Art zur Einsicht und zum Kopieren vorgelegt werden (Rule 34 F. R. C. P.). Die Vorlegung von Dokumenten ermöglicht den Zugriff auf verschiedene wichtige Urkunden und ist ein praktisches Mittel zur Informationsbeschaffung während des Prozesses.

Dazu müssen gespeicherte Dokumente in vernünftig lesbarer Form zur Verfügung gestellt werden. Alle Dokumente, die im Besitz der Partei sind oder sich unter ihrer Kontrolle befinden[77], müssen vorgelegt werden.

Die Parteien können weiterhin die Inaugenscheinnahme beweglicher Sachen und den Zutritt zum Besitz des Gegners verlangen, um dort Erhebungen, Messungen und andere Tests durchzuführen, zu fotografieren oder Proben zu entnehmen.

Dritte haben zur Vernehmung auf Aufforderung einschlägige Dokumente, andere Unterlagen, die in ihren Besitz sind oder unter ihrer Kontrolle stehen und andere bewegliche Sachen den Parteien vorzulegen. Ferner müssen sie die Inspektion ihres unbeweglichen Besitzes gestatten (Rule 45 F. R. C. P.).

Eine Partei kann gemäß Rule 34 F. R. C. P. vom Gegner die Vorlegung verlangen. Wenn die Vorlegung von einem Dritten gefordert wird, wird ihm auf Grundlage von Rule 45 F. R. C. P. eine die Vorlegung anordnende Schrift zugestellt. Im Unterschied zu den Parteien hat der Dritte die Kosten der angeordneten Einsicht bzw. des Kopierens nicht zu bezahlen. Diese Kosten gehen zu Lasten der Prozeßparteien (Rule 45 (c) (2) (B) F. R. C. P.).

Die Vorlegungspflicht hinsichtlich Dokumenten und Material ist eine allgemeine Pflicht. Ihr Umfang ist außerordentlich weit gefaßt. Auch wenn die Dokumente nicht bezeichnet werden können, kann eine Vorlegung der relevanten Unterlagen gefordert werden, wenn sie zumindest dem Zeitpunkt und Gegenstand nach bestimmt sind. Die Zahl der Dokumente und anderer

---

[77] Insoweit kann auch auf Daten abhängiger oder verbundener Unternehmen, in Prozessen gegen ein Tochterunternehmen gegebenenfalls auch auf Daten der Muttergesellschaft zugegriffen werden. Vgl. Gottwald, Linzer Universitätsschriften, Beiträge zum Zivilprozeßrecht V., S. 24.

beweglicher Gegenstände sowie die Ortsbesichtigung ist im Unterschied zur *deposition* und zum *interrogatory* nicht begrenzt.

Nach der Reform von 1993 wird *initial disclosure* verpflichtend. Jede Partei muß eine Aufstellung und Berechnung der geltend gemachten Schadensposten mit Belegen sowie alle mit dem Fall verbundenen Versicherungspolicen liefern (Rule 26 (a) (1) (C) F. R. C. P.). Deshalb sind hierzu keine getrennten *discovery*-Forderungen zu stellen.

d. *Physical or mental examination*

Dieses Verfahren wird vor allem bei Forderungen angewendet, die körperliche oder seelische Schädigungen betreffen. Falls der körperliche oder geistige Zustand einer Partei umstritten ist und ein legitimer Grund (*good cause*) für eine Untersuchung besteht, ist das Gericht gehalten, eine Untersuchung anzuordnen und deren Inhalt sowie die untersuchende Person zu bestimmen, falls die Parteien keine Einigung über eine Untersuchung erzielen (Rule 35 F. R. C. P.).

Auch in der Diskussion über eine Reform der *discovery* wurde die körperliche und geistige Untersuchung nicht ernsthaft in Frage gestellt. Der Grund hierfür dürfte darin liegen, daß dieses System wie beabsichtigt funktioniert und kaum Probleme aufwirft.

e. *Request to admit*

Jede Partei kann vom Gegner verlangen, bestimmte Tatsachen zuzugestehen (Rule 36 F. R. C. P.). Ein Geständnis, dessen Wirkungen auf den konkreten Rechtsstreit beschränkt wird, kann zum Teil die mühsame Ermittlung von Indizien durch *deposition* und *interrogatory* ersparen. Insbesondere kommt die Anerkennung der Echtheit von Dokumenten in Betracht[78]. Die Praxis macht von diesem Geständnis aber wenig Gebrauch[79].

f. **Ausnahmen**

Der Bereich der *discovery* ist äußerst weit gefaßt und im Prinzip unbegrenzt.

---

78 Schack, Einführung in das US-amerikanische Zivilprozeßrecht, S. 48.

79 Schack, Einführung in das US-amerikanische Zivilprozeßrecht, S. 48; Lorenz, ZZP 111 (1998), S. 47.

Zum Gegenstand der Offenbarungspflicht gehören Informationen über Existenz, Inhalt, Natur, Verwahrung, Zustand und Ort von Urkunden und sonstigem Material sowie die Benennung und der Aufenthaltsort von Personen, die Kenntnisse besitzen, sofern deren Offenbarung nichts entgegensteht.

Der Gegenstand der *discovery* ist nicht auf im Prozeß verwendbare Beweise begrenzt. Wenn das Gericht erkennt, daß die Offenbarung einer bestimmten Information in der Absicht gefordert wird, diese im Prozeß zu verwenden, wird diese Information auch dann Gegenstand der *discovery*, wenn die Verwendung als Beweis im *trial* nicht zulässig ist. Wenn z.B. der Kläger nach wichtigen Unterlagen sucht, die zuvor in den Händen des Beklagten waren und dort verloren wurden, kann der Rechtsanwalt des Klägers Arbeitnehmer des Beklagten zum Verbleib der Unterlagen befragen. Im *trial* würde einem Arbeitnehmer die Beantwortung solcher Fragen wegen Aufforderung zu Mutmaßungen sicherlich nicht erlaubt werden. In der *discovery* sind solche Fragen aber zulässig, da sie der Suche nach Anhaltspunkten zum Verbleib der verschwundenen Unterlagen dienen.

Nur in Ausnahmefällen ist die *discovery* beschränkt. Zu den Schranken gehören *privilege* (Rule 26 (b) (1) F. R. C. P.) und *work product* (Rule 26 (b) (3) F. R. C. P.). Die auf diese zutreffenden Informationen werden nicht selbstverständlich vom Gegenstand der *discovery* ausgeschlossen. Wer die Offenbarung einer Information unter Berufung auf *privilege* oder *work product* verweigert, muß sie ausdrücklich verweigern und dabei nicht vorgelegte Dokumente oder Gegenstände ausreichend beschreiben, damit die Berechtigung der Weigerung überprüft werden kann (Rule 34 (b) F. R. C. P.).

Ferner kann eine Partei eine *protective order* antragen. Wenn eine *protective order* erlassen wird, können auch die nicht durch *privilege* oder *work product* erfaßten Informationen geschützt werden (Rule 26 (c) F. R. C. P.).

aa. *Privilege*

Privilege ist ein allgemein anerkanntes Aussageverweigerungsrecht. *Privilege* verhindert, daß eine Partei in der *discovery* besonders vertrauliche und schützenswerte Informationen offenbaren muß.

Das wichtigste Beispiel für *privilege* sind vertrauliche Mitteilungen zwischen einem Rechtsanwalt und seinem Mandant (*attorney-client privilege*)[80]. Dank dieses *privileges* kann ein Mandant ohne Sorge seinem Rechtsanwalt die mit dem Prozeß zusammenhängenden Tatsachen mitteilen. Vorsicht ist insbesondere geboten, wenn sich eine Partei auf ihr Weigerungsrecht wegen *selfincrimination* berufen will. Denn sie riskiert damit im Zivilprozeß in aller Regel, daß aus ihrem Schweigen nachteilige Schlußfolgerungen gezogen werden[81].

Das *attorney-client privilege* wird zugelassen, wenn die folgenden Voraussetzungen erfüllt sind; (a) das Gespräch zwischen dem Rechtsanwalt und seinem Mandant muß zwecks dessen Rats geführt worden sein und (b) der Rechtsanwalt muß den Inhalt dieses Gesprächs geheimhalten. Wenn der Inhalt des Gesprächs einem Dritten offenbart wird, besteht kein Anlaß mehr für einen Schutz durch *privilege*.

Der Inhalt eines Gesprächs zwischen einem Ehepaar kann vom *privilege* erfaßt sein (*marital privilege*). Beide Ehegatten sind zur Verweigerung der Aufdeckung des Gesprächsinhalts berechtigt. Sie können der Offenbarung dieses Gesprächsinhalts durch den jeweils anderen Ehegatten entgegentreten.

Der Inhalt des Gesprächs zwischen einem Arzt und seinem Patient oder zwischen einem Opfer einer Straftat und seinem Berater unterfällt ebenso dem *privilege* (*physician-patient privilege*). Ein Patient oder ein Opfer kann die Offenbarung des Gesprächsinhalts mit seinem Arzt oder Berater verweigern und verhindern, daß ihn andere Personen bekanntgeben.

Auch der Inhalt des Gesprächs zwischen Geistlichem und Beichtendem bei der Ausübung der Seelsorge ist vom *privilege* umfaßt (*clergy-penitent privilege*). In einem Teil der Länder gilt *privilege* auch für die Gespräche zwischen einem Wirtschaftsprüfer und seinem Mandanten (*accountant-client privilege*), für Informationen der Behörde (*official information privilege*), oder für interne Evalutionsmaßnahmen des Unternehmens (*self-evaluation privilege*)[82].

---

80 Upjohn Co. v. U.S., 449 U.S. 383 (1981).

81 Baxter v. Palmigiano, 425 U.S. 308 (1976); Junker, ZZPInt 1 (1996), S. 127 f.

82 Morison Foster Horitsu Jimusho, Amerika no Minji Sosho, 1995, S. 81 ff. Jedes Gericht hat seine einigen Maßstäbe für das Befinden des *privilege*. Ein Gericht wendet entweder *state law* (Landesgesetz) oder *federal law* (Bundesgesetz) an. Im

bb. *Work product*

Mit dem Begriff *work product* werden die vom Rechtsanwalt zur Prozeßvorbereitung erstellten Arbeitsprodukte bezeichnet. Diese wurden von der Rechtsprechung als erste von der *discovery*-Pflicht ausgenommen. In der Entscheidung *Hickman v. Taylor*[83] wurde geurteilt, daß die von dem Rechtsanwalt im Zuge der Erfüllung seiner rechtlichen Pflichten vorbereiteten und angefertigten schriftlichen Unterlagen wie Aufzeichnungen, Notizen und persönliche Erinnerungen nicht vorgelegt werden müssen. In Einzelfragen gehen die Meinungen der niederen Instanzen auseinander. Mit der Reform von 1970 wurde eine Bestimmung zum *work product* in die *Federal Rules of Civil Procedure* aufgenommen (Rule 26 (b) (3) F. R. C. P.). Hintergrund der Überlegungen ist folgender:

Wenn das *work product* Gegenstand der *discovery* sein könnte, besteht die Möglichkeit, daß sich die Rechtsanwälte überlegen, sich mittels *discovery* die Ermittlungsergebnisse des gegnerischen Anwalts zu beschaffen, oder daß sie befürchten, bei der Untersuchung entdeckte Informationen offenbaren zu müssen, die für den eigenen Mandanten nachteilig sind. Damit ein Anwalt aus solchen Überlegungen heraus nicht eine gründliche Untersuchung vernachlässigt, wurde das *work product* von der *discovery* ausgenommen. Es versteht sich, daß sich gegen diese Befreiung des *work product* von der *discovery* auch kritische Stimmen erhoben[84].

Um von der *discovery* ausgenommen zu werden, muß das entsprechende Material in Hinblick auf einen Prozeß vorbereitet oder beschafft worden sein[85]. Falls Material in Erwartung eines bestimmten Prozesses vorbereitet wurde, ist es auch bei einem damit nicht zusammenhängenden Prozeß als *work product* von der *discovery* ausgenommen[86]. Allerdings wird auch das *work product* der *discovery* unterworfen, wenn die *discovery* fordernde Person nachweist, daß dieses für eine Prozeßvorbereitung unabdingbar ist und sie nicht ohne beträchtliche Schwierigkeiten in der Lage ist, mit

Fall, auf dessen Anspruch und Einwand das *state law* angewendet wird, wird auch auf *privilege* das *state law* angewendet.

83 329 U.S. 496 (1947). Vgl. dazu o. II. A.

84 Thornberg, Rethinking Work Product, 77 Va. L. Rev. 1515 (1991).

85 National Union Fire Ins.Co. v. Murray Sheet Metal Co., 967 F.2d 980, 984 (1992).

86 Duplan Corp. v. Moulinage et Retorderie de Chavanoz, 487 F.2d 480 (1973). Vgl. auch Mitschell, The Work Product Doctorine in Subsequent Litigation, 83 Colum. L. Rev. 412 (1983).

anderen Mitteln Gleichwertiges zu erlangen.

cc. *Protective order*

Protective order ist eine Anordnung, die vom Gericht erlassen wird, wenn bei einer nicht mißbräuchlichen *discovery* die Beschaffung von Informationen, die Intimsphäre oder Betriebsgeheimnisse verletzt zu werden drohen.

Die *protective order* dient der Überprüfung, wessen Interessen im Wege einer Abwägung bei der Aufrechterhaltung des Schutzes von Geheimnissen vorgehen. Diese Anordnung ist beim Prozeß in Bezug auf Geschäftsgeheimnisse besonders wichtig. Das Geschäftsgeheimnis ist kein Gegenstand des *privilege*[87]. Die *discovery* kann also nicht allein deshalb verweigert werden, weil der Gegenstand der *discovery* ein Geschäftsgeheimnis enthält. Die Partei oder der Dritte, von der bzw. dem *discovery* gefordert wird, beantragt bei dem Gericht die Anordnung einer *protective order*, um die eigenen Geschäftsgeheimnis zu schützen.

Eine *protective order* kann folgendes beinhalten (Rule 26 (c) F. R. C. P.):

(a) Untersagung der Offenbarung,

(b) Vorgabe von Zeit oder Ort sowie bestimmten Bedingungen für die Offenbarung,

(c) Offenbarung in einem anderen als dem von der Offenbarung fordernden Partei gewählten Verfahren,

(d) Untersagung der Untersuchung bestimmter Punkte bzw. Begrenzung des Umfangs der Offenbarung,

(e) Beschränkung der Anzahl der an der *discovery* teilnehmenden Personen,

(f) Öffnen des Siegels einer *deposition* nur auf Befehl einer übergeordneten Instanz,

---

87 Gottwald, Linzer Universitätsschriften, Beiträge zum Zivilprozeßrecht V., S. 27.

(g) Offenbarung von Informationen zu Geschäftsgeheimnissen ausschließlich in bestimmten Verfahren,

(h) gleichzeitige Vorlegung bestimmter Dokumente oder Informationen durch mehrere Parteien und Öffnung entsprechend den Anweisungen des Gerichts.

Außerdem kann das Gericht nach Bedarf die folgenden entsprechenden Verfügungen erlassen: Das Gericht kann nur dem Prozeßvertreter die Informationseinsicht gestatten[88]. Ferner kann es den Geheimnisträger von der Offenbarung der Geschäftsgeheimnisse und des geheimzuhaltenden Inhalts der Forschung oder Entwicklung befreien. Beispielweise kann das Gericht nur dem gegnerischen Prozeßvertreter die Antwort auf *interrogatory* zeigen[89], wobei es gegenüber dem Rechtsanwalt anordnen kann, seinem Mandanten oder dem Dritten den Inhalt der gezeigten Antwort nicht mitzuteilen[90]. Ferner kann es gegenüber einem Fachmann wie einem Wirtschaftsprüfer oder einem Rechtsanwalt als Vertreter der die *discovery* beantragenden Partei anordnen, Augenschein oder Einsicht einzunehmen und der gegnerischen Partei nur die Folge zu berichten[91].

Hinsichtlich der Verfassungsmäßigkeit der *protective order* entschied das *Supreme Court*, daß die Erteilung der *protective order* nicht gegen das Verbot einer vorwegnehmenden Einschränkung der Redefreiheit gemäß Art. 1 des amerikanischen Verfassungsrechts n.F. verstößt[92]. Nach dieser Entscheidung darf dieser Artikel zum Zwecke einer problemfreien *pre-trial*-Abwicklung eingeschränkt werden. Die *protective order* verstößt nur dann nicht gegen Art. 1 des amerikanischen Verfassungsrechts n.F., wenn gemäß Rule 26 (c) F. R. C. P. das Vorliegen von „*good cause*“ nachgewiesen ist und die Veröffentlichung und Zugänglichkeit des durch *discovery* gesammelten Material eingeschränkt wird[93].

---

88 Broan Mfg. Co. v. Westinghouse Elec. Corp., 101 F.R.D. 773 (E.D.Wis. 1984).
89 Stillman v. Vassileff, 100 F.R.D. 467 (S.D.N.Y. 1984).
90 Tavoulareas v. Washington Post Co., 724 F.2d 1013 (D.C.Cir. 1984).
91 Service Liquor Distributors v. Calvert Distillers Corp., 16 F.R.D. 513 (S.D.N.Y. 1955); In re „Agent Orange“ Product Liability Litigation, 96 F.R.D. 513 (1983).
92 Seattle Times Co., et al. v. Rhenehart et al., 467 U.S. 33 (1984).
93 467 U.S. 37.

Anhand eines Falls, der in der Öffentlichkeit große Beachtung fand, führt das Gericht die Erörterung dieses Problems fort[94]. Im Fall *Anderson v. Cryovac, Inc.*, der auch die Seattle Times betraf, setzte sich das Gericht ausführlich mit dem Umfang des Rechts auf Anwesenheit auseinander. Weiterhin führte es aus, daß Art. 1 des amerikanischen Verfassungsrechts n.F. bei der Prüfung des Vorliegens von „*good cause*" gemäß Rule 26 (c) F. R. C. P. erörtert werden sollte[95].

2. Ablauf des *discovery*-Verfahrens

Seit der Reform von 1993 folgt das *discovery*-Verfahren folgendem Ablauf.

a. Nach dem *pleading* findet innerhalb von 14 Tagen ein *meeting of parties*, ein obligatorisches Treffen, statt. Von formlosen Befragungen der Zeugen abgesehen sind die Parteien bis zur Eröffnung dieses *meeting* im Prinzip nicht in der Lage, reguläre *discovery* zu verlangen (Rule 26 (d) F. R. C. P.). Durch *local rule* kann vorgesehen werden, daß eine *discovery* auch vor dem *meeting* möglich ist. Weiterhin ist eine *discovery* vor diesem *meeting* nur dann zulässig, wenn die Parteien darin einwilligen oder das Gericht dies gestattet. Das dient dazu, etwaigen Neigungen, selbst keine gründlichen Nachforschungen anzustellen und sich darauf zu verlassen, Informationen von der Gegenseite zu erhalten, einen Riegel vorzuschieben und unnötige und überflüssige *discovery* zu vermeiden.

Im dem *meeting of parties* werden die Inhalte und Grundlagen von Forderungen und Einreden, die Möglichkeit eines Vergleichs und Umfang und Zeitpunkt des *initial disclosure* erörtert. Danach müssen die Parteien ihre Pläne für die *discovery* aufstellen und innerhalb von 10 Tagen dem Gericht Berichte mit einer entsprechenden Übersicht vorlegen.

Diese Berichte sind die Grundlage für die inhaltliche Festlegung der *scheduling order* durch das Gericht. Aus diesem Grunde ist der Bericht grundsätzlich spätestens bis zum Tage der Eröffnung der *scheduling conference* oder bis 14 Tage vor dem Tage einzureichen, an dem die *scheduling order* erlassen wird. Ausnahmen bilden allerdings durch *local rule* hiervon befreite Prozesse und Fälle, in denen anderweitige Anordnungen erteilt

---

[94] Campbell, The Protective Order in Products Liability Litigation: Safeguard or Misnomer?, 31 Boston College L. Rev. 771 (1990).
[95] 815 F.2d 108 (1st Cir. 1981).

wurden (Rule 26 (f) F. R. C. P.).

Es wird als wünschenswert erachtet, daß die *scheduling conference* möglichst frühzeitig durchgeführt wird. Insbesondere wenn die Angaben in der Klageschrift unklar sind, gilt es als vorteilhaft, daß die *scheduling conference* vor der Einreichung des ersten vorbereitenden Schriftsatzes erfolgt[96], weil die Offenlegung von Informationen im *pleading* mit Bestimmtheit behaupteten strittigen Sachverhalten einen wichtigen Bestandteil des *initial disclosure* darstellt. Es ist wichtig, daß die den Sachverhalt betreffenden Streitpunkte im Wege der *scheduling conference* frühzeitig zwischen den Parteien festgestellt werden.

b. Innerhalb von 10 Tagen nach dem *mandatory meeting* ist das gegenseitige *initial disclosure* durchzuführen (Rule 26 (a) (1) F. R. C. P.). Die Parteien müssen von sich aus folgende grundlegende Informationen zu den im *pleading* geltend gemachten Streitpunkten vorlegen (Rule 26 (a) (3) F. R. C. P.):

(a) Zeugenliste: Namen (falls bekannt, auch Wohnung und Telefonnummer) von Einzelpersonen, von denen erwartet wird, daß sie im Besitz von Informationen zu den im *pleading* vorgebrachten streitigen Tatsachen sind. Die Zeugen sind unabhängig davon anzugeben, für welche der Parteien ihre Aussagen vorteilhaft sind (Rule 26 (a) (3) (A) F. R. C. P.). Zu offenbaren sind auch die Namen von Zeugen, die im Besitz von Informationen sind, die unter ein *privilege* fallen. Dabei müssen die Parteien angeben, über welches Wissen diese Personen verfügen sollen[97].

(b) Urkundenliste: Kopien oder Liste sämtlicher im Besitz, in Verwahrung oder unter Aufsicht der eigenen Person befindlichen Urkunden, Datenaufzeichnungen und Materialien, die die streitigen Tatsachen betreffen. Sämtliche relevanten Urkunden sind unabhängig davon zu offenbaren, ob diese für die eigene Geltendmachung vorteilhaft sind oder nicht (Rule 26 (a) (3) (B) F. R. C. P.). Die Parteien brauchen in der Liste nicht den konkreten Inhalt der einzelnen Urkunden anzugeben. Es ist aber erforderlich, in einer für den Gegner zum Ausfüllen von *discovery*-Anträgen ausreichenden Weise aufzuschlüsseln, wo sich

---

96 Supreme Court of the United States, 146 F.R.D. 633 (1993).

97 Lorenz, ZZP 111 (1998), S. 52.

welche Urkunden im Besitz der Partei befinden. Die einzelnen Parteien müssen in der Liste auch solche Urkunden aufführen, die unter ein *privilege* fallen[98].

(c) Aufstellung und Berechnung der geltend gemachten Schadensposten mit Belegen einschließlich aller mit dem Fall verbundenen Versicherungspolicen (Rule 26 (a) (3) (C) F. R. C. P.): Dies entspricht gemäß Rule 34 F. R. C. P. der *discovery*, die die Vorlegung der Urkunde fordert, wodurch die Notwendigkeit getrennter *discovery*-Forderungen zu dieser Art von Urkunden entfällt. Dies gilt nicht für Urkunden, die unter ein *privilege* fallen.

(d) Beglaubigte Abschriften von Versicherungsverträgen: Diese wurden nunmehr bereits dem *initial disclosure* unterstellt (Rule 26 (a) (3) (D) F. R. C. P.).

Es handelt sich um grundlegende Informationen für die Behauptungen und Beweisführung der Parteien und für die Beurteilung von Vergleichen. Diese Informationen wurden zuvor durch *interrogatory* offenbart. Sie sind nun von den Parteien unaufgefordert im *initial disclosure* vorzubringen[99].

Die beim *initial disclosure* zu offenbarenden Informationen sind zwar umfangreich, allerdings gelten folgende Einschränkungen:

(a) Gemäß Rule 26 (a) (1) F. R. C. P. genügt es, wenn die Urkunden ihrer Art nach angegeben werden, d.h. es ist nicht erforderlich, die Urkunden selbst zu offenbaren oder individuell anzuführen.

(b) Gemäß Rule 26 (a) (1) F. R. C. P. müssen die *discovery*-Forderungen Bestimmtheit (*particularity*) besitzen und die zur Offenbarung geforderten Informationen im Zusammenhang mit Streitpunkten stehen, d.h. *relevant* sein.

Weiterhin gilt, daß das *initial disclosure* durch übereinstimmenden Verzicht der Parteien, durch Verfügung des Gerichts sowie durch *local rule* überflüssig sein kann.

---

98 Supreme Court of the United States, 146 F.R.D. 631 (1993).
99 Supreme Court of the United States, 146 F.R.D. 629 (1993).

Das Gericht muß eine *scheduling order* auf Grundlage eines Berichts der Parteien erlassen (Rule 16 (b) F. R. C. P.). Wenn es notwendig ist, setzt das Gericht vor der Anordnung der *scheduling order* eine *scheduling conference* zur Beratung mit den Parteien an. *Scheduling order* regelt das Programm für *discovery* (Entscheidung über Umfang und Zeit des weiteren *disclosure* und der *discovery*), *pre-trial conference* und *trial*.

c. Erst nach der Anordnung der *scheduling order* beginnen die Parteien mit dem eigentlichen *discovery*-Verfahren.

Das *discovery*-Verfahren ist das gleiche wie vor der Reform von 1993. Allerdings gilt, wie bereits unter 1. aufgezeigt, daß die Häufigkeit von *deposition* und *interrogatory* mit der Reform von 1993 begrenzt wurde (Rule 31 (a) (2) (A), 33 (a) F. R. C. P.). Die im *initial disclosure* verfügbar gemachten Informationen über Zeugen und Urkunden können von den Parteien für ihre *discovery*-Forderungen genutzt werden.

d. Die Parteien sind nach der *scheduling order* bis spätestens 90 Tage vor dem *trial* zur detaillierten Angabe der Sachverständigen (*disclosure of expert testimony*) verpflichtet: Die Parteien haben von sich aus der gegnerischen Partei eine Liste der Gutachter und die von den Gutachtern angefertigten und gezeichneten Berichte, auf welche sich eine Partei im *trial* berufen will, mitzuteilen (Rule 26 (a) (2) F. R. C. P.)[100]. Dabei bedarf es eines ausführlichen Berichts über die tatsächlichen Grundlagen des Sachverstandes, die Grundzüge der Aussage des Gutachters, Angabe seiner früheren Tätigkeit, seiner bisherigen Publikationen, und das vereinbarte Entgelt. Mit diesem Bericht wird nicht nur über Tatsachen, sondern auch über den Beweiswert des Sachverständigengutachtens informiert[101].

e. Wenn sich der Termin des *trial* nähert, haben die Parteien ein *pre-trial disclosure* durchzuführen (Rule 26 (a) (3) F. R. C. P.). Im *pre-trial disclosure* teilen die Parteien einander mit, welches Material und welche Beweismittel sie zur Vorlegung im *trial* vorgesehen haben. Aus dem zuvor durchgeführten *disclosure* und der *discovery* verfügen beide Parteien zu diesem Zeitpunkt bereits über umfangreiche Informationen und Beweise. Für Beweisführung und Gegenbeweis des Gegners teilen sie nun mit, welche sie davon im *trial* vorzulegen gedenken.

---

100 Lorenz, ZZP 111 (1998), S. 52 f.
101 Lorenz, ZZP 111 (1998), S. 53.

Die Parteien haben der gegnerischen Seite von sich aus Namen, Anschriften und Telefonnummern der zur Vorladung zum *trial* vorgesehenen Zeugen, die Festlegung der Zeugen für *deposition*, die Liste der zur Vorlage im *trial* vorgesehenen schriftlichen Beweise und eine Zusammenfassung sonstiger Beweise mitzuteilen (Rule 26 (a) (3) F. R. C. P.).

Das *pre-trial disclosure* ist bis spätestens 30 Tage vor dem *trial* durchzuführen. Beweise, die darin nicht angegeben werden, können im *trial* nicht verwendet werden (Rule 37 (c) (1) F. R. C. P.). Lediglich Beweise, die zu dem Zweck vorgesehen sind, nachzuweisen, daß die vom Gegner vorgelegten Beweise nicht gesetzmäßig erlangt sind, brauchen hier nicht offenbart zu werden[102].

f. Die Parteien sind verpflichtet, das *disclosure* gemäß den im *disclosure* gewonnenen Informationen zu vervollständigen und zu berichtigen (Rule 26 (e) (1) F. R. C. P.). Die Parteien dürfen sich nicht nur damit begnügen, ihnen bereits Bekanntes mitzuteilen, sondern sie haben auch eine Nachforschungspflicht. Danach ist eine Partei verpflichtet, Nachforschungen auch zugunsten des Gegners zu betreiben. Ferner müssen die Parteien die gemachten Angaben korrigieren oder ergänzen, wenn nachträglich neue Beweismittel auftauchen oder sich neue Aspekte ergeben[103].

3. Inhalt von Sanktionsmaßnahmen

Die Durchführung der *discovery* ist in vielfacher Hinsicht sanktioniert.

Rule 26 (g) F. R. C. P. schreibt vor, daß sämtliche Offenbarungen gemäß Rule 26 (a) (1) und (3) F. R. C. P. zu unterzeichnen sind. Mit seiner Unterschrift versichert der Rechtsanwalt, daß der Offenbarung eine nach bestem Wissen und Gewissen des Unterzeichners vorgenommene Untersuchung zugrunde liegt und, daß diese zum Zeitpunkt der Offenbarung vollständig und zutreffend war. Im Falle von Verstößen kann das Gericht ebenfalls eine Bestrafung der versichernden Partei verfügen, falls keine *substantial justification* vorliegt. Die gegnerische Partei ist berechtigt, *disclosure* erzwingende Verfügungen und Verfügungen zu einer angemessenen Bestrafung zu beantragen (Rule 37 (a) (2) (A) F. R. C. P.).

---

[102] Supreme Court of the United States, 146 F.R.D. 635 (1993).
[103] Lorenz, ZZP 111 (1998), S. 52.

Für die auskunftspflichtete Partei sind folgende Sanktionsmaßnahmen vorgesehen (Rule 37 (c) (1) F. R. C. P.):

Die Verwendbarkeit der Informationen und Stoffe, die nicht bei dem *disclosure*-Verfahren angegeben wurden, wird im *trial* ausgeschlossen. Ohne *meeting of the parties* ist jegliche *discovery*-Maßnahme verboten[104]. Im Falle leichter Fahrlässigkeit kann das Gericht keine Sanktion verhängen[105]. Die Sanktion wird ohne Antrag des Gegners erlassen, weshalb sie auch als *automatic sanction* bezeichnet wird[106].

Daneben oder statt dessen kann das Gericht auf Antrag folgende Sanktionen verhängen; die Verfügung zur Erstattung der entsprechenden Kosten, die Fiktion eines bestimmten Tatsachenbeweises, die Untersagung der Beibringung von Beweisen für die gegnerischen Geltendmachung, die vollständige oder teilweise Eliminierung der vorbereitenden Schriftsätze oder die Abweisung der Klage. Zuvor erhält die zu bestrafende Partei Gelegenheit zur Stellungnahme. Auch wenn Informationen nach dem Antrag auf Bestrafung vor der Entscheidung über den Antrag offengelegt werden, hat das Gericht die Möglichkeit, eine Geldstrafe zu verhängen.

Nichtbefolgung der *discovery* wird darüber hinaus mit den Sanktionen für die Mißachtung des Gerichts (*contempt of court*) bestraft. Wegen *contempt of court* eignen Geld- und Haftstrafen sich als Druckmittel vor allem gegenüber den Anwälten und nicht am Verfahren beteiligten Zeugen, soweit sie der Gerichtsbarkeit unterworfen sind[107].

Wenn das Gericht einen Antrag auf Erzwingung des *disclosure* oder zur Bestrafung abweist, kann es wie bei der bisherigen *discovery* eine *protective*

---

[104] Davon erhofft man sich eine möglichst weitgehende Klärung des Falles und die Vermeidung unnötiger Beweisermittlung. Vgl. Reimann, Beyond Fishing – Weitreichende Neuerungen im amerikanischen Discovery-Verfahren, IPRax 1994, S. 152, 153; Lorenz, ZZP 111 (1998), S. 53.

[105] Dies gilt z.B., wenn von einer Partei versehentlich vergessen wurde, in der Liste für das *initial disclosure* den Namen eines allen Parteien bereits bekannten Zeugen aufzuführen. Vgl. Supreme Court of the United State, 146 F.R.D. 691 (1993). Dies soll vermeiden, daß in Fällen von leichter Fahrlässigkeit eine strenge Bestrafung erfolgt.

[106] Supreme Court of the United States, 146 F.R.D. 691 (1993).

[107] Schack, Einführung in das US-amerikanische Zivilprozeßrecht, S. 50. Das Beugemittel des *civil contempt* (*contingent and coercive*) wird von der echten Strafe wegen *criminal contempt* unterschieden.

order erlassen (Rule 37 (a) (4) (B) F. R. C. P.). Dies dient dem Schutz von unter *privilege* fallendem Material (Rule 26 (a) (1) (C) F. R. C. P.), das im *initial disclosure* nicht offenbart werden muß.

IV. Bewertung des *disclosure*-Systems

A. Bewertung des *Civil Justice Reform Act* von 1990

Civil Justice Reform Act von 1990 führte nicht zur Senkung des Kosten- und Zeitaufwands für Zivilprozesse[108]. Einer der Gründe dafür, daß die auf der Grundlage des *Civil Justice Reform Act* von 1990 konzipierten Programme keine positive Wirkung hatten, liegt darin, daß das Parlament den Richtern des *District Court* nicht die für die Programme und insbesondere für das *case management* wirklich erforderlichen Instrumente und Anleitungen an die Hand gab.

Die einzelnen Richter sind jeweils für eine sehr große Zahl von Fällen zuständig[109]. Als Folge davon verfügt der einzelne Richter nicht über die Zeit und Energie für eine gründliche Untersuchung im Frühstadium des Verfahrens[110]. Selbst wenn er darüber verfügen sollte, gilt, daß der Kläger wegen des in den USA praktizierten *notice-pleading*[111] anfangs nur wenige Informationen offenbart. Dadurch ist es für den Richter schwierig, angemessen zu beurteilen, ob eine bestimmte Tatsache für den Fall relevant ist oder nicht. Weiterhin gebe sich der einzelne Richter mit keinem Sachverhalt in Fällen ab, in denen eine *jury* ausschließlich das Recht hat, den Sachverhalt festzustellen[112]. Es wird aber angenommen, daß der Richter sich auch in Fällen

---

108 Murray, Civil Justice Reform in America: The 1990 Civil Justice Reform Act and Its Consequences, ZZPInt 3 (1998), S. 319, 334.

109 Nach Auskunft von *Annual Report of the Director of the Administrative Office of the United States Court* waren die Richter am Bundesgericht nach Stand vom 30.9.1997 pro Person mit durchschnittlich insgesamt 405 Zivil- und Strafsachen befaßt. Vgl. Judicial Business of the United States Court, Administratrive Office of the United States Courts, www.uscourtsa.gov.judicial-business/contents.html.

110 Vgl. Murray, ZZPInt 3 (1998), S. 335.

111 Vgl. o. u. I . A.

112 Vgl. von Mehren, The Significance for Procedural Practice and Theory of the Concentrated Trial: Comparatige Remarks in: FS für Coing, Bd. 2, 1982, S. 361 ff.

ohne Beteiligung einer *jury* von dem *trial* kaum mit dem Sachverhalt beschäftige[113]. Auch solle die Verfahrensleitung nicht einem *magistrate* überlassen werden, der keine abschließende Entscheidungsbefugnis besitzt, sondern vom befugten *judge* durchgeführt werden[114]. Weiterhin seien die grundlegenden Beziehungen zwischen den Beteiligten am *trial* und die diesen aufgelegten Lasten nicht verändert worden[115]. Aus diesen Gründen wird Verfahrensleitung durch den Richter als schwierig angesehen.

Zum *disclosure* liegen zwar noch keine detaillierten Bewertungen vor, es wurde aber, soweit ersichtlich, positiv beurteilt. Nachstehend soll auf die Bewertungen der *discovery* näher eingegangen werden.

Im Bericht des *RAND's Institute for Civil Justice*[116] wird festgestellt, daß das Probeprogramm in Bezug auf die Prozeßdauer, die Prozeßkosten und das Bewußtsein der Anwälte hinsichtlich des Prozeßmanagements praktisch keinen Effekt gehabt hat. Der Bericht macht geltend, daß eine Verkürzung der Dauer der *discovery* effektiv zur Beschleunigung des Prozesses und zur Senkung der Kosten beitragen würde und hob damit erneut die Bedeutung einer schnellen *discovery*-Abwicklung hervor.

Der Bericht des *Federal Judicial Center*[117] kommt im Prinzip zur gleichen Bewertung. Darin wird angeführt, daß frühe Beratungen zum Prozeßmanagement, die zeitliche Begrenzung der *discovery* durch *scheduling order* und die Offenbarung zur Beschleunigung von Prozessen beitragen. Dies erlaubt den Schluß, daß der Bericht das *disclosure* geeigneter als die *discovery* ansieht, den Kosten- und Zeitaufwand von Zivilprozessen zu senken.

---

[113] Eine *Rule*, die eine dahingehende Planung zugesteht, den *trial* aufzutrennen und abgespaltene Fragen in einem getrennten *hearing* anzuhören, zeige eine Milderung dieses Ansatzes an (Rule 42 F. R. C. P.). Vgl. Murray, ZZPInt 3 (1998), S. 336.

[114] Murray, ZZPInt 3 (1998), S. 337.

[115] Murray, ZZPInt 3 (1998), S. 337.

[116] Kakalik et al., An Evaluation of Judicial Case Management under the Civil Justice Reform Act, 1996; *ders.*, Implementation of the Civil Justice Reform Act in Pilot and Comparative Districts, 180 F.R.D. 467(1996).
Das *RAND's Institute* ist ein nichtwirtschaftlicher Verein in Los Angeles. In letzter Zeit hat *RAND* aktiv empirische Untersuchungen durchgeführt. Vgl. Tobias, The Judicial Conference Report and the Conclusion of Federal Civil Justice Reform, 175 F.R.D. 351; Murray, ZZPInt 3 (1998), S. 328.

[117] Stienstra et al., Report to the Judicial Conference Committee on Court Administration and Case Management, A Study of the Five Demonstration Programs Established under the Civil Justice Reform Act of 1990, 1997.

Die *Judicial Conference of the United States* war nach dem *Civil Justice Reform Act* von 1990 verpflichtet, dem Parlament ihre Meinung darüber zu berichten, ob das in den Probegebieten erprobte System für die Verfahrensleitung auch auf andere Gebiete ausgedehnt werden soll[118]. Sie legte dem Parlament einen abschließenden Entwurf[119] vor, der die Ausweitung der Prinzipien des Probeprogramms auf andere Gerichte nicht empfahl, sondern nahelegte, sich um alternative Verfahren zur Reduzierung der Kosten und Verzögerungen zu bemühen. Bezüglich der *discovery* empfahl der Bericht,

(a) die Möglichkeit einer Änderung von Rule 16 F. R. C. P. und einer zeitlichen Befristung der *discovery* durch Vorgabe einer frühzeitigen und festen Untersuchungszeit sowie einer kurzen *discovery*-Frist zu prüfen,

(b) die Notwendigkeit der bundesweit einheitlichen Anwendung von Rule 26 (a) F. R. C. P. bezüglich des freiwilligen Austauschs von Informationen zu prüfen, und

(c) vor Anträgen zu Streitigkeiten über die *discovery* einen Beratungstermin der Anwälte abzuhalten, was aber bereits nach der Reform von 1993 erfolgen kann (Rule 37 (a) (2) (A)-(B), 37 (d), 26 (c), 26 (f) F. R. C. P.).

Dem läßt sich entnehmen, daß die *Judicial Conference of the United States* die Reform der *discovery* und des *disclosure* des Jahres 1993 positiv bewertet.

B. Bewertung der Reform der *Federal Rules of Civil Procedure* von 1993

1. Verhältnis zum Zweck des *disclosure*

Das *Advisory Committee* sieht den Zweck des *disclosure* darin, den Parteien die Basisinformationen für die Vorbereitung des *trial* oder für den Versuch des Vergleichs zu sichern.

---

118 *Judicial Improvements Act* von 1990, tit. I . Pub. L. Nr. 101-650, § 105 (c) (2) (C).

119 Judicial Conference of the United States, The Civil Justice Reform Act of 1990 Final Report, Alternative Proposals for Reduction of Cost and Delay Assessment of Principles, Guidelines & Techniques, 175 F.R.D. 62 (1997).

In Wirklichkeit verfolgen die *disclosure*-Verfahren aber nicht den gleichen Zweck. Im Mittelpunkt des *initial disclosure* steht die Funktion, die Voraussetzungen zur Vermeidung von unnötiger *discovery* und für eine effektive Durchführung der *discovery* zu schaffen. Das *disclosure of expert testimony* hat die Funktion, Gutachten so weit wie möglich aus dem *discovery*- in das *disclosure*-Verfahren zu verlegen. Hierdurch sollen Überraschungen im *trial* vermieden und das *junk science*-Übel (überflüssige Gutachten) ausgeräumt werden. Weiterhin dient das *pre-trial disclosure* der Vorbeugung von Überraschungen im *trial* und der abschließenden Vorbereitung für eine effektive Durchführung des *trial*.

2. Verhältnis zum *adversary system*

Mit der Reform von 1993 wurde das *meeting of parties* neu geregelt und die Eingrenzung der Streitpunkte sowie die Verpflichtung zur Aufstellung einer *discovery*-Planung eingeführt. Dem amerikanischen Gerichtswesen liegt das *adversary system* zugrunde. Das *adversary system* geht von dem Gedanken aus, daß das geeignetste Verfahren darin besteht, daß beide Parteien einander als Gegner gegenüberstehen und konsequent Prozeßaktivitäten entfalten, um den Streit für sich zu entscheiden, wobei Richter und Geschworene lediglich als Schiedsrichter über Sieg und Niederlage entscheiden[120]. Die Reform von 1993 ging von diesem System aus und fügte darin das *disclosure* harmonisch ein, ohne das System abzuschaffen.

Beim *disclosure* wird allerdings keine feindselige Prozeßverfolgung der beiden Parteien erwartet, sondern eine durch Beratung zwischen den Anwälten einvernehmliche Rechtsverfolgung. Auch erleichtert das *disclosure* über die *pre-trial order* mit der *scheduling order* die Verfahrensleitung durch den Richter. Entsprechend führte die Reform von 1993 zu einer Abmilderung oder teilweisen Verdrängung des *adversary system*[121]. Das *initial disclosure*, das zur Offenbarung von für die eigene Seite nachteiligen Informationen zwingt, führt dazu, daß den Anwälten als Amtsträger eine Pflicht zur Kooperation mit dem Gericht auferlegt ist. Weiterhin führt die Begrenzung der Häufigkeit von *deposition* und *interrogatory* dazu, daß die Gerichte Anträge zur *discovery*, die über die gesetzliche Anzahl hinausgehen, nur zulassen, wenn diese objektiv erforderlich sind.

---

[120] Schack, Einführung in das US-amerikanische Zivilprozeßrecht, S. 60.
[121] Vgl. 61 U.S.L.W. 4365, 4393.

In den USA wird die Bedeutung von Prozessen betont, die sich in Überwindung der *sporting theory* auf ein ausreichendes Tatsachenmaterial stützen. Dabei wird allerdings das Konzept des *adversary system*, wie es z.B. am Verbot der *discovery* des *work product* ersichtlich wird, auch heute noch aufrecht erhalten. Aus diesem Grunde wurde auch die Einführung des *disclosure* kritisiert.

Bezüglich des Verhältnisses zwischen *disclosure* und *adversary system* übernahm das *Advisory Committee* im Prinzip die Meinung von Brazil, daß *discovery* im *pre-trial*-Verfahren unter dem traditionellen *adversary system* nicht ausreichend funktioniert, weshalb beim *pre-trial*-Verfahren eine kontinuierliche aktive Einflußnahme durch das Gericht erfolgen sollte.

Diese Ansicht wurde nicht nur vom Verband der Rechtsanwälte, sondern auch von Richtern des obersten Bundesgerichtshofes kritisiert[122]. Richter Scalia, der beschloß, den Änderungsentwurf zu den *Federal Rules of Civil Procedure* an das Parlament zu schicken, führte an, daß die Prozeßinitiative im *adversary system* nicht dem Gericht, sondern den Parteien zugestanden werden sollte. Damit die einzelnen Parteien diese Initiative im Prozeß ausüben könnten, bedürfe es der Wortführung durch juristisch gebildete Fachleute. Der Rechtsanwalt als juristischer Fachmann sei gegenüber seinem Mandanten zur Treue verpflichtet und handele, um den größtmöglichen Nutzen für seinen Mandanten zu erzielen. Erst auf diese Weise komme auch das *adversary system* funktionell ausreichend zum Tragen. Mit Einführung des *disclosure* werde von den Parteien (Vertretern) dagegen verlangt, vom Standpunkt der Gegenpartei aus zu beurteilen, welche Informationen erforderlich seien, damit die Gegenpartei ihre Forderungen bzw. Verteidigung durchsetzen könne. Dem Anwalt des Beklagten z.B. werde auferlegt, dem Kläger bei der Geltendmachung und Beweisführung behilflich zu sein, obwohl er sein Honorar vom Beklagten erhalte. Dies bedeute, daß das *disclosure* mit der Treuepflicht des Anwalts gegenüber seinem Mandanten kollidiere und die zwischen beiden bestehende Vertrauensbeziehung zerstöre[123].

Bezüglich der Beziehung zwischen der Einführung des *disclosure* und dem

---

[122] 61 U.S.L.W. 4393. Scalia, Souter und Thomas sprachen sich gegen die Einführung des *disclosure* aus.

[123] Bell / Varner / Gottschalk, Automatic Disclosure in Discovery — The Rush to Reform, 27 Ga. L. Rev. 1, 47 (1992).

adversary system verwies Schwarzer, der für eine Einführung des *disclosure* eingetreten war, auf die Kontinuität von *discovery* und *disclosure*, da der Anwalt auch nach dem alten *discovery*-System für seinen Mandanten nachteilige Informationen offenbaren mußte, wenn er von der Gegenseite dazu aufgefordert wurde. Hinsichtlich der Art und Weise und der inhaltlichen Auslegung dieser Aufforderungen hätten sich zwar verschiedene Mißstände entwickelt, das *disclosure* diene aber lediglich der Beschränkung dieser Aufforderungen[124].

Die Gegenmeinung stellt darauf ab, daß die die *discovery* fordernde Partei den zum Ausbau der eigenen Geltendmachungen und Beweisführung erforderlichen Umfang in einem bestimmten Maße festlegen und spezifizieren müsse, worin eine Gemeinsamkeit zwischen *discovery* und *adversary system* bestehe. Beim *disclosure* dagegen werde die gegnerische Partei ohne eine solche Festlegungspflicht in die Pflicht genommen, was als problematisch angesehen wird. Die gegensätzlichen Auffassungen gehen somit im Endeffekt auf gegensätzliche Wert- und Prozeßvorstellungen zurück.

3. Sonstige Kritik

Zunächst einmal wird der Begriff *disclosure* als vage kritisiert. Um einheitliche Voraussetzungen für alle Arten von Angelegenheiten vorzugeben, legen die *Federal Rules of Civil Procedure* abstrakte Voraussetzungen fest. Die Voraussetzung „Relevanz" ist unklar. Sie enthält sicherlich einen Kernbereich, den jedermann als relevant anerkennt, birgt aber die Gefahr, daß es in einer Grauzone zu Streitigkeiten kommt[125]. Dadurch, daß zu den Voraussetzungen der *discovery* solche verfahrensmäßigen Probleme hinzukommen, besteht die Gefahr, daß die Zahl der Anträge auf *pleading*-Klarstellung, auf Sanktion der Nichtbefolgung von Anträgen und auf Anordnung einer *protective order* zunimmt. Umgekehrt besteht die Gefahr, daß Informationen und Material mit nur geringer Relevanz aus Sorge über eine Bestrafung oder aus strategischen Überlegungen heraus übergeben werden und so der Prozeßstoff ausufert[126]. Dies führt dann zu einer Zunahme der Dauer

---

[124] Schwarzer, 74 Judicature 183 (1991).

[125] Bell / Vamer / Gottschalk, 27 Ga. L. Rev. 18 (1992).

[126] Das steht auch in Beziehung zu *notice-pleading*. Seit der Einführung der *discovery* hat diese die Regulierung von Streitpunkten, die früher Inhalt des *pleading* waren, übernommen, wodurch das *pleading* einfacher wurde. Wenn die *discovery* allerdings auf den Bereich „mit den bei *pleading* behaupteten streitigen Sachverhalte zusammenzuhängen" beschränkt wird, kann es zu einer Rückverlagung des Prozeß-

und Kosten des Prozesses und steigert die Belastung der Anwälte. Darüber hinaus ist absehbar, daß die Parteien die Vollständigkeit der Offenbarung durch die gegnerische Seite bezweifeln und sich gezwungen sehen, sich durch die Durchführung von der *discovery* Gewißheit zu verschaffen. Dies bedeutet, daß die *discovery* nicht ohne weiteres abnimmt. Mit anderen Worten, führt *disclosure* nicht zur Abnahme der *discovery*, sondern sie kommt lediglich zur *discovery* hinzu[127].

Als weiterer Kritikpunkt ist zu nennen, daß das eine aktive Offenbarung fordernde *disclosure* keine gebührende Rücksicht darauf nimmt, daß *privilege* oder *work product* von der *discovery* ausgenommen wurden[128]. Im *initial disclosure* sind außer bei Urkunden, die der Berechnung der eigenen Entschädigungsforderung zugrunde liegen (Rule 26 (a) (1) (C) F. R. C. P.), auch Zeugen und Urkunden mit unter *privilege* fallenden Informationen aktiv zu offenbaren[129].

Weiterhin wird kritisiert, daß die verschärfte Bestrafung in Fällen, in denen die Offenbarung von Informationen vernachlässigt wurde, die Parteien dazu verleitet, auch Informationen zu offenbaren, die mit dem Prozeß nicht in Zusammenhang stehen[130].

Außerdem wird angeführt, daß das *disclosure* auf Verfahren, bei denen der Sachverhalt kompliziert ist oder viele Prozeßbeteiligte existieren, begrenzt werden sollte. Nur hier sei der ansonsten objektiv kaum nachweisbare Mißbrauch der *discovery* offensichtlich[131].

Denkbar ist auch, daß in der Praxis ein übermäßiges oder zu geringes *disclosure* durchgeführt wird, bei dem die Möglichkeit einer Bestrafung besteht. Weiterhin erhöht die Einführung des *disclosure* nicht unbedingt auch die Wahrscheinlichkeit, daß ein gerechter Vergleich erreicht wird.

---

stoffs auf das *notice-pleading* kommen. Laut Michigan Lawyers Weekly, August 2, 1993 schreiben die Kläger seit der Einführung des *disclosure* das *pleading* ausführlicher, um soviele wie möglich damit zusammenhängende Informationen zu sammeln.

127 Bell / Vamer / Gottschalk, 27 Ga. L. Rev. 41 ff. (1992).

128 Bell / Vamer / Gottschalk, 27 Ga. L. Rev. 45 (1992).

129 Supreme Court of the United States, 146 F.R.D. 631 (1993). Diese verweist zwar auf Urkunden, paßt aber auch auf die Zeugen.

130 61 U.S.L.W. 4393.

131 Mengler, Eliminating Abusive Discovery through Disclosure: Is It Again Time for Reform?, 138 F.R.D. 155, 161 f. (1992).

4. Nichteinführung durch *local rule*

Wenn in *local rule* oder Verfügung der Gerichte der einzelnen Bundesstaaten andere Bestimmungen eingeführt werden, kann *disclosure* von den *Federal Rules of Civil Procedure* abweichend gehandhabt werden. Auch die Zahl der Bundesländer, in denen die Anwendung des *disclosure*-Teils der *Federal Rules of Civil Procedure* aufgeschoben wurde, ist nicht gering. Nach dem Stand vom 23.2.1994 war das *disclosure* von 94 Bundesgerichten der Bundesstaaten in 32 Gebieten übernommen worden, in 31 Gebieten nur mit Änderungen, in 23 Gebieten nicht übernommen und in den restlichen 8 Gebieten die Übernahme dem Richter anheimgestellt worden[132].

V. Zwischenergebnis

In den USA wurde die *discovery* als ein System zur Beschaffung von Informationen und Beweisen eingeführt. Die *discovery* ist ein auf der Initiative der Parteien basierendes Informationsbeschaffungssystem vor dem *trial.* Art und Umfang der *discovery* sind sehr weit gefaßt, was es den Parteien ermöglicht, vor dem *trial* außergerichtlich eine Vielzahl von Einzelheiten zu erfahren.

Die *discovery* wurde in der Praxis entwickelt und 1938 mit der Verabschiedung der *Federal Rules of Civil Procedure* gesetzlich geregelt. Mit der Reform von 1970 wurde es als System zur Informations- und Beweisbeschaffung auf Initiative der Parteien extrem ausgeweitet.

Durch den erweiterten Anwendungsbereich und die vielfältig gewordenen Instrumente wurde allerdings auch der Mißbrauch der *discovery* zu einem Problem. Die Parteien hatten für die *discovery* einen dem *trial* vergleichbaren Zeit-, Arbeits- und Kostenaufwand zu tragen. Es kamen auch Fälle vor, in denen Parteien gezwungen waren, deswegen gegen ihren Willen Vergleiche einzugehen.

Um diese Situation zu verbessern, wurden die Bestimmungen zur *discovery*

---

[132] Hansen, Early Discovery Hits Snag, 80 A.B.A.J., May 1994, S. 35.

in der Folgezeit mehrere Male geändert. Mit der Reform von 1993 wurde das *disclosure* eingeführt, das beiden Parteien breit gefaßte Pflichten zur Beschaffung und Offenbarung von Informationen schon vor Erhalt einer Aufforderung dazu auferlegte. Weiterhin wurden beim herkömmlichen *discovery* quantitative Begrenzungen für die *deposition* und das *interrogatory* eingeführt.

Die Geschichte der Reformen der Bestimmungen zur *discovery* nach 1970 ist vom Bemühen um die Suche nach Maßnahmen zur Unterdrückung des Mißbrauchs gekennzeichnet. Der vorläufige Schlußpunkt wurde mit der Reform von 1993 gesetzt, die auch als „Zeitenwende“ bezeichnet wurde[133]. Durch das *disclosure* wurden die Parteien nämlich verpflichtet, prozeßrelevante Informationen einschließlich solcher Informationen, die für die eigene Seite nachteilig sind, zu offenbaren, ohne deren Anforderung durch die gegnerische Seite abzuwarten. Diese Reform ist auch kritisiert worden. Das traditionelle Rechtsdenken in den USA kann aber dahingehend verstanden werden, daß die vollständige Kenntnis aller relevanten Tatsachen durch beide Parteien einen sachgerechten Zivilprozeß erlaubt und die Vermeidung unsinniger Prozesse ermöglicht. Nach diesem Verständnis bedeutet die Reform von 1993 keinen Wandel im Rechtsdenken, sondern eine konsequente Weiterentwicklung.

Hintergrund des weit gefaßten Informations- und Beweisbeschaffungssystems im US-amerikanischen Zivilprozeß ist der Gedanke, durch gleiche Verteilung der Pflichten, die zur Durchsetzung und Wahrung der Rechte beider Parteien erforderlichen Informationen beizubringen, die Wahrheit zu ermitteln und dadurch zu einer gerechten Entscheidung zu kommen. Von diesem Ansatz her läßt sich die Reform von 1993 auch als Versuch verstehen, vom traditionellen Rechtsdenken und Rechtssystem des eigenen Landes abzugehen, um die Ermittlung der Wahrheit und die Realisierung der Waffengleichheit zu gewährleisten.

---

133 Lorenz, ZZP 111 (1998), S. 51.

§ 4 DAS JAPANISCHE RECHT

I. Geschichtlicher Überblick über die japanischen Zivilprozeßordnungen

A. Japanische Zivilprozeßordnung von 1890

Japans erste moderne Zivilprozeßordnung (*Minji Sosho Ho*) wurde im Jahre 1890 erlassen.

Die Vorarbeiten für eine Zivilprozeßordnung begannen in Japan schon im Jahr 1876. Inhaltlich orientierte sich die japanische ZPO (jZPO) von 1890 am Vorbild des seinerzeit modernsten Gesetzbuchs, der deutschen Civilprozeßordnung von 1877 (CPO). Im Jahre 1886 verfaßte der deutsche Jurist Techow den Entwurf einer jZPO, der als Grundlage für die Beratungen diente. Das endgültige Gesetz wurde 1890 verabschiedet und trat zum 1.1.1891 in Kraft. Die jZPO von 1890 stand somit ersichtlich stark unter dem Einfluß der CPO[1].

Übernommen wurde in die jZPO von 1890 aber nur das der CPO zugrundeliegende Konzept. Der die Funktionsfähigkeit des Systems sichernde Anwaltszwang wurde nicht eingeführt. Weiterhin waren die Anwälte als Organ der Rechtspflege nicht in ausreichendem Maße befähigt, ihre rechtliche Funktion zu erfüllen. Schon unmittelbar nach dem Inkrafttreten setzte die Kritik an den komplizierten Verfahren und an der Langwierigkeit der Prozesse ein[2].

B. Japanische Zivilprozeßordnung von 1926

Die jZPO von 1890 wurde 1926 grundlegend überarbeitet. Die Änderungen traten zum 1.10.1929 in Kraft. Sie bezweckten vor allem eine Beschleu-

---

[1] Nakamura, Die Rezeption des deutschen Rechts in Japan, insbesondere auf dem Gebiete des Zivilprozeßrechts, ZZP 84 (1971), S. 74 ff.; *ders.*, Japan und das deutsche Zivilprozeßrecht in: Habscheid (Hrsg.), Das deutsche Zivilprozeßrecht und seine Ausstrahlung auf andere Rechtsordnungen, 1991, S. 420 ff.

[2] Nakano / Matsuura / Suzuki (Hrsg.), Shin Minji Sosho Ho Kogi, 1998, S. 16.

nigung der Prozesse. Nachdem das Gesetz von 1890 großes Gewicht auf den Parteibetrieb gelegt hatte, wurden nun Elemente des Amtsbetriebs eingeführt. Beispiele hierfür sind eine Stärkung der Position des Gerichts und des Richters, die Einrichtung eines vorbereitenden Verfahrens, die Verankerung einer – mittels „*case management*" sichergestellten – Beschleunigungsmaxime und die Zurückweisung verspätet vorgebrachter Angriffs- und Verteidigungsmittel. Insofern löste sich die jZPO von 1926 etwas vom deutschen Recht. Beispielsweise wurde das aus Deutschland übernommene Versäumnisurteil abgeschafft. Als eigenständige japanische Einrichtung wurde ein System zur Bewältigung des Massenverfahrens von Musterpersonen und zur Beteiligung Dritter am Verfahren eingeführt. Die Gesetzesänderung von 1926 strebte zwar primär eine Verfahrensbeschleunigung an, hatte in der Praxis aber keinen nennenswerten Effekt, so daß das Problem langwieriger Prozesse weiterhin bestand[3].

Während des Zweiten Weltkriegs wurde für den Zivilprozeß ein Sondergesetz erlassen (1942). Es beinhaltete eine Vereinfachung der gerichtlichen Verfahren und eine Verkürzung der Instanzen. Dieses Gesetz wurde nach Kriegsende wieder abgeschafft und zeigt heute keine Auswirkungen mehr.

Nach der Niederlage im Zweiten Weltkrieg machte das japanische Gerichtswesen nach Änderungen der Verfassung und der Gerichtsverfassung einen tiefgreifenden Wandel durch. Im Jahre 1948 wurde die Zivilprozeßordnung geändert. Obwohl ihre Grundstruktur weitgehend unverändert blieb, führte der Gesetzgeber Teile der Regelungen über die gegenseitige Vernehmung der Parteien ein, wie es sie im anglo-amerikanischen Rechtssystem gibt (Art. 294 Abs. 1[4]). Weiterhin wurden im Jahre 1979 das *Minji Shikko Ho* für die Zwangsvollstreckung und im Jahre 1989 das *Minji Hozen Ho* für den einstweiligen Rechtsschutz als nunmehr eigenständige Gesetze erlassen.

---

3 Nakano / Matsuura / Suzuki (Hrsg.), Shin Minji Sosho Ho Kogi, S. 16 f. Vgl. dazu auch H. Matsumoto, Zur Struktur des japanischen Zivilprozesses nach der Zivilprozeßordnung von 1996, ZZPInt 2 (1997), S. 335 f.

4 Art. 294 Abs. 1 ajZPO
Der Zeuge wird zuerst von der Partei vernommen, die seine Ladung beantragt hat; nach Beendigung dieser Vernehmung kann die andere Partei ihn vernehmen.

C. Japanische Zivilprozeßordnung von 1996

Im Jahre 1996 wurde eine neue jZPO verabschiedet, die nur das Erkenntnisverfahren regelt[5].

Die Verabschiedung der jZPO von 1996 verfolgte das Ziel, den Bürgern das Führen von Zivilprozessen zu erleichtern und diese transparenter zu machen, um zu einer angemessenen und schnellen Beendigung der Prozesse beizutragen. Die Struktur der jZPO war seit der Änderung von 1926 unverändert geblieben; 1996 konnte sie weder den gesellschaftlichen und wirtschaftlichen Veränderungen, die seither stattgefunden hatten, noch der zunehmenden Kompliziertheit und Vielfältigkeit der Zivilprozesse Rechnung tragen. Weiterhin hatte wegen des übermäßigen Zeit- und Kostenaufwands von Zivilverfahren unter den Bürgern eine zunehmende Abwendung von der Justiz um sich gegriffen, was die gesellschaftliche Bedeutung von Zivilprozessen zunehmend in Frage stellte. Es wurde zwar von Seiten der Gerichte und der Anwaltskammern mit verschiedenen Mitteln versucht, die Handhabung der Zivilverfahren zu verbessern, die Möglichkeiten zur Auslegung waren aber erschöpft[6].

Mit der Änderung nahm man nicht nur eine Reform des seit 1926 bestehenden Zivilprozeßrechts, sondern gleichzeitig auch die seit Verabschiedung der ersten Zivilprozeßordnung ungelöste Aufgabe in Angriff, eine schnellere Abwicklung der Prozesse zu erreichen[7]. Auch wiederholt vorgenommene Anläufe in Form von Detailänderungen und praktischen Maßnahmen hatten keinen wesentlichen Effekt erzielt. Diesmal verfolgte der Gesetzgeber das Ziel, das unvollständig importierte Prozeßsystem zu überarbeiten und in Übereinstimmung mit den japanischen Verhältnissen zu bringen.

In der Praxis waren sehr rege Aktivitäten zur Verbesserung der Zivilprozeß-

---

5 Vgl. dazu Kobayashi / Yoshida, Shin Minji Sosho Ho no Gaiyo in: Kobayashi (Hrsg.), Shin Minji Sosho Ho no Kaisetsu, 1997, S. 8 f.
Durch die neue jZPO wurde die alte jZPO nicht vollständig aufgehoben. Nach Art. 2 der Zusatzbestimmung der jZPO von 1996 wurde zwar das erste bis sechste Buch der alten jZPO gestrichen, aber das siebte und achte Buch blieben weiterhin in Kraft. Nur der Name des Gesetzes wurde geändert; es heißt jetzt *Koji Saikoku Tetsuduki oyobi Chusai Tetsuduki ni kansuru Horitsu* (Gesetz über Mahnverfahren mit der Bekanntmachung vom Gericht und das Schiedsverfahren). Ein Gesetz über das Schiedsverfahren wird in naher Zukunft verabschiedet werden.

6 Ichimon-Itto, S. 5.

7 Nakano, Kaisetsu Shin Minji Sosho Ho, 1997, S. 2 f.

ordnung vorausgegangen, die als direkte Triebkraft hinter der Reform zu sehen sind. Zum einen diskutierten die Gerichte seit etwa 1975 lebhaft Maßnahmen gegen Prozeßverzögerungen, und seit etwa 1980 experimentierte man mit verschiedenen neuen Verhandlungsmethoden (z.B. mündlichem Verhandlungs- und Vergleichstermin). Zum anderen schlugen die Anwaltskammern seit etwa 1985 verschiedene Modelle zur Verbesserung der Zivilprozeßverfahren vor. Diese aus der Praxis kommenden Verbesserungsversuche führten schließlich zum Erlaß einer neuen jZPO.

Im Juli 1990 beschloß die Kommission für die Zivilprozeßordnung, die sich aus Vertretern der Judikatur, der Anwaltschaft und der Wissenschaft zusammensetzte, eine vollständige Reform der Zivilprozeßordnung und begann damit, die Mängel der damaligen Zivilprozeßordnung zu untersuchen. Das Ergebnis dieser Arbeiten wurde Ende 1991 unter dem Titel *Minji Sosho Tetsuduki ni kansuru Kento Jiko* (die untersuchten Streitpunkte des Zivilprozesses: der Erste Entwurf) veröffentlicht. Die Reformkommission hat hierzu Stellungnahmen aller interessierten Kreise, z.B. der Universitäten, der Gerichte und der Anwaltschaft, eingeholt und darüber beraten. Das Ergebnis wurde Ende 1993 als *Minji Sosho Tetsuduki ni kansuru Kaisei Yoko Shian* (der vorläufige Entwurf für die Reform des Zivilprozesses: der Zweite Entwurf) veröffentlicht. Die Reformkommission hat die Meinungen aller interessierten Kreise gesammelt und sich auf die abschließende Diskussion konzentriert. Im Februar 1996 wurde der *Minji Sosho Tetsuduki ni kansuru Kaisei Yoko* (der Entwurf für die Reform des Zivilprozesses: der Dritte Entwurf) veröffentlicht[8].

Bei der Verabschiedung der jZPO von 1996 wurden auch die Nebengesetze geändert. Das Gesetz zur Einführung der neuen Zivilprozeßordnung wurde am 17.12.1996 verkündet. Eine Reihe der in der jZPO von 1926 gesetzlich geregelten Fragen wurde in *Kisoku* (Rechtsverordnungen) ausgegliedert. Dies betraf auch grundlegende Bestimmungen über die Verhandlungsmethoden. Parallel zur Reform der jZPO änderte der Gesetzgeber zahlreiche zivilrechtliche Gesetze wie beispielweise das Notargesetz oder das Gesetz über das Verfahren in Familiensachen. Weiterhin wurde neu geregelt, daß sich die Urkundenvorlagepflicht der Beamten nach dem Informationsoffenlegungsgesetz richtet, das 1999 verabschiedet wurde.

---

8 Vgl. zum Verlauf der Reform Yasunori Honma, Die Reform des Zivilprozeßrechts in Japan, ZZPInt 1 (1996), S. 327 f.

Die Informationsbeschaffung erwies sich bei den Vorarbeiten für die jZPO von 1996 als einer der heftigsten Streitpunkte und erfuhr erhebliche Änderungen[9]. Die Führung von konzentrierten, auf einer schnellen Informations- und Beweisbeschaffung basierenden Verhandlungen ist der Schlüssel zur Realisierung einer schnelleren Prozeßabwicklung. Entsprechend kommt der Methodik der Informationsbeschaffung eine außerordentliche Bedeutung zu.

II. Informationsbeschaffung in der jZPO von 1926

Die japanische ZPO von 1926 (ajZPO) enthielt als wichtige Instrumente der Informations- und Beweisbeschaffung die Beweissicherung (Art. 234 ajZPO), die Pflicht zur Vorlage von Urkunden (Art. 312 ajZPO) und Augenscheinsobjekten (Art. 335 ajZPO), das Ersuchen um die Vorlage notwendiger Urkunden (Art. 319 ajZPO) und das Ersuchen um notwendige Nachforschungen (Art. 262 ajZPO) sowie das *Bengoshi Shokai Seido* (Anwaltserkundigungssystem, § 23.2 jAnwaltsgesetz). Darüber hinaus wurde nach und nach, was allerdings eine das materielle Recht betreffende Frage ist, auch eine Beweisbeschaffung durch Nutzung des materiellrechtlichen Auskunftsanspruchs zugelassen.

A. Vorprozessuale Möglichkeiten der Informationsbeschaffung

Für den vorprozessualen Gebrauch standen als Instrumente der Informationsbeschaffung die Beweissicherung, das Anwaltserkundigungssystem und, im Rahmen des materiellen Rechts, der Auskunftsanspruch zur Verfügung.

---

9 Die hauptsächlichen Änderungen durch die jZPO von 1996 sind folgende;
– die Festlegung der Voraussetzungen, unter denen eine Eingrenzung der Streitpunkte möglich ist und die mündliche Verhandlung und Beweisaufnahme hierauf konzentriert werden können,
– die Erweiterung der prozessualen Möglichkeiten, Tatsachen und Beweismittel von der Gegenpartei oder einem Dritten zu beschaffen,
– die Beschränkung der Revision zum Obersten Gerichtshof und
– die Einführung eines neuen Bagatellverfahrens.

1. Beweissicherung

Die Verwendung der Beweissicherung im Sinne einer streitverhütenden Feststellung des Sachverhaltes war nicht zulässig. Eine vorausgehende Beweisaufnahme war nach dem Gesetz nur zulässig, wenn die Gefahr bestand, daß die Verwendung der Beweise vor Beginn der Beweisaufnahme im Gerichtsverfahren unmöglich oder schwierig wurde (Art. 343 ajZPO).

Wie nachstehend unter III. B. 1. ausgeführt, wird die Beweissicherung in der Praxis allerdings bereits seit rund 40 Jahren als Mittel zur Offenlegung von Beweisen verwendet.

2. Anwaltserkundigungssystem

Das Anwaltserkundigungssystem ist ein System, bei dem der Rechtsanwalt bei der Anwaltskammer, der er angehört, beantragt, bei Behörden sowie öffentlichen und privaten Körperschaften Auskünfte zu Umständen anzufordern, die von ihm in einem ihm anvertrauten Fall benötigt werden (§ 23.2 jAnwaltsgesetz). Es ist mit der sog. amtliche Auskunft im deutschen Prozeßrecht vergleichbar. Dieses System existiert für Zivil- und Strafsachen und kann schon vor Einleitung des Verfahrens genutzt werden[10]. Als praktisches Offenlegungssystem für Informationen kommt es jährlich in mehreren tausend Fällen in ganz Japan zur Anwendung[11]. Von einem Teil der Wissenschaft wurde die Ansicht vertreten, daß das System durch die Gesetzesänderung hinsichtlich der Quellen und des Inhalts der Erkundigungen zusätzlich ausgeweitet und seine Verwendung erleichtert werden sollte.

Nach gängiger Auffassung stellt die Beantwortung für die um Auskünfte gebetene Seite eine öffentlichrechtliche Verpflichtung dar[12]. Dabei gilt allerdings, daß für die um Auskunft ersuchte Seite keine Verpflichtung zur Auskunft besteht, wenn der Inhalt der angeforderten Auskünfte die Privatsphäre einer Person betrifft oder die um Auskunft ersuchte Seite zur Geheimhaltung verpflichtet ist. In der Frage, ob eine Verpflichtung zu Auskünften über Vorstrafen oder die kriminelle Vorgeschichte einer bestimmten

---

10 Nihon Bengoshi Rengokai Chosashitsu (Hrsg.), Jokai Bengoshi Ho, 1993, S. 160; Iihata, Shokai Seido no Jisshoteki Kenkyu, 1984, S. 59.

11 Shiho Kenshujo, Kaitei Minjibengo ni okeru Rissho Katsudo, 1984, S. 48.

12 Fukuhara, Bengoshi Ho, 1986, S. 122; Nihon Bengoshi Rengokai Chosashitsu (Hrsg.), Jokai Bengoshi Ho, S. 155 ff.; Shiho Kenshujo, Kaitei Minjibengo ni okeru Rissho Katsudo, S. 50 ff.

Person besteht, befindet der Oberste Gerichtshof[13], daß Vorstrafen und kriminelle Vorgeschichte Umstände sind, die den Ruf und das von einer Person genossene Vertrauen direkt berühren und daß deshalb auch vorbestrafte Personen Schutz vor willkürlicher Offenlegung genießen. Die von den Gemeinde- und Bezirksvorstehern geführten Strafregister dienen der Überprüfung der Wahlberechtigung; es versteht sich von selbst, daß Informationen über eingetragene Vorstrafen nicht willkürlich weitergegeben werden dürfen. Das Vorliegen von Vorstrafen stellt in Prozessen einen wichtigen Streitpunkt dar, und nach Auffassung des Obersten Gerichtshofs können die Gemeinde- und Bezirksvorstehern in Fällen, in denen die Beweisführung hierüber nur durch Anfrage beim Gemeinde- bzw. Bezirksvorsteher möglich ist, auf Aufforderung durch ein Gericht darüber Auskunft geben. Weiterhin gab das Gericht zu verstehen, daß dies auch bei der Anwaltserkundigung zwar prinzipiell möglich sei, die Beurteilung aber besonderer Sorgfalt bedürfe.

Auch bei einem Verstoß gegen diese Pflicht erfolgt keine Bestrafung der um Auskunft gebetenen Stelle. Folglich kommt es häufig vor, daß die Beantwortung auch ohne triftigen Grund abgelehnt wird[14].

3. Auskunftsanspruch

Der Auskunftsanspruch ist ein materiellrechtlicher Anspruch und daher streng genommen kein Mittel der Beweisbeschaffung im Prozeß. In den letzten Jahren vertrat ein Teil der Lehre aber die Auffassung, daß als Umsetzungsmethode für eine aktive Ausübung materiellrechtlicher Rechte — wie des Anspruchs von Aktionären auf Einsicht in die Geschäftsbücher und Unterlagen (§§ 153, 293.6 jHandelsgesetz) — eine Befriedigungsverfügung im einstweiligen Rechtsschutz und die Beweissicherung zugelassen werden sollten[15]. Demnach könnten bei einer Beweisbeschaffung, die auf einem Auskunftsanspruch basiert, die individuellen materiellrechtlichen Rechtsverhältnisse zwischen den Parteien berücksichtigt werden.

---

13 Saiko-Saibansho, Urteil vom 14.4.1981, Saiko-Saibansho Minji Hanreishu Bd. 35, Heft 3, S. 620.

14 Kento Jiko ni taisuru Ikensho, S. 32.

15 Shindo, Sosho Teiki Mae ni okeru Karuteto no Etsuran Tosha ni tsuite, Hanreitaimuzu Nr. 382 (1979), S. 10; Hasebe, Kari no Kyusai ni okeru Shinri no Kozo (3), Hogakukyokaizasshi Bd. 102, Heft 9, 1985, S. 1728 ff.; Kobayashi, Shin Shoko Ho, 1998, S. 112, 147 f.

In früher entschiedenen Fällen hat die Rechtsprechung den Erlaß einstweiliger Verfügungen zur Erfüllung des Anspruchs von Aktionären auf Einsicht in Geschäftsbücher und Unterlagen abgelehnt. Als Begründung wurde angeführt, daß, falls man einen Anspruch auf Einsichtsnahme zulasse, dies einer Vorwegnahme der Hauptsache gleichkomme, was gegen den vorläufigen Charakter des einstweiligen Rechtsschutz verstoße. Angesichts dessen, daß es sich um eine Befriedigungsverfügung handele, sei die Notwendigkeit streng zu prüfen, so daß nach Möglichkeit auf Ersatzmaßnahmen zurückzugreifen sei.

Demgegenüber wird von Lehrmeinungen, die eine Durchsetzung durch Befriedigungsverfügungen und Beweissicherung billigen, geltend gemacht, daß die Erfüllung des materiellrechtlichen Auskunftsanspruchs in einem eigenständigen Verfahren in Japan unrealistisch sei. Der Auskunftsanspruch sei ein wichtiges, schnelles und unterstützendes Instrument zur Beschleunigung des geplanten Verfahrens. Seine Existenzberechtigung gehe durch das zeitraubende Verfahren verloren. Diese Ansicht beruht auf der Prämisse, daß der Auskunftsanspruch ein mit der Ausübung des ursprünglichen Rechts eingeräumtes instrumentelles Recht sei, dessen Erfüllung durch ein schnelles und sicheres Verfahren wie eine Befriedigungsverfügung im Wesen bereits vorgesehen sei, und in Beziehung zur Mutmaßlichkeit und Vorläufigkeit einer einstweiligen Verfügung keine Probleme aufwerfe.

Weil das Bestehen eines Auskunftsanspruchs die Notwendigkeit einer Beweissicherung fingiere, könne man in den fraglichen Situationen auch auf die Regelungen der Beweissicherung zurückgreifen[16]. Die Praxis zeigt, daß die Gerichte begonnen haben, für Ansprüche auf Einsicht in Geschäftsbücher und Unterlagen eine einstweilige Verfügung zuzulassen[17].

---

16 Hasebe, Hogakukyokaizasshi Bd. 102, Heft 9, S. 1729 ff.; Kobayashi, Shin Shoko Ho, S. 147 f.

17 Chiho-Saibansho Tokio, Beschluß vom 14.11.1988, Hanreijiho Nr. 1296, S. 146; Chiho-Saibansho Kobe, Beschluß vom 10.4.1990, Hanreijiho Nr. 1364, S. 107.

B. Möglichkeiten der Informationsbeschaffung nach Anhängigkeit des Prozesses

1. Vorlegung von Urkunden

a. Beschränkte Vorlagepflicht für Urkunden

In Art. 312 ajZPO war geregelt, daß die Partei, die Urkunden besitzt, auf Anordnung des Gerichts gemäß Art. 314 Abs. 1 ajZPO verpflichtet ist, die bezeichneten Urkunden vorzulegen. Vorzulegen waren Urkunden, mit denen die gegnerische Seite Beweis angetreten hatte (Art. 314 Abs. 1 Nr. 1 ajZPO), Urkunden, auf deren Übergabe oder Einsicht der Betroffene einen Anspruch besaß (Nr. 2), im Interesse des Beweisführers erstellte Urkunden und im Rechtsverhältnis zwischen Beweisführer und Urkundenbesitzer erstellte Urkunden (Nr. 3).

Der Zweck von Art. 312 ajZPO bestand in der Sicherung der Rechtsverfolgung unter angemessener Berücksichtigung des Interesses des Beweisführers an der Aufklärung des Sachverhaltes[18]. Diese Bestimmung stimmte inhaltlich mit den Art. 336, 337 und 343 der jZPO von 1890 überein und hat den gleichen Ursprung wie die §§ 422, 423 und 429 ZPO.

Art. 312 ajZPO enthielt eine exklusive Aufzählung derjenigen Urkunden, die der Vorlagepflicht unterlagen[19]. Diese Auslegung der Aufzählung hatte für die Interessen von Beweisführer und Urkundenbesitzer erhebliche Auswirkungen. Bei übermäßig weiter Auslegung entfernte man sich vom Wortlaut und bürdete dem Urkundenbesitzer eine außerordentlich große Last auf. Umgekehrt bestand bei zu enger Auslegung die Gefahr, daß bei der Feststellung des Sachverhaltes Urkunden, die wichtige Beweismittel darstellten, vor Gericht nicht vorgelegt wurden und dadurch dem Beweisführer die zur Beweisführung erforderlichen Beweismittel nicht zur Verfügung standen. Die Auslegung war daher umstritten.

Wegen der Zunahme von Prozessen, in denen sich der Kläger in einer schwierigen Beweislage befindet, wie z.B. bei der Produkthaftung, war

---

[18] Koyama / Nakano / Matsuura / Takeshita (Hrsg.), Enshu Minji Sosho Ho, 1987, S. 205.

[19] Saito / Komuro / Nishimura / Hayashiya, Chukai Minji Sosho Ho, 2. Aufl., Bd. 8, 1993, S. 139.

insbesondere die Auslegung von Art. 312 Nr. 3 ajZPO problematisch[20].

b. Antrag auf Anordnung der Urkundenvorlage

Mit dem Antrag auf Anordnung der Urkundenvorlage fordert der Beweisführer das Gericht auf, auf Grundlage der dem Urkundenbesitzer obliegenden Vorlagepflicht die Vorlegung von Urkunden, die sich im Besitz der gegnerischen Parteien oder Dritter befinden, anzuordnen.

Die Partei, die einen Antrag auf Anordnung der Urkundenvorlage stellt (Beweisführer), mußte die Voraussetzungen des Art. 313 ajZPO darlegen. Nach der ajZPO wurde der Antrag als unzulässig zurückgewiesen, wenn eine dieser Voraussetzungen fehlte oder nicht in ausreichendem Maße konkretisiert wurde; Art. 313 ajZPO wurde mit ziemlicher Strenge gehandhabt. Unter den in Art. 313 genannten Gegenständen sind insbesondere Nr. 1 (Bezeichnung der Urkunde) und Nr. 2 (Inhalt der Urkunde) als Voraussetzungen für die Bestimmtheit der betroffenen Urkunden wichtig. Durch die Aufnahme dieser Umstände in den Antrag wird die betroffene Urkunde bestimmt, was erst eine Beurteilung des Bestehens einer Vorlagepflicht und der Notwendigkeit der Urkunde als Beweis ermöglicht. In den in Nr. 1 und Nr. 2 aufgeführten Voraussetzungen drückt sich somit die Verpflichtung des Antragstellers zur Bestimmung der Urkunden aus.

c. Sonstige Diskussionspunkte

Weitere umstrittene Punkte im Zusammenhang mit der Vorlagepflicht der Urkunden sind das Verfahren zur Beratung über das Bestehen oder Nichtbestehen der Vorlagepflicht und die Wirkung von Verstößen gegen die Anordnung der Urkundenvorlage.

Erachtete das Gericht den Antrag auf Anordnung der Vorlegung der Urkunde für begründet, forderte es durch Beschluß den Besitzer zur Vorlage der Urkunde auf (Art. 314 ajZPO); d.h. das Bestehen oder Nichtbestehen der Vorlagepflicht wurde vom Richter beurteilt, wozu er faktisch die Urkunden las. In Bezug auf Urkunden, die Geschäftsgeheimnisse enthielten, erfolgte generell die analoge Anwendung von Art. 281 Abs. 1 ajZPO[21] zu den Zeug-

---

20 Vgl. u. III. B. 2.

21 Art. 281 Abs. 1 ajZPO
Ein Zeuge kann die Aussage verweigern,

nisverweigerungsgründen mit der Folge, daß eine Vorlagepflicht verneint wurde. Allerdings galt nach der ajZPO, daß bei der Beantragung von Urkundenbeweisen der gegnerischen Seite eine Kopie zu übermitteln war. Dies bedeutet, daß bei der Beurteilung durch das Gericht auch der Antragsteller dieses Schriftstück lesen konnte. Es wurde daher auf die Gefahr verwiesen, daß dies zu irreparablen Schäden für den Urkundenbesitzer führen könne[22].

Nach Art. 316 ajZPO konnte das Gericht bei Nichtbefolgung der gerichtlichen Anordnung die Behauptungen der gegnerischen Partei bezüglich der Urkunden als zutreffend annehmen. Nach der allgemeinen Meinung in der Literatur und Rechtsprechung bezog sich der Inhalt dieser Behauptungen auf den Inhalt der nicht vorgelegten Urkunden. Wenn der Beweisführer den Inhalt der Urkunden aber nicht eingehend kennt, können keine Behauptungen der gegnerischen Partei zum Inhalt der Urkunden als zutreffend angesehen werden. In diesem Falle kann das Gericht keine Sanktion vornehmen, was die Gefahr birgt, daß die Sanktionsvorschriften wirkungslos bleiben.

2. Erscheinen der Parteien, Vernehmung von Partei und Zeugen

In manchen Fällen können Informationen und Beweise durch Aussagen der Parteien und Dritter erbracht werden.

Es kam vor, daß das persönliche Erscheinen eines Beteiligten zur mündlichen Verhandlung oder im vorbereitenden Verfahren angeordnet wurde. Dies konnte auch angeordnet werden, wenn die entsprechende Partei durch einen Prozeßbevollmächtigten vertreten wurde. Damit wurde bezweckt, direkt von dem am besten mit dem Sachverhalt vertrauten Beteiligten Aussagen zu erlangen und die Tatsachen zu klären.

(i) in den in den Art. 272 bis 274 erwähnten Fällen;

(ii) wenn der Zeuge, Arzt, Zahnarzt, Apotheker, Drogist, Geburtshelfer, Rechtsanwalt, Patentanwalt, Rechtsberater, öffentlicher Notar oder Inhaber eines mit der Religionsausübung oder dem Gottesdienst verbundenen Amtes ist, über Tatsachen befragt wird, die er in Ausübung seiner beruflichen Pflichten erfahren hat und die geheimbleiben sollen;

(iii) wenn der Zeuge über Angelegenheiten vernommen wird, die sich auf ein technisches oder berufliches Geheimnis beziehen.

22 Vgl. zum Verhältnis zwischen der Vorlagepflicht für Urkunden und dem Geheimnisschutz Kobayashi, Shogen Kyozetsuken, Hitoku Tokken, Minshohozasshi Bd. 90, Heft 4 (1984), S. 536 ff.; Nishiguchi, Bunsho Teishutsu Meirei Saiko, Waseda Hogaku Bd. 61, Heft 3 und 4 (1986), S. 287 ff.

Die Partei- und die Zeugenvernehmung sind Vernehmungen, denen die Parteien und Zeugen zur Beweiserhebung unterzogen werden. Die Aussagen der Parteien in der Parteivernehmung sind Beweismaterial, deren Beweiskraft durch freie Beweiswürdigung ermittelt wird.

Die Parteivernehmung bildete eine ergänzende Beweisaufnahme, die erst dann durchgeführt werden konnte, wenn andere Beweise nicht ausreichend waren. Hierzu wurde kritisiert, daß dies eine unnötige Begrenzung im Hinblick auf eine schnelle Klärung des Sachverhaltes darstelle[23]. Falls eine Partei ohne triftigen Grund nicht erscheine oder den Eid oder die Aussage verweigere, bliebe dem Gericht nichts anderes übrig, als die Behauptungen der gegnerischen Seite zu den Vernehmungspunkten als zutreffend zu akzeptieren (Art. 338 ajZPO).

Im Falle einer Zeugenvernehmung unterliegen die Zeugen der Pflicht zum Erscheinen und zur Beeidigung ihrer Aussage. Falls ein Zeuge ohne triftigen Grund nicht erscheint, kann er nicht nur mit Prozeßkosten belastet werden (Art. 277 ajZPO), es kann sogar auch eine Geldstrafe (Art. 277.2 ajZPO) oder die zwangsweise Vorführung (Art. 278 ajZPO) angeordnet werden. Bei Vorliegen von Gründen für eine Aussageverweigerung kann der Zeuge die Aussage verweigern (Art. 280, 281 ajZPO).

3. Ersuchen um die Vorlage notwendiger Urkunden und notwendige Nachforschungen

Beim Ersuchen um die Vorlage notwendiger Urkunden handelt es sich um einen Urkundenbeweisantrag, bei dem das Gericht in Fällen, in denen der Urkundenbesitzer zwar keiner Vorlagepflicht unterliegt, aber die Möglichkeit der Kooperation besteht, den Urkundenbesitzer zur freiwilligen Vorlage der Urkunde auffordert. Beim Ersuchen um notwendige Nachforschungen beauftragt das Gericht auf Antrag oder von Amts wegen eine Körperschaft — beispielsweise eine höhere Behörde, Schule, Handelskammer oder Börse — mit der notwendigen Untersuchung.

4. Mitwirkungspflicht bei der Augenscheinseinnahme

Die Mitwirkungspflicht umfaßt die Pflicht zur Bereitstellung des Augenscheinsobjekts und die Pflicht, die Einnahme des Augenscheins zu dulden.

---

[23] Nakano, Minji Tetsuduki no Genzai Mondai, 1989, S. 190 f.

Sie wurde im Unterschied zur Vorlagepflicht der Urkunden als eine allgemeine Pflicht verstanden[24]. Dies war zwar nicht ausdrücklich bestimmt, ging aber daraus hervor, daß Art. 335 ajZPO[25] nicht analog auf Art. 312 ajZPO angewandt wurde.

Es kam allerdings auch vor, daß durch die Anordnung der Vorlegung eines Augenscheinsobjekts einem Dritten ein Schaden entstanden ist. Dies war z.B. der Fall, wenn zwecks Augenscheinseinnahme des Ortes die Anlagen in einem Werk gestoppt werden mußten. Einige Vertreter des Schrifttums vertraten den Standpunkt, daß zwar eine allgemeine Pflicht vorliege, in Anbetracht solcher Fälle aber die Möglichkeit gegeben sein müsse, diese bei Vorliegen eines „rechtfertigenden Grundes“ (Art. 335 Abs. 2 ajZPO) zu beschränken[26].

III. Maßnahmen zur Reform der bisherigen Rechtslage

A. Einführung

Wie oben unter II. ausgeführt, existierte in Japan bis zum Erlaß der jZPO von 1996 kein Informations- und Beweisbeschaffungssystem wie die im anglo-amerikanischen Recht bestehende *discovery* und das *disclosure*. Die Struktur des japanischen Rechts wurde aus dem deutschen Recht übernommen und stimmte auch in Bezug auf die Informations- und Beweisbeschaffung im Prinzip mit dem deutschen Recht überein. Die Tatsache, daß dieses Rechtssystem unzureichend war, galt für Japan in gleicher Weise wie für Deutschland.

---

[24] Kato, Tetsuduki Sairyo Ron, 1996, S. 214; Kaneko / Matsuura / Shindo / Takeshita, Jokai Minji Sosho Ho, 1986, S. 1087; Mikazuki, Minji Sosho Ho, 3. Aufl., 1992, S. 478.

[25] Art. 335 ajZPO
(1) Die Vorschriften der Art. 311, 314 bis 317 und 319 bis 321 finden auf die Vorlegung oder Übersendung des Gegenstands des Augenscheins entsprechende Anwendung.
(2) Kommt ein Dritter ohne rechtfertigenden Grund der Anordnung zur Vorlegung gemäß Abs. 1 nicht nach, so kann ihn das Gericht durch Beschluß zu einem Ordnungsgeld bis zu 5,000 Yen (ca. 100 DM) verurteilen. Gegen den Beschluß ist die sofortige Beschwerde zulässig.

[26] Kobayashi, Shin Shoko Ho, S. 121.

Tatsächlich suchten sowohl die Gerichte wie auch die Vertreter der Literatur diese Unzulänglichkeiten im rechtlichen System der Informations- und Beweisbeschaffung mit Hilfe einer großzügigen Auslegung auszugleichen. Weiterhin wurde die Ansicht vertreten, daß die Informations- und Beweisbeschaffung in Japan nicht nur durch neue Überlegungen zur Verteilung der Beweislast, sondern vor allem durch die Annahme von Offenbarungspflichten zu erreichen sei.

Theorien zur Beweisvereitelung und zum Ausforschungsbeweis existieren auch in Japan und finden entsprechenden Gebrauch. Sie sind jedoch im Prinzip aus Deutschland importiert, und im Vergleich zur Ausweitung der gesetzlichen Informations- und Beweisbeschaffung durch Auslegung liegen hierzu nur wenige Entscheidungen vor.

In Rechtsprechung und Literatur wurde durch eine der Beweisoffenbarung dienende Anwendung der Beweissicherung, durch die Ausweitung der Vorlagepflicht für Urkunden und der Milderung der Anforderungen an die Urkundenbestimmungspflicht versucht, Informationen und Beweise auch von der nicht beweisbelasteten Partei und von Dritten zu erlangen[27].

B. Erweiternde Auslegung der gesetzlichen Vorschriften

1. Anwendung der Beweissicherung zur Beweisoffenbarung

Die Beweissicherung ist von ihrem gesetzlichen Zweck her nicht als Instrument für die Offenbarung von Beweisen gedacht[28]. In der Praxis wurde die Beweissicherung aber schon seit rund 40 Jahren als Offenbarungsinstrument angewandt[29]. Wenn z.B. zur Beweissicherung ein Urkunden- oder Augenscheinsbeweis erhoben wurde, konnte der Antragsteller auch den Inhalt des Augenscheins einsehen. Die Beweissicherung erfüllt somit auch die Funktion, die Fakten und Beweise der Gegenpartei im voraus offenzulegen. Dies führte dazu, daß Anträge auf Beweissicherung gestellt wurden, deren Hauptzweck in der Offenbarung der Beweise bestand.

---

27 Kobayashi, Shoko Ho, 2. Aufl., 1995, S. 127.

28 Vgl. dazu o. u. II. A. 1.

29 Shindo, Hanreitaimuzu Nr. 382 (1979), S. 10; Takami, Shoko Hozen no Kino in: Shindo (Hrsg.), Koza Minji Sosho, Bd. 5, 1983, S. 321 ff.; Kojima, Shoko Hozen no Saikosei, Jiyu to Seigi Bd. 29, Heft 4 (1978), S. 28 ff.

Diese Anwendungsweise wurde durch eine eher extensive Auslegung der von Art. 345 Abs. 1 Nr. 4 ajZPO geforderten Nachweise der Sicherungsgründe gerechtfertigt. Die beweisoffenbarende Anwendung fand besonders in modernen Prozessen wie z.B. über den Besitz von Fabrikanlagen oder über medizinische Unfälle eine große Verbreitung, da hier in vielen Fällen wichtige Beweise, deren Beibringung schwierig ist, im Besitz der Gegenpartei sind. Dabei wurde die Anwendung so gehandhabt, daß z.B. vor Erhebung einer auf einem medizinischen Unfall basierenden Schadensersatzklage mit der Begründung, daß eine Beweissicherung wegen befürchteter Vernichtung oder Fälschung erforderlich sei, die Krankenpapiere gesichert wurden und dann eine auf diese abgestimmte Klage eingereicht wurde.

Die Anwendung als Instrument der Offenlegung von Beweisen fand sowohl Zustimmung als auch Ablehnung. Die Kritiker rügten, daß diese Anwendungsweise vom eigentlichen Zweck der Beweissicherung in Japan abweiche; daß bei einseitig zwischen den Parteien verteilten Beweisen nicht unbedingt eine Notwendigkeit bestehe, umgehend Gleichheit zwischen den Beteiligten herzustellen und daß dem Besitzer der Beweise durch eine überraschende Vornahme der Beweissicherung ein Nachteil entstehe[30].

Demgegenüber brachten die Befürworter vor, daß durch die Beschaffung der wichtigen Beweise vor der Klageerhebung eine objektive Bewertung möglich werde und unnötige Prozesse vermieden werden könnten[31]; daß die Streitpunkte klargelegt, frühe Vergleiche gefördert und unnötige Streitpunkte wegfallen würden, wodurch eine ausreichende Prozeßvorbereitung sowie eine effektive Abwicklung der Verhandlungen ermöglicht werde[32].

Da das japanische Recht kein System zur Offenbarung von Beweisen besitzt, wurde vielfach die Ansicht vertreten, daß die Beweissicherung insbesondere bei einseitig verteilten Beweisen geeignet sei, um damit die Waffengleichheit aufrechtzuerhalten. Diese Auslegung zwingt die Befürworter aber auch, die genauen Voraussetzungen für eine Offenbarung zu definieren. Eine Ansicht forderte bei der Auslegung des Begriffs „Grund der Beweissicherung" (Art. 345 Abs. 1 Nr. 1 ajZPO) die Glaubhaftmachung der konkreten Tatsachen über die Gefahr des Fälschens aufgrund des Charakters oder der

---

30 Kasuga, Minji Shoko Ho Ronshu, 1995, S. 118 ff.

31 Takami, Shoko Hozen no Kino, S. 336.

32 Shindo, Hanreitaimuzu Nr. 382, S. 16; Kojima, Jiyu to Seigi Bd. 29, Heft 4, S. 28 f.

Vorgeschichte des Besitzers[33]. Eine andere Ansicht forderte dagegen keinen Glaubwürdigkeitsnachweis mit konkreten Fakten[34]. In der Gesetzgebungsdiskussion wurde hervorgehoben, daß die Billigung als Instrument der Beweisoffenbarung gesetzlich verankert und eine gesetzgeberische Lösung herbeigeführt werden sollte, was der gesetzlichen Institutionalisierung eines beweisoffenbarenden selbständigen Beweisverfahrens wie in Deutschland entspreche[35].

2. Erweiterung des Umfangs der beschränkten Vorlagepflicht von Urkunden

a. Erweiternde Auslegung durch die Rechtsprechung

Art. 312 ajZPO enthielt eine Aufzählung von vorzulegenden Urkunden[36]. Bezüglich des Anwendungsbereichs der einzelnen Punkte bereitete insbesondere die Auslegung von Art. 312 Nr. 3 ajZPO Schwierigkeiten. Grundgedanke dieser Vorschrift war, daß der Beweisführer bei Urkunden, die für die gemeinsame Verwendung durch den Beweisführer und den Urkundenbesitzer erstellt wurden, an denen er aber keinen Besitz hatte, doch in gewissem Sinne ein Herrschaftsrecht besitzt, wodurch dem Besitzer eine Vorlagepflicht obliegt.

In Urkunden zugunsten des Beweisführers (Interessensurkunde) und Urkunden mit Bezug auf ein Rechtsverhältnis zwischen dem Beweisführer und dem Besitzer der Urkunde i.S. des Art. 312 Nr. 3 ajZPO zeigt sich deutlich, was mit dem Begriff der gemeinsamen Urkunde (vgl. § 810 dBGB) gemeint ist. Der Grund dafür, daß insbesondere die Auslegung der Nr. 3 des

---

33 Kaneko / Matsuura / Shindo / Takeshita, Jokai Minji Sosho Ho, S. 1102.

34 Shindo, Hanreitaimuzu Nr. 382, S. 10 ff.

35 Otake, Teiso Mae no Shoko Hozen Jissho no Shomondai, Hanreitaimuzu Nr. 361 (1978), S. 74 ff.; Inoue / Ito / Sagami, Korekara no Minji Sosho Ho, 1984, S. 158 f.; Kasuga, Minji Shoko Ho Ronshu, S. 44 ff.

36 Art. 312 ajZPO
Der Besitzer einer Urkunde darf die Vorlegung nicht verweigern,
(i) wenn er im Prozeß auf die Urkunde, die sich in seinem Besitz befindet, Bezug genommen hat;
(ii) wenn der Beweisführer einen Anspruch auf Herausgabe der Urkunde an sich selbst oder auf Einsicht hat;
(iii) wenn die Urkunde zugunsten des Beweisführers oder mit Bezug auf ein Rechtsverhältnis zwischen dem Beweisführer und dem Besitzer der Urkunde erstellt wurde.

Art. 312 ajZPO zu einem Problem wurde, ist in der Zunahme von Prozessen zu sehen, bei denen sich vom Kläger benötigte Urkunden in vielen Fällen vorwiegend im Besitz des Beklagten befanden. Dadurch war in diesen Prozessen der Kläger zunehmend gehalten, die im Besitz des Gegners oder eines Dritten befindliche Urkunden als unter Nr. 3 fallende Urkunden zur Vorlage anzufordern.

Die Auslegung von Art. 312 Nr. 3 ajZPO wurde in zahlreichen Entscheidungen flexibel gehandhabt. So wurden als Interessensurkunden nicht nur direkt für den Beweisführer ausgestellte Urkunden verstanden, sondern auch Urkunden, die im gemeinsamen Interesse von Beweisführer, Besitzer und anderen Personen ausgestellt wurden oder die lediglich indirekt ein Interesse des Beweisführers berührten[37]. Weiterhin konnte dieses Interesse auch für die Beweisführung oder die Beweissicherung existieren[38]. Bei den Urkunden über ein gemeinsames Rechtsverhältnis diente eine flexible Auslegung zur Abschwächung des rechtlichen Bezugs und zur Erweiterung des Begriffs „Rechtsverhältnis“. So wurden nicht allein Urkunden als Rechtsverhältnisurkunden anerkannt, die ein Rechtsverhältnis zwischen dem Beweisführer und dem Besitzer an sich nachwiesen, sondern auch die Urkunden, in denen nur Sachen, die ein Rechtsverhältnis betreffen, verzeichnet waren[39], und solche, die im Prozeß der Formung bzw. Entstehung des Rechtsverhältnisses ausgestellt wurden[40]. Bei Urkunden über die Formung bzw. Entstehung wurde auch das Bestehen oder Nichtbestehen von Prozeßgegenständen wie Schadensersatz- oder Verbotsforderungen in dieses von Urkunden über ein gemeinsames Rechtsverhältnis berührte „Rechtsverhältnis“ einbezogen[41].

---

37 Koto-Saibansho Fukuoka, Beschluß vom 13.7.1977, Koto-Saibansho Minji Hanreishu Bd. 30, Heft 3, S. 175; Koto-Saibansho Osaka, Beschluß vom 20.6.1978, Koto-Saibansho Minji Hanreishu Bd. 31, Heft 2, S. 199; Koto-Saibansho Tokio, Beschluß vom 31.7.1978, Hanreitaimuzu Nr. 371, S. 82.

38 Koto-Saibansho Tokio, Beschluß vom 24.12.1981, Kakyu-Saibansho Minji Hanreishu Bd. 32, Heft 9-12, S. 1612.

39 Koto-Saibansho Sendai, Beschluß vom 29.11.1956, Kakyu-Saibansho Minji Hanreishu Bd. 7, Heft 11, S. 3460; Koto-Saibansho Fukuoka, Beschluß vom 4.12.1973, Hanreijiho Nr. 739, S. 82; Koto-Saibansho Tokio, Beschluß vom 19.9.1979, Kakyu-Saibansho Minji Hanreishu Bd. 26, Heft 9-12, S. 1478.

40 Koto-Saibansho Tokio, Beschluß vom 30.6.1976, Hanreijiho Nr. 829, S. 53; Koto-Saibansho Takamatsu, Beschluß vom 17.7.1975, Hanreijiho Nr. 786, S. 3; Koto-Saibansho Osaka, Beschluß vom 6.3.1978, Koto-Saibansho Minji Hanreishu Bd. 31, Heft 1, S. 38.

41 Koto-Saibansho Takamatsu, Beschluß vom 17.7.1975, Hanreijiho Nr. 786, S. 3; Koto-Saibansho Osaka, Beschluß vom 6.3.1978, Koto-Saibansho Minji Hanreishu

Auch zu den Urkunden im Sinne von Art. 312 Nr. 1 ajZPO liegen, wenn auch nicht in großer Zahl, Entscheidungen vor, in denen die Gerichte bei der Auslegung ähnlich frei vorgingen. Beispielsweise sahen sie es für die Einstufung als Referenzurkunde als ausreichend an, wenn der Betreffende das Vorhandensein und den Inhalt der Urkunde anführte, ohne daß die Notwendigkeit bestand, diese als Beweis zu zitieren[42]. Dies wurde selbst da als hinreichender Anhaltspunkt für das Vorliegen einer Übergabe- oder Einsichturkunde angesehen, wo materiellrechtlich ein Übergabe- bzw. Einsichtanspruch nicht ausdrücklich festgelegt und nur ein begleitender Anspruch durch Auslegung bestimmt war[43].

Es ist aber auch zu dieser erweiternden Auslegung konträre Rechtsprechung zu verzeichnen. Nach dieser Rechtsprechung wurde die Denkweise der gesetzlichen Vorschriften getreulich nachvollzogen und als angemessen angesehen. Es gab daher auch Fälle, in denen z.B. befunden wurde, daß das Interesse an der „Urkunde zugunsten des Beweisführers" gemäß Art. 312 Nr. 3 ajZPO bei der Anfertigung der Urkunde bestehen und es sich hierbei um ein direktes Interesse handeln muß[44]. Weiterhin wurde es auch als unangemessen angesehen, daß bezüglich des „Rechtsverhältnisses" von Rechtsverhältnisurkunden bei weit gefaßter Auslegung stets ein Rechtsverhältnis besteht, wenn der Urkundenbesitzer die gegnerische Partei ist[45]. Es liegen Entscheidungen vor, wonach bei Urkunden, in denen Geheimsachen wie Geschäftsgeheimnisse aufgezeichnet wurden, analog zur Regelung der Zeugnisverweigerungsgründe in Art. 281 Abs. 1 ajZPO usw. eine Vorlagepflicht verneint wurde[46]. Weiterhin haben einige Urteile bei „internen Urkunden für den Eigengebrauch" eine Vorlagepflicht ganz abgelehnt[47].

Bd. 31, Heft 1, S. 38; Chiho-Saibansho Gifu, Beschluß vom 14.11.1979, Hanreijiho Nr. 954, S. 80.

42 Koto-Saibansho Tokio, Beschluß vom 17.7.1987, Hanreitaimuzu Nr. 641, S. 80; Koto-Saibansho Fukuoka, Beschluß vom 12.7.1982, Kakyu-Saibansho Minji Hanreishu Bd. 28, Heft 5-8, S. 796; Koto-Saibansho Osaka, Beschluß vom 1.7.1985, Hanreitaimuzu Nr. 567, S. 176.

43 Koto-Saibansho Takamatsu, Beschluß vom 2.7.1979, Hanreijiho Nr. 942, S. 58.

44 Koto-Saibansho Tokio, Beschluß vom 17.9.1984, Koto-Saibansho Minji Hanreishu Bd. 37, Heft 3, S. 164.

45 Koto-Saibansho Osaka, Beschluß vom 5.9.1979, Kakyu-Saibansho Minji Hanreishu Bd. 32, Heft 9-12, S. 1471.

46 Koto-Saibansho Tokio, Beschluß vom 1.7.1977, Hanreitaimuzu Nr. 360, S. 152; Chiho-Saibansho Nagoya, Beschluß vom 30.1.1976, Hanreijiho Nr. 822, S. 44.

47 Beispielweise darf das Zeugnis als interne Urkunde nicht vorgelegt werden.

b. Ansichten in der Literatur

In der Literatur wurde diese erweiternde Auslegung durch die Rechtsprechung im großen und ganzen gebilligt[48]. Als Begründung wurde strukturelle Einseitigkeit der Beweise, das Prinzip reeller Waffengleichheit und die Forderung nach Wahrheitsfindung angeführt.

Ein Teil der Meinungen lehnte die Ausweitung der Vorlagepflicht für Urkunden durch flexible Auslegung von Art. 312 ajZPO ab. Eine Minderheitsmeinung führte an, daß die Vorlagepflicht für Urkunden in den veränderlichen materiellrechtlichen Beziehungen zwischen den Parteien vor dem Prozeß und außerhalb des Prozesses begründet sei, und prüfte die Vorlagepflicht aus Sicht des Verhandlungsgrundsatzes zwischen den Parteien[49].

Ausgehend von der ajZPO läßt sich sagen, daß der Ausweitung der Vorlagepflicht für Urkunden Grenzen gesetzt waren und auch der Umfang dieser Ausweitung unklar war, was die Forderung nach einer gesetzgeberischen Lösung begründete[50].

3. Milderung der Urkundenbestimmungspflicht beim Antrag auf Anordnung der Urkundenvorlage

a. Milderung durch die Rechtsprechung

Um die Urkundenbestimmungspflicht erfüllen zu können, sind Informationen über die betreffenden Urkunden erforderlich. Im tatsächlichen Streitfalle ist es aber schwierig, Informationen über Urkunden zu beschaffen, die im Besitz anderer Personen sind. Dies gilt insbesondere bei den Prozessen, in denen sich der Kläger wegen einer einseitigen Verteilung der Beweise in einer schwierigen Beweislage befindet. Bei zu strenger Auslegung der Urkundenbestimmungspflicht für die Anordnung der Urkundenvorlage

---

48 Takeshita / Nomura, Minji Sosho ni okeru Bunsho Teishutsu Meirei (1) (2), Hanrei Hyoshaku Nr. 204 (1976), S. 116 ff., Nr. 206 (1976), S. 114 ff.; Yoshinobu Honma, Bunsho Teishutsu Meirei in: FS für Kikkawa, Bd. 2, 1981, S. 191 ff.; Sumiyoshi, Hanreikenkyu Bunsho Teishutsu Gimu, Minshohozasshi Bd. 74, Heft 5 (1976), S. 803 ff.; Kobayashi, Minji Saiban no Shinri, 1987, S. 181 ff.

49 Sato, Bunsho Teishutsu Meirei in: Shindo (Hrsg.), Koza Minji Sosho, Bd. 5, 1983, S. 271 ff.; Inoue / Ito / Sagami, Korekara no Minji Sosho Ho, S. 158 ff.

50 Taniguchi / Inoue / Kobayashi, Shin Hanrei Kommentar Minji Sosho Ho, Bd. 5, 1994, S. 185.

besteht die Gefahr, daß die betreffende Partei außerstande ist, ihr Antragsrecht auf Anordnung der Urkundenvorlage reell zu nutzen. Bei zu milder Auslegung der Urkundenbestimmungspflicht dagegen besteht die Gefahr, daß der Urkundenbesitzer ohne angemessene Beurteilung durch das Gericht gezwungen ist, auch solche Urkunden vorzulegen, die zur Klärung der Streitpunkte nicht erforderlich sind.

Mit der zunehmenden intensiven Nutzung von Anordnungen der Urkundenvorlage verschärfte sich auch die Auseinandersetzung darüber, wie weit die Gerichte bei der Milderung der Urkundenbestimmungspflicht gehen dürfen. In der Praxis verlief die Tendenz in Richtung auf eine Erleichterung dieser Pflicht. In einem von Bürgern angestrengten Prozeß, mit dem die Kläger den Widerruf einer vom Ministerpräsidenten erteilten Errichtungsgenehmigung für ein Kernkraftwerk begehrten und die Kläger die begehrten Urkunden mit Angaben wie „sämtliches Untersuchungs- und Referenzmaterial" umschrieben, befand das Gericht es als ausreichend, wenn der Inhalt der Urkundenangabe eine Unterscheidung von anderen zur Vorlegung durch den Besitzer angeforderten Urkunden erlaubt und der Antrag die begehrten Urkunden hinreichend genau bestimmt. Im vorliegenden Fall ordnete daher das Gericht die Vorlegung der begehrten Urkunden an[51].

Weiterhin gilt bezüglich des Zwecks der Urkunden, daß von den Gerichten Anträge mit abstrakten Angaben als legitim angesehen wurden. In einem Schadensersatzfall, der aus einem Flugzeugunglück der Streitkräfte resultierte, erklärte das Gericht, daß konkrete Ausführungen zum Inhalt der Urkunden wünschenswert seien. Auch wenn der Inhalt der Urkunden nicht konkret ausgeführt sei, würde dies jedoch in Zusammenwirkung mit der Anwendung von Art. 316 ajZPO lediglich einen Nachteil für den Antragsteller mit sich bringen, nicht aber die Unzulässigkeit des Antrags selbst bewirken[52]. Auch im Prozeß über die Errichtung des Kernkraftwerks hatte das Gericht auf der Grundlage abstrakter Angaben die Vorlagepflicht der Urkunden anerkannt[53]. In Fällen, in denen eine Urkundenvorlagepflicht auf Grundlage abstrakter Angaben anerkannt wurde, wird der Umfang der angeordneten Vorlegung von den Gerichten generell über die Aufklärung des Sachverhaltes mit Kooperation des Urkundenbesitzers bestimmt.

---

[51] Koto-Saibansho Takamatsu, Beschluß vom 17.5.1975, Hanreijiho Nr. 786, S. 3.

[52] Koto-Saibansho Tokio, Beschluß vom 7.8.1975, Kakyu-Saibansho Minji Hanreishu Bd. 26, Heft 5-8, S. 686.

[53] Chiho-Saibansho Urawa, Beschluß vom 27.1.1972, Hanreijiho Nr. 655, S. 11.

Bei der Beurteilung, wie weit die mildernde Auslegung gehen soll, ergaben sich allerdings je nach Natur der Fälle Abweichungen. In einem Fall, in dem eine Anordnung der Vorlage der einem Antrag auf Haftbefehl beigefügten Untersuchungsakten beantragt worden war und dabei „sämtliche Dokumente wie Rechtfertigungsunterlagen in dieser Sache" angegeben wurde, lehnte das Gericht den Antrag als nicht legitim ab[54]. Darüber hinaus bestanden Unterschiede in der Bearbeitung dieser Anträge hinsichtlich der jeweils zuständigen Richter. Die Beurteilung erfolgte in der Praxis von Fall zu Fall.

b. Lehrmeinungen

Die mildernde Auslegung der Urkundenbestimmungsvorschrift durch die Gerichte wurde von vielen Lehrmeinungen unterstützt[55]. Nach herrschender Meinung war es unmöglich, die Bezeichung oder den Hauptinhalt der Urkunden konkret zu kennen und anzugeben, wenn der Antragsteller keine Gelegenheit zur Beschaffung von Informationen über die Urkunden hatte, die der Beklagte besaß und den fachliche Inhalt enthielt. Wenn eine Urkunde nicht ausreichend bestimmt sei, sei der Antrag grundsätzlich nicht zulässig. Wenn die Angaben aber zumindest so konkret seien, daß die Urkunden für die Besitzerseite bestimmbar seien, gelte dies als ausreichende Beschreibung des im Antrag auf Anordnung der Urkundenvorlage geforderten Gegenstandes.

C. Aufklärungspflicht der nicht beweisbelasteten Partei

1. Einführung

Auch in Japan werden neben einer erweiternden Auslegung der gesetzlichen Bestimmungen bezüglich der Beweislast Maßnahmen erwogen, Informationen und Beweise nicht nur von der beweisbelasteten Partei, sondern auch von der nicht beweisbelasteten Partei zu beschaffen[56]. Falls die beweisbelas-

---

[54] Koto-Saibansho Osaka, Beschluß vom 20.7.1988, Hanreitaimuzu Nr. 681, S. 198.

[55] Takeshita, Mosakuteki Shomei to Bunsho Teishutsu Meirei Ihan no Koka in: FS für Kikkawa, Bd. 2, 1981, S. 172, Taniguchi / Inoue / Kobayashi, Shin Hanrei Kommentar Minji Sosho Ho, Bd. 5, S. 205, 207; Kikui / Muramatsu, Zentei Minji Sosho Ho, Hoteiban, Bd. 1, 1993, S. 623; Kaneko / Matsuura / Shindo / Takeshita, Jokai Minji Sosho Ho, S. 1063.

[56] Matsumoto / Ueno, Minji Sosho Ho, 1998, Rn. 384 ff.

tete Partei die zur Entscheidung des Prozesses erforderlichen Informationen und Beweise selbst besitzt, ist der Fall unproblematisch, da der Betreffende diese nur entsprechend zu benutzen braucht. Schwierig wird die Situation, wenn Informationen und Beweise unter Beachtung der allgemeinen Auffassung zur Verteilung der Beweislast von der nicht beweisbelasteten Partei zu beschaffen sind.

2. Indirekter Gegenbeweis

Wenn die beweisbelastete Partei bezüglich einer wichtigen Tatsache in ausreichendem Maße das Vorliegen indirekter Tatsachen nachgewiesen hat, die Schlüsse auf die Haupttatsache zulassen, gilt es als indirekter Gegenbeweis, wenn die gegnerische Seite daraufhin das Bestehen anderer Tatsachen nachweist, die mit diesen indirekten Tatsachen vereinbar sind und deutlich machen, daß der von den indirekten Tatsachen auf die Haupttatsache folgernde Schluß zweifelhaft ist; auch damit erreicht die gegnerische Seite, daß der Richter keinen entsprechenden Eindruck von der Haupttatsache gewinnt[57].

Die Zulassung des indirekten Gegenbeweises baut auf der traditionellen Beweistheorie auf, daß jede Partei die Beweislast für das Vorhandensein aller Voraussetzungen der ihr günstigen Normen trägt. Die Idee des indirekten Beweises weist aber darüber hinaus, indem sie sich beim Beweis schwer zugänglicher wichtiger Fakten mit indirekten Fakten begnügt und so auf eine ausgewogene Anwendung der Beweislastregeln hinwirkt.

3. Beweisvereitelung

Bei der Beweisvereitelung behindert die nicht beweisbelastete Partei vorsätzlich oder fahrlässig die Beweisführung der beweisbelasteten Partei, indem sie eine Anordnung auf Urkundenvorlage nicht befolgt oder Beweise vernichtet, die für die gegnerische Seite vorteilhaft sind.

Nach herrschender Meinung beruht das Verbot der Beweisvereitelung auf dem Gebot von Treu und Glauben, das zwischen den Beteiligten gilt. Dies rechtfertige die negative Würdigung und sei mit der Funktion dieser auf Harmonisierung zwischen den Parteien abstellenden Theorie vereinbar[58].

---

57 Nakano / Matsuura / Suzuki (Hrsg.), Shin Minji Sosho Ho Kogi, S. 312.
58 Yoshinobu Honma, Shomei Bogai in: Koyama / Nakano / Matsuura / Takeshita

Im Falle der Beweisvereitelung bei zur Vorlegung angeordneten Urkunden ist eine gesetzliche Sanktion vorgesehen, in allen anderen Fällen (z.B. Verheimlichung von Zeugen) ist es aber umstritten, wie die Beweisvereitelung berücksichtigt werden soll. Nach herrschender Meinung wird die Beweisvereitelung nur im Rahmen der freien Beweiswürdigung berücksichtigt[59]. Die herrschende Meinung steht unter dem Einfluß des deutschen Rechts, nach dem die Rechtsfolge einer Beweisvereitelung je nach Fall von der Beweiserleichterung bis zur Umkehrung der Beweislast reichen kann[60]. Denn auf der einen Seite würde die bloße Berücksichtigung im Rahmen der freien Beweiswürdigung die Bedeutung der Existenz der Beweisvereitelung schwächen; gleichzeitig erscheint die Beweislastumkehr als zwingend angeordnete Rechtsfolge eine zu unflexible Maßnahme zu sein und damit auch in Widerspruch zu den Art. 316 und 317 ajZPO[61] zu stehen, die eine mögliche Anerkennung als Tatsache vorsehen[62].

Die Zahl der Entscheidungen, in denen die Theorie der Beweisvereitelung aufgegriffen wurde, ist äußerst gering. Einer der wenigen Fälle ist ein Prozeß zur *Minamata*-Krankheit[63]. Ausgangspunkt dieses Prozesses um die Umweltverschmutzung war, daß eine verschmutzende Substanz in einen Fluß gelangt war. Das Gericht entschied, daß sich der juristische Kausalzusammenhang der Umweltverschmutzung aus (a) verursachendem Stoff, (b) Verschmutzungsweg und (c) Einleitung des verschmutzenden Stoffes durch das beklagte Unternehmen ergibt. Wenn der Kläger (a) und (b) nachweist, kann hieraus das Vorliegen von (c) abgeleitet werden, falls der Beklagte keinen Beweis für dessen Nichtvorliegen beibringt. Da der Beklagte in Kenntnis des gegen ihn bestehenden Verdachts die Herstellungspläne

---

(Hrsg.), Enshu Minji Sosho Ho, 1987, S. 504.

59 Ueda, Minji Sosho Ho, 2. Aufl., 1997, S. 356.

60 Kobayashi, Shin Shoko Ho, S. 141; Nakano / Matsuura / Suzuki (Hrsg.), Shin Minji Sosho Ho Kogi, S. 309.

61 Art. 316 ajZPO
Kommt eine Partei der Anordnung der Vorlage einer Urkunde nicht nach, so kann das Gericht die Behauptung der anderen Partei in Bezug auf die Urkunde für wahr erachten.
Art. 317 ajZPO
Ist die Urkunde von der zur Vorlage verpflichteten Partei in der Ansicht, deren Benutzung durch den Gegner zu verhindern, vernichtet worden oder auf andere Weise zur Benutzung untauglich gemacht worden, so kann das Gericht die Behauptung des Gegners in Bezug auf die Urkunde für wahr erachten.

62 Kobayashi, Shin Shoko Ho, S. 141.

63 Chiho-Saibansho Niigata, Urteil von 29.9.1971, Hanreijiho Nr. 642, S. 96.

verbrannt und die Werksanlage hat abbrechen lassen, ohne Beweismaterial aufzubewahren, kam die Beweislastumkehr wegen Beweisvereitelung des Beklagten zur Anwendung.

4. Ausforschungsbeweis

Wenn die Details des Tatsachenhergangs der beweisbelasteten Partei nicht bekannt sein können, bietet der Ausforschungsbeweis eine Möglichkeit, auch mit allgemeinen und abstrakten Anträgen, den Weg zu erneuten gesicherten Behauptungen und zur Beschaffung von Beweismaterial im Beweisaufnahmeverfahren zu eröffnen[64].

Auch wenn die Judikatur hierzu nicht umfangreich ist, gibt es doch eine Reihe von Beispielen für eine milde Auslegung bezüglich der geforderten Angaben unter „Bezeichnung der Urkunde“, „Inhalt der Urkunde“ und „zu nennende Tatsache“ (Art. 313 ajZPO). Ein berühmter Fall ist ein Schadensersatzprozeß wegen eines Flugzeugabsturzes der Streitkräfte[65], in dem das Gericht befand, daß alle die Unfallursache betreffenden Beweise in den Händen des Beklagten seien und die Hinterbliebenen als Kläger den Inhalt des Flugunglück-Untersuchungsberichts nicht kennen und folglich den „Inhalt der Urkunde“ nicht bestimmen können. Aus diesem Grunde wurde die einzige Beweisbehauptung der Hinterbliebenen, „durch schlechte Flugzeugwartung verursachter Unfall“, als Tatsache anerkannt.

5. Allgemeine Aufklärungspflicht

Die von Stürner vertretene allgemeine Aufklärungspflicht[66] fand in Japan große Beachtung. Die in Japan verbreitete Doktrin der Aufklärungspflicht stimmt mit der Auffassung von Stürner inhaltlich im Prinzip überein. Kasuga tritt dafür ein, die Doktrin der Aufklärungspflicht als Auslegungstheorie in Japan vollständig einzuführen[67]. Takeshita führt an, daß die Fallaufklärungspflicht im Urteil zum *Ikata*-Kernkraftprozeß generell anerkannt wurde[68]. Eine Reihe anderer Autoren lehnt eine vollständige Einführung ab, unterstützt sie aber als eine unter mehreren Theorien. Ueda betrachtet sie

---

64 Kobayashi, Shin Minji Sosho Ho, S. 143.

65 Koto-Saibansho Tokio, Urteil von 18.10.1979, Hanreitaimuzu Nr. 397, S. 52.

66 Stürner, Die Aufklärungspflicht der Parteien des Zivilprozeß, 1976.

67 Kasuga, Minji Shoko Ho Kenkyu, 1991, S. 233 ff.

68 Takeshita, Ikata-Genpatsu-sosho to Jian Kaimei Gimu in: FS für Kigawa, Bd. 2, 1994, S. 1, 19.

als eine Theorie, die zur Herstellung der Waffengleichheit zwischen den Beteiligten beiträgt[69]. Kobayashi sieht eine vollständige Einführung als schwierig an, würdigt die Fallaufklärungspflicht aber als eine übergreifende Theorie, die das Beweisbeschaffungssystem stützt und eine nähere Prüfung verdient[70]. Takahashi sieht in ihr eine Theorie, zu der zwar noch Einzelheiten zu ergänzen seien, die aber in der Zukunft hoch eingeschätzt werden dürfte[71].

Gegen diese Auffassungen wird allerdings auch in Japan die gleiche Kritik wie in Deutschland vorgebracht, u.a. daß die Aufklärungspflicht die Behauptungs- und Beweislast vage mache und nicht nur die beweisbelastete Partei, sondern auch die nicht beweisbelastete Partei Fallaufklärung betreiben müsse, wodurch die Gefahr bestehe, daß die Beteiligten zu reinen Informanten des Gerichts werden und ihre Eigenständigkeit im Prozeß einbüßen[72].

6. Substantiierungspflicht

Manche erklären, daß die Forderung an die nicht beweisbelastete Partei, über Tatsachen auszusagen und Beweise vorzulegen, als eine aus dem Grundsatz von Treu und Glauben abgeleitete Substantiierungspflicht der nicht beweisbelasteten Partei zu verstehen ist[73]. Diese Meinung führt an, daß es gegen Treu und Glauben verstößt, wenn die gegnerische Seite nicht bei der Aufklärung von Fällen kooperiert, in denen

(a) die beweisbelastete Partei weder in die Angelegenheit involviert ist noch

(b) die Möglichkeit besitzt, den Sachverhalt selbst aufzuklären, während

(c) die gegnerische Seite ohne Schwierigkeiten die notwendige Aufklärung geben kann und

---

69 Ueda, Minji Sosho Ho, S. 376.
70 Kobayashi, Shin Shoko Ho, S. 141.
71 Takahashi, Juten Kogi Minji Sosho Ho, 1997, S. 397.
72 Kobayashi, Shin Shoko Ho, S. 141.
73 Matsumoto / Ueda, Minji Sosho Ho, Rn. 387.

(d) aus Sicht der konkreten Sachlage in der Angelegenheit Erläuterungen von der Gegenseite erwartet werden können.

Nach dieser Ansicht ist es nicht erforderlich, daß die Aufklärung der Angelegenheit wegen einer speziellen technischen Natur des Sachverhaltes schwierig sein muß. Demgegenüber ist es für die Zuweisung einer Substantiierungspflicht an die gegnerische Seite nicht ausreichend, daß Aussagen zum konkreten Sachverhalt für die beweisbelastete Partei im Vergleich zur gegnerischen Partei ausgesprochen schwierig sind. Die gegnerische Partei ist ursprünglich nicht verpflichtet, der beweisbelasteten Partei Prozeßmaterial zu liefern. Entsprechend wird nach dieser Meinung die Begründung einer Substantiierungspflicht aus Sicht der unter Voraussetzung (d) genannen Erwartung dahingehend interpretiert, daß zwischen beiden Parteien ein besonderer Berührungspunkt bestehen muß. Als besondere Berührungspunkte gelten dabei ständige vorausgehende Handlungen des bezüglich der Beweislast in günstiger Position befindlichen Beteiligten, die persönliche Situation der nicht beweisbelasteten Partei und eine besondere Beziehung zur gegnerischen Partei.

7. Rechtsprechung der letzten Zeit

In der Rechtsprechung hat sich in der letzten Zeit innerhalb eines begrenzten Bereiches die Theorie weiterentwickelt, nach der Behauptungen und Beweise für Beteiligte erleichtert werden sollten, für die eigene Behauptungen und Beweise schwierig sind.

In einem Steuerverfahren, in dem der Steuerzahler auf Aufhebung einer steuerlichen Verfügung klagte, urteilte das Gericht, daß die Behauptungs- und Beweislast hinsichtlich der geltend gemachten Spesen im Prinzip beim Leiter des beklagten Finanzamtes liegt. Der Steuerzahler sei aber verpflichtet, das Vorhandensein oder Nichtvorhandensein von Spesen und deren Höhe geltend zu machen und nachzuweisen. Wenn der Steuerzahler dies versäume, könne daraus nach Auffassung des Gerichts auf das Nichtvorhandensein von Spesen geschlossen werden.

In einer Klage auf Aufhebung einer Errichtungsgenehmigung für ein Atomkraftwerk urteilte der *Saiko-Saibansho*, daß das Gericht nur prüfen solle, ob die Beurteilung der Untersuchungskommission zur Kraftwerksicherheit, die der Genehmigung des Kraftwerks zugrunde liegt, rational ist.

Die Behauptungs- und Beweisführungspflicht bezüglich etwaiger irrationaler Punkte in der Beurteilung der Untersuchungskommission auf Aufhebung der Errichtungsgenehmigung lag im Prozeß beim Kläger. Da das Material aus der Sicherheitsprüfung zur Kernkraftanlage jedoch vollständig im Besitz der beklagten Behörde war, mußte zunächst die Beklagte anhand der entsprechenden Grundlagen und Unterlagen, wie u.a. dem für die Errichtung zugrunde gelegten konkreten Prüfungsstandard und dem Verlauf der Prüfungsberatungen und Beurteilung, darlegen und nachweisen, daß die eigene Beurteilung nicht irrational war. Das Gericht urteilte, daß die Existenz von irrationalen Punkten in der Beurteilung als erwiesen anzusehen sei, wenn der Beklagte dies unterlasse[74]. Der Theorie des *Saiko-Saibansho* folgten danach auch Untergerichte[75].

In diesen Entscheidungen wurde unter bestimmten Voraussetzungen der nicht beweisbelasteten Partei die Pflicht zur Aufklärung des Falls auferlegt. Es wurde vorgebracht, daß diese Fälle theoretisch als indirekter Gegenbeweis, Anwendung der Beweisvereitelung und Anwendung der allgemeinen prozessualen Aufklärungspflicht ausgelegt werden können[76].

IV. Gesetzgebung der jZPO von 1996

A. Drei Entwürfe

Der Verabschiedung der jZPO von 1996 gingen drei Entwürfe voraus. Zu den beiden ersten Entwürfen wurden auf breiter Ebene Stellungnahmen der Universitäten, Gerichte und der Anwaltschaft eingeholt. Dieses Vorgehen brachte dem Gesetzgeber sehr positive Kritiken ein[77].

Das Informations- und Beweisbeschaffungsverfahren war eines der wichtigsten Themen der Gesetzgebung. Hierzu wurden schon ab dem Ersten

---

74 Saiko-Saibansho, Urteil vom 29.10.1992, Saiko-Saibansho Minji Hanreishu Bd. 46, Heft 7, S. 1174.

75 Chiho-Saibansho Sendai, Urteil vom 31.1.1994, Hanreijiho Nr. 1482, S. 3; Chiho-Saibansho Gifu, Urteil vom 20.7.1994, Hanreijiho Nr. 1508, S. 29; Chiho-Saibansho Kanazawa, Urteil vom 25.8.1996, Hanreijiho Nr. 1515, S. 3.

76 Vgl. dazu Matsumoto / Ueno, Minji Sosho Ho, Rn. 387.

77 Kobayashi / Yoshida, Shin Minji Sosho Ho no Gaiyo, S. 9 f.

Entwurf aktiv Vorschläge unterbreitet und eine lebhafte Diskussion geführt.

1. Der Erste Entwurf

a. Offenbarende Anwendung der Beweissicherung

In Bezug auf die Beweissicherung wurde vorgeschlagen, den Berechtigungsgrad der Schutzgründe abzuschwächen und schon vor dem Prozeß eine offenbarende Anwendung zuzulassen. Dieser Vorschlag fand aber keine große Resonanz.

b. Aufdeckung der Informationen über zukünftige Beweise

Die Aufdeckung der Informationen über zukünftige Beweise sollte in der Form erfolgen, daß das Gericht eine Liste der im Prozeß als Beweismittel einzusetzenden Urkunden und Augenscheinsobjekte anfordern kann.

Im Ersten Entwurf wurden zu diesem Zweck folgende zwei Modelle vorgeschlagen (5. Kapitel 1. 2. (2)):

(a) Das Gericht kann auf Antrag bzw. von Amts wegen die Parteien anweisen, der gegnerischen Partei und dem Gericht innerhalb einer begrenzten Frist eine Urkundenliste zu übergeben, in der Namen und Verfasser der zur Vorlage als Beweis vorgesehenen Urkunden (ausgenommen Urkunden, die vorgesehen sind, um die gegnerischen Behauptungen in Zweifel zu ziehen) eingetragen sind.

(b) Unter der Prämisse, daß Urkundenvorlage verlangt wird, kann das Gericht zusätzlich zur Anordnung im Sinne von Modell (a) erforderlichenfalls auch auf Antrag oder wenn das Gericht bestimmte Voraussetzungen als erfüllt ansieht, den Parteien aufgeben, in bestimmtem Umfange eine Liste mit den Namen und / oder Verfassern solcher Urkunden, die nicht zur Vorlegung als Beweis vorgesehen sind, Urkunden an die gegnerische Seite oder an das Gericht zu geben.

Diese Anordnungen sind an die Beteiligten gerichtete Anordnungen des Gerichts. Die Modelle (a) und (b) unterscheiden sich dadurch, daß eine Anordnung über nicht zum Beweisantritt vorgesehene Urkunden zugelassen bzw. verneint wird.

Bei diesen Modellen ging es darum, ob die *discovery* eingeführt werden sollte. Tatsächlich dürfte für dieses System die englische *automatic discovery* Modell gestanden haben[78]. Sie unterscheidet sich vom US-amerikanischen System dadurch, daß die offenzulegenden Gegenstände auf Informationen über Beweisstücke begrenzt sind[79]. In den USA hingegen sind die Beteiligten verpflichtet, zusätzlich zu Urkunden und anderen Sachen auch Informationen mit den Namen der zukünftigen Zeugen offenzulegen. Darüber hinaus sind die Beteiligten verpflichtet, auch einem sachverständigen Zeugen detaillierte Informationen zu geben.

c. Parteibefragung

Die Parteibefragung war nach dem Entwurf ein System, bei dem eine Partei während des anhängigen Prozesses die gegnerische Partei in schriftlicher Form auffordert, bestimmte Auskünfte, die zur Vorbereitung der Behauptung oder Beweisführung benötigt werden, innerhalb einer festgesetzten Frist schriftlich zu erteilen (Erster Entwurf, 5. Kapitel, 1. 2. 5.). Im Ersten Entwurf wurde die Neueinrichtung dieses Systems vorgeschlagen.

Als Vorbild diente das US-amerikanische *interrogatory* (Rule 33 F. R. C. P.). Es ermöglicht einen direkten Austausch von Informationen zwischen den Parteien ohne Beteiligung des Gerichts.

Der Vorschlag des Verfassers wurde damit begründet, daß Art. 127 Abs. 3 ajZPO es den Parteien erlaubt, über den Gerichtsvorsitzenden direkte Erläuterungen von der Gegenseite zu fordern. Darüber hinaus berücksichtigt die Begründung zwei weitere Fälle: Im ersten benötigt die Partei die Informationen zur Vorbereitung ihrer eigenen Behauptungen und Beweise; darüber hinaus ist es auch für das Gericht praktisch, wenn die Informationen nicht über den Gerichtsvorsitzenden, sondern direkt von Partei zu Partei offengelegt werden. Im zweiten Fall wird die Beziehung zum Offenlegungssystem von Informationen über Urkunden damit begründet, daß die Informationsbeschaffung von Urkunden über das Offenbarungssystem für Urkundeninformationen und zu anderen Gegenständen über die Parteibefragung erfolgt[80].

---

[78] Miki, Bunsho Teishutsu Meirei (4) — Bunsho Tokutei Tetsuduki in: Miyake / Shiozaki / Kobayashi (Hrsg.), Shin Minji Sosho Ho Taikei, Bd. 3, 1997, S. 189 ff.
[79] Kento Jiko Hosoku Setsumei, S. 32.
[80] Kento Jiko Hosoku Setsumei, S. 33.

d. Anordnung der Urkundenvorlage

aa. Allgemeine Vorlagepflicht von Urkunden

Der Erste Entwurf sah vor, die Vorlagepflicht von Urkunden zu verallgemeinern. Der Erste Entwurf enthielt u.a. die folgenden beiden Absätze (5. Kapitel 1. 1. 1.):

(a) Der Urkundenbesitzer ist zur Vorlegung der Referenzurkunden (Art. 312 Nr. 1 ajZPO) und der vom Beweisführer zur Übergabe oder Einsicht anforderbaren Urkunden (Nr. 2) und, sofern nicht bestimmte Verweigerungsgründe, wie beispielweise Zeugnisverweigerungsgründe (Art. 281, 281 ajZPO) vorliegen, auch zur Vorlegung anderer Urkunden verpflichtet.

(b) Unter Beibehaltung der beschränkten Pflicht zur Vorlage von Urkunden im Sinne von Art. 312 Nr. 1 bis 3 ajZPO, also den im Interesse des Beweisführers und den über das Rechtsverhältnis zwischen Beweisführer und Urkundenbesitzer erstellten Urkunden, hinaus wird der Begriff der Urkunden im Sinne von Art. 312 Nr. 3 ajZPO auch auf solche Urkunden ausgedehnt, die in einer engen Beziehung zu dem Rechtsverhältnis zwischen Beweisführer und Besitzer stehen.

Bei Modell (a) ist der Umfang der Vorlagepflicht weiter gefaßt als bei Modell (b). Allerdings ist der konkrete Umfang der Vorlagepflicht bei Modell (a) je nach Festlegung der Verweigerungsgründe und neuer Festlegung der Auflistungsgründe von Modell (b) unterschiedlich.

bb. Feststellung einer Vorlagepflicht

Der Erste Entwurf sah im 5. Kapitel 1. 2. 1. (2) ein Verfahren vor, das zum einen einer Aufdeckung von Geheimnissen vorbeugt und zum anderen dem Gericht die Einsicht ermöglicht.

(a) Das Gericht läßt sich vom Besitzer die entsprechenden Urkunden vorlegen, die dann ohne Hinzuziehen der Parteien nur vom Gericht gelesen werden (sog. *in-camera*-Verfahren),

(b) wenn eine Partei bei solchen *in-camera*-Verfahren Widerspruch erhebt, beurteilt ein Richter, der nicht dem entscheidenden Spruchkörper angehört, ob an der Geheimhaltung ein gerechtfertigtes Interesse besteht oder nicht, und

(c) ein Verfahren, bei dem das Gericht Sachverständige wie Anwälte oder Wirtschaftsprüfer als Prüfer ernennt und von diesen prüfen läßt, ob an der Geheimhaltung ein gerechtfertigtes Interesse besteht oder nicht.

Das unter Absatz (b) vorgeschlagene Verfahren trägt zur Abwendung etwaiger Besorgnisse darüber bei, daß sich das ersuchende Gericht durch Lesen der Urkunden einen Eindruck vom Sachverhalt bilden könnte. Das Verfahren von Absatz (c) dürfte in Fällen effektiv sein, in denen die Urkunde einen wissenschaftlichen oder technischen Inhalt hat.

cc. Anordnung der teilweisen Urkundenvorlage

Für den Fall, daß Urkunden zum Teil Tatsachen enthalten, die die Privatsphäre oder Geschäftsgeheimnisse betreffen, wurde im Ersten Entwurf der Vorschlag gemacht, gesetzlich klarzustellen, daß die Vorlegung der nach Auslassung dieser Teile verbleibenden Teile bzw. entsprechender Kopien angeordnet werden kann (5. Kapitel 1. 2. 1. (3)).

dd. Geheimnisschutz

Für den Fall, daß die Anordnung die Privatsphäre oder Geschäftsgeheimnisse gefährden würde, enthielt der Erste Entwurf die Regelung, daß das Gericht den Antragsteller zur Geheimhaltung verpflichten kann (Erster Entwurf, 5. Kapitel 1. 2. 1. (4)). Dieser Vorschlag orientierte sich an der US-amerikanischen *protective order*. Er sollte es dem Gericht ermöglichen, parallel zur Anordnung der Urkundenvorlage Geheimnisschutzmaßnahmen zu treffen, wenn es zur Erfüllung des geforderten Geheimnisschutzes ausreicht, den Kreis der Personen, die vom Inhalt der Urkunde Kenntnis erhalten, auf einen Teil der Beteiligten zu begrenzen.

ee. Sanktion bei Verletzung der Anordnung

Für Fälle, in denen der Betroffene die Anordnung der Vorlegung nicht befolgt oder die Verwendung der Urkunde behindert, wurde vorgeschlagen, die

Sanktion in der Weise zu verschärfen, daß (Erster Entwurf 5. Kapitel 1. 1. 4. und 1. 1. 5.):

(a) nicht nur die Behauptungen des Beweisführers über die Beschaffenheit und den Inhalt der Urkunde als bewiesen, sondern auch die Behauptungen des Antragstellers zum beweisbedürftigen Sachverhalt als zutreffend angesehen werden, und

(b) der Antragsteller auf Grundlage der richterlichen Anordnung Zwangsmaßnahmen wie indirekten Zwang verlangen kann.

Weiterhin wurde als Ordnungsmittel bei Behinderung des Urkundengebrauchs auch erwogen, das Motiv der Gebrauchsbehinderung zu vermuten, wenn Urkunden, für die eine gesetzliche Aufbewahrungspflicht über eine bestimmte Frist festgelegt ist, innerhalb dieser Frist vom Betreffenden unbrauchbar gemacht wird (5. Kapitel 1. 1. 5.).

Gegenüber Dritten, die eine Anordnung auf Vorlegung nicht befolgen, wurden verschärfte Ordnungsmittel vorgeschlagen. Dabei handelt es sich um (a) erhöhte Beträge der Geldstrafen und (b) die Möglichkeit für den Antragsteller, auf Grundlage der Anordnung Zwangsmaßnahmen wie indirekten Zwang zu fordern (Erster Entwurf 5. Kapitel 1. 2. 1. (5)).

e. Anforderung der Vorlegung des Augenscheinsobjekts

Der Erste Entwurf enthielt einen Vorschlag, die Pflicht zur Vorlage von Augenscheinsobjekten ausdrücklich als allgemeine Pflicht festzuschreiben und im Verfahren die Regeln zur Vorlegung der Urkunden entsprechend anzuwenden (5. Kapitel 1. 2. 4.).

f. Andere Institute

aa. Ersuchen um notwendige Nachforschungen

Der Erste Entwurf sah die Möglichkeit vor, daß das Ersuchen um notwendige Nachforschungen auf Grundlage eines Beschlusses durch den Rechtspfleger stattfinden kann (5. Kapitel 1. 2. 6. (2)).

bb. **Anwaltserkundigungssystem**

Nach dem Ersten Entwurf sollten die Auskunftsgegenstände und der Umfang der Auskunftstellen im Sinne von § 23.2 jAnwaltsgesetz erweitert werden. Der Erste Entwurf enthielt hierzu zwei Vorschläge (5. Kapitel 1. 2. 6. (1)):

(a) Es sollte neben Auskünften zu den erforderlichen Gegenständen auch die Zusendung von Originalen oder Kopien von Urkunden und Fotos angefordert werden können,

(b) Anfragen sollten außer an Ämter und ausführende Körperschaften auch an Personen gerichtet werden können, die über eine bestimmte fachliche Qualifikation verfügen (z.B. Arzt).

cc. **Schriftliche eidesstattliche Erklärung und Aussageniederschrift**

Eine schriftliche eidesstattliche Erklärung ist eine Urkunde über eine Aussage, die vor einer in bestimmter Weise qualifizierten Person über einen bestimmten Gegenstand eidlich abgegeben wird. Die Aussageniederschrift ist eine Urkunde, in der der Inhalt einer — vom Aussagenden unter Eid vor einem Notar abgegebenen — Erklärung verzeichnet ist. Im Unterschied zur *deposition* im Rahmen der US-amerikanischen *discovery* sollte die Vorlegung stets freiwillig sein. In der Praxis in Japan werden dem vorbereitenden Schriftsatz ähnliche Schriftstücke (*Chinjutsusho*), die in der Regel von den prozeßbevollmächtigten Anwälten angefertigt und von einer Partei oder einem Dritten unterschrieben werden, häufig benutzt. Sie sind einer Beweisurkunde ähnlich, aufgrund derer der Richter seine Überzeugung vom Sachverhalt erlangen kann. Der Entwurf sah es vor, die Richtigkeit des Inhalts der Schriftstücke dadurch zu sichern, daß die Schriftstücke mit diesen Instrumenten angefertigt werden.

2. **Der Zweite Entwurf**

a. **Beweissicherung**

Die im Ersten Entwurf vorgeschlagene offenbarende Beweissicherung wurde im Zweiten Entwurf gestrichen. Er enthielt nur den Vorschlag, die Zuständigkeiten für die Beweissicherung nach Einleitung des Verfahrens neu zu ordnen.

b. Aufdeckung der Informationen über zukünftige Beweise

Manche Stellungnahmen wandten sich gegen Modell (a) des Ersten Entwurfs, während Modell (b) überwiegend Zustimmung fand[81]. Als Gründe für die Ablehnung von (a) wurden genannt, daß es wegen der Kompliziertheit des Prozesses für die Parteien schwierig sei, zu Anfang darüber zu urteilen, ob eine Urkunde oder ein Augenscheinsobjekt vorgelegt werden soll, und daß eine solche Liste durch Anfügen von Schriftstücken an die Klageschrift ersetzt werden könne. Die Zustimmung für Modell (b) wurde damit begründet, daß es Prozesse gebe, in denen dem Beweisführer die zur Bestimmung der Urkunde erforderlichen Informationen unbekannt seien und nicht erwartet werden könne, daß der Urkundenbesitzer die für den Gegner vorteilhaften Informationen freiwillig zeige[82].

In der Folge wurde Modell (a) des Ersten Entwurfs mit folgender Begründung gestrichen: Der Zweck von Modell (a) bestehe darin, in einem frühen Stadium eine angemessene Regelung der Streitpunkte zu erzielen. Dieser Zweck könne aber auch erfüllt werden, indem in der Klageschrift und den vorbereitenden Schriftsätzen die Beweise aufgeführt oder der Klageschrift und Klageerwiderungsschrift Kopien wichtiger Urkundenbeweise angefügt werden[83].

Modell (b) im Ersten Entwurf wurde den unwichtigen Streitpunkten zugeordnet (5. Kapitel 1.), da noch geprüft werden sollte, ob für Anträge auf Anordnung der Urkundenvorlage ein System zur Offenlegung der zur Bestimmung der Urkunde erforderlichen Informationen eingerichtet werden sollte und, falls ja, mit welchen Voraussetzungen bezüglich der Einrichtung von Informationen, des Umfangs der offenzulegenden Informationen und der Folgen einer Nichtoffenlegung. Die Zuordnung von Modell (b) zu den unwichtigen Streitpunkten begründete der Verfasser damit, daß nach Modell (b) auch in Fällen mit einer Vielzahl von Urkunden, die als Beweise nur von geringem Wert sind, sämtliche mit den Streitpunkten zusammenhängenden Urkunden in der Liste aufgeführt werden müssen, was für Aussteller, Antragsteller und Gericht einen unnützen Zeit- und Kostenaufwand verur-

---

[81] Kento Jiko ni taisuru Ikensho, S. 33 f.
[82] Kento Jiko ni taisuru Ikensho, S. 32.
[83] Yoko Shian Hosoku Setsumei, S. 40.

sacht. Erforderlich sei auch eine Erleichterung der Last der Urkundenbestimmungspflicht. Es sollte daher kein System geschaffen werden, das die Offenlegung einer umfangreichen Liste der Urkunden verlange, sondern ein System, das es dem Beweisführer ermögliche, sich bei der Anforderung von Informationen auf die zur Bestimmung der Urkunde erforderlichen Punkte zu konzentrieren[84].

c. Parteibefragung

Zu der im Ersten Entwurf vorgeschlagenen Parteibefragung waren die Meinungen geteilt[85]. Die Gegner verwiesen vor allem auf (a) die Mißbrauchsgefahr, (b) die Befürchtung unnötiger Konfrontationen zwischen den Parteien und (c) die geringe Notwendigkeit.

Angesichts dieser Kritik legte man sich im Zweiten Entwurf auf den folgenden Vorschlag fest. Während des anhängigen Prozesses kann der gegnerischen Partei eine schriftliche Anfrage mit der Aufforderung zugeschickt werden, die für das eigene Vorbringen erforderlichen Informationen innerhalb einer bestimmten angemessenen Frist schriftlich zu beantworten. Um einem Mißbrauch vorzubeugen, wurden darüber hinaus Ausnahmegründe festgelegt: Eine Partei darf eine Parteibefragung der gegnerischen Seite nicht durchführen, wenn

(a) der Inhalt der Anfrage unsubstantiiert oder nicht gegliedert ist,

(b) die Anfrage für die gegnerische Seite kränkend oder verwirrend ist,

(c) die Anfrage sich mit einer bereits erfolgten Anfrage überschneidet,

(d) der Inhalt der Anfrage die Abgabe einer Stellungnahme verlangt,

(e) die Beantwortung durch die gegnerische Partei einen unangemessenen Zeit- oder Kostenaufwand erfordert, oder

(f) die Anfrage einen Sachverhalt betrifft, in dem ein Zeugnisverweigerungsgrund greifen würde (Art. 280, 281 ajZPO).

---

[84] Yoko Shian Hosoku Setsumei, S. 40. Beispielsweise kann eine Arbeitsgangzeichnung beim Produkthaftungsprozeß diesem Fall entsprechen.

[85] Kento Jiko ni taisuru Ikensho, S. 34.

Auch wenn eine Partei die Parteibefragung durch den Gegner nicht beantwortet, führt das nicht zur Verhängung von Ordnungsmitteln (5. Kapitel 1. 3.).

d. Anordnung der Urkundenvorlage

aa. Allgemeine Vorlagepflicht von Urkunden

Über den Vorschlag des Ersten Entwurfs standen sich befürwortende und ablehnende Meinungen gegenüber. Die Ablehnung stützte sich vor allem darauf, daß die Erhebung der Vorlagepflicht von Urkunden zu einer allgemeinen Vorlagepflicht die Urkundenbesitzer im Vergleich zur Zeugnispflicht erheblich benachteiligen würde, da der Inhalt von Urkunden vielfältig ist und die Prozeßbeteiligten auch Kenntnis von nicht erforderlichen oder nicht in Beziehung stehenden Teilen erhalten. Weiterhin sei das Antragsrecht mißbrauchsgefährdend, da die Vorlegung durchaus auch für andere Zwecke mißbraucht werden könne. Weiterhin galt, daß der Urkundenbesitzer nicht gegen seinen Willen zur Vorlegung gezwungen werden könnte. Als Argument gegen sowohl Modell (a) und (b) wurde auch angeführt, daß eine Erweiterung des Umfangs der Vorlagepflicht die Gefahr einer Verletzung der Privatsphäre dritter Personen und andere Probleme mit sich bringt.

Im Zweiten Entwurf wurden Modell (a) und (b) des Ersten Entwurfs unverändert beibehalten (5. Kapitel 1. 1. 1.). Zu der in Modell (a) geregelten allgemeinen Vorlagepflicht hielt man es für schwer begründbar, daß für die Zeugenaussagen und die Vorlagepflicht von Urkunden unterschiedlich weitreichende Offenbarungspflichten gelten sollten. Desweiteren sollte auch beim Urkundenbeweis die Prüfung möglicher Verweigerungsgründe eine Abwägung zwischen der Notwendigkeit der Beweisbeschaffung einerseits und den Gründen für die Verweigerung andererseits einschließen. Schließlich soll bei der Einführung der Vorlagepflicht nach Maßgabe von Modell (a) als zusätzliche Voraussetzung und Vorkehrung gegen einen Rechtsmißbrauch auch die Notwendigkeit der Beweisaufnahme dargelegt werden. In Bezug auf Modell (b) wurde argumentiert, daß Zeugen lediglich mündlich über die in der Vernehmung vorgebrachten Gegenstände Zeugnis abzulegen hätten, während bei Vorlegung von Urkunden den Beteiligten der gesamte Inhalt bekannt würde. Darüber hinaus wurde es als für die Praxis erforderlich angesehen, an die ajZPO und die Auseinandersetzung damit anzuknüpfen.

bb. Feststellung einer Vorlagepflicht

Im Zweiten Entwurf war der Vorschlag (c) zur Ernennung eines Prüfers nicht mehr enthalten. Zur Verabschiedung wurde eine weitergehende Prüfung als notwendig erachtet (5. Kapitel 1. 1. 2.).

cc. Anordnung der teilweisen Urkundenvorlage

Für Fälle, in denen ein Teil einer Urkunde die Privatsphäre oder Geschäftsgeheimnisse berührt, enthielt der Zweite Entwurf die Klarstellung, daß die Vorlegung der nach Auslassung dieser Passagen verbleibenden Teile bzw. entsprechender Fotokopien angeordnet werden kann (5. Kapitel 1. 1. 3.).

dd. Sanktion bei Verletzung der Anordnung

Der Zweite Entwurf stimmte mit dem Ersten Entwurf darin überein, daß bei Nichtbefolgung einer Vorlegungsanordnung sowie bei Behinderung des Gebrauchs einer Urkunde nicht nur die Behauptungen des Antragstellers zur Urkunde, sondern auch seine Behauptungen über den mit der Urkunde zu beweisenden Sachverhalt als wahrheitsgemäß angesehen werden konnte. Der Zweite Entwurf enthält aber keine Vorschläge über indirekten Zwang oder andere Zwangsmaßnahmen. Das gleiche gilt auch in Bezug auf Dritte. Die Gründe dafür waren zum einen, daß Urkunden zwar bewegliche Güter sind und die Zwangsvollstreckung zu ihrer Herausgabe mittels direkten Zwangs erfolgen kann (§ 414 jBGB, § 169 jZwangsvollstreckungsrecht); direkter Zwang zur Durchsuchung der Wohnung des die Urkunde besitzenden Dritten aber als zu weitgehend abgelehnt wurde (§§ 169 Abs. 2, 123 Abs. 2 jZwangsvollstreckungsrecht). Zum anderen sei das Auffinden von Urkunden ohne die Kooperation des Urkundenbesitzers schwierig; deshalb sei auch die Zulassung von indirektem Zwang gleichermaßen ineffektiv und unangemessen. Das begründe die übermäßig harte Bestrafung. Dies könnte auch die Erteilung einer Anordnung auf Urkundenvorlage selbst erschweren. Zudem bestehe keine Notwendigkeit zu indirektem Zwang, wenn der Bereich der als zutreffend angesehenen Tatsachen ausgeweitet wird.

e. **Anforderung der Vorlegung des Augenscheinsobjekts**

Die Regelung des Ersten Entwurfs wurde beibehalten. Zudem wurde eine ausdrückliche Klarstellung gefordert, die den Charakter der Vorlagepflicht als allgemeine Pflicht unterstrich und auf die analoge Anwendung der Vorschriften über die Urkundenvorlage hinwies (Zweiter Entwurf 5. Kapitel 1.2.).

Zunächst gab es Überlegungen, den Umfang der unter § 23.2 jAnwaltsgesetz geregelten Erkundigungsgegenstände und Auskunftstellen zu erweitern. Sie liefen darauf hinaus, bei den zu untersuchenden Gegenständen

(a) außer Auskünften zu den benötigten Gegenständen auch die Überlassung der Originale oder der Fotokopien von Urkunden oder Fotos anfordern zu können und

(b) außer bei öffentlichen Behörden Erkundigungen auch bei Personen mit bestimmten fachlichen Qualifikationen (z.B. Ärzte) einholen zu können.

Diese Vorschläge fanden zwar Eingang in den Rahmenvorschlag, gelangten dann aber nicht ins Gesetz.

3. **Der Dritte Entwurf**

a. **Beweissicherung**

Bezüglich der Beweissicherung wurde nur vorgeschlagen, die Zuständigkeiten für die Beweissicherung nach Einleitung des Verfahrens neu zu ordnen.

b. **Parteibefragung**

In Bezug auf die Einstufung oder den Inhalt waren keine Änderungen gegenüber dem Zweiten Entwurf festzustellen.

c. Anordnung der Urkundenvorlage

aa. Vorlagepflicht der Urkunden

Im Mai 1995 wurde das im Ersten und Zweiten Entwurf enthaltene Modell (a) allgemeinen Vorlagepflicht und Modell (b) auf bestimmte Urkunden bezogene Vorlagepflicht durch einen weiteren Vorschlag (c) ergänzt. Dieser stimmte im Prinzip mit Modell (a) überein; gleichzeitig unterschied er sich davon aber u.a. durch die dem Antragsteller aufgebürdete Beweislast für die Urkundenvorlagepflicht. Im Dezember 1995 erfolgte die Festlegung auf Modell (c). Im Dritten Entwurf wurde nur Modell (c) aufgeführt.

Der Dritte Entwurf enthielt in Art. 220 Nr. 1 bis 3 vorläufige Vorschriften (vV), die inhaltsgleich mit Art. 312 Nr. 1 bis 3 ajZPO sind. Weiterhin waren in Art. 220 Nr. 4 vV vier Ausnahmegründe festgelegt. Die Vorlagepflicht bestand danach, wenn keine der nachfolgend aufgeführten Voraussetzungen zutrafen:

(a) Urkunden über einen unter Art. 196 vV (Zeugnisverweigerungsrecht) geregelten Gegenstand;

(b) Urkunden, die ein Amtsgeheimnis betreffen und deren Vorlage die Aufsichtbehörde nicht gebilligt hat;

(c) Urkunden, deren Inhalt einem Zeugnisverweigerungsrecht (Art. 197 Abs. 1 Nr. 2 und Nr. 3 vV) unterfallen, ohne daß die zuständige Behörde die Schweigepflicht aufgehoben hat; und

(d) Urkunden, die für den ausschließlichen Gebrauch durch den Urkundenbesitzer ausgestellt worden sind.

Diese Ausnahmegründe wurden bereits in den die Zeugnisverweigerungsgründe betreffenden Fällen (a), (b) und (c) sowie im Falle der Eigengebrauchsurkunden bzw. internen Urkunden von (d) von den Gerichten in der Rechtsprechung anerkannt. Dies wurde nun ausdrücklich in das Gesetz aufgenommen.

bb. Antragsverfahren auf Anordnung der Vorlegung von Urkunden

Für die Einrichtung eines Offenlegungssystems, das die erforderlichen Informationen zur Bestimmung von Urkunden erbringen sollte, erhielt der Zweite Entwurf zwar vielfache Zustimmung; verschiedene Seiten, so u.a. auch die Wirtschaftsverbände, kritisierten aber auch die Gefahr des Mißbrauchs und die Schwierigkeit der Feststellung der zukünftigen Urkundenbeweise[86].

Der Dritte Entwurf reagierte auf diese Kritik und wich vom Ersten und Zweiten Entwurf ab. Dabei ging er im Art. 221 von der folgenden Überlegung aus:

(1) „Wenn bei der Beantragung einer Anordnung auf Urkundenvorlage die Klarlegung der nach Art. 313 Nr. 1 und Nr. 2 ajZPO aufgeführten Gegenstände erhebliche Schwierigkeiten bereitet, reicht es aus, im Antrag solche Gegenstände zu benennen, die dem Urkundenbesitzer die Identifizierung der vom Antrag betroffenen Urkunden ermöglichen. In diesem Falle ist beim Gericht zu beantragen, den Urkundenbesitzer zur Erklärung über die nach Nr. 1 und Nr. 2 des obigen Paragraphen genannten Gegenstände über die betreffenden Urkunden aufzufordern."

(2) „Im Falle eines Antrags gemäß (1) kann das Gericht außer in Fällen, in denen die Beantragung der Anordnung auf Urkundenvorlage offensichtlich unbegründet ist, die Erklärung über die im letzteren Teil von (1) genannten Gegenstände verlangen."

Im Antragsverfahren auf Anordnung der Vorlegung der Urkunden sind unbedingt die folgenden Angaben zu machen: (a) Bezeichnung der Urkunde, (b) Inhalt der Urkunde, (c) Besitzer der Urkunde, (d) Tatsachen, die durch die Urkunde bewiesen werden sollen, und (e) Bezeichnung des Grundes, der die Verpflichtung zur Vorlegung der Urkunde ergibt. Da es allerdings Fälle gibt, in denen nur eine der Parteien Informationen über die Urkunden besitzt und somit die Angaben zur Bezeichnung und Inhalt der Urkunde dem Beweisführer Schwierigkeiten bereiten, gab sich Art. 221 Abs. 3 vV in solchen Fällen mit der Bezeichnung von Gegenständen zufrieden, die

[86] Yanagida / Shiseki / Ogawa / Hagimoto / Hanamura, Kaisei Yoko Shian ni taisuru Kakkai Iken no Gaiyo, NBL Nr. 564 (1995), S. 43.

dem Urkundenbesitzer die Identifizierung der Urkunde ermöglichten. Dies hat die Anforderung der Anordnung auf Vorlegung von Urkunden vereinfacht. Weiterhin war in Art. 221 Abs. 4 vV geregelt, daß das Gericht mit Ausnahme der Fälle, in denen ein Grund für die Beantragung einer Anordnung auf Vorlegung von Urkunden offensichtlich fehle, den Urkundenbesitzer zur Klärung von Bezeichnung und Inhalt der Urkunde auffordern konnte.

Wichtige Unterschiede zur bisherigen Konstruktion bestanden in den folgenden fünf Punkten[87]: Die Vorschrift setzte nicht voraus, daß der Urkundenbesitzer seine Offenlegungspflicht erfüllte; die gerichtliche Aufforderung erging, wie die Vorschrift ausdrücklich klarstellte, nur auf Antrag hin; dabei konnte diese Aufforderung sowohl an Prozeßbeteiligte wie auch an Dritte ergehen; die Vorschrift macht nunmehr auch deutlich, daß es sich um eine gerichtliche Anordnung handelt, die von der Parteibefragung zu unterscheiden war. Schließlich ergab sich aus der Bezeichnung und dem Inhalt der angeforderten Urkunde der Umfang der offenzulegenden Informationen.

cc. Feststellung einer Vorlagepflicht

Zum Schutz von Privatsphäre und Geschäftsgeheimnissen schlug der Zweite Entwurf ein *in-camera*-Verfahren vor, bei dem ein einzelner Richter die Urkunden liest und daraufhin beurteilt, ob diese schutzwürdig sind oder nicht. Art. 223 Abs. 3 vV ermöglichte es, daß auch dann, wenn es um die Anwendbarkeit des Art. 220 Nr. 4 (a), (c) und (d) ging, nur ein einzelner Richter die Urkunde las.

dd. Anordnung der teilweisen Vorlegung von Urkunden

Der Zweite Entwurf enthielt die Regelung, daß Urkunden, die nur in einzelnen Passagen der Vorlagepflicht unterfallen oder erforderlich sind, nur unter Auslassung der irrelevanten Teile bzw. als entsprechend unkenntlich gemachte Fotokopie vorzulegen sind. Im Dritten Entwurf wurde geregelt, daß bei Urkunden, die Teile enthalten, zu denen das Bestehen einer Vorlagepflicht nicht anerkannt werden kann oder bei für die Beweisaufnahme nicht erforderlichen Teilen, die Vorlegung unter Auslassung dieser Teile angeordnet werden kann.

---

[87] Miki, Bunsho Teishutsu Meirei (4), S. 186 ff.

ee. Sanktion bei Nichtvorlegung

Wie im Zweiten Entwurf war auch im Dritten Entwurf eine strengere Sanktion bei Nichtvorlegung von Urkunden durch die gegnerische Partei vorgesehen. Nach Art. 224 vV wurde geregelt, daß, wenn die gegnerische Partei konkrete Behauptungen zu Eintragungen in der Urkunde aufstellt und der Nachweis des mit dieser Urkunde zu beweisenden Sachverhaltes mit anderen Beweisen sehr schwierig ist, das Gericht die Behauptungen des Gegners über den Inhalt der Urkunde (Art. 224 Abs. 1 vV) sowie den zu beweisenden Sachverhalt als zutreffend ansehen kann (Art. 224 Abs. 3 vV).

Weiterhin wurde der Betrag der bei Nichtbefolgung der Anordnung zur Urkundenvorlage gegen Dritte zulässigen Geldstrafe auf max. 200,000 Yen (ca. 4,000 DM) angehoben (Art. 225 Abs. 1 vV).

B. Diskussionen im Parlament

Vier Tage nach der Veröffentlichung des Dritten Entwurfs wurde *Minji Sosho Tetsuduki ni kansuru Kaisei Yoko* (der ZPO-Entwurf der Reformkommission) dem Justizminister vorgelegt. Auf Grundlage dieser Vorlage wurde *Minji Sosho Hoan* (der Entwurf der Zivilprozeßordnung) erstellt und 1996 im Parlament beraten.

1. Kritik am Entwurf der Zivilprozeßordnung

Mit Art. 220 Entwurf der Zivilprozeßordnung (EZ) wurde, insoweit nicht die nach Nr. 4 genannten Ausnahmegründe zutreffen, im Prinzip eine allgemeine Urkundenvorlagepflicht begründet. In Art. 220 EZ war allerdings geregelt, daß im Falle eines auf der Vorlagepflicht von Urkunden begründeten Antrags auf Anordnung der Vorlage von amtlichen Urkunden, die unter Art. 220 Nr. 4 EZ fallen, das Gericht erforderlichenfalls bei der zuständigen Aufsichtbehörde anfragen muß, ob diese nach Nr. 4 (b) ihre Genehmigung gibt. Darüber hinaus wurden die amtlichen Urkunden von Nr. 4 EZ von den Gegenständen des *in-camera*-Verfahrens (Art. 223 Abs. 3 EZ) ausgenommen.

Bei diesem Entwurf der Zivilprozeßordnung bestanden die folgenden Problempunkte:

Zunächst einmal bestand die Besorgnis, daß sich der Umfang an Urkunden, deren Vorlegung die Behörden verweigern können, auch im Vergleich zur Praxis nach der ajZPO noch erweitert (Art. 222 Abs. 2, 191 Abs. 2 EZ)[88]. Art. 222 Abs. 2 EZ band die Verweigerung der Genehmigung zur Vorlegung amtlicher Urkunden durch die Aufsichtbehörde an die Voraussetzung, daß die „Gefahr einer Schädigung des öffentlichen Interesses oder einer wesentlichen Behinderung der Ausübung der Amtsgeschäfte" besteht. Die ajZPO ließ offen, was als „Geheimnisse, deren Offenlegung eine schwere Schädigung oder Benachteiligung der staatlichen Interessen oder des Gemeinwohls mit sich bringen würde" (vgl. §§ 144, 145 Abs. 2 jStPO)[89] anzusehen ist. Der Entwurf der Zivilprozeßordnung schuf die Voraussetzung, diese Möglichkeit zu Verweigerung der Urkundenvorlage gegenüber der bisherigen Auslegung noch zu erweitern[90].

Als zweites ist zu nennen, daß die Vorlage ausdrücklich klarstellte, daß amtliche Urkunden dem Gericht nicht vorgelegt werden können, wenn die zuständige Aufsichtbehörde ihre Zustimmung verweigert. Nach der ajZPO orientierte sich die Regelung für die Vorlegung amtlicher Urkunden am Muster der Vorschriften für die Zeugenvernehmung von Beamten. Um Beamte als Zeugen vernehmen zu können, war zwar die Genehmigung der zuständigen Aufsichtsbehörde erforderlich (Art. 272 ajZPO); diese Bestimmung wurde aber nicht analog auf amtliche Urkunden angewandt[91]. Der Entwurf der Zivilprozeßordnung sah dagegen ein solches Genehmigungserfordernis vor.

Drittens bedeutete der Ausschluß amtlicher Urkunden von den Gegenständen des *in-camera*-Verfahrens, daß das Gericht keine weiteren Schritte mehr unternehmen konnte, wenn die zuständige Aufsichtsbehörde auf die Anfrage des Gerichts mit der Verweigerung ihrer Genehmigung reagierte. In diesem Falle war somit also nicht das Gericht der Träger der letzten Entscheidung, während ihm bei privaten Urkunden im *in-camera*-Verfahren

---

88 In Shugiin Homu Iinkai Gijiroku (das Protokoll der Justizkommission des Unterhauses) vom 136. Parlament am 15. und 17.5.1996 lag darin die größte Sorge.

89 Diese Behandlung ist gleich wie die der Zeugenvernehmung des Beamten. Takeshita, Shin Minji Sosho Ho to Shoko Shushu Seido, Hogakukyoshitsu Nr. 196 (1997), S. 15.

90 Shugiin Homu Iinkai Gijiroku vom 136. Parlament am 17.5.1996. Dagegen hat Tahara, Bunsho Teishutsu Gimu no Hani to Futeishutsu no Koka, Jurisuto Nr. 1098 (1996), S. 63, erklärt, daß es keine Gefahr gibt.

91 Yoshimura / Kojima / Hiroo, Chushaku Minji Sosho Ho, Bd. 7, 1995, S. 50 ff.

die abschließende Entscheidung über das Vorliegen von Vorlegungsverweigerungsgründen zukam[92].

Viertens blieb Art. 312 Nr. 1 bis 3 ajZPO trotz der Neueinrichtung von Art. 220 Nr. 4 EZ als Art. 220 Nr. 1 bis 3 EZ unverändert erhalten, was wegen der wechselseitigen Bezugnahmen im Gesetzeswortlaut zu Unklarheiten führte.

Zunächst einmal stellt sich der Streitpunkt, ob Urkunden, die die Voraussetzungen von Art. 220 Nr. 1 bis 3 EZ erfüllen, von der Klausel Nr. 4 (b) zur Genehmigung durch die Aufsichtsbehörde ausgenommen sein sollen, wenn es sich um amtliche Urkunden handelt. Der Gesetzgeber erläuterte, daß Art. 220 Nr. 4 (b) in diesem Falle nicht angewendet werde[93]. Diese Ansicht konnte zu einem zu großen Schutz amtlicher Urkunden und zu Schwierigkeiten führen, amtliche Informationen zu erhalten.

Eine weitere Frage betraf die Urkunden, die durch analoge Anwendung bzw. erweiternde Auslegung von Art. 312 Nr. 3 ajZPO den Interessensurkunden oder Rechtsverhältnisurkunden gleichgestellt waren; dabei ging es um die Frage, ob diese künftig gemäß Art. 220 Nr. 4 E zu behandeln sind. In diesem Falle würde, soweit es sich um amtliche Urkunden handelt, die Genehmigung gemäß Art. 220 Nr. 4 (b) erforderlich. In der Folge würde deren Vorlegung noch schwieriger als sie bereits nach der ajZPO war. Zweifelsohne ist auch die Auslegung möglich, daß die Anwendung des Art. 220 Nr. 4 (b) EZ für Urkunden, die aufgrund analoger bzw. erweiternder Auslegung von Art. 312 Nr. 3 ajZPO vorgelegt werden, auch dann ausgeschlossen ist, wenn es sich dabei um amtliche Urkunden handelt. Nach dieser Auffassung können die wechselseitigen Beziehungen im Gesetzeswortlaut auch von Art. 220 Nr. 4 (b) EZ verursachten als ausdrückliche Klarstellung aufgefaßt werden, mit der der Entwurf der Zivilprozeßordnung das Erfordernis einer Freigabe auf die Urkunden im Sinne von Art. 220 Nr. 4 EZ durch die jeweilige Aufsichtsbehörde beschränkt. D.h., daß Urkunden, die durch analoge Anwendung oder erweiternde Auslegung von Art. 312 Nr. 3 ajZPO zur Vorlegung kommen, als Urkunden gemäß Art. 220 Nr. 1 bis 3 EZ im weiteren keine Genehmigung durch die zuständige Aufsichtsbehörde mehr erfordern. Dies gilt selbst für amtliche Urkunden.

---

92 Nakano, Shin Minji Sosho Ho no Seiritsu ni yosete, NBL Nr. 609 (1997), S. 8 f.; Takeshita, Hogakukyoshitsu Nr. 196 (1997), S. 16.

93 Shugiin Homu Iinkai Gijiroku vom 136. Parlament am 15., 17. und 24.5.1996.

Bei diesen Fragen bestand die Befürchtung, daß die jeweiligen Punkte dem Zweck der Gesetzesänderung, d.h. der Erweiterung der Informations- und Beweisbeschaffung, entgegenstehen[94]. Ein großes Problem war insbesondere, daß bei amtlichen Urkunden mit der Genehmigung durch die zuständige Aufsichtsbehörde auch die Vorlagepflicht entfällt.

2. Diskussionen und Änderungen im Parlament

a. Hergang der Änderungen im Parlament

Sowohl die Regierungspartei wie auch die Oppositionsparteien im Parlament nahmen Anstoß daran, daß das Gericht nicht berechtigt ist, über die Verweigerungsgründe für die Vorlegung der Urkunden zu befinden[95]. Auch die Medien nahmen sich dieser Frage an[96]. Der Verband der Rechtsanwälte wies darauf hin, daß zwischen amtlichen und privaten Urkunden eine breite Kluft entsteht; denn praktisch bliebe es dem Ermessen der jeweiligen Aufsichtsbehörde anheimgestellt, ob eine amtliche Urkunde als Beweis vorgelegt werde oder nicht. Schließlich rügte der Verband, daß der Entwurf die Problematik der ajZPO übernimmt, weil weiterhin allein der Gesetzgeber Inhalt und Umfang des Anspruchs auf Offenlegung von Informationen bestimmte. Diese Kritik hatte Erfolg und führte zu einer Überarbeitung des Entwurfs.

b. Inhalt der Änderungen

Art. 220 Nr. 4 EZ wurde folgendermaßen geändert: Zunächst wurde nach der Passage „außer unter den vorstehend nach Nr. 3 aufgeführten Urkunden, ...“ die Passage „außer Urkunden, die von Beamten oder vormaligen Beamten im Zusammenhang mit ihrer Amtstätigkeit verwahrt oder besessen werden“ eingefügt. Damit blieben amtliche Urkunden von der allgemeinen Vorlagepflicht unberührt. Weiterhin entfiel nach Nr. 4 (b) die Passage, mit der Amtsgeheimnisse von Beamten betreffende Urkunden ausgenommen werden. Darüber hinaus wurde Art. 222 EZ gestrichen, der

---

94 Hirayama, Bunsho Teishutsu Meirei (3) – Kobunsho no Teishutsu Gimu in: Miyake / Shiozaki / Kobayashi (Hrsg.), Shin Minji Sosho Ho Taikei, Bd. 3, 1997, S. 156, 161.

95 Takeshita, Hogakukyoshitsu Nr. 196 (1997), S. 15; Nakano, NBL Nr. 609 (1997), S. 8 f.

96 In mehreren bekannten Zeitungen wurde über das Thema berichtet. Vgl. die Morgenausgabe von Mainichi Shinbun vom 29.5.1996; die Morgenausgabe von Asahi Shinbun vom 31.5.1996.

die an die Aufsichtbehörde gerichtete Anfrage zur Vorlegung von amtlichen Urkunden regelte. An ihre Stelle trat als Art. 222 Abs. 1 und 2 EZ der vormalige Art. 221 Abs. 3 und 4 EZ.

Mit dieser Änderung erkannte der Entwurf der Zivilprozeßordnung im Rahmen von Art. 220 Nr. 1 bis 3 eine analog zu Art. 312 Nr. 1 bis 3 entwickelte Vorlegungspflicht für amtliche Urkunden an; die Entwicklung einer allgemeinen Vorlagepflicht für amtliche Urkunden blieb hingegen der Zukunft überlassen. In der kurzen verbleibenden Legislaturperiode war keine Zeit, um eine umfassende Regelung der Vorlagepflicht auszuarbeiten. Dies geht auch aus der nachstehenden Formulierung von Art. 27 Abs. 1 der Zusatzbestimmung zum neuen Gesetz hervor: „Bezüglich eines Systems zur Anordnung der Vorlegung von Urkunden gemäß Regelung von Art. 220 Nr. 4 jZPO, die von Beamten oder vormaligen Beamten im Zusammenhang mit ihrer Amtstätigkeit verwahrt oder besessen werden, gilt, daß parallel zur schwebenden Prüfung eines Systems für die Offenlegung von Informationen im Besitz von Verwaltungsorganen eine zusammenfassende Prüfung durchgeführt und die nach den Prüfungsergebnissen erforderlichen Maßnahmen getroffen werden."

V. Neue Regelungen über die Informationsbeschaffung

A. Beweissicherung

Bezüglich der nach der Anhängigkeit des Hauptverfahrens stattgefundenen Beweissicherung wurde die Zuständigkeit der Gerichte geändert. Gemäß Art. 344 Abs. 1 ajZPO mußte der die Beweisaufnahme durchführende Richter nicht in jedem Fall ein Richter des angerufenen Gerichts sein, was die Ergreifung angemessener Maßnahmen erschwerte („Gerichtsinstanz, in der diese Beweise zu verwenden sind"). Von der Terminierung der ersten mündlichen Verhandlung an bis zum Abschluß der letzten Verhandlung können nun Anträge auf Beweissicherung bei dem Gericht gestellt werden, bei dem der Prozeß anhängig ist (Art. 235 Abs. 1 jZPO).

Die Diskussion darüber, daß eine beweisoffenbarende Funktion rechtlich nicht anerkannt ist, besteht unverändert weiter. Viele Vertreter der Literatur kritisieren, daß der Gesetzgeber keine Schritte unternahm, zwecks Abwendung von Streitigkeiten eine beweisoffenbarende Anwendung zu verankern[97].

B. Parteibefragung

1. Zweck und Legitimierungsgrundlagen des Systems

Art. 163 jZPO regelt folgendes:

> „Die Beteiligten können während des anhängigen Verfahrens zu Gegenständen, die für Behauptungen und Beweisführung benötigt werden, schriftliche Anfragen an die gegnerische Partei richten und schriftliche Beantwortung innerhalb einer bestimmten angemessenen Frist fordern. Dies gilt nicht, wenn die Anfrage einen der folgenden Mängel aufweist:
> (i) Fehlende Vollständigkeit mangels näherer Angaben oder Substanz
> (ii) Der Inhalt wirkt beleidigend oder aufdringlich
> (iii) Wiederholung einer früheren Anfrage
> (iv) Unzulässige Aufforderung zur Abgabe einer Meinungsäußerung
> (v) Beantwortung der Anfrage verursacht einen unverhältnismäßigen Kosten- oder Zeitaufwand
> (vi) Der Gegenstand der Anfrage unterliegt einem Zeugnisverweigerungsrecht im Sinne der Art. 196 und 197.“

Wie bereits dargelegt wurde, galt die Parteibefragung anfänglich als Instrument zur Ausweitung der Beweisbeschaffung. Letztlich wurde sie aber als eine den vorbereitenden Schriftsatz betreffende Bestimmung neu instituiert.

Laut Gesetzeswortlaut kann eine Parteibefragung zu jedem beliebigen Zeitpunkt während des anhängigen Verfahrens durchgeführt werden. Ihr Zweck besteht aber in der Informationsbeschaffung für den Prozeß. Entsprechend sollte die Parteibefragung im vorbereitenden Verfahren und im Frühstadium der mündlichen Verhandlung stattfinden und spätestens in der letzten Tatsachenverhandlung abgeschlossen sein. Aus diesem Grund

---

97 Kobayashi, Shin Shoko Ho, S. 123; Kasuga, Minji Shoko Ho Ronshu, S. 44 ff.

wird Art. 163 als Vorschrift des vorbereitenden Schriftsatzes geregelt[98].

Für die Parteibefragung stand das *interrogatory* des US-amerikanischen Bundesprozeßrechts Modell. *Interrogatory* unterscheidet sich von der Parteibefragung jedoch dadurch, daß jeder beliebige Sachverhalt, der in einer Beziehung zum Fall steht, einbezogen werden kann und keine Notwendigkeit besteht, die Fragen auf den Rahmen der Behauptungen und des Beweisthemas zu begrenzen[99]. Das *interrogatory* unterscheidet sich auch dadurch von der Parteibefragung, daß bei Verweigerung der Beantwortung eine Bestrafung erfolgt[100] und daß eine Bestrafung des Vertreters erfolgt, wenn sich herausstellt, daß die erteilte Antwort nicht der Wahrheit entspricht[101].

Zur Begründung, daß die Beteiligten die gegnerische Partei außerhalb des Verfahrens direkt befragen und Auskunft verlangen können, bestehen eine Reihe verschiedener Meinungen:

(a) Möglichkeit, die Streitpunkte und Beweise auf Grundlage zuverlässiger Informationen effektiv abzustimmen und so gehaltvolle und zügige Verhandlungen zu realisieren;

(b) Sicherung reeller Waffengleichheit bei einseitig verteilten Informationen und Beweisen;

(c) Ausdruck von Treu und Glauben im Prozeß[102];

(d) Aufdeckung der Wahrheitsfindung[103];

(e) Ausdruck von den aufgrund der Beziehungen zwischen den Parteien

---

98 Kawano, Tojisha Shokai (1)—Sono Mokuteki in: Miyake / Shiozaki / Kobayashi (Hrsg.), Shin Minji Sosho Ho Taikei, Bd. 2, 1997, S. 148.

99 Akiyama, Shoko Shushu Seido (2)—Tojisha Shokai in: Tsukahara / Yanagida / Sonoo / Kato (Hrsg.), Shin Minji Sosho Ho no Riron to Jitsumu, Bd. 1, 1997, S. 421, 428.

100 Moriwaki, Tojisha Shokai (2)—Shokai suru gawa no Dairinin to shite in: Miyake / Shiozaki / Kobayashi (Hrsg.), Shin Minji Sosho Ho Taikei, Bd. 2, 1997, S. 165, 166.

101 Takeda, Tojisha Shokai (3)—Shokai wo uketa gawa no Dairinin to shite in: Miyake / Shiozaki / Kobayashi (Hrsg.), Shin Minji Sosho Ho Taikei, Bd. 2, 1997, S. 187 f.

102 Takeda, Tojisha Shokai (3), S. 199; Kawano, Tojisha Shokai (1), S. 155 ff.

103 Ito, Minji Sosho Ho, 1998, S. 231.

Behauptungen und Beweisen im Prozeß[104].

2. System der Parteibefragung

a. Subjekte und Objekte der Befragung

Nur die Parteien können der Parteibefragung unterzogen werden. Unter diesem System sind Auskünfte durch Dritte und Anfragen bei Dritten nicht möglich.

b. Zeitpunkt der Befragung

Die Parteibefragung kann nur „bei anhängigem Verfahren" durchgeführt werden. Hierfür gibt der Gesetzgeber zwei Gründe an:

(a) Vor der Klageerhebung sind die Beteiligten nicht verpflichtet, im Sinne einer angemessenen und schnellen Beendigung des Verfahrens zu kooperieren, und

(b) es besteht Mißbrauchsgefahr (Belästigung der gegnerischen Partei)[105].

Wie sich aber gezeigt hat, ist ein solches System in Fällen mit einseitig verteilten Informationen und Beweisen insbesondere vor der Klageerhebung erforderlich[106]. Um diesem Erfordernis zu entsprechen, wird in der Theorie diskutiert, ob in die Befragung „bei anhängigem Verfahren" auch eine Befragung vor der Zustellung der Klageschrift einbeziehbar ist.

Nach herrschender Meinung ist eine Befragung vor der Zustellung der Klageschrift nicht legitim. Dafür werden die folgenden Gründe angeführt:

(a) Zwar verpflichtet Art. 163 jZPO die befragte Partei zur Beantwortung, hierbei muß der Beklagte aber die Möglichkeit haben zu erfahren, daß der Kläger Klage erhoben hat, weshalb das Verfahren ab Zustellung der Klageschrift an die gegnerische Partei als anhängig angesehen

---

[104] Inoue, Tojisha Shokai Seido no Honshitsu to sono Katsuyo in: Takeshita (Hrsg.), Koza Shin Minji Sosho Ho, Bd. 1, 1998, S. 267.

[105] Ichimon-Itto, S. 164.

[106] Shimizu, Tojisha Shokai Seido, Jurisuto Nr. 1098 (1996), S. 49.

werden sollte[107].

(b) Nach allgemeiner Ansicht gilt ein Verfahren ab Zustellung der Klageschrift als anhängig, weshalb der Gesetzeswortlaut von Art. 163 jZPO auch vom Gesetzgeber unter dieser Prämisse festgelegt wurde[108].

(c) Da dieses System zur Befragung des Auskunftgebers dient, kontrolliert der Auskunftgeber, ob die Zustellung erfolgt ist[109].

(d) Es ist fraglich, ob eine Befragung in einem äußerst frühen Stadium wie bereits vor Zustellung der Klageschrift tatsächlich erforderlich ist. Normalerweise ist es ausreichend, wenn die Befragung kurz vor der ersten mündlichen Verhandlung erfolgt[110].

Die Ansicht, nach der eine Befragung auch vor der Zustellung stets legitim ist, stützt sich auf folgende Begründung:

(a) Die Klageschrift wird normalerweise vor Beginn der Beantwortungsfrist zugestellt, so daß in der Praxis keine Probleme auftreten dürften, auch wenn eine Befragung vor der Zustellung der Klageschrift zugelassen wird.

(b) Wenn bei der Zusendung des Schreibens der Parteibefragung eine Kopie der Klageschrift angefügt wird, besteht keine Gefahr, daß die Rechte der gegnerischen Partei verletzt werden.

(c) Es ist erforderlich, daß Informationen in einem frühen Stadium des Prozesses beschafft werden[111]. Nach dieser Auffassung ist es nach Art. 163 jZPO lediglich unzulässig, nur eine Befragung durchzuführen, ohne einen Prozeß anzustrengen[112].

---

107 Nihon Bengoshi Rengokai Minji Sosho Ho Kaisei Mondai Iinkai (Hrsg.), Shin Minji Sosho Ho Kaisei no Pointo, Bessatsu NBL Nr. 42 (1997), S. 58; Zadankai: Shin Minji Sosho Hoka no Shinri wo saguru, Hanreitaimuzu Nr. 931 (1997), S. 23.

108 K. Yamamoto, Tojisha Shokai ni kansuru Shomondai, Hanreitaimuzu Nr. 965 (1998), S. 18.

109 K. Yamamoto, Hanreitaimuzu Nr. 965 (1998), S. 18.

110 K. Yamamoto, Hanreitaimuzu Nr. 965 (1998), S. 18.

111 Daini Tokio Bengoshi Kai Minji Sosho Kaizen Kenkyu Iinkai (Hrsg.), Shin Miinji Sosho Jitsumu Manyuaru, 1997, S. 108.

112 Dagegen erkennen einige an, vor der Zustellung der Klageschrift die Parteibefragung durchzuführen. Vgl. Oda, Tojisha Shokai Seido in: Kobayashi (Hrsg.), Shin

Weiterhin vertreten einige die Kompromißlösung, bei der eine Befragung vor Zustellung der Klageschrift nicht als gesetzwidrig angesehen wird und die Beantwortungsfrist mit der Zustellung der Klageschrift beginnt[113].

c. Verfahren der Befragung

Um unnötige Streitigkeiten über Anfragegegenstände und Inhalt der Antworten zu vermeiden, muß bei der Parteibefragung sowohl die Befragung als auch die Beantwortung schriftlich erfolgen[114]. Hat der Gegner einen Prozeßvertreter, erhält dieser das Anfrageschreiben an den Prozeßvertreter (§ 84 Abs. 1 jZPRechtsverordnung). Dieses Anfrageschreiben muß die folgenden Angaben enthalten (§ 84 Abs. 2 jZPRechtsverordnung):

(1) Name des Beteiligten oder Vertreters,
(2) Bezeichnung des Falls,
(3) Bezeichnung des Gerichts, an dem das Verfahren anhängig ist,
(4) Datum,
(5) angefragte Gegenstände und eine Begründung für ihre Notwendigkeit,
(6) Zweck der Befragung nach Art. 163 jZPO,
(7) Beantwortungsfrist,
(8) Anschrift, Postleitzahl und Faxnummer der anfragenden Person.

Weiterhin sind Unterschrift und Siegel des Beteiligten bzw. Vertreters erforderlich.

Das Antwortschreiben enthält die Gegenstände (1) bis (4) und die erteilten Auskünfte sowie Unterschrift und Siegel des Beteiligten oder des Vertreters.

Mit der Vorgabe einer Beantwortungsfrist teilt die befragende Partei der Gegenseite mit, bis wann sie die Anfrage beantworten sollte, um die geeigneten nächsten Maßnahmen treffen zu können, falls die Antwort bis zum Fristablauf ausgeblieben ist[115].

Minji Sosho Ho no Kaisetsu, 1997, S. 234, 237.

113 K. Yamamoto, Hanreitaimuzu Nr. 956 (1998), S. 18; Shimizu, Jurisuto Nr. 1098 (1996), S. 52.

114 Ichimon-Itto, S. 165.

115 Ichimon-Itto, S. 165.

d. Inhalt der Befragung

Gegenstand der Parteibefragung sind die „für die Vorbereitung von Behauptungen und Beweisführung erforderlichen Gegenstände“ (Art. 163 jZPO). Es existieren daher Anfragen zu Tatsachen und Anfragen zu Sachverhalt und Beweismittel. Zu diesen Gegenständen kann die Parteibefragung durchgeführt werden, auch wenn die entsprechenden Informationen auf anderem Wege beschaffbar sind. Anfragen sind deshalb in einem weiten Bereich möglich. Zur ersten Kategorie gehören Fragen in einem Produkthaftungsprozeß, die sich darauf richten, ob Beanstandungen zu gleichartigen Unfällen eingegangen sind. Der zweiten Kategorie ist der Fall zuzuordnen, wenn in einem Prozeß über ärztliche Kunstfehler die Namen der Krankenschwestern und Details der verabreichten Arzneimittel oder im Falle eines Verkehrsunfalls die Anschriften von Mitfahrern erfragt werden.

Die Anfrage zu Tatsachen ermöglicht Erkundigungen zu den näheren Einzelheiten des Sachverhaltes, zu denen der Befragte noch keine Behauptung vorgebracht hat. In diesem Fall verlangt die Literatur, den Inhalt der Behauptung klarzulegen, das Vorhaben einer Behauptung anzuzeigen und die Notwendigkeit der Anfrage zum betreffenden Gegenstand im Zusammenhang mit der Behauptung im Anfrageschreiben anzugeben[116]. Weiterhin betont die herrschende Meinung, daß Anfragen darüber, ob Punkte strittig sind oder nicht, legitim sind, zur Beantwortung aber ein Verweis „In diesen Punkten wird im späteren vorbereitenden Schriftsatz geantwortet“ ausreicht. Denn den Beteiligten bleibt das Recht vorbehalten, den Zeitpunkt zu bestimmen, an dem sie ein Vorbringen in den Prozeß einführen[117]. Dem wird aber entgegengehalten, daß die Antwort „spätere Beantwortung“ reell einer Verneinung der Beantwortungspflicht gleichkommt und deshalb nicht zulässig ist[118].

Es ist dafür Sorge zu tragen, daß beim Lesen des Anfrageschreibens ersichtlich ist, daß dieses „für die Vorbereitung von Behauptungen und Beweisführung erforderliche Gegenstände“ betrifft. Falls dies bezweifelt wird, ist die gegnerische Partei gehalten, vom Anfragesteller Erläuterungen zu verlangen und sich zu bemühen, das System so weit wie möglich auszuschöpfen.

---

[116] K. Yamamoto, Hanreitaimuzu Nr. 965 (1998), S. 20.

[117] Masuda / Tahara, Shoko Shushu Hoho no Kakuju, Hanreitaimuzu Nr. 851 (1994), S. 14; Shimizu, Jurisuto Nr. 1098 (1996), S. 50.

[118] K. Yamamoto, Hanreitaimuzu Nr. 965 (1998), S. 20.

Der Grund ist, daß die Parteibefragung voraussichtlich in vielen Fällen für Auskünfte über Detailfragen benutzt werden wird[119].

Der Anfragesteller führt die Anfragegegenstände nach Punkten getrennt auf. Der Auskunftgeber hält sich bei der Beantwortung nach Möglichkeit an die Punkte der Anfragegegenstände und nimmt dazu konkret Stellung (§ 84 Abs. 4 jZPRechtsverordnung).

e. Gründe der Beantwortungsverweigerung

Der der Parteibefragung unterzogene Beteiligte kann in bestimmten Fällen die Antwort verweigern (Art. 163 Nr. 1 bis 6). Abgelehnt werden kann die Beantwortung von Anfragen,

(1) die unsubstantiiert oder ohne nähere Angaben sind (Nr. 1),
(2) die für die gegnerische Seite beleidigend oder aufdringlich sind (Nr. 2),
(3) die einer frühere Anfrage wiederholen (Nr. 3),
(4) die lediglich zur Abgabe einer Meinungsäußerung auffordern (Nr. 4),
(5) deren Beantwortung einen unverhältnismäßigen Kosten- oder Zeitaufwand erfordern (Nr. 5), oder
(6) wenn ein Zeugnisverweigerung gemäß Art. 196 und 197 besteht (Nr. 6).

f. Unangemessener Gebrauch

aa. *Fishing expedition* (Ausforschungsbeweis)

Die Parteibefragung ist ein Mittel, das es ermöglicht, die von der Gegenseite geforderte Vorlegung von Informationen unmittelbar unter den Parteien abzuwickeln. Wenn unbekannt ist, welche Beweise die gegnerische Partei besitzt, wurde häufig Aufklärung mit der Begründung verlangt, daß sich darunter auch für die eigene Seite vorteilhafte Beweise befinden. Eine solche *fishing expedition* sollte nicht zugelassen werden. Ein Teil der Richterschaft weist aber darauf hin, daß das Gericht zu einer als *fishing expedition* verdächtigten Parteibefragung keine Maßnahme ergreift, auch wenn es von einer der Parteien dazu aufgefordert wird[120].

---

119 Shimizu, Jurisuto Nr. 1098 (1996), S. 49.

120 Sonoo, Tojisha Shokai (4)—Tojisha Shokai ni futekisetsuna Taio wo shita Baai in: Miyake / Shiozaki / Kobayashi (Hrsg.), Shin Minji Sosho Ho Taikei, Bd. 2, 1997, S. 202 f.

bb. Sanktion für eine grundlose Verweigerung einer Beantwortung oder für eine unwahre Beantwortung

Falls die befragte Person die Beantwortung der Anfrage ohne triftigen Grund verweigert, hat der Anfragesteller keine Möglichkeit, zur Beschwerde oder einem Antrag auf Erzwingung der Beantwortung. Auch für die unbegründete Verweigerung sieht das Gesetz keine gesetzliche Sanktion vor. Denn die Parteibefragung stellt lediglich eine Aufforderung durch eine Privatperson dar. Eine gerichtlich verhängte Sanktion wäre eine zu strenge Maßnahme, zudem zöge eine besondere gerichtliche Sanktion den gesamten Prozeß ungebührlich in die Länge[121].

Das Fehlen gesetzlicher Sanktionen wird damit begründet, daß die Parteibefragung ein auf Treu und Glauben basierendes Institut darstellt, bei dem Zwang nur in begrenztem Umfang zweckdienlich ist[122]. Gegen die sanktionsbewehrte Pflicht zur Antwort im Verfahren der Parteibefragung soll schließlich auch sprechen, daß die Parteibefragung nur eine Facette der Auseinandersetzung zwischen den Parteien um Beweise und Beweisführung ist[123].

Es wird zum Teil in Frage gestellt, ob die Wirksamkeit des Systems ohne Ordnungsmittel gewährleistet ist. Nach dieser Auffassung ist ein Problem darin zu sehen, daß die befragte Person durch vollständige Beantwortung sämtlicher angefragter Gegenstände Gefahr laufen kann, sich selbst in eine schwierige Situation zu bringen. Überdies ist auch der Fall nicht geregelt, daß der befragten Person durch die Beantwortung ein entscheidender Vorteil erwächst. Es ist daher vorherzusehen, daß die befragte Person sorgfältig abwägt, ob sie die vorgelegten Fragen beantwortet. Wenn die zur Auskunft herangezogene Partei die Antwort allerdings rigoros verweigert, ist die Gefahr groß, daß das System der Parteibefragung seine Funktion nicht erfüllen kann. Das gleiche gilt für den Fall, daß der Befragte unwahre Auskünfte gibt.

In diesen Fällen wurden eine Reihe von Aspekten dazu aufgezeigt, wie das Gericht in der Praxis eine bestrafende Funktion ausüben kann. Zunächst einmal bildet die Tatsache, daß die Beantwortung grundlos abgelehnt wird

---

121 Ichimon-Itto, S. 166 f.
122 Kawano, Tojisha Shokai (1), S. 162.
123 Inoue, Tojisha Shokai Seido no Honshitsu to sono Katsuyo, S. 272 ff.

oder unwahre Auskünfte erteilt wurden, einen Bestandteil des Gesamtinhalts der Verhandlungen. Wenn sich herausstellt, daß eine Beantwortung grundlos abgelehnt oder unwahre Auskünfte gegeben wurden, fließt dies in den Gesamtinhalt der mündlichen Verhandlung ein und wird vom Richter als nachteiliger Eindruck berücksichtigt. Dies hat dann in der Praxis eine bestrafende Funktion[124]. Da die Berücksichtigung als richterlicher Eindruck für den Ausgang des Prozesses von entscheidender Bedeutung ist, stellt dies eine effektive Sanktion dar. Wenn Anfragepunkte, deren Beantwortung selbstverständlich möglich wäre, vom Befragten nicht beantwortet werden oder die Beantwortung ohne Angabe von Gründen verweigert wird, kann das Gericht dies auch dahin würdigen, daß der Befragte kein ernsthaftes Interesse an der Führung des Prozesses zeigt oder seine Haltung dazu unaufrichtig ist. Die Grundlage hierfür ist in der prozessualen Pflicht von Treu und Glauben (Art. 2 jZPO) zu sehen.

Diesen Auffassungen wurde entgegengehalten, daß der Richter sich von einer die Beantwortung verweigernden Partei nicht sofort einen nachteiligen Eindruck machen sollte. Vielmehr sollte die Partei zunächst gründlich angehört werden; wenn es rechtfertigende Gründe für die Auskunftsverweigerung gibt, solle das Gericht als Alternative einen Antrag auf Anordnung der Vorlegung der Urkunden (Instrumente außerhalb der Parteibefragung) in Erwägung ziehen und vorschlagen[125]. Diese Auffassung räumt ebenfalls ein, daß der Richter unwahre Auskünfte des Befragten als nachteiligen Eindruck berücksichtigen sollte[126].

Vorgeschlagen wurde auch, den Befragten im Falle der Verletzung der Beantwortungspflicht mit gesondert anfallenden Prozeßkosten zu belasten[127]. Beim japanischen System sind allerdings die gesamten Prozeßkosten von der unterlegenen Partei zu tragen, weshalb diese Überlegung als nicht sinnvoll

---

[124] Osaka Bengoshikai, Ikensho—Shin Minji Sosho Ho no Moto deno Shinri no Arikata, Hanreitaimuzu Nr. 938 (1997), S. 52; Nakano, Kaisetsu Shin Minji Sosho Ho, S. 35; Nihon Bengoshi Rengokai Minji Sosho Ho Kaisei Mondai Kento Iinkai (Hrsg.), Shin Minji Sosho Ho Kaisei no Pointo, S. 62; Masuda / Tahara, Hanreitaimuzu Nr. 851 (1996), S. 15.

[125] Dem wird entgegengehalten, daß dies bedeute, als nachteilige Indizientatsache berücksichtigt zu werden. Vgl. Shimizu, Jurisuto Nr. 1098 (1996), S. 50; K. Yamamoto, Hanreitaimuzu Nr. 956 (1998), S. 21.

[126] Sonoo, Tojisha Shokai (4), S. 207 f.

[127] Zadankai: Minji Sosho Ho Kaisei no Chukan Tenbo, Jurisuto Nr. 1028 (1993), S. 25; Nakano, Kaisetsu Shin Minji Sosho Ho, S. 35; Shimizu, Jurisuto Nr. 1098 (1996), S. 50.

kritisiert wurde[128]. Weiterhin wurde darauf hingewiesen, daß der Anfragesteller im Falle der Beantwortungsverweigerung auch die Möglichkeit hat, während des Gerichtsverfahrens die Aufklärung des Sachverhaltes gegen den Antragsgegner (Art. 149 Abs. 3) oder eine Anordnung der Vorlegung der Urkunden zu beantragen[129]. Außerdem verstoße eine Beantwortungsverweigerung oder Beantwortung mit unwahren Angaben gegen die Anwaltsethik[130]. Konkret handelt es sich dabei um § 4 (Verpflichtung zu Treu und Glauben gegenüber dem Gericht), § 53 (Verpflichtung zu Bemühungen um die Billigkeit und Angemessenheit von Verfahren) und § 55 (Verpflichtung zur Vermeidung von Prozeßverzögerungen durch Nachlässigkeit oder zu ungerechtfertigten Zwecken) der Anwaltsethikregeln. Verstöße gegen diese Verpflichtungen führen im Prinzip zu einem standesrechtlichen Disziplinarverfahren.

Die Beantwortungspflicht tritt dann nicht ein, wenn die Behauptungen oder die vorlangten Beweismittel in keiner Weise erforderlich sind. Der Beantworter sollte allerdings über die fehlende Erforderlichkeit nicht eigenmächtig, sondern erst nach Rücksprache mit dem Anfragesteller entscheiden. Daß die Beweislast beim Anfragesteller liegt, stellt keinen Grund zur Verweigerung der Beantwortung dar. Weiterhin ist im Falle der Beantwortungsverweigerung im Antwortschreiben die der Verweigerung zugrundeliegende Bestimmung anzugeben (§ 84 Abs. 3 jZPRechtsverordnung).

C. Anordnung der Urkundenvorlage

1. Vorlagepflicht von Urkunden

a. Allgemeine Vorlagepflicht

Art. 220 Satz 1 jZPO lautet:

> „In den folgenden Fällen hat der Besitzer einer Urkunde nicht die Möglichkeit, deren Vorlegung zu verweigern.“

---

128 K. Yamamoto, Hanreitaimuzu Nr. 965 (1998), S. 21.
129 Ichimon-Itto, S. 167.
130 Takeshita / Aoyama / Ito (Hrsg.), Kenkyukai Shin Minji Sosho Ho: Rippo, Kaishaku, Unyo, 1999, S. 175.

Es folgen dann Art. 312 Nr. 1 bis 3 ajZPO in unveränderter Form als Nr. 1 bis 3, gefolgt von der neu hinzugenommenen Nr. 4:

> „Außer in den nach Nr. 3 genannten Fällen, wenn auf die Urkunde (außer Urkunden, die von Beamten oder vormaligen Beamten im Zusammenhang mit ihrer Amtstätigkeit verwahrt oder besessen werden) keine der nachstehend genannten Voraussetzungen zutrifft:
>
> (a) Urkunden, in die ein nach Art. 196 (Zeugnisverweigerungsrecht) geregelter Gegenstand über den Urkundenbesitzer oder einen zum Urkundenbesitzer in einer an gleicher Stelle geregelten Beziehung stehende Person eingetragen ist.
>
> (b) Bei Vorliegen eines nach Art. 197 Abs. 1 Nr. 2 geregelten Sachverhaltes bzw. eines nach Nr. 3 geregelten Gegenstandes Urkunden, die Eintragungen enthalten, zu denen die Schweigepflicht nicht aufgehoben ist.
>
> (c) Urkunden, die für den ausschließlichen Gebrauch durch den Urkundenbesitzer bestimmt sind.“

Nach herrschender Meinung ist Art. 220 Nr. 4 als Verankerung der allgemeinen Urkundenvorlagepflicht in der jZPO aufzufassen[131]. Dafür spricht schon der Wortlaut, der in Ergänzung zu den Fällen von Art. 312 Nr. 1 bis 3 ajZPO – und insofern vergleichbar mit der Aussagepflicht des Zeugen – grundsätzlich von einer Pflicht zur Vorlage von Urkunden ausgeht und hiervon bestimmte Ausnahmen anerkennt.

Gegen die Umstellung auf eine allgemeine Pflicht wurden, wie bereits angesprochen, auch zahlreiche kritische Meinungen vorgebracht. Demgegenüber unternimmt die jZPO den Versuch, die Problematik mit der Einrichtung einer neuen Bestimmung anzugehen, nach der teilweise eine Vorlage der Urkunde erfolgt, wenn ein Teil der Urkunde für die Untersuchung nicht erforderlich ist oder für einen Teil keine Vorlagepflicht besteht

---

[131] Ichimon-Itto, S. 245; Kobayashi, Shin Shoko Ho, S. 115; Hara, Bunsho Teishutsu Meirei (1)–Gakusha kara mita Bunsho Teishutsu Gimu in: Miyake / Shiozaki / Kobayashi (Hrsg.), Shin Minji Sosho Ho Taikei, Bd. 3, 1997, S. 112; Nishiguchi, Shoko Shushu Tetsuduki (1)–Bunsho Teishutsu Meirei in: Tsukahara / Yanagida / Sonoo / Kato (Hrsg.), Shin Minji Sosho Ho no Riron to Jitsumu, Bd. 1, 1997, S. 393.

(Art. 223 Abs. 1 jZPO). Bezüglich der Urkunden gemäß Art. 220 Nr. 4 jZPO werden drei Urkundenkategorien ausgenommen (Art. 220 Nr. 4. jZPO). Zur Beurteilung, ob Urkunden unter die in Art. 220 Nr. 4 jZPO geregelten Ausnahmen fallen, wird das *in-camera*-Verfahren herangezogen, um dem zu schützenden Interesse von Urkundenbesitzer und Dritten gerecht zu werden (Art. 223 Nr. 3 jZPO).

b. Grundzüge des Systems

Art. 312 ajZPO Nr. 1 bis 3 wurde in Art. 220 jZPO übernommen und Nr. 4 ergänzt. Entsprechend treffen auch die bisherige Rechtsprechung und die bisherigen Ansichten zur ajZPO auf den Gesetzeswortlaut von Nr. 1 bis 3 praktisch unverändert zu[132].

aa. Von den Beteiligten im Prozeß zitierte Urkunden

Die Vorlagepflicht ist folgendermaßen begründet: Wenn eine der Parteien nachhaltig auf dem Vorhandensein einer Urkunde beharrt, um dem Prozeß einen für ihn günstigen Verlauf zu geben, gilt es als angemessen, daß die Partei diese Urkunde zu zeigen hat bzw. der gegnerischen Partei und dem Gericht vorlegt und von diesen prüfen läßt; damit wird die Gefahr vermieden, daß das Gericht die Behauptungen der Partei für richtig hält, ohne sich von der Wahrheit derselben überzeugen zu können.

Zu der Frage, wann eine Urkunde im Prozeß zitiert wurde, liegen verschiedene Meinungen vor. Dazu zählt, daß die Urkunde als solche von der Partei als Beweis zitiert worden sein muß[133], oder daß es genügt, wenn die Partei lediglich im Prozeß die Existenz und den Inhalt der Urkunde zitiert[134]. In der letzten Zeit hat sich die letztere der beiden Lehrmeinungen durchgesetzt. Sie stützt sich darauf, daß in Art. 312 Nr. 1 ajZPO (Art. 220 Nr. 1 jZPO) keine Ausdrücke wie „zwecks Beweisführung zitiert" wie in § 423 dZPO oder Art. 337 der jZPO von 1890 enthalten sind; deshalb könne man sich von der früheren Sichtweise lösen. Weiterhin weisen sie auf Schwierigkeiten bei der Unterscheidung hin, ob eine Urkunde als Beweisstück oder lediglich — zur

---

[132] Hara, Bunsho Teishutsu Meirei (1), S. 115.

[133] Iwamatsu / Kaneko, Horitsu Jitsumu Koza Minji Sosho Ho Hen, Bd. 4, 1961, S. 283; Kaneko / Matsuura / Shindo / Takeshita, Jokai Minji Sosho Ho, S. 1049.

[134] Kikui / Muramatsu, Zentei Minji Sosho Ho, Bd. 2, 1989, S. 613; Taniguchi / Inoue / Kobayashi, Shin Hanrei Kommentar Minji Sosho Ho, Bd. 5, S. 187; Yoshimura / Kojima / Hiroo, Chushaku Minji Sosho Ho, Bd. 7, S. 68 f.

Klarstellung einer Behauptung — ihr Inhalt zitiert wurde. Auch wird die Auffassung vertreten, daß auch dann, wenn lediglich der Inhalt zitiert wird, das Prinzip der Waffengleichheit nur gewahrt bleibt, wenn der Gegner die Gelegenheit erhält, die betreffende Urkunde zu prüfen und dazu Stellung zu nehmen. Auch in der Rechtsprechung wird der letztere Ansatz aufgegriffen. Beispielweise genügt es, wenn „die Partei zur Förderung der eigenen Interessen im Prozeß das Vorhandensein und den Inhalt einer in seinen Händen befindlichen Urkunde angibt[135]" oder zum begrenzten Zwecke des Widerspruchs gegen Antrag der Gutachtenserstattung „zur Unterstützung einer eigenen Behauptung insbesondere Vorhandensein und Inhalt einer bestimmten Urkunde angibt[136]".

bb. Urkunden mit dem Anspruch des Beweisführers auf Übergabe oder Einsicht

Bei den Urkunden, an denen dem Beweisführer ein materiellrechtlicher Übergabe- oder Einsichtanspruch zusteht, entfällt die Forderung nach Geheimnisschutz des Besitzers. Weiterhin wird dem Besitzer keine ausschließliche freie Verfügung über die Urkunde eingeräumt. Entsprechend kann man bei diesen Urkunden davon ausgehen, daß die Vorlagepflicht von Urkunden besteht.

Beim Übergabe- oder Einsichtanspruch i.S. des Art. 220 Nr. 2 jZPO kann es sich um einen beliebigen privatrechtlichen Anspruch — wie einen sachenrechtlichen Anspruch, einen schuldrechtlichen Anspruch oder einen auf Vertrag oder Vorschriften (§§ 487, 503 Abs. 1, 646 Abs. 1 jBGB) basierenden Anspruch — handeln.

In Bezug auf Ansprüche aus dem öffentlichen Recht ist die Handhabung umstritten. Die Meinungen, nach denen solche Ansprüche nicht inbegriffen sind, stellen vor allem darauf ab, daß der Beweisführer seine Ansprüche aus dem öffentlichen Recht ja außerhalb des Prozesses ausüben und von den Behörden die entsprechenden Urkunden erhalten kann (Art. 319 ajZPO). Falls ihm die Einsicht verweigert würde, sollte eine Bereinigung durch eine getrennte Verwaltungsklage angestrebt werden[137]. Demgegenüber argumen-

---

135 Koto-Saibansho Tokio, Beschluß vom 17.7.1987, Hanreitaimuzu Nr. 641, S. 80.

136 Koto-Saibansho Fukuoka, Beschluß vom 12.7.1982, Kakyu-Saibansho Minji Hanreishu Bd. 28, Heft 5-8, S. 796.

137 Nomura, Bunsho Teishutsu Meirei in: Suzuki / Mikaduki (Hrsg.), Shin Jitsumu

tieren die Befürworter einer Einbeziehung von Ansprüchen aus dem öffentlichen Recht, daß deren Einbeziehung selbstverständlich ist, da anders als in § 422 dZPO und Art. 366 Abs. 1 der jZPO von 1890 keine Einschränkung auf zivilrechtliche Bestimmungen vorgegeben ist. Die Anstrengung getrennter Verwaltungsklagen wird als zu umständlich angesehen[138].

cc. Im Interesse des Beweisführers erstellte Urkunden und zum Rechtsverhältnis zwischen Beweisführer und Urkundenbesitzer erstellte Urkunden

Die größten Auslegungsprobleme bei der Anwendung der ajZPO ergaben sich bei den Urkunden zugunsten des Beweisführers (Interessenurkunden) und der Urkunden mit Bezug auf ein Rechtsverhältnis zwischen Beweisführer und Besitzer (Urkunden mit Rechtsverhältnis).

Als Interessenurkunden wurden anfänglich in der Rechtsprechung und von den Lehrmeinungen einschränkend nur solche Urkunden verstanden, die die rechtliche Stellung oder Rechte des Beweisführers direkt nachweisen oder begründen und zwecks Begründung von Rechten oder Pflichten des Beweisführers ausgefertigt wurden. Dabei war nicht unbedingt erforderlich, daß diese Urkunden ausschließlich im Interesse des Beweisführers ausgefertigt sind; es stellte kein Hindernis dar, wenn sie gleichzeitig auch im Interesse anderer Personen ausgestellt worden waren[139]. Später wurde diese Bestimmung aber flexibel ausgelegt.

Bei Urkunden zum Rechtsverhältnis wurde eine Erweiterung des Bereichs auf zweifachem Wege, nämlich durch Abschwächung des Zusammenhangs und durch eine weitläufige Auslegung des Begriffs „Rechtsverhältnis" angestrebt.

Als eines der Hemmnisse für diese flexible Auslegung trat dann die von der

---

Minji Sosho Ho Koza, Bd. 2, 1981, S. 173 ff.

138 Muramatsu / Yoshinobu Honma, Hanrei Kommentar Minji Sosho Ho, Bd. 3, 1976, S. 128; Saito / Miyamoto, Chukai Minji Sosho Ho, Bd. 8, S. 148; H. Akiyama, Gyosei Sosho ni okeru Bunsho Teishutsu Meirei in: Suzuki / Mikaduki (Hrsg.), Shin Jitsumu Minji Sosho Koza, Bd. 9, 1983, S. 288; Ito, Minji Sosho Ho, S. 357; Kikui / Muramatasu, Zentei Minji Sosho Ho, Bd. 2, S. 614; Iwamatsu / Kaneko, Horitsu Jitsumu Koza Minji Sosho Ho Hen, Bd. 4, S. 248; Koto-Saibansho Osaka, Beschluß vom 18.3.1987, Koto-Saibansho Minji Hanreishu Bd. 40, Heft 1, S. 26.

139 Koto-Saibansho Osaka, Beschluß vom 29.9.1965, Hanreijiho Nr. 434, S. 41.

Rechtsprechung formierte Theorie auf den Plan, die Urkunden für den Eigengebrauch aus dem Anwendungsbereich der Vorlagepflicht von Urkunden herauszunehmen[140].

dd. Allgemeine Vorlagepflicht und deren Ausnahmen

Nach der neuen jZPO kann bei Erhalt einer Anordnung auf Urkundenvorlage die Vorlegung verweigert werden, wenn die betreffenden Urkunden sich auf Gegenstände beziehen, die einem Zeugnisverweigerungsrecht unterliegen (Art. 220 Nr. 4 (a) und (b) jZPO), oder wenn die Vorlegung Urkunden für den Eigengebrauch Art. 220 Nr. 4 (c) jZPO betrifft. Zum letzteren Falle ist noch zu prüfen, inwieweit diese mit der von der Rechtsprechung formierten Theorie zu Urkunden für den Eigengebrauch identisch sind.

aaa. Urkunden, auf die das Zeugnisverweigerungsrecht anwendbar ist

Die Fälle Art. 220 Nr. 4 (a) und (b) bezeichnen Urkunden über Gegenstände, die in einer Zeugenvernehmung zur Zeugnisverweigerung berechtigen. Die Vorlagepflicht von Urkunden zählt zu den prozeßrechtlichen Mitwirkungspflichten und besitzt den gleichen Charakter wie die Zeugnispflicht. Bei der Einführung der allgemeinen Vorlagepflicht von Urkunden wurde deshalb geregelt, daß die Vorlegung von Urkunden abgelehnt werden kann, wenn sie Gegenstände enthalten, zu denen das Zeugnis verweigert werden kann. Wenn eine Urkunde eine Eintragung enthält, aufgrund derer die Gefahr besteht, daß eine gemäß Art. 196 jZPO mit dem Urkundenbesitzer blutsverwandte Person strafrechtlich verfolgt und schuldig gesprochen werden könnte, wird sie von der Vorlegung ausgenommen. Ausgenommen sind auch Urkunden, deren Inhalt die Kunst- bzw. Berufsgeheimnisse eines Arztes oder Rechtsanwaltes betreffen (vgl. Art. 197 Abs. 1 Nr. 3 jZPO).

Die Beurteilung, ob Befreiung von der Vorlagepflicht erfolgen soll oder nicht, kann je nach den Umständen im individuellen Fall unterschiedlich ausfallen. So ist bei Art. 220 Nr. 4 (b) jZPO unter „Gegenstände, die Kunst- oder Berufsgeheimnisse betreffen“ (Art. 197 Abs. 1 Nr. 3 jZPO) der Umfang des

---

[140] Koto-Saibansho Tokio, Beschluß vom 19.3.1979, Shomugeppo Bd. 25, Heft 8, S. 2029; Koto-Saibansho Tokio, Beschluß vom 29.6.1976, Hanreijiho Nr. 826, S. 38; Koto-Saibansho Tokio, Beschluß vom 18.1.1980, Kakyu-Saibansho Minji Hanreishu Bd. 32, Heft 9-12, S. 1512.

Bereiches von „Urkunden, in die Gegenstände eingetragen sind, zu denen die Schweigepflicht nicht aufgehoben ist“ unklar. Nach dem Gesetz gegen unlauteren Wettbewerb sind für die Anerkennung als „Berufsgeheimnis“ drei Voraussetzungen zu erfüllen: Der Gegenstand muß als Geheimnis gewahrt werden, er muß eine für die Unternehmensaktivität wichtige technische oder geschäftliche Information darstellen und er darf nicht weithin bekannt sein. Ob eine Urkundenvorlagepflicht besteht oder nicht, wird allerdings stets aus Sicht der Beziehungen zum konkreten Prozeß unter Abwägung der Notwendigkeit des Geheimnisschutzes und der Forderung nach Wahrheitsfindung beurteilt. Entsprechend bestehe in Fällen, in denen die Urkunde einen wichtigen Streitpunkt des Prozesses betrifft und überzeugende Beweise anderweitig nicht vorhanden sind, die Möglichkeit, daß das Gericht dies nicht als Verweigerungsgrund für die Urkundenvorlage zuläßt.

bbb. Urkunden für den Eigengebrauch

Bei den „Urkunden, die für den ausschließlichen Gebrauch durch den Urkundenbesitzer bestimmt sind“ handelt es sich um die Urkunden für den Eigengebrauch. Diese sind angesichts des notwendigen Schutzes der Privatsphäre des Besitzers und Dritter und zur Gewährleistung der Freiheit der Erstellung der Urkunden von den Gegenständen der Vorlagepflicht der Urkunden von Art. 220 Nr. 4 jZPO ausgenommen.

Die Auslegung des Begriffs der Urkunden für den Eigengebrauch hat erhebliche Probleme aufgeworfen. Wie vorstehend angesprochen, gingen sowohl die Rechtsprechung als auch die gängigen Auffassungen zu Urkunden für den Eigengebrauch davon aus, daß für den Besitzer bei erweiternder Auslegung von Art. 312 Nr. 3 ajZPO keine Vorlagepflicht bestand. Was alles zum Eigengebrauch zählt, war allerdings äußerst unbestimmt. Auch Art. 220 Nr. 4 (c) jZPO stellt lediglich fest, daß Urkunden für Eigengebrauch von der Vorlegung ausgenommen werden können. Ob die in Art. 220 Nr. 4 (c) jZPO geschützten Urkunden für den Eigengebrauch den Urkunden für den Eigengebrauch im Sinne von Art. 312 Nr. 3 ajZPO gleichstehen, ist nur im Wege der Auslegung zu beantworten.

In der Literatur herrscht die Auffassung vor, daß der Begriff der Urkunden für den Eigengebrauch unterschiedlich weit sein kann. Die ajZPO sah das Besondere der Urkunden für den Eigengebrauch darin, daß sie gerade nicht dazu dienen, ein bestimmtes Rechtsverhältnis oder diesem zugrundeliegende Gegenstände nachzuweisen. In der Folge wurde auch eine dahingehende Auslegung versucht, daß bei firmeninternen Zirkularen, Protokollen und Berichten für den Urkundenbesitzer keine Vorlagepflicht besteht[141]. Art. 220 jZPO erkennt aber eine allgemeine Urkundenvorlagepflicht an, um die Beschaffung von Informationen zu erleichtern. Für diesen Fall befürwortet die Literatur eine engere Auslegung des Begriffs, die hier die Eigenschaft als Eigengebrauchsurkunde verneint[142]. Zum Beispiel tritt Takeshita dafür ein, solche Urkunden als Urkunden für den Eigengebrauch anzusehen, die unabhängig von der subjektiven Absicht objektiv gesehen vom Verfasser ausschließlich für die eigene Verwendung verfaßt wurden, die also nicht zur Veröffentlichung vorgesehen sind und durch eine Publikation ihren Sinn einbüßen würden (Tagebücher, betriebsinterne Richtlinien für Verhandlungen mit Dritten)[143]. Tahara vertritt den Standpunkt, daß Urkunden wie Tagebücher und festgehaltene Notizen, nicht aber Zirkulare, Protokolle und Berichte als Urkunden für den Eigengebrauch anzusehen sind[144]. Der *Saiko-Saibansho* hat in einem Beschluß Zirkulare einer Bank zu den Eigengebrauchsurkunden gezählt[145].

Ein Teil der Literatur hebt aber hervor, daß wegen der Unbestimmtheit der Regelung keine eindeutige Bestimmung des Begriffs möglich ist und es deshalb letztlich stets auf eine Auslegung des jeweiligen Einzelfalls ankommt[146].

ccc. Beweislast für Ausnahmegründe

Nach dem Prinzip der Beweislast gilt, daß dem Antragsteller die Beweislast obliegt, wenn der Besitzer Existenz oder Besitz der Urkunde oder den Grund der Vorlagepflicht bestreitet. Wenn ein Prozeßbeteiligter gemäß Art. 220 Nr. 4 jZPO einen Antrag auf Anweisung der Urkundenvorlage stellt, hat er

---

141 Kikui / Muramatsu, Zentei Minji Sosho Ho, Bd. 2, S. 620.

142 Takeshita, Hogakukyoshitsu Nr. 196 (1997), S. 18 f.; Tahara, Jurisuto Nr. 1098 (1996), S. 64; Hara, Bunsho Teishutsu Meirei (1), S. 131; Nishiguchi, Shoko Shushu Tetsuduki (1), S. 409.

143 Takeshita, Hogakukyoshitsu Nr. 196 (1997), S. 18 f.

144 Tahara, Jurisuto Nr. 1098 (1996), S. 64.

145 Saiko-Saibansho, Beschluß vom 12.11.1999.

146 Nakano / Matsuura / Suzuki (Hrsg.), Shin Minji Sosho Ho Kogi, S. 278; Ito, Bunsho Teishutsu Gimu to Jiko Shiyo Bunsho no Igi, Hogakukyokaizasshi Bd. 114, Heft 12, 1998, S. 1444 ff.; Matsumoto / Ueno, Minji Sosho Ho, S. 302; Takeshita, Hogakukyoshitsu Nr. 1098, S. 16 f.; Tahara, Jurisuto Nr. 1098 (1996), S. 64.

entsprechend nachzuweisen, daß keine Ausnahmegründe vorliegen. Hier besteht somit ein Unterschied dazu, daß ein Zeuge über seine Zeugnisverweigerungsgründe Rechenschaft ablegen muß (Art. 198 jZPO). Gesetzgeber und Lehrmeinungen machen jedoch übereinstimmend geltend, daß die Beweislast effektiv beim Urkundenbesitzer liegen sollte[147]. Dies dürfte auch in der Praxis so gehandhabt werden.

ee. Beziehungen zwischen Urkunden gemäß Art. 220 Nr. 1 bis 3 jZPO und Urkunden gemäß Nr. 4

Für eine Bestimmung über die allgemeine Vorlagepflicht von Urkunden erweist sich der Aufbau des Art. 220 jZPO als ungewöhnlich. Darauf hat man bereits während des Gesetzgebungsverfahrens hingewiesen. Weiterhin erfaßt Art. 220 Nr. 4 (a) bis (c) jZPO, wie bereits dargestellt, nur solche Urkunden, deren Vorlage der Besitzer aufgrund der erweiternden Auslegung von Art. 312 Nr. 3 ajZPO verweigern darf; d.h. bei entsprechender Auslegung von Art. 312 Nr. 3 ajZPO sind deshalb Urkunden, zu denen ein Zeugnisverweigerungsrecht besteht, und Urkunden für den Eigengebrauch von der Urkundenvorlagepflicht ausgenommen. Dadurch wird die Beziehung zwischen Art. 220 Nr. 1 bis 3, insbesondere Nr. 3, zu Nr. 4 problematisch. Unklar ist auch, ob die Ausnahmebestimmungen von Art. 220 Nr. 4 jZPO, die sinngleich zu den durch Auslegung von Art. 312 Nr. 3 ajZPO gebilligten Ausnahmegründen sind, gleichermaßen auf Art. 220 Nr. 1 bis 3 jZPO anzuwenden sind.

Der Gesetzgeber erläutert das Problem dahingehend, daß er in Art. 220 Nr. 1 bis 3 Bestimmungen sind, die eine Vorlagepflicht einräumen, wenn Beteiligter und Urkunde in einer besonderen Beziehung zueinander stehen; so gesehen enthält dieser Teil also eine positive Regelung zur Vorlagepflicht. Demgegenüber regelte Nr. 4 unabhängig von einer besonderen Beziehung einen allgemeinen Aspekt der Vorlagepflicht von Urkunden. Entsprechend setzen die in (a) bis (c) genannten Kriterien der auf Nr. 4 beruhenden Vorlagepflicht Grenzen; sie enthalten also eine negative Definition der Vorlegungspflicht aus Nr. 4. Beide Bestimmungen regeln somit jeweils eine andere Vorlagepflicht[148].

Eine unveränderte Auslegung des Urkundenbegriffs im Sinne von Nr. 1 bis 3,

---

147 Ichimon-Itto, S. 246; Nishiguchi, Shoko Shushu Tetsuduki (1), S. 409.
148 Ichimon-Itto, S. 253.

die keinerlei bei der Auslegung zu berücksichtigende Ausnahmegründe anerkennt, findet in der Literatur keine Befürworter. Dies läßt sich dadurch erklären, daß die Bestimmungen des Art. 220 Nr. 4 jZPO „neben den Fällen der vorstehenden drei Nummern“ stehen; konsequenterweise können dann aber die Ausnahmebestimmungen (a) bis (c) bei Urkunden im Sinne von Art. 220 Nr. 1 bis 3 jZPO nicht zur Anwendung gelangen[149]. Weiterhin wurde die Vorlagepflicht von Urkunden in der jZPO zu einer allgemeinen Pflicht erhoben. Entsprechend steht die Auslegung, daß die Ausnahmeregelung der den Umfang der Vorlagepflicht von Urkunden begrenzenden Vorschrift von Art. 220 Nr. 4 jZPO auf die Urkunden von Nr. 1 bis 3 nicht angewandt wird, auch mit dem Zweck der Gesetzgebung in Einklang[150].

Die Urkunden von Art. 220 Nr. 4 jZPO und die Urkunden von Nr. 1 bis 3 stehen somit in einer ergänzenden Beziehung zueinander[151].

2. Verfahren zur Bestimmung der Urkunden

a. Erleichterung der Urkundenbestimmungspflicht

Art. 222 jZPO hat die Anforderungen der Urkundenbestimmungspflicht für den Antrag auf Anordnung einer Urkundenvorlage gesenkt. Art. 222 jZPO enthält die folgende Regelung:

> „(1) Wenn bei der Antragstellung zur Anordnung der Urkundenvorlage Angaben zu Art. 221 Abs. 1 Nr. 1 (Bezeichnung der Urkunde) oder Nr. 2 (Inhalt der Urkunde) sehr schwierig sind, ist es ausreichend, wenn im Antragsstadium statt dessen Angaben gemacht werden, anhand derer der Urkundenbesitzer den Gegenstand des Antrags identifizieren kann. In diesem Falle hat der Antragsteller beim Gericht zu beantragen, daß das Gericht den Urkundenbesitzer auffordert, Bezeichnung und Inhalt der Urkunde anzugeben.
> (2) Wenn ein Antrag gemäß dem vorstehenden Absatz gestellt wurde, kann das Gericht außer in Fällen, in denen kein triftiger Grund für die Beantragung der Anordnung auf Urkundenvorlage erkennbar ist, den Urkundenbesitzer auffordern, die Gegenstände des

---

149 Nishiguchi, Bunsho Teishutsu Meirei (1), S. 406.
150 Hara, Bunsho Teishutsu Meirei (1), S. 133 f.; Nishiguchi, Bunsho Teishutsu Meirei (1), S. 407.
151 Hara, Bunsho Teishutsu Meirei (1), S. 131 ff.

letzteren Teils des vorherigen Absatzes klarzulegen."

Wie oben unter IV. 1. bereits angeführt, wurde zu Beginn der gesetzgeberischen Arbeit die gesetzliche Einrichtung eines Informationsoffenbarungssystems wie des englischen *automatic discovery*-System geprüft. Es steht außer Frage, daß ein Offenbarungssystem in den Fällen angezeigt ist, in denen eine Partei sämtliche Informationen und Beweismittel in Händen hält; denn die Offenlegungspflicht korrigiert von vornherein diese „Schieflage" und stellt die Waffengleichheit zwischen den Parteien her. Andererseits gilt aber auch, daß bei Einführung eines solchen Offenbarungssystems Informationen zu den Urkunden im voraus offengelegt werden müssen. Dies birgt besonders für Unternehmen die Gefahr erheblicher Schäden. Aus diesem Grunde stellten sich die Unternehmen entschieden gegen dieses Vorhaben. Letztendlich wurde dann auch von der Einführung eines Informationsoffenbarungssystems abgesehen, dafür aber in der Praxis gesetzlich verankert, auch unsubstantiierte Anträge so weit wie möglich als legitim zuzulassen[152]. Dies stellt allerdings keine allgemeine Zulassung des Ausforschungsbeweises dar. Entsprechend gilt, daß auch in diesem Verfahren ein Antrag zurückgewiesen wird, wenn der Antragsteller nicht in der Lage ist, die Urkunde abschließend zu bestimmen.

b. Grundzüge des Systems

Nach Art. 222 jZPO sind vom Antragsteller für die Anordnung der Urkundenvorlage für die Nutzung des Urkundenbestimmungsverfahrens folgende Voraussetzungen zu erfüllen[153]:

(a) Die Angabe von Bezeichnung und Inhalt der Urkunde muß außerordentlich schwierig sein,

(b) statt dessen sind beim Antrag auf Anordnung der Urkundenvorlage ausreichende Tatsachen anzugeben, die dem Besitzer der Urkunde die Identifizierung der vom Antrag betroffenen Urkunde ermöglichen, und

(c) bei der Antragstellung ist das Gericht zu ersuchen, den Urkundenbesitzer zur genauen Bezeichnung der Urkunde bzw. zur Wiedergabe

152 Takeshita / Aoyama / Ito (Hrsg.), Kenkyukai Shin Minji Sosho Ho, S. 289 ff.
153 Ichimon-Itto, S. 261.

ihres Inhalts aufzufordern.

Um die Angabe von Bezeichnung oder Inhalt einer Urkunde als „außerordentlich schwierig" ansehen zu können, genügt es nicht, daß die Bestimmung der Urkunde unter den gegebenen Umständen sehr schwierig ist; die Urkunde darf auch dann nicht bestimmbar sein, wenn der Antragsteller dazu alle Anstrengungen unternimmt, die vernünftigerweise von ihm erwartet werden können. Dies ist zum Beispiel der Fall, wenn der Antragsteller an der Erstellung der Urkunde nicht beteiligt war oder keine Gelegenheit gehabt hat, sich über Einzelheiten der Erstellung der Urkunde zu informieren. Diese Regelung kommt vor allem und häufig den Klägern (Geschädigter, Patient) im Produzenten- oder Arzthaftungsprozeß zugute.

Mit der Bedingung, daß die Angabe „außerordentlich schwierig" sein muß, zielt der Gesetzgeber auf Unparteilichkeit zwischen dem Antragsteller und dem Urkundenbesitzer ab[154]. Gleichwohl steht bei der Intention dieser Gesetzgebung die Erleichterung der Beweisführung für den Antragsteller im Vordergrund, so daß diese Voraussetzung vor allem vom Standpunkt des Antragstellers aus beurteilt werden sollte[155].

Hier stellt sich die Frage, ob andere Instrumente der Informationsbeschaffung, also die Parteibefragung (Art. 163 jZPO), die Anwaltserkundigung (§ 23.2 jAnwaltsgesetz), die Zeugenvernehmung (Art. 190 bis 206 jZPO) und die Parteivernehmung (Art. 207 bis 211 jZPO), vorrangig sind, wenn die Bestimmung außerordentlich schwierig ist. Miki hält dies nicht für erforderlich[156]. Als Begründung wird angegeben, daß der Gebrauch anderer Instrumente die Kosten aufblähen würde[157] und der Gesetzeswortlaut von Art. 220 jZPO keine solche Forderung erhebt[158].

Als eine zur Identifizierung der betroffenen Urkunde ausreichende Angabe von Gegenständen werden Angaben bezeichnet, die es dem Urkundenbesitzer erlauben, die Urkunde ohne unangemessenen Zeit- und Arbeitsaufwand von anderen Urkunden bzw. Urkundengruppen zu unterscheiden[159]. Wenn die vom Antragsteller angegebenen Gegenstände dazu nicht ausrei-

---

154 Ichimon-Itto, S. 261.
155 Tahara, Jurisuto Nr. 1098 (1996), S. 65.
156 Miki, Bunsho Teishutsu Meirei (4), S. 195.
157 Ichimon-Itto, S. 259.
158 Miki, Bunsho Teishutsu Meirei (4), S. 195.
159 Ichimon-Itto, S. 261.

chen, wird der Antrag auf Anordnung der Urkundenvorlage wegen unzureichender Bestimmung der Urkunde zurückgewiesen. Der Antragsteller kann dann aber zur Identifizierung der Urkunde ausreichende Gegenstände ergänzen und den Antrag neu vorlegen.

Sofern der Antrag auf Urkundenvorlage nicht offensichtlich unbegründet ist, kann das Gericht den Urkundenbesitzer auffordern, die Bezeichnung oder den Inhalt der betroffenen Urkunde anzugeben (Art. 220 Abs. 2 jZPO). Der Antrag auf Anordnung der Urkundenvorlage gilt als offensichtlich unbegründet, wenn er nicht die formellen Voraussetzungen von Art. 221 Abs. 1 Nr. 3 bis 5 oder die nach Art. 221 Abs. 2 jZPO geregelten Voraussetzungen zur Notwendigkeit erfüllt, wenn nicht nachgewiesen ist, daß die entsprechende Person im Besitz der Urkunde ist, wenn die Notwendigkeit der Urkunde für die Beweisaufnahme nicht ersichtlich ist (Art. 181 Abs. 1 jZPO) oder wenn der Urkundenbesitzer offensichtlich nicht zur Vorlegung verpflichtet ist[160].

Weiterhin stellt sich die Frage, wann die Belastung, die dem Urkundenbesitzer zur Befolgung der Anordnung auf Urkundenvorlage vernünftigerweise zugemutet werden kann, überschritten ist. Dies gilt, wenn die vom Antragsteller angegebene Kategorie auf ein übermäßiges Volumen an Urkunden zutrifft oder die Vorlegung erhebliche Umstände und Kosten verursacht. Zu diesem Problem wurde u.a. vorgebracht, daß das Gericht den Antragsteller auffordern sollte, die Kategorie so zu begrenzen, daß sich die Last des Urkundenbesitzers auf ein vertretbares Maß reduziert, und den Antrag zurückweisen sollte, wenn der Antragsteller dieser Aufforderung nicht entspricht[161].

c. Sanktion bei Nichtoffenbarung

Eine Sanktion für den Fall, daß der Urkundenbesitzer die Aufforderung des Gerichts nicht befolgt und die Informationen zur Bestimmung der Urkunde nicht vorlegt, ist im Gesetz nicht enthalten. Der Grund dafür ist, daß die Bestrafung strengere Voraussetzungen erforderlich machen würde, die den unbesorgten Gebrauch des Systems erschweren und vermutlich die Opposition gegen seine Instituierung auf den Plan rufen würde[162]. Falls der

---

[160] Ichimon-Itto, S. 261.
[161] Miki, Bunsho Teishutsu Meirei (4), S. 201.
[162] Takeshita / Aoyama / Ito (Hrsg.), Kenkyukai Shin Minji Sosho Ho, S. 291.

Urkundenbesitzer der Aufforderung des Gerichts nicht nachkommt, verweist der Gesetzgeber darauf, daß der Antragsteller die zur Bestimmung der Urkunde benötigten Informationen auf anderem Wege beschaffen oder die benötigten Informationen in der Zeugenvernehmung erfragen sollte[163].

Die überwiegende Meinung in der Literatur widerspricht dieser Auffassung des Gesetzgebers. Das Gericht sollte bei Nichtoffenbarung als Bestrafung ohne Rücksicht auf die Unbestimmtheit der Angabe von Bezeichnung und Inhalt der Urkunde die Vorlegung anordnen[164]. Ferner könne nach der Anwendung des Urkundenbestimmungsverfahrens die Anordnung der Urkundenvorlage gegebenenfalls auch anhand einer in gewissem Maße weitläufigen Bestimmung verfügt werden[165]. Weiterhin wird die Ansicht vertreten, daß das Gericht die Anordnung je nach Grad der Bestimmtheit auch ablehnen kann[166]. Bei allen Meinungen besteht Übereinstimmung darin, daß bei Nichtbefolgung der Anordnung auf Urkundenvorlage zu sämtlichen im unbestimmten Bereich liegenden Urkunden die nachstehend unter V. C. 5. ausgeführte Bestrafung erfolgen kann[167].

3. Feststellungsverfahren in Hinsicht auf die Vorlagepflicht von Urkunden

a. Zweck des Systems

Mit Art. 223 Abs. 3 jZPO wurde ein Untersuchungsverfahren zum Geheimnisschutz für den Urkundenbesitzer eingerichtet. Dieses ist nach Art. 223 Abs. 3 jZPO folgendermaßen geregelt:

> „Zur Beurteilung durch das Gericht, ob eine Urkunde, die Gegenstand einer Anordnung auf Urkundenvorlage ist, nach einer der Vorschriften von Art. 220 Nr. 4 (a) bis (c) jZPO fällt, kann sich das Gericht die Urkunde erforderlichenfalls vom Urkundenbesitzer vorlegen lassen. Dabei hat keine andere Person Anspruch darauf, daß ihr die Urkunde gezeigt wird.“

---

163 Ichimon-Itto, S. 263; Ueda, Minji Sosho Ho, S. 391.
164 Nakano, Kaisetsu Shin Minji Sosho Ho, S. 54.
165 Miki, Bunsho Teishutsu Meirei (4), S. 205; Ito, Minji Sosho Ho, S. 354; Takeshita / Aoyama / Ito (Hrsg.), Kenkyukai Shin Minji Sosho Ho, S. 291 f.
166 Tahara, Jurisuto Nr. 1098 (1996), S. 65; Takeshita / Aoyama / Ito (Hrsg.), Kenkyukai Shin Minji Sosho Ho, S. 292.
167 Miki, Bunsho Teishutsu Meirei (4), S. 206.

Die Ausnahmen von der allgemeinen Vorlagepflicht von Urkunden, die Art. 220 Nr. 4 jZPO einräumt, erfüllen ihren Zweck nur, wenn das Gericht die Prüfung, ob ein Befreiungsgrund vorliegt, vornehmen kann, ohne daß die Gegenseite oder Dritte Kenntnis vom Inhalt der Urkunde erhalten. Um die Geheimhaltung zu gewährleisten, führte die jZPO in Art. 223 Abs. 3 das sogenannte „*in-camera*-Verfahren“ ein[168].

Da sich das *in-camera*-Verfahren auf diesen Teilaspekt beschränkt, ohne die Öffentlichkeit der übrigen Beweisaufnahme in Frage zu stellen, entstehen im Hinblick auf eine Verletzung der prozessualen Grundrechte keine Konflikte. Das *in-camera*-Verfahren beschränkt aber reell die Parteiöffentlichkeit. Man kann davon ausgehen, daß das auf Parteiöffentlichkeit basierende angemessene Verfahren zumindest von der Idee her nicht nur im Erkenntnisverfahren, sondern auch in der Beurteilung des Gerichts gefordert ist. Folglich soll nach weitverbreiteter Ansicht kein *in-camera*-Verfahren stattfinden, wenn über das Bestehen eines Ausnahmegrundes schon mittelbare Tatsachen eine hinreichende Vorstellung vom Inhalt der Urkunde vermitteln und die Entscheidung ermöglichen[169].

b. Grundzüge des Systems

Der Anwendungsbereich des *in-camera*-Verfahrens beschränkt sich auf die Entscheidung über das Vorliegen eines der in Art. 220 Nr. 4 (a) bis (c) aufgeführten Ausnahmegründe. Die Notwendigkeit der Urkunde als Beweis darf in diesem Verfahren nicht untersucht werden[170].

Für den Fall, daß der Urkundenbesitzer die Urkunde nicht zum *in-camera*-Verfahren einreicht, ist keine Sanktion des Urkundenbesitzers vorgesehen. Nach einer Auffassung sollte in diesem Falle aber die Ausstellung der Verfügung zur Urkundenvorlage auf Grundlage der mittelbaren Tatsache der Nichtvorlegung erfolgen und die gleiche Sanktion verfügt werden wie bei Mißachtung einer Anordnung der Urkundenvorlage[171].

Der Urkundenbesitzer soll die Urkunde zum mündlichen Verhandlungs-

---

[168] Ichimon-Itto, S. 266.

[169] Tanabe, Shoko Shushu Tetsuduki ni tsuite, Minshohozasshi Bd. 110, Heft 4-5 (1994), S. 727; Oku, Bunsho Teishutsu Meirei (5) – in Kamera Tetsuduki in: Miyake / Shiozaki / Kobayashi (Hrsg.), Shin Minji Sosho Ho Taikei, Bd. 3, 1997, S. 215.

[170] Tahara, Jurisuto Nr. 1098, S. 65; Oku, Bunsho Teishitsu Meirei (5), S. 220.

[171] Oku, Bunsho Teishutsu Meirei (5), S. 221.

termin vorlegen, um zu verhindern, daß bei den anderen Beteiligten Mißtrauen entsteht. Der Richter soll seine Beurteilung möglichst an Ort und Stelle treffen. Er kann die Urkunde vorübergehend aber auch in Verwahrung nehmen (§ 141 jZPRechtsverordnung). Bei Verwahrung und längerer Beurteilung erhöht sich aber das Risiko, daß sich der Richter einen Tatsacheneindruck bildet oder Geheimnisse nach außen durchsickern.

Auch wenn der Richter zu dem Ergebnis gelangt, daß keine Vorlagepflicht der Urkunden besteht, birgt das *in-camera*-Verfahren das Risiko, daß die geheimhaltungsbedürfigen Tatsachen die Sachverhaltswürdigung durch den Richter mitbeeinflussen. Oku schlägt vor, dieser Gefahr durch ein Ablehnungsrecht zu begegnen, mit dem der Urkundenbesitzer einen Richter ablehnen kann, wenn dieser Anhaltspunkte für ein solches Fehlverhalten liefert[172].

4. Anordnung der teilweisen Vorlegung von Urkunden

Art. 223 Abs. 1 jZPO erlaubt dem Gericht, eine teilweise Vorlegung von Urkunden anzuordnen. Damit wurde die bisherige Praxis gesetzlich geregelt. Art. 223 Abs. 1 jZPO enthält folgende Bestimmung:

> „..... Wenn das Gericht die Vorlegung der Urkunden angeordnet hat und die Urkunde Teile enthält, die für die Untersuchung nicht erforderlich sind oder nicht der Vorlagepflicht unterliegen, kann die Vorlegung unter Auslassung dieser Teile zugelassen werden."

Es wurde darauf hingewiesen, daß Teile, die für die Untersuchung nicht erforderlich sind, als Beweise nicht notwendig sind (Art. 181 Abs. 1 jZPO) oder nicht der Vorlagepflicht unterliegen, unter das Zeugnisverweigerungsrecht fallen[173].

Nach Art. 223 Abs. 3 jZPO wird das *in-camera*-Verfahren gebilligt, bei dem der Richter die Urkunde einsieht und konkret entscheidet, welche Teile geheimzuhaltende Gegenstände enthalten. Man verspricht sich davon, daß insbesondere in diesem Fall die Anordnung der Urkundenvorlage in Form einer „Anordnung der teilweisen Urkundenvorlage unter Auslassung

---

[172] Oku, Bunsho Teishutsu Meirei (5), S. 215 f.

[173] Omura, Bunsho Teishutsu Meirei (6)—Hatsurei Tetuduki to Seisai in: Miyake / Shiozaki / Kobayashi (Hrsg.), Shin Minji Sosho Ho Taikei, Bd. 3, 1997, S. 232 f.

geheimer Teile“ gegenüber dem bisherigen Vorgehen weiter vereinfacht wird[174].

5. Sanktion bei Nichtbefolgung der Anordnung der Urkundenvorlegung

a. Bei der Nichtvorlegung durch eine Partei

Die Verantwortlichkeit der Parteien im Falle der Nichtvorlegung erhielt mehr Gewicht als zuvor. Nach Art. 316 ajZPO hatte das Gericht nur die Möglichkeit, die zu den Urkunden vorgebrachten Behauptungen des Antragstellers als zutreffend anzusehen. Nach Art. 224 Abs. 1 jZPO kann es nun sogar die vom Antragsteller behaupteten beweisbedürftigen Tatsachen als zutreffend ansehen, wenn es dem Beweisführer erhebliche Schwierigkeiten bereiten würde, zu den Eintragungen in der betreffenden Urkunde konkrete Tatsachen vorzubringen und den mit der betreffenden Urkunde zu erbringenden Beweis mit anderen Mitteln zu führen (Art. 224 Abs. 3 jZPO).

Diese Sanktion zielt auf Gerechtigkeit zwischen den beiden Parteien ab und soll der Anordnung der Urkundenvorlage den erforderlichen Respekt sichern. Es gibt jedoch auch Fälle, in denen dies keine ausreichende Sanktion darstellte. Wenn der Antragsteller Urkunden benennt, an deren Entstehung er nicht beteiligt gewesen ist, ist er notgedrungen auf abstrakte Umschreibungen des Urkundeninhalts beschränkt. Dies bedeutet aber auch, daß die Sanktion ihren Zweck verfehlt, weil die Unterstellung als wahr das Beweisthema zu abstrakt umschreibt, um dieses noch wirksam bestätigen zu können.

b. Bei der Nichtvorlegung durch einen Dritten

Die Obergrenze der Geldstrafe für Nichtvorlegung durch Dritte wurde auf 200,000 Yen (ca. 4,000 DM) angehoben (Art. 225 Abs. 1 jZPO). Die Verfügung und Bemessung des Betrages einer Geldstrafe sind in das Ermessen des Gerichts gestellt.

6. Beweisaufnahme bei elektromagnetischen Trägern

In der letzten Zeit wird die Urkundenverwahrung normalerweise auf elektromagnetischen Trägern wie Ton- und Videobänder und Disketten verbreitet.

---

[174] Omura, Bunsho Teishutsu Meirei (6), S. 233.

Um diesem Umstand gerecht zu werden, werden unter diesen Trägern Ton- und Videobänder nach der ajZPO zusammen mit Zeichnungen und Fotos als Quasiurkunden bezeichnet, bei denen die Durchführung der Beweisaufnahme nach den gleichen Verfahren wie bei Urkunden zulässig ist (Art. 231 jZPO). Ferner wird das Urkundenbeweisverfahren angewendet, das die Niederschrift einer Tonbandaufnahme als Original anerkennt (vgl. § 144 jZPRechtsverordnung). Dadurch werden die Ton- und Videobänder als gesetzmäßige Beweismittel behandelt. Auf Verlangen des Antragstellers oder des Gerichts muß die gegnerische Partei eine Niederschrift des Inhalts des Ton- und Videobands direkt zuschicken (vgl. § 149 jZPRechtsverordnung).

Bei der Quasiurkunde dürfte die Beweisaufnahme im Regelfall (Ausnahmen kommen in Betracht, wenn der Ton als solcher problematisch ist) durch Wiedergeben und Anhören des Bandes vor dem Gericht erfolgen.

Zur Beweisaufnahme von Computerspeichermedien wie Disketten wurde zwar im Stadium der Überarbeitung eine Prüfung durchgeführt, eine Regelung aber als verfrüht zurückgestellt. Bei der Beweisaufnahme im Verfahren gilt, daß das Gericht sowohl die Behandlung eines Ausdrucks als ein der Urkunde gleichgestelltes Original als auch analog zu Ton- und Videobändern die Vorlegung der Diskette als Beweisstück anerkennt.

D. Bereitstellungspflicht des Augenscheinsobjekts

Unter Berücksichtigung der Unterscheidung gegenüber der Vorlagepflicht von Urkunden sieht die jZPO vor, daß die folgenden neuen Bestimmungen zur Anordnung der Vorlegung von Urkunden analog zur Anwendung kommen: Die Bestimmungen zur Anordnung der Urkundenvorlage (Art. 223 jZPO), zur Sanktion für die Nichtbefolgung der richterlichen Anordnung (Art. 224 jZPO), zum Ersuchen um die Vorlage notwendiger Urkunden (Art. 319 jZPO) und zur Zurückbehaltung von Urkunden (Art. 227 jZPO). Entsprechend ist auch die teilweise Bereitstellung des Augenscheinsobjekts und die Untersuchung, ob eine Vorzeigepflicht für das Augenscheinsobjekt besteht oder nicht, im *in-camera*-Verfahren zulässig.

E. Andere Institute

Der Auftrag zur Informationsbeschaffung und das Anwaltserkundigungssystem blieben unverändert bestehen. Als die Beweisbeschaffung flankierende Institute sind das System der notariellen Beurkundung einer Privaturkunde und die zunehmend detaillierten Angaben in der Klageschrift oder den vorbereitenden Schriftsätze sowie die Ausweitung der richterlichen Verfügung zu nennen.

1. System der notariellen Beurkundung einer Privaturkunde

Nachdem man bei der Gesetzgebung die Einführung der schriftlichen eidesstattlichen Erklärung und der Aussageniederschrift geprüft hatte, wurde die erstere gesetzlich instituiert. Sie ist nicht in der Zivilprozeßordnung, sondern im Notargesetz geregelt. § 57.2 Abs. 1 jNotargesetz schreibt vor, daß der Notar eine private oder amtliche Urkunde mit der Eintragung zu beglaubigen hat, daß die Urkunde bei der Beurkundung unter dem folgenden Umstand mit Unterschrift oder Siegel versehen wurde. Das bedeutet, daß vom Beteiligten vor dem Notar beeidet wird, daß die in der Urkunde gemachten Angaben der Wahrheit entsprechen, und dies mit Unterschrift oder Siegel bestätigt oder ausgesagt hat, Unterschrift oder Siegel selbst geleistet zu haben.

Der Notar bescheinigt somit, daß die Person, die die Urkunde ausgestellt hat, beeidet hat, daß deren Inhalt der Wahrheit entspricht und die Person dies mit Unterschrift oder Siegel bestätigt hat. Der Notar bescheinigt somit nicht, daß der Inhalt der Urkunde den Tatsachen entspricht, sondern lediglich, daß der Aussteller in seiner Gegenwart beeidet hat, daß der Inhalt der Wahrheit entspricht, und er dies durch seine Unterschrift bestätigt hat. Wenn der Eid in dem Wissen geleistet wird, daß die Urkunde unwahre Angaben enthält, ist ein Strafgeld in Höhe von max. 100,000 Yen (ca. 2,000 DM) zu zahlen (§ 60.5 jNotargesetz).

Die Beweiskraft dieser Urkunde unterliegt der freien Beweiswürdigung durch den Richter. Da die Aufgabe eines Notars darin besteht, für die Öffentlichkeit Tatsachen zu beurkunden, wird zumindest die Tatsache, daß der Verfasser der Urkunde geschworen hat, daß dessen Inhalt der Wahrheit entspricht, unangefochten bleiben, was in der Folge auch die Glaubwürdigkeit des Inhalts der Urkunde steigern dürfte. In der Praxis gewinnt die

Vorlage von schriftlichen Aussagen zunehmend an Bedeutung. Schriftliche Aussagen sind Schriftstücke, in denen der Inhalt von Aussagen von Zeugen oder Beteiligten in der Zeugen- und Parteivernehmung vor Gericht vorwegnehmend verzeichnet ist und die dem Gericht vom Beweisführer als Urkundenbeweise vorgelegt werden. Es wird erwartet, daß solche Urkundenbeweise als ein Mittel zur Anwendung kommen, das hohe Genauigkeit der in der schriftlichen Aussage enthaltenden Angaben verbürgt. Wenn solche schriftlichen Beweise von dritten Personen angefertigt werden, die möglicherweise als Zeugen geladen werden, ist auf diesem Wege eine sowohl einfache als auch genaue Beweissicherung möglich.

2. Angaben in der Klageschrift

Im Interesse einer frühzeitigen Klarstellung der Streitpunkte werden von der jZPO nun bereits detailliertere Eintragungen in der Klageschrift oder den vorbereitenden Schriftsätze gefordert. Der Kläger hat in der Klageschrift neben der Angabe von Zweck und Veranlassung der Klage auch konkrete Angaben zum Sachverhalt zu machen und bei beweisbedürftigen Umständen die jeweils damit zusammenhängenden wichtigen Tatsachen und Beweise anzugeben; dabei ist zwischen Haupttatsachen und mittelbaren Tatsachen zu unterscheiden (§ 53 jZPRechtsverordnung). Weiterhin sind bezüglich der „zu beweisenden Umstände" Kopien der wesentlichen Urkundenbeweise anzufügen (§ 55 jZPRechtsverordnung). Da die Klageschrift nun detailliertere Angaben enthält, gewinnt der Beklagte bereits im Stadium ihrer Entgegennahme umfangreichere Informationen aus der Klageschrift als dies zuvor der Fall war.

In gleicher Weise müssen auch in der Klageerwiderungsschrift und im vorbereitenden Schriftsatz die für die Beweisführung erforderlichen Gegenstände und wichtigen mittelbaren Tatsachen und Beweise eingetragen werden (§§ 80, 81 jZPRechtsverordnung). Weiterhin sind die Gründe anzugeben, wenn eine Partei von der gegnerischen Partei aufgestellte Tatsachenbehauptungen bestreitet (§ 79 Abs. 3 jZPRechtsverordnung).

3. Ausweitung der Möglichkeit der Parteivernehmung

In der neuen ZPO ist die Parteivernehmung nicht mehr subsidiär. Weiterhin wurde die Reihenfolge der Vernehmung von Zeugen und Parteien so geregelt, daß im Prinzip zuerst die Zeugenvernehmung durchgeführt wird, wobei nun aber ermöglicht wurde, daß in Ausnahmefällen nach Anhörung der beiden Parteien auch die Parteivernehmung zuerst erfolgen kann (Art. 207 Abs. 2 jZPO). Dies hat zu einer häufigen Inanspruchnahme der Parteien als Beweismittel geführt.

4. Erweiterung der richterlichen Verfügung

Wenn das Gericht dies als angemessen ansieht, kann es eine Person aussagen lassen, die für die Partei geschäftliche Angelegenheiten regelt (Art. 151 Abs. 1 Nr. 2 jZPO). Damit wurde das Gericht befähigt, nach seinem Ermessen das Erscheinen von der Person anzuordnen, die mit einer Partei in enger geschäftlicher Beziehung steht.

VI. Bewertung der neuen jZPO

Wie in Deutschland waren in Japan die Verfahren zur Beschaffung von Informationen und Beweisen unzureichend. Diesen Unzulänglichkeiten der japanischen Zivilprozeßordnung begegneten Rechtsprechung und Literatur mit der Erleichterung von Behauptungs- und Beweislast und einer beweisoffenbarenden Handhabung der Auslegungen.

Die vom Bemühen um die Form über die Auslegung getragene Reform von 1996 stellte darauf ab, das System zur Beschaffung von den Informationen und Beweisen durch gesetzliche Verankerung einer beweisoffenbarenden Handhabung zu erweitern. Am Anfang tendierte der Gesetzgeber nach einer möglichst starken Beeinflussung durch die US-amerikanische *discovery*. Diese Tendenz schwächte sich aber allmählich ab. Am Ende wurde ein eigenständiges japanisches System der Informations- und Beweisbeschaffung in einer Form verabschiedet, die unter Beibehaltung des Rahmens des deutschen Rechts die Stärken des US-amerikanischen Rechts integriert. Dieses ging aus den sowohl positiven als auch negativen Impulsen hervor, die aus dem amerikanischen Recht empfangen wurden, das sowohl die Stärken als auch die Schwächen einer ins Übermaß vervollkommnenden Informations- und Beweisbeschaffung illustriert. Die Erweiterung der Informations- und Beweisbeschaffung ist für die Abrundung und Beschleunigung der Untersuchungen zweifellos wichtig. Bei einer exzessiven Erweiterung, wie sie in den USA stattfindet, besteht aber die Gefahr, daß dies langwierige Prozesse und steigende Kosten mit sich bringt. In Japan wurde angestrebt, beide Seiten harmonisch zu vereinen und unter prinzipieller Beibehaltung der kontinentalen Verhandlungsstruktur auf Teile des *discovery*-Systems Bezug zu nehmen.

Bezüglich der Verfahren zur Informations- und Beweisbeschaffung wurde mit der jZPO von 1996 die Parteibefragung eingeführt. Für die Anordnung der Urkundenvorlage erfolgte die Einführung der allgemeinen Vorlagepflicht der Urkunden, wobei die Feststellung einer solchen Vorlagepflicht nichtöffentlich zu treffen ist und sich auf die Anordnung einer teilweisen Vorlegung beschränken kann; um den Antrag zu erleichtern hat das Gesetz die Anforderungen an die Urkundenbestimmung erheblich gemildert. Die Parteibefragung ist ein Instrument, das sich am *interrogatory*, einer Variante der *discovery*, orientiert. Dieses wurde allerdings nicht umfassend importiert, sondern verlangt nach Tatsachen getrennte und auf Behauptungen oder die Beweisführung begrenzte Anfragen, ohne daß allerdings Sanktionen eingeführt wurden. Die Anordnung der Vorlegung der Urkunden wurde unter Bezug auf die *discovery* modifiziert. Damit dürfte der Anordnung in Hinblick auf die Erleichterungen bei der Urkundenbestimmung in der Zukunft die Rolle eines Verfahrens zur Offenbarung von Informationen zukommen, die zur Bestimmung von Urkunden wichtig sind.

Demgegenüber wurde bei der Beweissicherung von der Instituierung einer beweisoffenbarenden Funktion zunächst abgesehen, was vielfältige Kritik auslöste. Auch das System der Anwalterkundigung blieb unverändert. Dies bedeutet, daß der Stand bezüglich der Verfahren zur Informations- und Beweisbeschaffung vor Einreichung der Klage praktisch der gleiche ist wie nach der ajZPO.

In Bezug auf die Aufklärungspflicht der nicht beweisbelasteten Partei, die in der ajZPO neben der beweisoffenbarenden Handhabung instrumentell verwendet wurde, besteht die Möglichkeit, daß sich in Folge der jZPO von 1996 teilweise Änderungen ergeben. Beispielsweise sind die Beziehungen zwischen dem Ausforschungsbeweis und der Erleichterung der Urkundenbestimmungspflicht neu zu überdenken. Man kann sagen, daß die Erleichterung der Urkundenbestimmungspflicht in Fällen, in denen die Angabe der Bezeichnung oder des Inhalts einer Urkunde ungewöhnlich schwierig ist, in gewissem Sinne einer gesetzlichen Billigung des Ausforschungsbeweises gleichkommt. Hier gilt jedoch, daß lediglich die Urkundenbestimmungspflicht im Stadium der Beantragung der Anordnung auf Vorlegung von Urkunden erleichtert worden ist und ein Antrag zurückgewiesen wird, wenn die Urkunde nicht abschließend bestimmt werden kann. Von einer generellen Billigung des Ausforschungsbeweises durch die jZPO kann daher nicht gesprochen werden. Auch in Bezug auf andere Maßnahmen dürfte sich die Diskussion künftig in der gleichen Weise fortsetzen wie nach der ajZPO.

Beim japanischen System der Informations- und Beweisbeschaffung wurden mit der Reform von 1996 die Möglichkeiten der Beweisoffenbarung im anhängigen Prozeß erweitert. Die neue ZPO billigt die allgemeine Vorlagepflicht für Urkunden und Augenscheinsobjekte, wobei der Geheimnisschutz berücksichtigt und eine Reihe flexibler Verfahren wie die Billigung einer teilweisen Vorlegung und die Erleichterung der Urkundenbestimmungspflicht im Antragsstadium der Anordnung auf Vorlegung eingerichtet wurden. Demgegenüber wurde bei der Offenbarung von Informationen lediglich eine ohne Zwangsmittel ausgestattete Parteibefragung gebilligt, wobei die vorprozessuale Informations- und Beweisbeschaffung trotz der Forderungen nach Verbesserungen unverändert blieb. In Japan werden Überlegungen angestellt, ob die Abrundung des Beweisbeschaffungssystem auch als Offenlegungssystem für Informationen zum Tragen kommen kann.

§ 5 VERGLEICH UND VORSCHLÄGE FÜR EINE BESSERE INFORMATIONSBESCHAFFUNG

I. Einführung

In den §§ 2 bis 4 wurde die Situation der Beschaffungssysteme für Informationen und Beweise im deutschen, US-amerikanischen und japanischen Recht beschrieben. Diese Systeme lassen sich vereinfacht folgendermaßen umreißen: Die Systeme des deutschen und US-amerikanischen Rechts bilden zwei Gegenpole, zwischen denen das System des japanischen Rechts steht. Dies ergibt sich daraus, daß in der jZPO von 1996 ein gemischtes System für die Informationsbeschaffung verankert wurde, das auf dem deutschen Recht basiert und vom US-amerikanischen Recht beeinflußt ist.

Wie bereits aufgezeigt[1], bietet das Informationsbeschaffungssystem des deutschen Rechts Raum für Verbesserungen. In diesem Paragraphen sollen ausgehend von den §§ 2 bis 4 Überlegungen angestellt werden, wie ein besseres System in Deutschland gestaltet werden könnte.

Zunächst werden die Systeme der drei Länder jeweils untereinander verglichen (II. bis IV.). Dieser Vergleich mit dem Ausland bezweckt eine dahingehende Klärung, welche Einrichtungen welches Landes für Deutschland einführenswert wären, und für eine solche Einführung auch in Frage kämen. Das System des deutschen Rechts besitzt offensichtlich zahlreiche Vorzüge, die weder das amerikanische noch das japanische System vorweisen können. Der Zweck dieser Abhandlung besteht jedoch in der Suche nach einem besseren System für die Informations- und Beweisbeschaffung im deutschen Recht. Hierzu wird der Vergleich im Prinzip dahingehend durchgeführt, daß festgestellt wird, welche Einrichtungen im deutschen Recht im Vergleich zu den Systemen des US-amerikanischen und japanischen Rechts fehlen und ob die Notwendigkeit besteht, diese zu ergänzen. Nach dem Vergleich mit den ausländischen Systemen werden daher konkrete Vorschläge für eine bessere Informations- und Beweisbeschaffung im deutschen Recht dargelegt (V.).

---

1 Vgl. § 1 und § 2.

II. Vergleich zwischen deutschem und US-amerikanischem Recht

A. Einführung

Das deutsche und das US-amerikanische Recht besitzen zur Beschaffung von Informationen und Beweisen völlig unterschiedliche Systeme[2]. Diese Unterschiede leiten sich aus den unterschiedlichen Grundsätzen her, auf denen die Informations- und Beweisbeschaffung aufgebaut ist. Nach dem deutschen Prozeßrecht hat grundsätzlich[3] keine Partei prozessual zum Sieg des Gegners beizutragen. Weiterhin wird eine über den erforderlichen Rahmen hinausgehende Ausforschung von Informationen und Beweisen als eine Einmischung in die Privatsphäre des jeweiligen Besitzers angesehen. Demgegenüber geht das US-amerikanische Recht davon aus, daß sämtliche Informationen und Beweise im Prinzip offenzulegen sind. Entsprechend ist die Nichtoffenbarung die Ausnahme und wird nur in eng gefaßten Grenzen zugelassen[4].

Dabei läßt sich schwerlich sagen, daß eines der beiden Systeme vollkommen wäre. Dies zeigen auch die jüngsten Tendenzen in Deutschland und den USA. Das deutsche Recht tendiert dazu, die bisher nur in engen Grenzen verlangte Offenlegung auszuweiten, während der Trend im US-amerikanischen Recht in Richtung auf eine Einengung des bislang sehr weit gefaßten Bereichs der geforderten Offenlegung verläuft.

In Deutschland erweitert sich das Beschaffungssystem für Informationen und Beweise durch die Anwendung der Auskunftsansprüche des materiellen Rechts und die Entwicklung der von Rechtsprechung und Lehrmeinungen formierten Theorie. Parallel hierzu läuft eine Diskussion darüber, ob in

---

2 Vgl. dazu Reitz, Grundlegende Unterschiede zwischen dem deutschen und dem US-amerikanischen Zivilprozeßrecht: Vorzüge, die sich ausschließen?, ZZP 104 (1991), S. 26; Langbein, The German Advantage in Civil Procedure, 52 U. Chi. L. Rev. 823 (1985).

3 Zwar schuldet die nicht risikobelastete Partei die substantiierte Erklärung gemäß § 138, die Urkundenvorlegung bei besonderen materiellrechtlichen Beziehungen gemäß § 422, und trifft sie eine sekundäre Behauptungs- und Beweislast gemäß § 242 BGB. Es ist aber für die nicht risikobelastete Partei nicht erforderlich, der risikobelasteten Partei für sie günstige Informationen und Beweismittel zu verschaffen. Vgl. BGH NJW 1990, 3151.

4 Paulus, Deutsches Recht und das Haager Beweisübereinkommen, ZZP 104 (1991), S. 397, 401.

Entsprechung hierzu im Wege der Gesetzauslegung bzw. -fortbildung eine allgemeine prozessuale Aufklärungspflicht anerkannt werden sollte. Weiterhin wurde als Maßnahme vorgeschlagen, durch Änderung des Gesetzes eine allgemeine Vorlegungspflicht von Urkunden und eine Mitwirkungspflicht beim Augenschein einzuführen[5].

Demgegenüber werden im US-amerikanischen Recht Informationen und Beweise prinzipiell im *discovery*-Verfahren nach dem *pleading* bzw. vor dem *trial* beschafft. Mit der Reform der *Federal Rules of Civil Procedure* von 1993 wurde das *disclosure* eingeführt. Das *disclosure* legt dem Besitzer von Informationen oder Beweisen die Pflicht auf, diese bereits vor der *discovery* von sich aus aufzudecken. Darüber hinaus wurde die *discovery* durch die Reform sowohl quantitativ als auch in seiner Häufigkeit begrenzt. Damit verengte sich der Umfang der beschaffbaren Informationen und Beweise gegenüber der vorherigen Handhabung[6].

Diese in Deutschland und den USA erkennbaren Tendenzen geben Anlaß zu der Vermutung, daß das ideale System irgendwo zwischen dem deutschen und dem amerikanischen angesiedelt sein dürfte. Auf den ersten Blick verlaufen die beiderseitigen Tendenzen entgegengesetzt. Da sie jedoch von Systemen ausgehen, die sich konträr gegenüberstehen, resultiert hieraus eine Annäherung[7].

Die Systeme der beiden Länder haben sich bei ihrer Entstehung nicht gegenseitig Modell gestanden und sind in der Folge nur mit Schwierigkeiten direkt vergleichbar. Im nachstehenden werden daher nach Möglichkeit einander ähnliche Einrichtungen verglichen. Dabei konzentriert sich dieser Versuch eines Systemvergleichs vor allem auf die Beweisaufnahme im deutschen Recht und die *discovery* im US-amerikanischen Recht.

Dieser Vergleich ist daher vor dem Hintergrund der Tatsache zu sehen, daß die Beweisaufnahme im deutschen Recht und die *discovery* des US-amerikanischen Rechts voneinander unterschiedlich sind.

---

5 Vgl. dazu § 2 V. und VI.

6 Vgl. dazu § 3 III. C.

7 Lorenz, Die Neuregelung der pre-trial-Discovery im US-amerikanischen Zivilprozeßrecht—Inspiration für den deutschen und europäischen Zivilprozeß?, ZZP 111 (1998), S. 35, 54 f.; Junker, Die Discovery-Reform des Jahres 1993: Zeitenwende oder Gesetzeskosmetik?, ZZPInt 1 (1996), S. 235, 243.

Die Beweisaufnahme erfolgt grundsätzlich während des Prozesses vor Gericht. Demgegenüber wird die *discovery* vor dem *trial* und außerhalb des Gerichts durchgeführt. Weiterhin erfolgt die Beweisaufnahme, indem das Gericht in Beziehung zu den Parteien und Dritten tritt. Dagegen läuft die *discovery* ohne Mitwirkung des Gerichts ab, indem die Parteien in Beziehung zur jeweils gegnerischen Seite treten. Dies bedeutet, daß Vorlegung und Offenbarung im deutschen Recht grundsätzlich an das Gericht gerichtet sind, während sie sich im US-amerikanischen Recht an die gegnerische Partei richten. Weiterhin stellen die Aussagen der Parteien und Zeugen in der Beweisaufnahme Beweismittel dar, während Erklärungen im *discovery*-Verfahren grundsätzlich nicht Beweismittel sind, sondern lediglich Mittel zur Findung von Tatsachen und Beweismitteln darstellen, die danach im *trial* vorgebracht werden (Rule 30 (a) (3) F. R. C. P.)[8].

Allerdings verlangt sowohl das deutsche als auch das US-amerikanische Recht von den Parteien, die nach materiellem Recht notwendigen Tatsachen darzulegen und erforderlichenfalls nachzuweisen. Weiterhin stellt im US-amerikanischen Recht die *discovery* eine zur Vorbereitung des Prozesses erfolgende Informationsbeschaffung dar, während die besagte Beweisaufnahme im *trial* erfolgt. Entsprechend sollte eventuell eher die Beweisaufnahme im *trial* mit der deutschen Beweisaufnahme verglichen werden. In den USA werden aber über 90 % der Prozesse vor dem *trial* abgeschlossen[9]. In der Praxis ist es daher selten, daß eine Beweisaufnahme durchgeführt wird, so daß die *discovery* die Funktion der Beweisaufnahme übernimmt. Entsprechend wird die Beweisaufnahme des deutschen Rechts in dieser Abhandlung vorwiegend mit der *discovery* des US-amerikanischen Rechts verglichen.

B. Selbständiges Beweisverfahren und *discovery*[10]

Das selbständige Beweisverfahren ist nicht nur nach, sondern bereits vor der Anhängigkeit des Prozesses möglich. Sein Zweck besteht darin, die Parteien durch vorausgehende Offenlegung der die Streitsache betreffenden

---

8 Lorenz, ZZP 111 (1998), S. 46.

9 Kaufman, Judicial Reform in the Next Century, 29 Stan. L. Rev. 1, 2 (1976); Will / Merhige / Rubin, The Role of the Judge in the Settlement Process, 75 F.R.D. 203 (1976).

10 Hier werden die in Bezug auf ein selbständiges Beweisverfahren wichtigen Merkmale der *discovery* beschrieben.

Sachverhalte zu einer gütlichen Einigung zu bewegen und den Prozeß abzuwenden[11]. Hinsichtlich dieses Zwecks besteht daher Ähnlichkeit mit der *discovery*[12].

Vom Werdegang der Gesetzgebung her gesehen, hat das selbständige Beweisverfahren Ähnlichkeit mit der *deposition*. Das selbständige Beweisverfahren ist eine Fortentwicklung der bisherigen Beweissicherung, während *deposition* zu Anfang ein Instrument der Beweissicherung war. Es wurde 1938 durch den *Field Code* in New York in die *discovery* umgewandelt.

Das selbständige Beweisverfahren findet statt, wenn der Gegner zustimmt oder zu besorgen ist, daß das Beweismittel verlorengeht oder seine Benutzung erschwert wird (§ 485 Abs. 1). Nach § 485 Abs. 2 ist die Voraussetzung für die Beantragung der schriftlichen Begutachtung milder, es wird aber gefordert, daß der Antragsteller ein rechtliches Interesse an der Feststellung eines konkreten Sachverhaltes besitzt. Gleichzeitig wird in Deutschland der Ausforschungsbeweis grundsätzlich nicht als zulässig angesehen[13]. Aus diesem Grunde ist die Gefahr einer übermäßigen Ausforschung von Informationen im selbständigen Beweisverfahren zumindest für die schriftliche Begutachtung gering.

Versuche zur Unterbindung einer übermäßigen Ausforschung von Informationen werden auch in den USA unternommen. Die Pflicht zum *disclosure* besteht nur in Bezug auf erhebliche streitige Tatsachen, die in den vorbereitenden Schriftsätzen mit ausreichender Bestimmtheit behauptet werden (Rule 26 (a) (1) (A), (B) F. R. C. P.). Weiterhin sind, solange vom Gericht nicht anderweitig zugelassen, der Personenkreis der *deposition* auf bis zu 10 Personen (Rule 30 (a) (2) (A) F. R. C. P.) und die Gegenstände des *interrogatory* auf bis zu 25 Punkte (Rule 33 (a) F. R. C. P.) begrenzt.

---

11 Vgl. Begr. BT-Drs. 11 / 3621, S. 23 f.

12 Das Ziel der *discovery* ist, den Parteien diejenigen Informationen zu geben, die sie zur Durchsetzung oder Wahrung ihrer Rechte benötigen. Das führt zu der Begrenzung des Streitstoffs und zur Förderung der Vergleichsbereitschaft der Parteien. Vgl. dazu Gottwald, Linzer Universitätsschriften, Beiträge zum Zivilprozeßrecht V., S. 25; Paulus, ZZP 104 (1991), S. 401; Lorenz, ZZP 111 (1998), S. 48 f.; Junker, ZZPInt 1 (1996), S. 243.

13 Im Vaterschaftsprozeß wird ausnahmsweise jeder Beweisantrag für die Behauptung zugelassen, daß nicht der Beklagte sondern ein Dritter der Vater des Kindes ist, ohne daß dafür konkrete Anhaltspunkte behauptet werden müßten.

Vom selbständigen Beweisverfahren unterscheidet sich die *discovery* allerdings in den folgenden Punkten:

Das selbständige Beweisverfahren kann vor Einreichung der Klageschrift durchgeführt werden. Demgegenüber erfolgt die *discovery* normalerweise nach dem *pleading*. Zwar sieht Rule 27 F. R. C. P. für *deposition* durchaus ein Beweissicherungsverfahren vor Klageerhebung vor. Da die Klage jedoch im US-amerikanischen Recht nur geringe Kosten verursacht und auch keine substantiierte Klageschrift eingereicht werden muß, hat die Regel praktisch nur geringe Bedeutung.

Das selbständige Beweisverfahren wird auf Antrag eines Betroffenen durch das Gericht durchgeführt. Demgegenüber ist die *discovery* eine zwischen den Parteien ablaufende Beschaffung von Informationen und Beweisen, bei der das Gericht nicht am Verfahren beteiligt ist.

Ferner ist der Gegenstand des selbständigen Beweisverfahrens begrenzt: die Urkundenbeweise und die Parteivernehmungen sind davon ausgenommen (§ 485 Abs. 1). Dagegen sind im US-amerikanischen Recht in die *discovery* sowohl Urkunden als auch die Parteien einbezogen. Von den Parteien wird verlangt, zunächst im *disclosure* dem Gegner von sich aus Informationen über Urkunden zu offenbaren (Rule 26 (a) F. R. C. P.). Danach kann von den Parteien in normaler *discovery* gemäß Rule 34 F. R. C. P. die Vorlegung von Urkunden verlangt werden (*production of documents*). Weiterhin ist Dritten die Pflicht auferlegt, das gesamte in eigenen Händen oder im eigenen Verfügungsbereich befindliche Material vorzulegen. Auch kann eine Partei mittels *deposition* zu sämtlichen den Prozeßgegenstand betreffenden Angelegenheiten die gegnerische Seite befragen (Rule 30 F. R. C. P.).

Außerdem wird im selbständigen Beweisverfahren für die Beantragung einer schriftlichen Begutachtung durch eine Prozeßpartei gefordert, daß die Partei ein rechtliches Interesse an der Feststellung des konkreten Sachverhaltes besitzt (§ 485 Abs. 2). Hierin spiegelt sich die Denkweise, daß in der CPO die Urkundenbeweise nach § 223 (Feststellungsklage des heutigen § 256, insbesondere Klage auf Feststellung der Echtheit einer Urkunde) berücksichtigt wurden[14]. Im US-amerikanischen Recht dagegen erfolgt eine dem deutschen Recht entsprechende Behandlung nur im *disclosure*, das von

---

14 Hahn / Mugdan, Die gesamten Materialien zur Civilprozeßordnung und dem Einführungsgesetz zu derselben von 30. Januar 1877, 1880, Abt. 1, S. 342.

den Parteien eine eigenständige Offenlegung verlangt. Im *disclosure* besteht die Informationspflicht der Parteien nur in Bezug auf erhebliche streitige Tatsachen, wenn die zu offenlegende Informationen in den vorbereitenden Schriftsätzen ausreichend klar bestimmt wurde (Rule 26 (a) (1) (A) und (B) F. R. C. P.). Bei der auf Verlangen des Gegners durchgeführten *discovery* besteht keine solche Einschränkung. Eine bestimmte Information wird Gegenstand der *discovery*, wenn sie bei rationaler Betrachtung zu einem verwendbaren Beweismittel werden könnte (Rule 26 (b) F. R. C. P.).

In der letzten Zeit mehrten sich die Fälle, z.B. Produzentenhaftungsprozesse, in denen die nicht risikobelastete Partei wichtige Informationen und Beweise besitzt, während die risikobelastete Partei mangels eigener Informationen Schwierigkeiten hat, ihre Behauptungen zu beweisen. Nach manchen Auffassungen können zwar auch Urkunden als Augenschein zum Gegenstand des selbständigen Beweisverfahrens werden, wenn wegen der Gefahr des Verlustes der Urkunden eine umgehende Beweisaufnahme erforderlich ist[15]. Eine einheitliche Auslegung besteht in diesem Punkte aber nicht[16].

Dieser Vergleich ermöglicht das Aufzeigen der nachstehenden Punkte: Das deutsche Recht verbietet in der Regel den Ausforschungsbeweis. Weiterhin wird für die Beantragung einer schriftlichen Begutachtung im selbständigen Beweisverfahren gefordert, daß ein rechtliches Interesse besteht, was einer übermäßigen Ausforschung von Informationen im selbständigen Beweisverfahren vorbeugt. Angesichts des großen Problems des Mißbrauchs bei der *discovery* des US-amerikanischen Rechts dürfte dem deutschen Recht daher im Vergleich eine hervorragende Beurteilung zukommen.

Allerdings wird dieses System nicht zwischen den Parteien, sondern über das Gericht abgewickelt. Die Beteiligung des Gerichts an einem Verfahren bedeutet normalerweise, daß dieses formal und aufwendig wird und eine wenig flexible Handhabung zuläßt. Ferner verbietet das deutsche Recht in der Regel den Ausforschungsbeweis, was bedeutet, daß auch bei Einführung eines Informationsbeschaffungssystems zwischen den Parteien, die Möglichkeiten zum Mißbrauch nach US-amerikanischem Muster gering sind. Dies legt nahe, daß die Einführung eines ohne Einbindung des Gerichts zwischen

---

15 Stein / Jonas / Leipold, § 485 I .

16 Gottwald meint, daß man die Urkunde als Augenscheinobjekt ansehen kann, um die Richtigkeit der Urkunden festzustellen. Rosenberg / Schwab / Gottwald, § 119 II . 1.

den Parteien ablaufenden Informationsbeschaffungssystems auch in Deutschland eine nähere Prüfung verdient.

C. Die für die Klageschrift erforderlichen Angaben

Die Spanne der in der Klageschrift anzugebenden Umstände ist im deutschen und US-amerikanischen Recht unterschiedlich weit gefaßt. Diese Unterschiede stehen zwar nicht im direkten Zusammenhang mit dem Vergleich zwischen Beweisaufnahme und *discovery*, liegen den Differenzen zwischen den Informations- und Beweisbeschaffungssystemen der beiden Länder aber als Prämissen zugrunde. Nachstehend folgt hierzu ein kurzer Überblick.

Im deutschen Recht erfordert die Klageschrift die bestimmte Angabe des Gegenstandes und des Grundes des erhobenen Anspruchs sowie einen bestimmten Antrag (§ 253 Abs. 2 Nr. 2)[17]. Demgegenüber sind im US-amerikanischen Recht weder der konkrete Sachverhalt noch die Beweisanträge in der Klageschrift anzugeben (Rule 8 (a) F. R. C. P.)[18]. Eine Partei kann ihre Klage lediglich mit einer Andeutung des Sachverhaltes und dem Klageantrag einreichen (*notice-pleading*)[19], da die konkreten Tatsachen und Beweise im US-amerikanischen Recht nachfolgend in der weitläufig angelegten *discovery* beschafft werden. Durch diese Vorschriften wiegt die Last des Klägers im deutschen Recht, das bei der Einreichung eine Substantiierung der Klage verlangt, schwerer als im US-amerikanischen.

---

[17] Heute ist die Meinung allerdings führend, daß es ausreicht, wenn der Beklagte in der Klageschrift den zugrundliegenden Lebenssachverhalt eindeutig von anderen Lebenssachverhalten unterscheiden kann. Nach dieser Auffassung genügt die Angabe eines Tatsachenkomplexes, der erkennt läßt, welcher Anspruch erhoben werden soll, und der ihn so deutlich kennzeichnet, daß er individualisiert ist. MünchKomm-ZPO / Lüke, § 253 Rn. 78; Rosenberg / Schwab / Gottwald, § 97 II. 2. b. Der Kläger darf die Anspruchsgrundlage noch mit gängigen Rechtsbegriffen statt mit Tatsachen beschreiben. Schellhammer, Zivilprozeß: Gesetz – Praxis – Fälle, 8. Aufl., 1999, Rn. 367; E. Schneider, Der Zivilrechtsfall in Prüfung und Praxis, 7. Aufl., 1988, Rn. 247; BGH NJW 1962, 1394.

[18] Tanabe, Minji Tetsuduki ni okeru Eigyohimitsu no Hogo (1), Hanreitaimuzu Nr. 775 (1992), S. 25, 33.

[19] Vgl. dazu § 3 I. A.

D. Vorlegung von Urkunden

Das deutsche Recht[20] kennt die Pflicht zur Urkundenvorlage vom Gegner und Dritten. Die Urkundenvorlagepflicht gemäß der ZPO ist jedoch nicht allgemeiner Art, sondern eine begrenzte Pflicht. Nach dem deutschen Recht braucht der Gegner Urkunden nur vorzulegen, soweit die Partei nach bürgerlichem Recht einen Herausgabe- oder Vorlegungsanspruch besitzt (§ 422). Der Gegner ist darüber hinaus zur Vorlegung von Urkunden nur verpflichtet, wenn er selbst im Prozeß zur Beweisführung darauf Bezug genommen hat (§ 423).

Der Beweisführer muß sich auf konkrete Urkunden beziehen, wenn er den Gegner zur Vorlegung auffordert. Der Gegner ist verpflichtet, die Urkunden auf der Grundlage einer gerichtlichen Anordnung der Urkundenvorlegung vorzulegen (§ 425). Darüber hinaus kann das Gericht im Falle von Unterhaltsklagen des § 621 Abs. 1 Nr. 4, 5 und 11 aufgeben, unter Vorlage entsprechender Belege Auskunft zu erteilen über ihre Einkünfte und, soweit es für die Bemessung des Unterhalts von Bedeutung ist, über ihr Vermögen und ihre persönlichen und wirtschaftlichen Verhältnisse (§ 643 Abs. 1).

Wenn der Gegner eine Urkunde nicht vorlegt, obwohl er zur Vorlegung verpflichtet ist, wird eine vom Beweisführer vorgelegte Abschrift als echt anerkannt oder werden die vom Beweisführer vorgebrachten Behauptungen über die Beschaffenheit und den Inhalt der Urkunde als bewiesen angenommen (§ 427). Auch wenn der Gegner einer Anordnung auf Vorlegung nicht nachkommt, werden lediglich die Behauptungen des Beweisführers über die Beschaffenheit und den Inhalt der Urkunde als bewiesen angenommen.

Bei Vorliegen derselben Gründe wie im Falle des Gegners des Beweisführers besteht die Möglichkeit, daß auch ein Dritter zur Urkundenvorlage verpflichtet wird. Die Vorlegung einer Urkunde durch den Dritten kann nur auf dem Klageweg erzwungen werden (§ 429).

Eine in derart enge Grenzen gefaßte Urkundenvorlagepflicht ist allerdings schwer zu vertreten. In der Praxis versucht man daher eine Erweiterung der Vorlegungspflicht über Informationsansprüche des materiellen Rechts. Abgesehen von den Fällen, in denen der Informationsanspruch gesetzlich klar gesichert ist, sind Rechtsprechung und Lehrmeinungen um eine Erwei-

---

20 Vgl. dazu § 2 II. B.

terung der Vorlegungspflicht durch großzügige Anwendung von §§ 809, 810 und 242 BGB bemüht[21]. Die Möglichkeiten der Urkundenvorlegung im deutschen Recht hängen daher weniger von der ZPO, sondern vor allem von der Entwicklung der von Rechtsprechung und Lehre formierten Theorie und von der Anwendung des materiellen Rechts ab.

Im US-amerikanischen Recht[22] besteht demgegenüber nach der *Federal Rules of Civil Procedure* für den Gegner und Dritte eine allgemeine Pflicht zur Vorlegung von Urkunden. Im Stadium des *disclosure* sind beide Prozeßparteien verpflichtet, dem Gegner von sich aus Kopien bzw. Listen aller in ihrem Besitz befindlichen, für den Rechtsstreit relevanten Urkunden vorzulegen. Weiterhin sind beide Parteien verpflichtet, die Prüfung von der eigenen Schadensberechnung und der diesen zugrunde liegenden Unterlagen sowie von Versicherungspolicen zur Sicherung der durch das Urteil anfallenden Zahlungsverpflichtungen (Rule 26 (a) (1) F. R. C. P.) zuzulassen oder entsprechende Kopien vorzulegen. Dabei müssen auch solche Urkunden ohne Aufforderung vorgelegt werden, deren Inhalt für die eigenen Interessen nachteilig sind. Dieser Pflicht ist nicht durch Befolgung gerichtlicher Anordnungen nachzukommen, sondern durch Vorlegung ohne Aufforderung. Sie ist damit noch weiter gefaßt als die im kontinentalen Recht — einschließlich des deutschen und auch japanischen Rechts — vertretene allgemeine Urkundenvorlagepflicht. Weiterhin müssen die beiden Parteien nicht nur die ihnen bereits zu diesem Zeitpunkt bekannten Tatsachen mitteilen, sondern einschließlich des für die eigenen Interessen nachteiligen Falles auch Nachforschungen anstellen. Wenn bei diesen Nachforschungen eine neue Urkunde entdeckt wird, muß die Partei ihre bereits gemachten Angaben berichtigen bzw. ergänzen und die entsprechende Urkunde ebenfalls vorlegen.

Im Stadium der normalen *discovery* kann eine Prozeßpartei von ihrem Gegner gemäß Rule 34 F. R. C. P. (*production of documents*) die Vorlegung von Urkunden verlangen. Die Vorlegung der Urkunden ist eine allgemeine Pflicht. Entsprechend ist auch ihr Geltungsbereich sehr weit gefaßt. Ausgenommen sind nur Fälle, in denen ein *privilege* zur Anwendung kommt. Wenn sie die eigentliche Urkunde nicht näher bestimmen kann, hat eine Partei die Möglichkeit, den Zeitraum und den Gegenstand festzulegen und vom Gegner die Vorlage sämtlicher insoweit relevanter Urkunden zu

---

21 Vgl. dazu § 2 III.
22 Vgl. dazu § 3 III. D.

verlangen.

Eine Partei, die gegen die Vorschriften der *Federal Rules of Civil Procedure* zur *discovery* verstößt, unterliegt gesetzlichen Sanktionen (Rule 37 F. R. C. P.). Diese können in der Zahlung der Prozeßkosten einschließlich der Anwaltshonorare, im Verbot der Vorlegung nicht in Übereinstimmung mit den gegnerischen Behauptungen stehender Beweise, in der Fiktion bestimmter Sachverhalte als bewiesen oder in der Verurteilung wegen Mißachtung des Gerichts liegen (*contempt of court*). Aufgrund dieser Sanktionen wird der Aufforderung ein dem Zwangsermittlungsrecht in Strafsachen vergleichbares Gewicht zugeschrieben[23].

Dritte sind auf Antrag einer Prozeßpartei verpflichtet, alle im eigenen Besitz oder Verfügungsbereich befindlichen Urkunden vorzulegen bzw. darin Einsicht zu gewähren. Der Dritte hat die Urkunden entsprechend der im Geschäftsverkehr üblichen Form vorzulegen (Rule 45 (d) F. R. C. P.), d.h. er muß die Urkunden in angemessener Weise klassifizieren. Weiterhin kann der Dritte gegen die Forderung auf Vorlegung oder Einsicht von Urkunden Widerspruch einlegen. In diesem Falle ist zur zwangsweisen Durchsetzung der Forderung gegenüber dem Dritten ein Vollstreckungsbeschluß des Gerichts erforderlich.

Auch im US-amerikanischen Recht kann eine Prozeßpartei, die einen materiellrechtlichen Anspruch auf Auskunft oder Vorlegung gegenüber einem Dritten besitzt, diesen Anspruch theoretisch ebenfalls in einem getrennten Verfahren geltend machen. Wegen des weitreichenden Umfangs, der der Informations- und Beweisbeschaffung durch *discovery* zugestanden wird, besteht dazu im prozeßrechtlichen System des US-amerikanischen Rechts aber keine Notwendigkeit[24].

Im deutschen Recht ist die Vorlegungspflicht von Urkunden begrenzt und ihre Vorlegung wird häufig auf der Grundlage von Auskunftsansprüchen des materiellen Rechts gefordert. Die Durchsetzung im Wege einer Stufenklage ist zeit- und kostenaufwendig und daher nicht wünschenswert. Eine Informationsbeschaffung auf der Grundlage einer prozessualen Editionspflicht ist theoretisch überzeugender. Es wäre daher sicherlich sinnvoll, die Möglichkeiten der Auflegung einer auf das Prozeßrecht gestützten allgemeinen

---

23 Kenkyukai, Amerika ni okeru Minji Shiho no Doko, Jurisuto Nr. 1005 (1992), S. 76.
24 Gottwald, Linzer Universitätsschriften, Beiträge zum Zivilprozeßrecht V., S. 29.

Urkundenvorlagepflicht auch im deutschen Recht einer näheren Prüfung zu unterziehen.

Weiterhin gilt, daß es für den Beweisführer schwierig ist, Behauptungen über Beschaffenheit und Inhalt von Urkunden aufzustellen, wenn sich die wichtigen Informationen und Beweise in den Händen des Gegners befinden. Es ist daher zweifelhaft, inwieweit die Wirkung der Nichtvorlegung, d.h. die Anerkennung der Behauptungen des Beweisführers zu Art und Inhalt von Urkunden als bewiesen, tatsächlich vollziehbar ist. Überlegungen zur Einführung von im deutschen Recht nicht bekannten Einrichtungen, wie Mißachtung des Gerichts, sind sicherlich nicht erforderlich. Die Einführung der Fiktion des Beweises bestimmter Tatsachen verdient aber sicherlich auch im deutschen Recht eine nähere Erwägung.

E. Aussagen der Parteien und Dritter

1. Aussagen der Parteien

Nach dem deutschen Recht[25] müssen die Parteien dem Gericht die Sachverhalte erläutern. Dies beruht auf der Erklärungspflicht und der Wahrheitspflicht (§ 138). Einer Partei, die in Mißachtung einer gerichtlichen Anordnung des persönlichen Erscheinens nicht zum Termin erscheint, kann die Zahlung eines Ordnungsgeldes auferlegt werden (§ 141 Abs. 3). Das Gericht ist verpflichtet, zur Aufklärung von den Parteien vollständige Aussagen zu verlangen (richterliche Aufklärungspflicht, § 139).

Weiterhin tragen die Parteien als Beweispersonen Informationen und Beweise bei, d.h. sie bringen in den eigenen Händen befindliche Informationen über die Parteivernehmung als Beweise bei. Die Parteivernehmung ist allerdings nur subsidiäres Beweismittel. Ihre Durchführung ist nur zulässig, wenn die beweisbelastete Partei andere Beweismittel beantragt hat und die Beweisführung durch die anderen Beweismittel bereits in einem gewissen Maße erbracht wurde (§ 448). Auch wenn eine Partei die Aussage verweigert, hat sie lediglich einen Nachteil im Rahmen der freien Beweiswürdigung des Gerichts hinzunehmen (§§ 446, 453 Abs. 2).

---

[25] Vgl. dazu § 2 II. C. 1.

Im US-amerikanischen Recht sind den Prozeßparteien die folgenden Pflichten auferlegt: Zunächst einmal müssen die Parteien im Stadium der *discovery* dem Gegner die Namen der Personen mitteilen, die möglicherweise im Besitz von Informationen sind, wobei anzugeben ist, über welche Fakten diese Personen Kenntnisse haben. Dies betrifft im *pleading* detailliert vorgebrachte Behauptungen zu streitigen Tatsachen und soll eine *discovery* ermöglichen. Durch vorausgehende Mitteilung von Informationen über die Personen, deren Vernehmung als Beweispersonen beantragt werden soll, werden dem Gegner Überraschungen erspart. Weiterhin ermöglicht dies eine Zeitersparnis bei der Vorbereitung eines bevorstehenden Prozesses. Es gilt für die Sachverständigen, daß gleichermaßen detaillierte Informationen mitzuteilen sind wie bei Zeugnisablegung vor Gericht (Rule 26 (a) (2) F. R. C. P.)[26]. Dabei genügt es nicht, daß die beiden Parteien lediglich mitteilen, was ihnen bereits bekannt ist, sondern sie haben hierzu Nachforschungen anzustellen. Dies bezieht auch Nachforschungen ein, die für die eigene Sache nachteilig sind. Falls aus den Nachforschungen neue Informationen hervorgehen, haben die Parteien ihre bereits gemachten Angaben entsprechend zu korrigieren bzw. zu ergänzen.

Weiterhin besteht im Stadium der *discovery* die Möglichkeit, die gegnerische Partei und Zeugen mittels *deposition* zu befragen (Rule 30 F. R. C. P.). Dabei kann eine Partei den Gegner bzw. einen Dritten ohne Beteiligung der Richter in Gegenwart eines gerichtlichen Urkundsbeamten (*court reporter*) zu sämtlichen den Prozeßgegenstand betreffenden Gegenständen vernehmen.

Normalerweise sind die Parteien mit den Sachverhalten der Angelegenheit am besten vertraut. Entsprechend stellt die Informationsbeschaffung von den Parteien für die angemessene Klärung der Sachverhalte ein wichtiges Hilfsmittel dar. Das deutsche und das US-amerikanische Recht stimmen darin überein, daß der Informationsbeschaffung durch die Parteien ein weiter Bereich zugestanden wird. Ein Merkmal des deutschen Systems ist, daß das Gericht mitunter auch Aussagen von den Parteien fordern kann. Wie bereits aufgezeigt, sollte im Interesse einer einfacheren und flexibleren Beweisbeschaffung auch in Deutschland ein System eingeführt werden, das eine direkte Informationsbeschaffung zwischen den Parteien zuläßt.

---

[26] Es wird ein eingehender Bericht über tatsächliche Grundlagen, Grundzüge der Aussage des Experten, Angaben seiner früheren Tätigkeit, Angaben seiner bisherigen Publikationen, Beweiswert des Sachverständigengutachtens gefordert.

Ob das US-amerikanische System vollständig übernommen werden könnte, ist allerdings zweifelhaft. Das *disclosure* ist ein Verfahren, das ohne Teilnahme des Gerichts zwischen den beiden Parteien abläuft. Davon abgesehen ist den Parteien die Pflicht zur eigenen Beibringung von Informationen und zur Nachforschung auferlegt. Die Parteien haben allerdings nur solche Informationen beizubringen, die im Zusammenhang mit Tatsachen stehen, die im *pleading* bestimmt und behauptet wurden (Rule 26 (1) (A), (B) F. R. C. P.). In dieser Voraussetzung besteht zweifellos Ähnlichkeit mit der Substantiierungslast und Erklärungspflicht (§ 138 Abs. 2) nach deutschem Recht. Im US-amerikanischen Recht wird der Streit über das Bestehen oder Nichtbestehen der Voraussetzung allerdings, auf der Basis der in der *discovery* erhaltenen Ergebnisse, beigelegt. Das bedeutet, daß diese Voraussetzung zur Ausweitung des Umfangs der *discovery* führen kann, obwohl sie zwecks seiner Einschränkung geregelt wurde. Weiterhin sind die Parteien in der *discovery* berechtigt, Fragen zu allen im Zusammenhang mit dem Prozeßgegenstand stehenden Punkten zu stellen. Überdies hat ungeachtet dessen, daß es sich um ein Verfahren ohne direkte richterliche Mitwirkung handelt, die Nichterfüllung nicht nur tatsächliche Sanktionen zur Folge, sondern auch die Auferlegung gesetzlicher Sanktionen. Die geltende ZPO kennt kein System der Beschaffung von Informationen und Beweisen zwischen den Parteien. Fraglich ist, ob ein solches System in der ZPO problemlos funktionieren würde.

2. Aussagen von Dritten

Dritte bringen als Zeugen die von ihnen im Besitz befindlichen Informationen bei. Im deutschen Recht ist die Zeugenpflicht im Unterschied zur Urkundenvorlagepflicht eine allgemeine Pflicht. Eine Befreiung von dieser Pflicht erfolgt nur, wenn der Zeuge ein Zeugnisverweigerungsrecht besitzt. Das Gericht kann Erscheinen, Eid und Aussage des Zeugen durch Anordnung von Ordnungsgeld und Ordnungshaft sowie durch Belastung mit den durch das Nichterscheinen entstandenen Kosten erzwingen (§§ 380 Abs. 1, 390).

Der Sachverständige wird von Amts wegen oder auf Antrag bestellt und er beurteilt den Sachverhalt aufgrund seines Fachwissens. Der Sachverständige ist ein Gehilfe des Richters, wobei von ihm gefordert ist, unabhängig von den Interessen der beiden Parteien zu sein.

Nach dem US-amerikanischen Recht kann der Besitzer von Informationen, die für den Prozeß bedeutend sind, mittels *deposition* mündlich (Rule 30 F. R. C. P.) oder schriftlich (Rule 31 F. R. C. P.) befragt werden. Wenn der Besitzer solcher Informationen nicht die gegnerische Partei, sondern ein Dritter ist, muß die Partei dem Dritten zusammen mit der Mitteilung der Durchführung der *deposition* eine Vorladung zustellen. Falls die entsprechende Darlegung nicht nur in der *discovery*, sondern auch im *trial* benötigt wird, bezeugt der Besitzer der Informationen den Inhalt der Darlegung als Zeuge. Wenn die Darlegung des Informationsbesitzers in der Zeugenaussage vom Inhalt der *deposition* abweicht, besteht die Möglichkeit, daß er aufgrund der *deposition* angeklagt wird.

Im Unterschied zu Deutschland (und anderen Ländern mit kontinentalem Recht) wird im US-amerikanischen Recht bei Begutachtung durch Gutachter (*expert*) der Inhalt der Begutachtung von den Parteien kontrolliert[27]. Ungeachtet der Vorschriften der *Federal Rules of Evidence*[28] und der *Uniform Rules of Evidence* (*Model Expert Testimony Act*)[29] wird von der Möglichkeit eines vom Gericht benannten Gutachters (*court-appointed expert*) kaum Gebrauch gemacht[30]. Der Prozeßbeteiligte beauftragt zu einem speziellen prozeßrelevanten Thema einen Sachverständigen (*expert witness*), der dieses Thema untersucht und dann als Zeuge herangezogen werden kann. Der Sachverständige ist verpflichtet, auf Verlangen des Gegners das Material vorzulegen, das er bei seiner Begutachtung verwendet hat. Auch die Gespräche zwischen dem Sachverständigen und dem Prozeßvertreter sind Gegenstand der Offenbarung. Diese muß auch dann erfolgen, wenn durch das Vorzeigen mittels *privilege* geschützte Inhalte offengelegt werden müssen.

Der Gegenstand der Aussage von Dritten ist im deutschen Recht gleichermaßen weit gefaßt wie im US-amerikanischen Recht. Weiterhin sind bei Nichtaussage ebenfalls drastische Sanktionen vorgesehen. Im deutschen Recht wird die auf Aussagen Dritter gestützte Informations- und Beweisbeschaffung mit Beteiligung des Gerichts durchgeführt. Dies ist im US-amerikanischen Recht nicht der Fall. Sollte ein System geschaffen werden, das einer Partei ermöglicht, von ihrem Gegner ausreichende Informationen

---

[27] Langbein, 52 U. Chi. L. Rev. 835.
[28] Fed. R. Evid. 706.
[29] Unif. R. Evid. 706, 13 U.L.A. 319 (1974).
[30] Langbein, 52 U. Chi. L. Rev. 841 f.

über Dritte zu erhalten, bestünde wohl zumindest vorerst keine Notwendigkeit zur Schaffung einer neuen Einrichtung, über die sie den Dritten außerhalb des Prozesses befragen kann.

F. Vorlegung anderer Objekte als Urkunden und Duldung des Augenscheins

Nach dem deutschen Recht erfolgt die Vorlegung anderer Objekte als Urkunden und deren Untersuchung grundsätzlich durch den Augenschein. Der Augenschein wird durchgeführt, indem der Besitzer des Augenscheinsobjekts dieses dem Gericht vorlegt. Kann das Augenscheinsobjekt nicht vorgelegt werden, erfolgt die Augenscheinseinnahme am Ort der Begebenheit. Der Augenschein ist eine Form der Beweisaufnahme, d.h. am Augenschein ist das Gericht beteiligt und die Vorlage von Augenscheinsobjekten erfolgt vor Gericht. Zumindest nach der ZPO sind die Parteien ausnahmsweise zur Duldung von Untersuchungen zur Feststellung der Abstammung verpflichtet (§ 372a Abs. 1). Wenn eine Partei diese Untersuchung ungerechtfertigt verweigert, kann unmittelbarer Zwang oder die zwangsweise Vorführung angeordnet werden (§ 372a Abs. 2).

Demgegenüber wird im US-amerikanischen Recht die Vorlegung von Objekten und Duldung des Augenscheins sowohl von den Prozeßparteien als auch von Dritten in einem weit gefaßten Rahmen verlangt. Im Stadium des *disclosure* sind die Parteien verpflichtet, die Untersuchung der Rechnungen zur geforderten eigenen Schadenshöhe und der dieser zugrunde liegenden Unterlagen zu gestatten und Kopien von Versicherungspolicen zur Abdeckung durch das Urteil anfallender Verpflichtungen vorzulegen bzw. deren Untersuchung zu gestatten (Rule 26 (a) (1) F. R. C. P.). In Fällen, in denen das Verlangen bezweckt, daß der Richter nicht den beurkundeten Inhalt, sondern die Urkunde als solche oder deren Schrift in Augenschein nimmt, dürfte dies dem Augenschein des deutschen Rechts entsprechen. Im Stadium der normalen *discovery* kann eine Partei vom Gegner die Vorlegung beweglicher Güter und Ortsbesichtigung fordern (Rule 34 F. R. C. P.). Weiterhin kann das Gericht dem Gegner aufgeben, sich körperlicher oder geistiger Untersuchungen zu unterziehen (Rule 35 F. R. C. P.).

Dritte haben die Pflicht, sämtliches in ihren Händen oder in ihrem Verfügungsbereich befindliches Material vorzulegen. Darüber hinaus sind Dritte verpflichtet, die Besichtigung eigenen Eigentums zu gestatten. Bei der Erfüllung seiner Pflicht hat der Dritte die Vorlegung in der im Geschäftsverkehr üblichen Form zu tätigen (Rule 45 (d) F. R. C. P.).

Die Möglichkeit einer Anerkennung der Vorlegung von Augenscheinsobjekten und der Duldung des Augenscheins dürfte auch im deutschen Recht bestehen. In der Rechtsprechung ist eine Vorlegungspflicht von Augenscheinsobjekten und Duldungspflicht des Augenscheins bereits zugestanden worden[31]. Darüber hinaus wurde auch im Kommissionsbericht von 1977, Diskussionsentwurf von 1999, Referentenentwurf des ZPO-RG und Entwurf des ZPO-RG die Einführung dieser Pflichten vorgeschlagen. Augenscheinsobjekte sind Urkunden gleichgestellte „bewegliche" Beweise, deren Wichtigkeit für die Beschaffung von Informationen und Beweisen klar auf der Hand liegt. Die Einführung dieser Pflichten dürfte daher auch in Deutschland näher zu prüfen sein.

III. Vergleich zwischen japanischem und US-amerikanischem Recht

A. Einführung

Die Informations- und Beweisbeschaffung im japanischen Recht unterscheidet sich von der im US-amerikanischen Recht in der Funktion des Systems. Im amerikanischen Recht ist die Beschaffung von Informationen unabhängig davon zu sehen, ob die beschafften Informationen auch tatsächlich im *trial* als Beweise vorgelegt werden. Demgegenüber werden Informationen und Beweise im japanischen Recht auch heute noch, ebenso wie im deutschen Recht, unter der Voraussetzung beschafft, daß diese als Beweismittel im Prozeß verwendet werden.

In der jZPO von 1996 wurde das Beschaffungssystem für Informationen und Beweise gesetzlich geregelt. Seinerzeit war vorgeschlagen worden, die gesamte *discovery* ganzheitlich aus dem amerikanischen Recht zu übernehmen. Mit der jZPO von 1996 wurde die *discovery* dann aber nicht vollständig,

---

31 Vgl. LG Köln, NJW-RR 1994, 1487; LG Frankfurt (Main), NJW-RR 1991, 13; OLG München, NJW 1984, 807.

sondern nur teilweise eingeführt[32]. Repräsentativ für das eingeführte *discovery*-System sind die Parteibefragung und die allgemeine Vorlegungspflicht von Urkunden.

Als Einrichtung, die eine reine Beschaffung von Informationen und Beweisen bezweckt, existierte in der ajZPO nur das Anwaltserkundigungssystem (§ 23.2 jAnwaltsgesetz). Mit der jZPO von 1996 wurde hierzu die Parteibefragung ergänzt. Eine dahingehende Änderung, der Beweissicherung eine beweisoffenbarende Funktion zu geben, erfolgte nicht. Die Einführung der allgemeinen Urkundenvorlagepflicht ist eine Änderung, mit der eine gesetzliche Lösung für die vollständige Handhabung der begrenzten Urkundenvorlagepflicht geschaffen wurde.

Nachstehend soll das System des japanischen Rechts mit Schwerpunkt auf der Parteibefragung und der allgemeinen Vorlegungspflicht von Urkunden mit dem US-amerikanischen Recht verglichen werden. Für den Vergleich dieser Einrichtungen bestehen die folgenden Gründe: Zunächst einmal stellt die Einführung dieser Einrichtungen hinsichtlich der Informations- und Beweisbeschaffung die wichtigste Änderung dar. Als nächstes gilt, daß beide dem US-amerikanischen System sehr ähnliche Züge aufweisen. Bei der Parteibefragung stand das amerikanische *interrogatory* für die Gesetzgebung Modell. Die allgemeine Urkundenvorlegungspflicht ist dem US-amerikanischen *discovery*-System ähnlich, das in einem weit gefaßten Bereich die Anforderung der Vorlegung von Urkunden ermöglicht. Der grundlegende Rahmen des japanischen Rechts ist jedoch, nach wie vor der gleiche, wie beim deutschen Recht. Von den vorgenommenen Änderungen abgesehen gilt daher, daß das vorstehend unter II. zum Vergleich zwischen dem deutschen und dem US-amerikanischen Recht Gesagte im Prinzip auch auf den Vergleich zwischen dem japanischen und dem US-amerikanischen Recht zutrifft.

---

32 Vgl. dazu § 4 IV und V.

B. Parteibefragung und *interrogatory*

1. Ähnliche Merkmale

Unter den Punkten, in denen sich Parteibefragung[33] und *interrogatory*[34] ähnlich sind, ist zunächst zu nennen, daß es sich um Systeme handelt, bei denen der Austausch von Informationen zwischen den Parteien ohne die Beteiligung des Gerichts abläuft. Die Freiheit der Parteien, keine für die eigene Sache nachteiligen Informationen zu zeigen, wird durch diese Systeme eingeschränkt[35].

Als nächstes gilt, daß sowohl die Parteibefragung als auch das *interrogatory* bei anhängigem Prozeß erfolgt. Wegen der Unterschiede zwischen dem japanischen und amerikanischen Prozeßsystem sind bei der Parteibefragung allerdings Unzulänglichkeiten hinzunehmen, die beim *interrogatory* nicht bestehen. Im US-amerikanischen Recht sind in der Klageschrift Informationen anzugeben, die den Gegner erkennen lassen, welchen Gegenstand die Sache betrifft und welche Abhilfe gefordert wird (*notice pleading*, Rule 8 F. R. C. P.). Dabei kann der Kläger die Klage erheben, auch wenn er zum Zeitpunkt der Klageerhebung über keine ausreichenden Informationen verfügt. Entsprechend stellt es im US-amerikanischen Recht für den Kläger keinen Nachteil dar, wenn er erst bei anhängigem Verfahren vom Gegner Informationen erhalten kann. Demgegenüber sind im japanischen Recht in der Klageschrift wichtige mittelbare Tatsachen und Beweise anzugeben (§ 53 jZPRechtsverordnung). Der Kläger läuft dadurch Gefahr, die Klage nicht anstrengen zu können, wenn er zum Zeitpunkt der Klageerhebung mangels Informationen die geforderten Angaben nicht machen kann. In Japan werden mit der jZPO von 1996 vom Kläger in der Klageschrift ausführlichere Angaben als unter der vorherigen gefordert. Es ist daher anzunehmen, daß im Unterschied zu Deutschland die Möglichkeit einer lockeren Auslegung des eingetragenen Inhalts gering ist.

---

33 Vgl. dazu § 4 V. B.

34 Vgl. dazu § 3 III. D. 1. b.

35 In Japan wird die Anerkennung der Pflicht von Parteien, ihnen nachteilige Informationen durch die Parteibefragungen zu offenbaren, als Paradigmenwechsel bezeichnet. Takahashi, Shin Minji Sosho Ho Ronko, 1998, S. 206; Takeshita / Aoyama / Ito (Hrsg.), Kenkyukai Shin Minji Sosho Ho: Rippo, Kaishaku, Unyo, 1999, S. 176; Omura, Shin Minji Sosho Ho to Amerika Ho—Sotenseiri, Shoko Shushu no Hikaku wo Chushin to shite, Jiyu to Seigi Bd. 48, Heft 12 (1997), S. 89.

2. Unterschiedliche Merkmale

a. Wirkung der Nichtbeantwortung

Die Nichtbeantwortung hat bei Parteibefragung und *interrogatory* unterschiedliche Wirkungen.

Bei Verletzung der Vorschriften der *Federal Rules of Civil Procedure* zum *interrogatory* werden gesetzliche Sanktionen (Rule 37 F. R. C. P.) gegen die betreffende Partei und auf der Anwaltsethik basierende Sanktionen angeordnet. Die gesetzlichen Sanktionen bestehen in der Zahlung der Prozeßkosten einschließlich der Anwaltshonorare, dem Verbot der Vorlegung mit den Behauptungen des Gegners nicht übereinstimmender Beweise, der Fiktion bestimmter Sachverhalte als bewiesen. Die Verletzung stellt zugleich eine Mißachtung des Gerichts dar. Auf der Anwaltsethik basierende Sanktionen richten sich gegen den Anwalt. Sie bestehen in der Aberkennung der Anwaltsbefähigung und in einer Herabstufung der Beurteilung als Anwalt (als tatsächlicher Nachteil).

Demgegenüber sind für den Fall der Nichtbeantwortung der Parteibefragung keine bestimmten Sanktionen vorgeschrieben. Aus diesem Grunde werden auch bei unbegründeter Nichtbeantwortung der Parteibefragung zumindest keine gesetzlichen Sanktionen angeordnet. Der als Prozeßvertreter tätige Anwalt dürfte gemäß Anwaltsethik dem Mandanten das Bestehen seiner Pflicht zur Beantwortung in Treu und Glauben erläutern und ihn davon überzeugen, ihm die in seinen Händen befindlichen Informationen zu zeigen. Die Beantwortungspflicht ist jedoch keine Pflicht des Anwalts, sondern eine Pflicht der Partei. Der Anwalt ist daher auch dann, wenn ihm die Informationen bekannt sind, nicht in der Lage, die Parteibefragung gegen den Willen der Partei zu beantworten.

Allerdings werden auch bei der Parteibefragung Sanktionen nicht als überflüssig angesehen. In den Lehrmeinungen werden eine Reihe von Mitteln geprüft, die in der Praxis die Funktion von Sanktionen erfüllen könnten[36]. Als erstes wird die Meinung vertreten, daß dem Beantworter als Folge der Nichtbeantwortung Prozeßkosten aufgelegt werden sollten[37]. Als zweites

---

36 Vgl. dazu § 4 V. B. 2. f.

37 Zadankai: Minji Sosho Ho Kaisei no Chukantenbo, Jurisuto Nr. 1028 (1993), S. 25; Nakano, Kaisetsu Shin Minji Sosho Ho, 1997, S. 35; Shimizu, Tojisha Shokai Seido,

wird dafür eingetreten, daß der Befrager bei Nichtbeantwortung beim Gericht eine Anordnung der Vorlegung von Urkunden und tatsächlichen Aufklärung verlangen kann[38]. Allerdings gilt, daß diese Maßnahmen unabhängig davon beantragt werden können, ob der Gegner die Befragung beantwortet oder nicht. Es ist daher fraglich, ob dies als eine Wirkung der Nichtbeantwortung zu bezeichnen ist.

Praktisch besteht die wirksamste Sanktion darin, die Gegebenheit der Nicht- oder Falschbeantwortung in den gesamten Inhalt der Verhandlungen einzubeziehen[39]. Dadurch wird die erfolgte Nicht- oder Falschbeantwortung bei der Bildung der freien Beweiswürdigung berücksichtigt, so daß sich die Wahrscheinlichkeit erhöht, daß sich dieser Umstand für den Beantworter nachteilig niederschlägt. Eine solche Berücksichtigung betrifft den Ausgang des Prozesses direkt, weshalb ihr als praktische Sanktion der höchste Stellenwert zugesprochen wird.

Es wird auch die Meinung vertreten, daß tatsächliche Sanktionen gegen den Rechtsanwalt zulässig sind[40]. Eine Grundlage hierfür gibt die Anwaltsethik. Konkret sind hier z.B. Treu und Glauben gegenüber dem Gericht (§ 4 Vorschriften zur Anwaltsethik) und die Kooperationspflicht des fairen Verfahrens (§ 53 Vorschriften zur Anwaltsethik) zu nennen. Allerdings sind diese in Japan bezüglich der Nicht- oder Falschbeantwortung der Parteibefragung nicht immer vollziehbar. Im US-amerikanischen Recht ist nahezu ständig ein Anwalt als Prozeßvertreter beteiligt, so daß auf der Anwaltsethik beruhende Sanktionen in nahezu allen Prozessen sinnvoll sind. Im japanischen Recht besteht dagegen kein Anwaltszwang, weshalb Fälle häufig sind, in denen eine Partei die Klage ohne Beauftragung eines Anwalts eigenhändig abwickelt. Wenn kein Anwalt als Prozeßvertreter existiert, kommen auch keine aus der Anwaltsethik begründeten Sanktionen gegen den Rechtsanwalt in Frage. Weiterhin ist es in Japan selten, daß eine Anwaltskammer disziplinarisch gegen einen Anwalt vorgeht. Dies bedeutet, daß die Ausführbarkeit von Sanktionen gegen den Anwalt in Japan im Unterschied zu Amerika nur gering ist.

Jurisuto Nr. 1098 (1996), S. 50.

38 Ichimon-Itto, S. 167.

39 Oda, Tojisha Shokai Seido in: Kobayashi (Hrsg.), Shin Minji Sosho Ho no Kaisetsu, 1997, S. 234, 241; Masuda / Tahara, Shoko Shushu Hoho no Kakuju, Hanreitaimuzu Nr. 851 (1994), S. 11, 15; Nakano, Kaisetsu Shin Minji Sosho Ho, S. 35.

40 Takeshita / Aoyama / Ito (Hrsg.), Kenkyukai Shin Minji Sosho Ho, S. 175.

Wenn in einem Prozeß kein Anwalt als Prozeßvertreter herangezogen wird, haben die Sanktionen praktisch nur geringe Bedeutung. Ein Anwalt als Rechtssachverständiger ist befähigt, der Prozeßpartei die Bedeutung gesetzlich vorgeschriebener Sanktionen aus deren Verständnis heraus zu erläutern. Aufgrund dieser Erläuterung ist die Wahrscheinlichkeit groß, daß die Existenz der Sanktionen von der Partei bei der Beantwortung berücksichtigt wird. Entsprechend gilt, daß die gesetzlichen Sanktionen ausführbar sind, wenn ein Anwalt Prozeßvertreter ist. Wird der Prozeß dagegen von der Prozeßpartei eigenhändig geführt, besteht die Gefahr, daß sie den Zweck des Systems nicht ausreichend versteht und die Befragung durch Fahrlässigkeit in übermäßigem oder ungenügendem Umfang beantwortet. Weiterhin kann auch dann, wenn der Beteiligte trotz ausreichendem Verständnis des Systems gegen die Beantwortungspflicht verstößt, nicht unbedingt davon ausgegangen werden, daß er auch versteht, daß bei Verweigerung der Beantwortung die Gefahr eines späteren Nachteils besteht. Aus dieser Sicht ist zweifelhaft, ob gesetzliche Sanktionen tatsächlich zu einer angemessenen Beantwortung führen.

b. Inhalt der Befragung

Ein weiterer Unterschied zwischen Parteibefragung und *interrogatory* besteht hinsichtlich des Inhalts der Befragung. Beim *interrogatory* besteht die Möglichkeit, vom Gegner auch Auskünfte über dessen Meinung zu Tatsachen und / oder die rechtliche Einschätzung von Tatsachen zu verlangen. Bei der Parteibefragung dagegen ist die Erfragung von Meinungen untersagt (Art. 163 Nr. 4 jZPO). Zulässig wäre aber die Befragung dazu, ob die Absicht zum Zugeständnis besteht. Dies ergibt sich daraus, daß die Parteien mit der Beschaffung von Informationen durch Parteibefragung ihre Beweisführung vorbereiten und im Falle eines Zugeständnisses die Notwendigkeit zur Vorbereitung einer solchen Beweisführung entfällt.

3. Geheimnisschutz

Parteibefragung und *interrogatory* sind Systeme zur Beschaffung ausreichender Informationen über das in den Händen des Gegners befindliche Material. Dabei kommen auch Fälle vor, in denen der Gegner auf die Befragung hin für ihn schutzwürdige Geheimnisse offenlegen muß. Hier dürften sicherlich Überlegungen zum Schutz des Gegners erforderlich sein.

Nach Art. 163 jZPO sind folgende Arten der Befragung gesetzlich unzulässig: Nicht konkrete oder getrennte Anfragen (Nr. 1), den Gegner beleidigende oder belästigende Anfragen (Nr. 2), bereits erfolgte Anfragen duplizierende Anfragen (Nr. 3), vom Gegner die Abgabe einer Meinung fordernde Anfragen (Nr. 4), einen unangemessenen Kosten- und Zeitaufwand zur Beantwortung erfordernde Anfragen (Nr. 5) und Anfragen zu Inhalten, zu denen Zeugnisverweigerung möglich ist (Nr. 6). Anfragen, die wissentlich schutzwürdige Geheimnisse einbeziehen, fallen unter Nr. 2 und sind daher nicht zugelassen.

Auch wenn der Befrager der Ansicht ist, daß Nr. 2 auf den Anfrageinhalt nicht zutrifft, und die Tatsache der Nichtbeantwortung in der Verhandlung geltend macht, dürfte dies für den Gegner keine Probleme aufwerfen. Im japanischen Recht existieren keine gesetzlichen Sanktionen gegen eine die Befragung nicht beantwortende Partei. Als praktische Sanktion kann bei der Tatsachenbestätigung die Tatsache der Nichtbeantwortung als in den gesamten Inhalt der Verhandlungen einbezogen berücksichtigt werden, was zu einer für die betreffende Partei nachteiligen Beurteilung führen kann[41]. Man geht allerdings davon aus, daß die befragte Person auch dann, wenn Sie bei der Beantwortung der Befragung über eigene Geheimnisse keine Auskunft gibt, nicht in die Gefahr einer für sie nachteiligen Behandlung läuft, solange es sich dabei um schutzwürdige Geheimnisse handelt. Die befragte Partei kann nämlich dem Gericht gegenüber vorbringen, daß die zur Beantwortung geforderten Gegenstände schutzwürdige Geheimnisse einschließen und dies eine Befreiung von der Beantwortung begründet, damit das Gericht die Nichtbeantwortung in der freien Beweiswürdigung nicht in einer für die eigene Person nachteiligen Weise wertet.

Im US-amerikanischen Recht dürfen die Parteien das *interrogatory* nicht ohne weiteres aufgrund eines *privilege* verweigern. Bei fortgesetzter Verweigerung einer Beantwortung besteht die Möglichkeit, daß der entsprechenden Partei gesetzliche Sanktionen aufgelegt werden (Rule 37 F. R. C. P.). Der Geheimnisträger kann vom Gericht den Erlaß einer *protective order* verlangen. In der Praxis wird durch großzügige Anwendung von Rule 26 (c) F. R. C. P. zur *protective order* nicht nur die Befreiung von der Beantwortung, sondern auch der Schutz von Geheimnissen versucht, die mit den Auskünften preisgegeben wurden. In der Rechtsprechung wurde auch zugestanden, daß im *interrogatory* erteilte Auskünfte nicht der Auskunft

---

41 Vgl. dazu § 4 V. B. 2. f.

verlangenden Partei, sondern nur deren Prozeßvertreter gezeigt werden[42]. Zudem wurde zugestanden, daß das Gericht dem Prozeßvertreter aufgeben kann, ihm gezeigte Geheimnisse nicht unter der Hand an seinen Mandanten oder Dritte weiterzugeben[43]. Dies wurde jeweils aus Rule 26 (c) (7) F. R. C. P. hergeleitet. Diese Vorschrift regelt, daß die Offenbarung von Geschäftsgeheimnissen oder geheimen Informationen aus Forschung, Entwicklung oder Transaktionen (außerhalb der bezeichneten Methoden) untersagt werden kann.

C. Vorlegung von Urkunden

1. Allgemeine Vorlagepflicht von Urkunden

Sowohl das japanische[44] als auch das US-amerikanische Recht[45] legt den Parteien und Dritten eine allgemeine Pflicht zur Vorlegung von Urkunden auf.

Nach dem japanischen Recht kann eine Prozeßpartei vom Gericht fordern, dem Besitzer einer Urkunde eine Anordnung der Vorlegung zu erteilen. Neben Urkunden, auf die die Partei im Prozeß Bezug genommen hat, Urkunden, an denen der Beweisführer einen Anspruch auf Übergabe oder Einsicht besitzt, Urkunden, die im Interesse des Beweisführers erstellt wurden und Urkunden, die über ein Rechtsverhältnis zwischen dem Beweisführer und dem Urkundenbesitzer ausgefertigt worden sind (Art. 220 Nr. 1 bis 3 jZPO), ist der Gegner auch zur Vorlegung sonstiger Urkunden (Art. 220 Nr. 4 jZPO) verpflichtet. Als Ausnahme besteht die Urkundenvorlagepflicht nicht, wenn der Besitzer ein Zeugnisverweigerungsrecht (Art. 196 f. jZPO) hat oder die Urkunde zur ausschließlichen Verwendung durch den Besitzer der Urkunde ausgestellt wurde (Art. 220 Nr. 4 (a) bis (c) jZPO). Bezüglich der Gründe des Nichtbestehens der Vorlegungspflicht gilt, daß nach dem Rechtsgrundsatz der Beweispflicht der Antragsteller beweispflichtig ist.

Auch für Dritte besteht diese Urkundenvorlagepflicht in gleicher Weise wie für die gegnerische Partei. Urkunden, die sich im Zusammenhang mit der

42 Stillman v. Vassileff, 100 F.R.D. 467 (S.D.N.Y.1984).
43 Tavoulareas v. Washington Post Co., 724 F.2d 1013 (D.C.Cir.1984).
44 Vgl. dazu § 4 V. C.
45 Vgl. dazu § 3 III. D.

amtlichen Tätigkeit von Beamten in deren Besitz oder Verwahrung befinden, sind von dieser Pflicht allerdings ausgenommen[46].

Wenn eine Partei eine Urkunde nicht vorlegt, obwohl sie zur Vorlegung verpflichtet ist, können die den Inhalt der Urkunde betreffenden Behauptungen des Gegners als wahr angesehen werden (Art. 224 Abs. 1 und 2 jZPO). Weiterhin können die vom Gegner zu beweisenden Tatsachenbehauptungen als solche als wahr angesehen werden, wenn es für den Gegner sowohl sehr schwierig wäre, konkrete Behauptungen über den in der Urkunde beurkundeten Inhalt zu erheben als auch die zu beweisenden Tatsachen mit anderen Mitteln als der betreffenden Urkunde zu beweisen (Art. 224 Abs. 3 jZPO). Die letztere ist eine mit der jZPO von 1996 neu zugelassene Sanktion. Unter den Sanktionen gegen die Nichtbefolgung der *discovery* besitzt sie Ähnlichkeit mit der Sanktionsmaßnahme, eine bestimmte Tatsache als bewiesen anzusehen. Einem Dritten, der einer Anordnung der Vorlegung einer Urkunde nicht nachkommt, wird die Zahlung eines Bußgelds in Höhe von max. 200,000 Yen (ca. 4,000 DM) auferlegt (Art. 225 jZPO).

Wie unter II. D. aufgezeigt, besteht im US-amerikanischen Recht eine Vorschrift, die verlangt, daß beide Parteien im Stadium des *disclosure* ihrem Gegner von sich aus Kopien oder Listen aller in ihrem Besitz befindlichen, für den Rechtsstreit relevanten Dokumente vorlegen. Beide Parteien sind verpflichtet, die Prüfung ihrer Berechnungen zur eigenen geforderten Schadenshöhe und der diesen zugrunde liegenden Dokumente sowie etwaiger Versicherungspolicen, die die Zahlung aus dem Urteil resultierender Verpflichtungen garantieren, zuzulassen oder Kopien davon vorzulegen (Rule 26 (a) (1) F. R. C. P.). Im Stadium der normalen *discovery* kann die Vorlegung von Urkunden gemäß Rule 34 F. R. C. P. (*production of documents*) verlangt werden.

Gegen eine Partei, die eine Urkunde nicht vorlegt, obwohl sie zur Vorlegung verpflichtet ist, sind gesetzliche Sanktionen vorgesehen (Rule 37 F. R. C. P.). Als solche kommen in Betracht: die Zahlung von Prozeßkosten einschließlich der Anwaltshonorare, das Verbot der Vorlegung von Beweisen, die mit den gegnerischen Behauptungen nicht übereinstimmen, die Behandlung einer bestimmten Tatsache als bewiesen und die Verurteilung wegen Mißachtung des Gerichts.

---

[46] Vgl. dazu § 4 IV. B.

Ein Dritter ist verpflichtet, auf Antrag einer Partei sämtliche im eigenen Besitz bzw. in der eigenen Verfügungsgewalt befindliche Urkunden vorzulegen oder Einsicht darin zu gewähren. Dabei hat der Dritte diese Urkunden in der im Geschäftsverkehr üblichen Form vorzulegen, d.h. die Urkunden müssen angemessen sortiert und charakterisiert sein (Rule 45 (d) F. R. C. P.). Der Dritte kann gegen die Vorlegung bzw. Einsicht der Urkunden Einrede erheben. Bei Einrede des Dritten erfordert die Erzwingung der Vorlegung einen Vollstreckungsbeschluß des Gerichts.

Die Urkundenvorlagepflichten des japanischen und amerikanischen Rechts unterscheiden sich vorwiegend in den folgenden Punkten:

Erstens gilt, daß im japanischen Recht die Urkundenvorlegung nicht immer in einem frühen Stadium des Prozesses gefordert wird. Demgegenüber wird das Zeigen von Informationen im US-amerikanischen Recht im Prinzip im frühen Stadium des Prozesses verlangt.

Zweitens gilt, daß die Urkundenvorlegung im japanischen Recht zwischen Gericht und Urkundenbesitzer abgewickelt wird. Um eine Urkunde erhalten zu können, hat die Partei beim Gericht Antrag auf Erteilung einer Anordnung der Vorlegung von Urkunden zu stellen. Die entsprechende Urkunde wird dann dem Gericht vorgelegt. Demgegenüber läuft die Vorlegung von Urkunden im amerikanischen Recht zwischen der die Vorlegung verlangenden Partei und dem Urkundenbesitzer ab.

Drittens gilt, daß es im japanischen Recht ausreicht, wenn nur jeweils die Urkunden vorgelegt werden, für die der Antragsteller die Anordnung der Vorlegung von Urkunden beantragt hat. Demgegenüber sind im US-amerikanischen Recht sämtliche Urkunden vorzulegen, die mit Streitpunkten im Prozeß in Zusammenhang stehen. Entsprechend ist die Spanne der vorzulegenden Urkunden in den USA sehr weit gefaßt.

Viertens gilt, daß sich die Arten der Sanktionsmaßnahmen zwischen beiden Ländern unterscheiden. Insbesondere besteht im japanischen Recht keine Sanktion aufgrund der Mißachtung des Gerichts.

Aus diesen Unterschieden resultieren Unterschiede in den Prozeßsystemen des japanischen und US-amerikanischen Rechts. Deutschland besitzt im Prinzip das gleiche Prozeßsystem wie das des japanischen Rechts. Entsprechend dürfte das japanische System für das deutsche Recht als Referenz wohl einfacher verwendbar sein.

2. Bestimmung der Urkunde

Das *disclosure* im amerikanischen Recht ist ein System, das die Parteien zu einem frühen Zeitpunkt des Verfahrens Informationen zeigen läßt, um auf diesem Wege ein effektives *trial* zu erreichen.

Bei der Gesetzgebung zur jZPO von 1996 war zum gleichen Zweck die Einführung eines dem *disclosure* ähnlichen Systems vorgeschlagen worden, bei dem die einzelnen Parteien ein Verzeichnis der zur Vorlegung vorgesehenen Urkundenbeweise einreichen[47]. Von der Einführung eines solchen Systems für das vorausgehende Zeigen der Urkundeninformationen wurde dann aber abgesehen[48]. Statt dessen wurde den Parteien mit der jZPO von 1996 die Möglichkeit eröffnet, die Anordnung der Vorlegung einer Urkunde beantragen zu können, ohne diese vorab klar bestimmen zu müssen. Es ist ausreichend, wenn eine Partei in Fällen, in denen es für sie sehr schwierig wäre, die zur Bestimmung erforderlichen Gegenstände klarzulegen, bei der Beantragung lediglich Gegenstände anzugeben, die dem Besitzer der Urkunde die Identifizierung der Urkunde ermöglichen (Art. 222 Abs. 1 jZPO). Auf einen solchen Antrag hin kann das Gericht dem Urkundenbesitzer aufgeben, die zur Bestimmung der Urkunde erforderlichen Gegenstände klarzulegen (Art. 222 Abs. 2 jZPO).

Die Vorgaben für den Grad der Bestimmung einer Urkunde bei Verlangen der Urkundenvorlegung sind im japanischen und amerikanischen Recht ähnlich. Nach US-amerikanischem Recht muß die Bestimmung der in die *discovery* einbezogenen Urkunden nicht einzeln für jede Urkunde (*by individual item*) geschehen, sondern kann anhand von Kategorien (*by category*) erfolgen (Rule 34 (b) F. R. C. P.). Eine Bestimmung anhand von Kategorien und die Angabe der Gegenstände zur Identifizierung durch den Urkundenbesitzer bei der Beantragung der Anordnung der Urkundenvorlegung (Art. 222 jZPO) sind in etwa gleichbedeutend. Zu beachten ist jedoch, daß das Zugeständnis dieser Vorgaben im japanischen Recht auf bestimmte Situationen begrenzt ist (vgl. Art. 222 Abs. 1 jZPO).

---

[47] Der Erste Entwurf, S. 32.
[48] Vgl. dazu § 4 IV. A.

Über den Grad der Bestimmung der Urkunde wird im Prinzip aber nur die Beantragung erleichtert. Bei der Erteilung der Anordnung der Vorlegung müssen die einzelnen Urkunden konkret bestimmt sein. Zu diesem Zweck ist jede einzelne Urkunde bei der Beantragung so weit zu konkretisieren, wie dies durch Bestimmung anhand von Kategorien und mit Hilfe der vom Urkundenbesitzer in seinem Besitz befindlichen Informationen möglich ist. Entsprechend dürfte die von Rule 34 (b) F. R. C. P. vorgeschriebene Bestimmung mit „zumutbarer Genauigkeit" (*reasonable particularity*) wohl auch im japanischen Recht erforderlich werden. Der Inhalt einer solchen Bestimmung dürfte auch im japanischen Recht in gleicher Weise wie beim *relative test*[49] im US-amerikanischen Recht unter ganzheitlicher Berücksichtigung der im jeweiligen Fall vorliegenden Situation beurteilt werden[50].

3. Geheimnisschutz

a. Entbindung von der Urkundenvorlagepflicht und *privilege*

Die Länder, die den Prozeßparteien und Dritten eine allgemeine Vorlagepflicht von Urkunden auferlegen, sehen wichtige Ausnahmen vor.

Bei der *discovery* finden Begrenzungen und Entbindungen aufgrund von *privilege* statt. Ein typisches Beispiel für *privilege* ist das sog. *work product*, d.h. vom Anwalt zur Vorbereitung des Prozesses erstellte Schriftstücke und persönliche Gedächtnishilfen oder Notizen[51]. Sofern es sich nicht um Urkunden handelt, deren Vorbereitung oder Beschaffung dem Prozeß als Prämisse zugrunde liegt, ist ein *work product* von der *discovery* ausgenommen (Rule 26 (b) (3) F. R. C. P.). Falls eine Urkunde für die Prozeßvorbereitung der *discovery* fordernden Partei faktisch erforderlich ist und gleichzeitig die Beschaffung von gleichwertigem Material mit anderen Mitteln für diese Partei sehr schwierig wäre, muß die Urkunde von ihrem Besitzer dennoch vorgelegt werden. Hierzu hat die *discovery* fordernde Partei allerdings nachzuweisen, daß eine solche Situation besteht. Ob auch Folgerungen und Stellungnahmen des Anwalts, das sogenannte *opinion work product*,

---

49 Tiedman v. American Pigment Corp., 232 F.2d 803 (1958); Mitsui&Co. (USA) Inc. v. Puerto Rico Water Resources Authority, 79 F.R.D. 72 (1978); Mallinckrodt Chemical Works v. Goldman, Sacks&Co., 58 F.R.D. 348 (1973).

50 Miki, Bunsho Teishutsu Meirei (4) – Bunsho Tokutei Sekinin in: Miyake / Shiozaki / Kobayashi (Hrsg.), Shin Minji Sosho Ho Taikei, Bd. 3, 1997, S. 178, 198.

51 Vgl. dazu § 3 III. D. 1. f. bb.

vorzulegen sind, ist noch umstritten. In einem Teil der Präzedenzfälle wurde entschieden, daß die Vorlage von *opinion work product* auf keinen Fall verlangt werden kann[52], während die Gerichte in anderen Fällen zu einer gegenteiligen Auffassung gelangten[53].

Im US-amerikanischen Recht kann der Besitzer einer Urkunde, über die keine Vorlegungspflicht besteht, vom Gericht die Erteilung einer *protective order* verlangen. Das Gericht ist befugt, das *disclosure* bzw. die *discovery* auf Antrag der zur *discovery* aufgeforderten Person zu untersagen, um diese vor Bedrängnis, Druck oder übermäßiger Belastung bzw. übermäßigen Kosten zu schützen (Rule 26 (c) (1) F. R. C. P., *protective order*).

Im japanischen Recht sind unter Art. 220 Nr. 4 (a) bis (c) jZPO die Ausnahmen von der Urkundenvorlagepflicht geregelt. Entbindung erfolgt, wenn dem Besitzer ein Zeugnisverweigerungsrecht (Art. 196 f. jZPO) zusteht oder wenn die Urkunde für ausschließliche Verwendung durch ihren Besitzer angefertigt wurde. Eine spezielle Vorschrift zum *work product* ist hier nicht vorhanden. Es dürfte daher vom Gericht beurteilt werden, ob auf eine Urkunde, die zum *work product* zählt, einer der unter Art. 220 Nr. 4 jZPO geregelten Gründe zutrifft[54]. Diese Beurteilung erfolgt eventuell unter Ausschluß der gegnerischen Partei im *in-camera*-Verfahren (vgl. u. c.). Weiterhin kann die Beurteilung ergeben, daß nur eine teilweise Vorlegung der Urkunde angeordnet wird.

b. Anordnung der teilweisen Vorlegung von Urkunde und *protective order*

Die teilweise Vorlegung einer Urkunde verwirklicht den Schutz der Privatsphäre oder von Geschäftsgeheimnissen des Urkundenbesitzers.

---

52 Upjohn Co. v. U.S., 449 U.S. 383 (1981); Comment, The Potential for Discovery of Opinion Work Product under Rule 26 (b) (3), 64 Iowa L. Rev. 103 (1978); Note, Protection of Opinion Work Product under the Federal Rules of Civil Procedure, 64 Va. L. Rev. 333 (1978).

53 In re San Juan Dupont Plaza Hotel Fire litigation, 859 F.2d 793 (1982); Holmgrem v. State Farm Mut. Auto. Ins. Co., 976 F.2d 573 (1992); Handgards, Inc. v. Johnson & Johnson, 413 F.Supp. 926 (1996).

54 Hara, Bunsho Teishutsu Meirei (1)—Gakusha kara mita Bunsho Teishutsu Gimu in: Miyake / Shiozaki / Kobayashi (Hrsg.), Shin Minji Sosho Ho Taikei, Bd. 3, 1997, S. 110, 136 f.

Nach der jZPO von 1996 kann das Gericht anordnen, daß nur ein Teil einer Urkunde vorgelegt wird, wenn die Urkunde, für die eine Anordnung der Vorlage beantragt wurde, Teile enthält, die zur Beweisaufnahme nicht benötigt werden oder über die keine Vorlegungspflicht besteht (Art. 223 Abs. 1 jZPO)[55]. Als zur Beweisaufnahme nicht benötigt gelten Teile, in denen keine zwischen den beiden Parteien streitigen Tatsachen beurkundet (Art. 181 Abs. 1 jZPO) oder die als Beweise nicht erforderlich sind. Als nicht der Vorlegungspflicht unterliegend gelten Teile, über die der Besitzer zur Geheimhaltung verpflichtet ist, zu denen er ein Zeugnisverweigerungsrecht besitzt oder in denen Gegenstände verzeichnet sind, die berufliche oder technische Geheimnisse berühren[56].

Auch im US-amerikanischen Recht kann durch *protective order* die Befragung zu bestimmten Gegenständen untersagt oder das *disclosure* bzw. *discovery* auf bestimmte Gegenstände begrenzt werden (Rule 26 (c) (4) F. R. C. P.). Auch besteht die Möglichkeit, daß Informationen nicht gezeigt werden, die Geschäftsgeheimnisse oder Geheimnisse aus Forschung, Entwicklung oder Transaktionen betreffen (Rule 26 (c) (7) F. R. C. P.).

Im japanischen wie im US-amerikanischen Recht unterliegt die Erteilung der Anordnung der Beurteilung durch das Gericht. Dieser Umstand kommt auch dem deutschen Recht entgegen. Die Vorschriften des US-amerikanischen Recht sind noch konkreter als die des japanischen, es steht aber zu erwarten, daß sich auch im japanischen Recht aus der Auslegung die gleiche Anwendung wie bei der *protective order* ergeben wird.

c. *in-camera*-Verfahren und *Vaughn procedure*

Bei Fällen, in denen Geheimnisse, insbesondere Geschäftsgeheimnisse, des Urkundenbesitzers problematisch sind, ist die gegnerische Partei in einer sehr großen Zahl von Fällen ein Geschäftskonkurrent. In solchen Fällen ist es für den Urkundenbesitzer eine wichtige Frage, ob seine Geheimnisse nicht nur gegenüber Dritten, sondern auch gegenüber dem Gegner geschützt werden. Für den Urkundenbesitzer besteht die Notwendigkeit, von der Vorlegung von Urkunden entbunden zu werden, deren Inhalt Geheimnisse

---

55 Vgl. dazu § 4 V. C. 4.

56 Ichimon-Itto, S. 264; Omura, Bunsho Teishutsu Meirei (6)—Hatsurei Tetsuduki to Seisai in: Miyake / Shiozaki / Kobayashi (Hrsg.), Shin Minji Sosho Ho Taikei, Bd. 3, 1997, S. 224, 232 f.

enthalten. Wenn allerdings der Inhalt einer solchen Urkunde während des Beurteilungsprozesses zum Bestehen oder Nichtbestehen der Vorlegungspflicht dem Gegner zur Kenntnis gelangt, kommt das praktische Resultat für den Urkundenbesitzer einer Vorlegung gleich. Aus diesem Grunde wird ein System erforderlich, das Geheimnisse bei der Beurteilung des Bestehens oder Nichtbestehens der Vorlegungspflicht schützt.

Nach Art. 223 Abs. 3 jZPO kann bei der Beurteilung des Bestehens oder Nichtbestehens der allgemeinen Urkundenvorlagepflicht (Art. 220 Nr. 4 jZPO) die Einsicht in solche Urkunden auf das Gericht begrenzt werden (*in-camera*-Verfahren)[57]. Die Bezeichnung „*in-camera*-Verfahren" lehnt sich an das unter dem amerikanischen *Freedom of Information Act* geregelte *in-camera*-Verfahren an. Bei beiden Systemen wird über die Notwendigkeit des Zeigens im Gerichtssaal unter Ausschluß der Öffentlichkeit beraten. Sie unterscheiden sich allerdings darin, daß beim japanischen *in-camera*-Verfahren nicht nur die allgemeine Öffentlichkeit, sondern auch die Parteien und deren Prozeßvertreter von der Offenlegung ausgeschlossen sind, während die Offenlegung im *in-camera*-Verfahren des US-amerikanischen Rechts in manchen Fällen auch gegenüber den Prozeßvertretern zugelassen wird.

In der Praxis wird in den USA vom *in-camera*-Verfahren allerdings relativ wenig Gebrauch gemacht. Statt dessen zieht man die *Vaughn procedure* heran. Die *Vaughn procedure* ist eines der Verfahren zur Beurteilung, ob Gründe vorliegen, die das Zeigen bestimmter Informationen unnötig machen. Der Besitzer der Informationen erstellt einen Katalog (*Vaughn index*) der Gründe für das Nichtbestehen der Notwendigkeit zum Vorlegen der Informationen. Dieser *Vaughn index* wird als *affidavit* vorgelegt, in dem keine derart detaillierten Angaben erforderlich sind, daß Geheimnisse Dritten zur Kenntnis gelangen würden. Durch dieses Verfahren kann der Urkundenbesitzer die Beziehungen zwischen Urkunde und den Gründen des Nichtbestehens der Notwendigkeit des Zeigens darlegen, ohne den Inhalt der Urkunde (sein Geheimnis) dem Antragsteller oder dem Gericht preiszugeben. Entsprechend sind Geheimnisse durch die *Vaughn procedure* noch besser geschützt als selbst im *in-camera*-Verfahren des japanischen Rechts.

---

57 Vgl. dazu § 4 V. C. 3.

In Japan tritt ein Teil der Lehrmeinungen dafür ein, dem *in-camera*-Verfahren eine *Vaughn procedure* vorzuschalten[58]. Dies wird mit dem umfangreichen Gebrauch begründet, der in Amerika von der *Vaughn procedure* gemacht wird. Weiterhin wird angeführt, daß Geheimnisse in der *Vaughn procedure* auch dem Gericht nicht gezeigt zu werden brauchen, so daß ein ausreichender Geheimnisschutz gegeben sei. Die Forderung des Gerichts nach Vorlegung des *Vaughn index* solle als Ausübung des Aufklärungsrechts angesehen werden. Wenn eine Partei dem Gericht gegenüber die Durchführung einer *Vaughn procedure* verlangt, solle dies vom Gericht respektiert werden.

Die Einführung solcher Verfahren in das deutsche Recht dürfte nicht unmöglich sein. Sollte eine auf dem Prozeßrecht basierende Urkundenvorlegungspflicht vom geltenden Recht auf breiter Ebene zugestanden werden, wird zwangsläufig auch ein System zum Schutz von Geheimnissen des Urkundenbesitzers erforderlich. Die Anordnung der Vorlegung von Urkunden ist ein Mittel zur Beibringung von Beweisen und keine Beweisaufnahme an sich. Entsprechend besteht, formell gesehen, bei diesem Verfahren keine Notwendigkeit zur unmittelbaren Gewährleistung des unter § 357 Abs. 1 geregelten Rechts der Parteien auf Anwesenheit bei der Beweisaufnahme. Auch besteht die Möglichkeit der Zulassung geheimer Verfahren, die die Offenlegung gegenüber der gegnerischen Partei (Parteiöffentlichkeit) einschränken. Auch wenn dies nicht rechtswidrig ist, scheint doch eine sehr sorgsame Prüfung angezeigt, ob ein geheimes Verfahren, bei dem zumindest keine Vorlegung vor Gericht erfolgt, auch tatsächlich zugelassen werden sollte.

IV. Vergleich zwischen deutschem und japanischem Recht

A. Einführung

Vorbild Japans erster Zivilprozeßordnung war die deutsche Civilprozeßordnung von 1877[59]. Aufgrund dieses geschichtlichen Hintergrunds besaßen

58 Miki, Bunsho Teishutsu Meirei no Moshitate oyobi Shinri Tetsuduki in: Matsumoto / Miyazaki (Hrsg.), Koza Shin Minji Sosho Ho, Bd. 2, 1999, S. 88 ff.

59 Vgl. dazu § 4 I. A.

die deutsche ZPO und die japanische ZPO bis 1996 die gleichen Grundzüge. Entsprechend zeigen sich in den Zivilprozeßordnungen der beiden Länder auch die gleichen Unzulänglichkeiten in Bezug auf die Beschaffung von Informationen und Beweisen. In Japan orientierte man sich bei der Auslegung der Zivilprozeßordnung an der Rechtsprechung und an Lehrmeinungen in Deutschland, wobei versucht wurde, das System der Informations- und Beweisbeschaffung auf dieser Basis auszuweiten[60].

In Japan existiert allerdings kein selbständiges Beweisverfahren. Zumindest nach dem Gesetz kann die Beweissicherung nur zur Sicherung von Beweisen herangezogen werden. Ein Gebrauch allein zur Vorlage wird nicht zugestanden. Darüber hinaus war auch die Erweiterung des Beschaffungssystems für Informationen und Beweise durch Heranziehung von Informationsansprüchen aus dem materiellen Recht nicht generell üblich. Zwar bestehen mit §§ 645 jBGB (Auskunftspflicht des Beauftragten), 673 jBGB (Prüfungsrecht nicht geschäftsführungsberechtigter Vereinsmitglieder), 153 jHGB (Aufsichtsrecht der Teilhaber von Gesellschaften mit beschränkter Haftung) und 293.6 jHGB (Recht von Aktionären zur Einsicht in die Geschäftsbücher) auch im japanischen materiellen Recht Bestimmungen, die Informationsansprüche beinhalten, das japanische Recht kennt aber kein System der Stufenklage (vgl. § 254 dZPO). Weiterhin ist wegen der Langwierigkeit von Prozessen auch die Durchsetzung solcher Ansprüche in einer separaten Klage sinnlos. Aus diesem Grunde liegen auch praktisch keine Präzedenzfälle vor, in denen die Ausübung eines Auskunftsanspruchs zugestanden wurde[61]. Das Problem der Unzulänglichkeit des Systems der Informations- und Beweisbeschaffung war daher in Japan größer als in Deutschland.

Im Rahmen des Gesetzgebungsverfahrens zur jZPO von 1996 untersuchte man nicht nur das deutsche System, sondern auch Systeme anderer Länder. In der Folge wurden dann Bestimmungen zur Parteibefragung und zur allgemeinen Vorlegungspflicht von Urkunden aufgenommen. Diese Systeme kennt das deutsche Recht nicht. Das Informations- und Beweisbeschaffungssystem des geltenden japanischen Rechts wurde zum Teil vom US-amerikanischen Recht beeinflußt. Dies bedeutet auch, daß das japanische Recht sich aus seiner vollständigen Abhängigkeit vom deutschen Recht löste. Dies gilt sowohl für die Parteibefragung als auch die allgemeine Vorle-

60 Vgl. dazu § 4 II. B.
61 Kobayashi, Shin Shoko Ho, 1998, S. 108.

gungspflicht von Urkunden sind Einrichtungen, deren Gesetzgebung unter dem Einfluß des angloamerikanischen Rechts stand. Nachstehend soll das mit der jZPO von 1996 rechtlich erweiterte japanische System mit Schwerpunkt auf diesen Systemen mit dem deutschen System verglichen werden.

B. Selbständiges Beweisverfahren und Parteibefragung

Sowohl im deutschen als auch im japanischen Recht erfolgt die Erhebung von Beweisen grundsätzlich unter Beteiligung des Gerichts während des Prozesses. Zur Abrundung und Förderung der Verhandlungen ist allerdings ein flexibleres Verfahren zur Beschaffung der im Prozeß benötigten Informationen und Beweise sinnvoll. Aus diesem Grunde sieht das deutsche Recht das selbständige Beweisverfahren (§§ 485 ff.) und das japanische Recht die Parteibefragung (Art. 163 jZPO) vor[62]. An dieser Stelle sollen das selbständige Beweisverfahren und die Parteibefragung näher miteinander verglichen werden.

Weiterhin werden außerhalb der Zivilprozeßordnung in Deutschland auch Informationsansprüche des materiellen Rechts genutzt, während im japanischen Recht ein Anwaltsbefragungssystem (§ 23.2 jAnwaltsgesetz) vorgegeben ist. Dies sind Systeme, die zumindest nicht in der Prozeßordnung geregelt sind, weshalb sie von der Untersuchung ausgenommen werden.

Das selbständige Beweisverfahren findet als ein auf Effektivität der Beweisbeschaffung angelegtes Instrument in Japan starke Beachtung[63]. In der jZPO von 1996 ist dieses System aber nicht vorgesehen. Die Verbesserung der Beweissicherung wurde im Gesetzgebungsprozeß kaum diskutiert und man behielt die diesbezüglichen Bestimmungen der ajZPO praktisch unverändert bei. Die Gründe für die Nichteinführung des selbständigen

62 Im japanischen Recht kommt der Beweissicherung (Art. 234 ff. jZPO) im Unterschied zum selbständigen Beweisverfahren des deutschen Rechts zumindest rechtlich keine beweisoffenbarende Funktion zu. Rechtlich handelt es sich um ein System, das wie die deutsche Beweissicherung vor der Einführung des selbständigen Beweisverfahrens eine vorausgehende Beweiserhebung nur in Fällen zuläßt, in denen der Gebrauch eines Beweises vor Beginn des Hauptverfahrens unmöglich oder sehr schwierig wird. Aus diesem Grunde soll die Beweissicherung hier nicht näher untersucht werden.

63 Vgl. dazu Kasuga, Minji Shoko Ho Ronshu, 1995, S. 111 ff.; Kigawa / Ikuta, Kisomaewakai to Kantei, Hanreitaimuzu Nr. 847 (1995), S. 32 ff.

Beweisverfahrens wurden nicht klargestellt. In Japan wird von vielen Lehrmeinungen kritisiert, daß der Beweissicherung mit der jZPO von 1996 keine beweisoffenbarende Funktion gegeben wurde[64].

In der jZPO wurde als besonderes Instrument zur effektiven Beweisbeschaffung die Parteibefragung eingeführt. Sie hat mit dem selbständigen Beweisverfahren gemeinsam, daß es sich dabei ebenfalls um ein flexibles System für eine während und außerhalb des Prozesses erfolgende Informationsbeschaffung handelt.

Das selbständige Beweisverfahren ist durch folgende Merkmale charakterisiert:

(a) Es handelt sich um ein während und außer des Prozesses verwendbares System der Beweiserhebung.

(b) Es wird auf Grundlage des Antrags einer Partei beim Gericht durchgeführt, wobei das Gericht am Verfahren beteiligt ist.

(c) Gemäß § 485 Abs. 1 setzt das selbständige Beweisverfahren die Zustimmung des Gegners und die Gefahr, daß das Beweismittel verloren geht oder seine Benutzung erschwert wird, voraus. Für die Beantragung der schriftlichen Begutachtung durch einen Sachverständigen ist die Voraussetzung das Bestehen eines rechtlichen Interesses an der Feststellung des konkreten Sachverhaltes (§ 485 Abs. 2).

(d) Urkundenbeweise und die Parteivernehmung finden im selbständigen Beweisverfahren nicht statt (§ 485 Abs. 1).

Demgegenüber besitzt die Parteibefragung folgende Charakteristika:

(a) Nach allgemeiner Auffassung kann eine Partei die Befragung nur während des anhängigen Prozesses durchführen[65].

---

64 Kobayashi, Shin Shoko Ho, S. 123; Kasuga, Minji Shoko Ho Ronshu, S. 44 ff., 54.

65 Der Zeitpunkt der Parteibefragung ist streitig. Vgl. dazu § 4 V. B. 2. b. Nach herrschender Meinung ist eine Befragung vor der Zustellung der Klageschrift unzulässig. Nichibenren Minji Sosho Ho Kaisei Mondai Iinkai (Hrsg.), Shin Minji Sosho Ho no Pointo, 1997, S. 58; Zadankai: Shin Minji Sosho Ho Ka deno Shinri wo saguru (1), Hanreitaimuzu Nr. 931 (1997), S. 4, 23; K. Yamamoto, Tojisha Shokai ni kansuru Shomondai, Hanreitaimuzu Nr. 965 (1998), S. 16, 18.

(b) Es handelt sich um ein System, bei dem eine Partei Informationen direkt von der gegnerischen Partei verlangt. Entsprechend ist das Gericht nicht am Verfahren beteiligt. Außerdem ist hervorzuheben, daß die Beweisbeschaffung im japanischen Recht wie im deutschen Recht grundsätzlich unter Beteiligung des Gerichts erfolgt, wobei von diesem Grundsatz auch in der jZPO von 1996 nicht abgewichen wurde. Die Parteibefragung scheint daher auf den ersten Blick gegen diesen Grundsatz zu verstoßen. Streng genommen dient sie aber nicht der Beweisbeschaffung, sondern lediglich einer vereinfachten Informationsbeschaffung zwischen den Parteien.

(c) Die Parteibefragung kann zu Tatsachen an sich erfolgen. Anfragen sind nicht nur zu im Prozeß bereits behaupteten Tatsachen möglich, sondern auch zu noch nicht behaupteten Tatsachen. So kann z.B. ein Beklagter, der das Nichtbestehen einer Verbindlichkeit behauptet, zur konkreten Vorbereitung der Einrede der noch nicht behaupteten Verjährung, den Kläger zu den Verhältnissen zum Zeitpunkt des Besitzbeginns befragen. Es ist zulässig, daß eine Partei — angesichts der auf ihre Fragen vom Gegner erhaltenen Auskünfte — entscheidet, daß die betreffende Behauptung unnötig ist und letztlich auf das entsprechende Vorbringen verzichtet.

(d) Die Parteibefragung kann auch zu Beweismitteln erfolgen, es ist aber nicht zulässig, im Zuge der Parteibefragung die Vorlage von Beweismitteln zu verlangen. Es bestehen allerdings keine Bedenken, wenn der Gegner einen Beweis von sich aus vorlegt.

Die Parteibefragung ist im Unterschied zum *disclosure* des US-amerikanischen Rechts kein Mittel, mit dem die Vorlage der Beweismittel selbst gefordert werden kann. Weiterhin sind im Unterschied zum *interrogatory* im Falle der Nicht- oder absichtlichen Falschbeantwortung keine gesetzlichen Sanktionen vorgesehen. Das Fehlen gesetzlicher Sanktionen birgt sicherlich die Gefahr, die Wirksamkeit des Systems herabzusetzen. Es könnte aber die Neueinführung des Systems der zwischenparteilichen Informationsbeschaffung erleichtern.

C. Vorlegung von Urkunden

1. Begrenzte Urkundenvorlagepflicht und allgemeine Urkundenvorlagepflicht

Der Umfang der Urkundenvorlagepflicht nach der deutschen ZPO ist begrenzt (§§ 422, 423). Vom grundlegenden Standpunkt der ZPO ausgehend kann sich die nicht risikobelastete Partei darauf beschränken, in ihren Händen befindliche Informationen und Beweise nur dann zu gebrauchen, wenn dies für sie vorteilhaft ist. Auch in keiner unmittelbaren Beziehung zum Prozeß stehende Dritte sind grundsätzlich nicht zur Mitwirkung an den Behauptungen und der Beweisführung der Parteien verpflichtet. Der Beweisführer muß, wenn er sich in seinem Parteivortrag auf konkrete bestimmte Urkunden bezieht, die sich nicht in seinem Besitz befinden, diesbezüglich die Anordnung der Urkundenvorlegung bei Gericht beantragen. Der Gegner ist auf der Grundlage der gerichtlichen Anordnung zur Vorlegung der Urkunden verpflichtet (§ 425).

Demgegenüber sind die Parteien und Dritte im japanischen Recht verpflichtet, die unter Art. 220 Nr. 1 bis 3 jZPO genannten Urkunden und – im Sinne einer Generalklausel – auch andere Urkunden (Art. 220 Nr. 4 jZPO) vorzulegen. Art. 220 Nr. 4 jZPO ist demnach eine Auffangvorschrift. Diese Regelungstechnik, die Spezial- und Generalklausel nebeneinander setzt, erscheint aus dem folgenden Grund sinvoll: Allein eine allgemeine Vorlegungspflicht wie Art. 220 Nr. 4 jZPO würde den Urkundenbesitzer im Vergleich zu den einem Zeugen obliegenden Pflichten benachteiligen. Da Urkunden verschiedenartige Inhalte umfassen können, bestünde zudem die Gefahr, daß den Parteien durch die allgemeine Formulierung auch im Prozeß unnötige oder für diesen nicht relevante Informationen bekannt gemacht würden. Darüber hinaus könnte die Vorlegung zwecks Verwendung im Prozeß für andere Zwecke verwendet werden[66]. Den genannten Bedenken steuern Art. 220 Nr. 1 bis 3 jZPO entgegen, die als Auslegungskriterien zur Bestimmung relevanter Urkunden herangezogen werden können, sofern die Ausnahmebestimmungen nicht ausreichend erscheinen.

Trotz der Einführung der allgemeinen Urkundenvorlagepflicht behält das japanische Recht auch heute noch im Prinzip den gleichen Rahmen wie das deutsche Recht bei.

---

66 Ichimon-Itto, S. 253 f.

Falls der angebliche Urkundenbesitzer Existenz, Besitz oder den Grund der Vorlegungspflicht der Urkunde bestreitet, muß der Antragsteller nach allgemeinen Beweislastregeln die Verpflichtung zur Vorlage beweisen. Dies bedeutet, daß eine Partei, die die Anordnung der Vorlegung beantragt, als Antragsteller das Nichtbestehen eines Ausnahmegrundes nachweisen muß. Damit gilt das gleiche wie in der Zeit, als noch eine begrenzte Urkundenvorlagepflicht bestand. Im Gesetz wurde daher nicht die gleiche Theorie umgesetzt wie bei den seit jeher mit einer allgemeinen Pflicht belasteten Zeugen, die ihre Zeugnisverweigerungsgründe rechtfertigen müssen (vgl. Art. 198 jZPO)[67].

Die Voraussetzung für die Anordnung der Urkundenvorlegung ist neben der Bestimmung der Urkunde auch der Nachweis, daß die Urkunde sich im Besitz des Gegners befindet (Art. 221 Abs. 1 Nr. 3 jZPO) und zur Beweisaufnahme erforderlich ist (Art. 181 Abs. 1 jZPO). Auch diese Voraussetzungen sind gegenüber der Zeit, in der eine begrenzte Vorlegungspflicht von Urkunden auferlegt war, unverändert.

Fraglos wurde in die jZPO eine allgemeine Vorlegungspflicht von Urkunden eingeführt. Es ist aber kaum anzunehmen, daß deshalb umgehend Anordnungen der Urkundenvorlegung auf allgemein formulierte Anträge hin erteilt werden. Weiterhin besteht sicherlich auch nicht die Gefahr, daß nun die Vorlegung kaum benötigter großer Urkundenvolumen mit geringer Relevanz verlangt wird[68]. Dem japanischen Recht dürfte daher das Lob zustehen, eine in sich schlüssige allgemeine Urkundenvorlagepflicht eingeführt zu haben.

2. Erleichterung der Urkundenbestimmung

Im deutschen Recht wird bei der Beantragung der Anordnung der Urkundenvorlegung die Bezeichnung der Urkunde, die Bezeichnung der Tatsachen, die durch die Urkunde bewiesen werden soll, und die möglichst vollständige Bezeichnung des Inhalts der Urkunde verlangt (§ 424 Nr. 1 bis 3), d.h. der Beweisführer muß die Vorlegung vom Gegner unter Bezugnahme auf eine

---

67 Es wird verlangt, daß der Besitzer der Urkunde in der Praxis das Bestehen eines Ausnahmegrundes nachweisen muß. Ichimon-Itto, S. 246; Nishiguchi, Shoko Shushu Tetsuduki (1) in: Tsukahara / Yanagida / Sonoo / Kato (Hrsg.), Shin Minji Sosho Ho no Riron to Jitsumu, Bd. 1, 1997, S. 393, 409.

68 Ichimon-Itto, S. 256.

konkrete Urkunde verlangen.

Auch im japanischen Recht sind bei der Beantragung im Prinzip die gleichen Bedingungen zu erfüllen (Art. 221 jZPO). Durch die jZPO von 1996 werden diese Bedingungen allerdings erleichtert, wenn sie vom Antragsteller zum Zeitpunkt der Antragstellung nur sehr schwer erfüllbar sind. In diesem Falle genügt es, wenn der Antragsteller Gegenstände angibt, anhand derer der Urkundenbesitzer erkennen kann, welche Urkunde zur Vorlegung angefordert wird (Art. 222 Abs. 1 jZPO). Eine Angabe von Gegenständen, die für den Urkundenbesitzer erkennen lassen, um welche Urkunde es sich handelt, gilt als in etwa gleichbedeutend mit der Bezeichnung einer Urkunde anhand von Kategorien im amerikanischen Recht (Rule 34 (b) F. R. C. P.)[69].

Die Voraussetzungen des deutschen Rechts bieten wirksamen Schutz vor dem Ausforschungsbeweis. Die Erfüllung dieser Voraussetzungen ist für den Antragsteller auf Erteilung der Anordnung aber nicht in jedem Falle einfach, da zu Urkunden, die sich in den Händen eines anderen befinden, einer Beschaffung von Informationen über Außenstehende Grenzen gesetzt sind. Insbesondere dann, wenn der Antragsteller weder den Hergang der Entstehung der Urkunde noch den darin beurkundeten Tatsachenhergang kennt, ist es für ihn schwierig, die geforderten Angaben auch nur vermutungsweise aus anderen Informationen herzuleiten. In der Folge ist der Antragsteller möglicherweise nicht in der Lage, von der Anordnung der Vorlegung Gebrauch zu machen. Es dürfte daher noch eine nähere Prüfung erforderlich sein, ob diese strengen Bedingungen ausnahmslos zu stellen sind.

3. Wirkung der Nichtvorlegung

Wenn im deutschen Recht der Gegner eine Urkunde nicht vorlegt, obwohl er zu deren Vorlegung verpflichtet ist, wird eine vom Antragsteller vorgelegte Abschrift als richtig angesehen oder die vom Antragsteller vorgebrachten Behauptungen zu Art und Inhalt der Urkunde können als bewiesen angesehen werden (§ 427).

Auch das japanische Recht sieht für den Fall der Nichtvorlegung einer Urkunde im Prinzip die gleiche Wirkung vor (Art. 224 Abs. 1 jZPO). Wenn es allerdings für den Antragsteller sowohl sehr schwierig ist, konkrete Behauptungen zum Inhalt der Urkunde aufzustellen als auch die mit der Urkunde

---

69 Miki, Bunsho Teishutsu Meirei no Moshitate oyobi Shinri Tetsuduki, S. 191 f.

zu beweisende Tatsache mit anderen Beweisen darzulegen, wird die das Beweisthema bildende Tatsache an sich als bewiesen angesehen (Art. 224 Abs. 3 jZPO).

In dem Falle, daß der Antragsteller keine konkreten Behauptungen über den in der Urkunde beurkundeten Inhalt vorbringen kann, sind die Sanktionen des deutschen Rechts nicht ausreichend. So wird z.B. in Prozessen über ärztliche Kunstfehler häufig die Vorlegung der Behandlungsunterlagen verlangt. Konkrete inhaltliche Behauptungen zu den darin dokumentierten ärztlichen Handlungen aufzustellen, ist für den als Kläger agierenden Patienten aber äußerst schwierig. In der Folge fallen die im Antrag auf Anordnung der Vorlegung aufgestellten Behauptungen zum Inhalt der Urkunden abstrakt aus. Auch wenn solche abstrakten Behauptungen als zutreffend zugestanden werden, trägt dies zur Bestätigung der das Beweisthema bildenden Tatsachen kaum etwas bei. Hier hat die Wirkung als Sanktion somit praktisch keinen Effekt[70]. Angesichts dieses Mangels dürfte die Wirkung der Nichtvorlegung sicherlich auch in Deutschland noch einmal zu überprüfen sein.

D. Pflicht zur Mitwirkung beim Augenschein

Nach japanischem Recht sind Parteien und Dritte, die Besitzer eines Augenscheinsobjekts sind, zur Mitwirkung beim Augenschein verpflichtet. Diese Mitwirkungspflicht besteht aus der Pflicht zur Vorlegung des Augenscheinsobjekts vor Gericht und der Pflicht zur Duldung des Augenscheins am Ort des Objekts, wenn dieses dem Gericht nicht vorlegbar ist. Diese beiden Pflichten sind in der jZPO nicht ausdrücklich vorgeschrieben, werden aber nach allgemeiner Ansicht als allgemeine Pflichten des öffentlichen Rechts angesehen[71]. Wenn keine legitimen Gründe vorliegen, hat die Verletzung dieser Pflicht durch Verweigerung des Augenscheins im Falle einer Partei einen Nachteil bei der Tatsachenfeststellung und im Falle eines Dritten die Auferlegung einer Geldstrafe zur Folge (Art. 232 jZPO).

---

70 Yoshimura / Kojima / Nomura, Chushaku Minji Sosho Ho, Bd. 7, 1995, S. 109; Omura, Bunsho Teishutsu Meirei (6), S. 238.

71 Kato, Tetsuduki Sairyo Ron, 1996, S. 210; Kaneko / Matsuura / Shindo / Takeshita, Jokai Minji Sosho Ho, 1986, S. 1084, 1087; Mikaduki, Minji Sosho Ho, 3. Aufl., 1992, S. 478.

In Deutschland werden die Pflichten zur Vorlegung von Augenscheinsobjekten und zur Duldung des Augenscheins zumindest in der ZPO nicht anerkannt. Eine Ausnahme bilden Untersuchungen zur Feststellung der Abstammung, die von allen Personen geduldet werden müssen (§ 372a).

Allerdings ist der Augenschein ein Beweisstück, dem bei der Aufklärung des Falls großes Gewicht zukommt. In der Rechtsprechung wurde die Pflicht der Mitwirkung beim Augenschein bereits anerkannt[72]. Darüber hinaus wurde im Kommissionsbericht von 1977[73], Diskussionsentwurf von 1999[74], Referentenentwurf des ZPO-RG[75] und Entwurf des ZPO-RG[76] die Einführung dieser Pflicht durch Änderung der ZPO vorgeschlagen. Die Anerkennung der Pflicht zur Mitwirkung beim Augenschein dürfte daher auch im deutschen Recht einer näheren Prüfung wert sein.

V. Vorschläge für eine bessere Informationsbeschaffung

A. Ansätze des Vorschlags

Im US-amerikanischen und japanischen Recht wurden in den letzten Jahren rechtliche Maßnahmen ergriffen, die eine bessere Beschaffung von Informationen und Beweisen ermöglichen sollen. In Deutschland läßt das System in der ZPO keine ausreichende Informationsbeschaffung zu. Auch im deutschen Recht dürfte es daher wichtig sein, die Mängel des derzeitigen prozeßrechtlichen Systems über die Anwendung und durch Gesetzesänderungen zu beheben, um die Informationsbeschaffung zu verbessern. Die Frage ist, welche Möglichkeiten dabei durch eine Beeinflussung des US-amerikanischen und japanischen Rechts bestehen.

Der am weitesten gefaßte Rahmen für die Informationsbeschaffung dürfte wohl nach US-amerikanischen Recht bestehen. Der Beweisführer hat die Möglichkeit, in der *discovery*, die sich bis hin zur Ausforschung von

---

[72] Vgl. LG Köln, NJW-RR 1994, 1487; LG Frankfurt (Main), NJW-RR 1991, 13; OLG München, NJW 1984, 807.

[73] Kommissionsbericht 1977, S. 151 ff.

[74] Diskussionsentwurf von 1999, S. 114 ff.

[75] Referentenentwurf des ZPO-RG, S. 12.

[76] BT-Drs. 14 / 3750, S. 10, 139.

Beweisen erstreckt, wichtige Informationen und Beweise für den Prozeß zu beschaffen.

Allerdings besitzt die deutsche Zivilprozeßordnung, wie bereits unter II. ausgeführt, eine andere Grundstruktur als das US-amerikanische Recht. Eine Einführung der *discovery* würden im deutschen Recht grundlegende Änderungen erforderlich machen.

Weiterhin macht die Einführung der *discovery* auch die Änderung der diese tragenden Infrastruktur erforderlich, insbesondere im Hinblick auf die Zahl der Anwälte und die Größe der Anwaltskanzleien.

Das US-amerikanische System ist sicherlich hervorragend in Bezug auf den großen Raum, den es der Informationsbeschaffung eröffnet. Gleichzeitig hat das radikale Wesen des US-amerikanischen Systems aber auch zu einer exzessiven Beweisbeschaffung bis hin zum Ausforschungsbeweis (*fishing expedition*) geführt, die die Rechte der gegnerischen Partei und Dritter verletzt. Mit häufigen Reformen der *Federal Rules of Civil Procedure* ist man bemüht, solche Unzulänglichkeiten abzustellen. Diese Reformen sind möglicherweise auf das gleiche Ziel gerichtet wie im deutschen Recht. Allerdings gehen beide von unterschiedlichen Stellungen aus. Das mit der Reform von 1993 eingeführte *disclosure* ist ein System, das unter den Funktionen der *discovery* nicht die Weitläufigkeit des Informationsbeschaffungssystems begrenzt, sondern eine Abklärung der Mittel der Beschaffung prozeßrelevanter Informationen anstrebt. Im Vergleich zum *disclosure* sind für die Informationsbeschaffung im heutigen deutschen Recht relativ wenige Systeme vorhanden, die darüber hinaus direkt an die Beweisaufnahme gekoppelt sind. Auch wenn der vom deutschen Recht anvisierte Zielpunkt mit dem des US-amerikanischen übereinstimmen sollte, gilt, daß es für das deutsche Recht nicht erforderlich oder auch unmöglich ist, die gleichen Mittel zu ergreifen wie die, die das US-amerikanische Recht auf dem Wege dorthin wählt.

Kurz gesagt, es sollte zumindest davon abgesehen werden, das Informationsbeschaffungssystem des US-amerikanischen Rechts in unveränderter Form in das deutsche Recht zu übernehmen. In diesen Grenzen war die bisherige, einer vollständigen Übernahme der *discovery* zurückhaltend gegenüberstehende Haltung des deutschen Rechts sicherlich gerechtfertigt. Ein wichtiger Gesichtspunkt bei der Prüfung der *discovery* zwecks

Verbesserung des Informationsbeschaffungssystems im deutschen Recht dürfte sein, daß es nicht darum geht, ob die *discovery* vollständig eingeführt oder ganz abgelehnt wird, sondern welche Einrichtungen der *discovery* in welchem Umfange eingeführt werden sollten.

Von diesem Ansatz aus verdient die jZPO von 1996 bei der Ausarbeitung von Vorschlägen für ein besseres System eingehende Berücksichtigung. In Japan wurde der Versuch unternommen, eine neue Zivilprozeßordnung unter Orientierung an ausländischen Rechtssystemen und den Gebräuchen der japanischen Praxis zu erlassen. In die daraus hervorgegangene jZPO von 1996 wurde dann in Teilbereichen US-amerikanisches Recht integriert und das Informationsbeschaffungssystem damit rechtlich abgerundet. Bei der Erweiterung und Vervollständigung des Systems durch die jZPO von 1996 ging man von dem Ansatz aus, anhand der Situation in den USA, wo die Vor- und Nachteile sehr deutlich zu Tage treten, konsequent die positiven und negativen Aspekte eines ausgewachsenen Informationsbeschaffungssystems aufzugreifen. Dieser Ansatz dürfte auch für das deutsche Recht zur Orientierung beitragen, da das deutsche Recht genau wie das vorherige japanische Recht kein im großen Maßstab angelegtes Informations- und Beweisbeschaffungssystem kennt. Allerdings schließt auch dieser Ansatz nicht aus, daß durch die Erweiterung und Vervollständigung des Beschaffungssystems neue Probleme entstehen. Er dürfte aber sehr wirksam dazu beitragen, diese auf ein Mindestmaß zu begrenzen. Weiterhin gilt, daß mit der jZPO von 1996 die Grundzüge der ersten Zivilprozeßordnung, die ihr als Muster diente, im Prinzip beibehalten wurden. Dadurch liegen dem deutschen und dem japanischen Recht auch heute noch im Prinzip die gleichen Strukturen zugrunde. Dies ermöglicht auch den direkten Vergleich zwischen dem deutschen und dem japanischen Recht und die Prüfung der Übernahme oder Nichtübernahme von Systemen.

Im nachfolgenden soll versucht werden, einen Vorschlag für eine bessere Informationsbeschaffung im deutschen Recht vorzulegen. Im Prinzip werden dazu unter den Systemen des japanischen Rechts diejenigen ermittelt, die hierzu vorteilhaft wären und für eine Einführung in das deutsche Recht in Frage kommen.

Hier ist vom System des japanischen Rechts die Möglichkeit der Einführung der allgemeinen Urkundenvorlagepflicht zu untersuchen. Diese Untersuchung findet ihre Begründung darin, daß seine Einführung in die jZPO von

1996 eine wichtige Verbesserung in Bezug auf die Informationsbeweisbeschaffung darstellte. Ferner wurde eine allgemeine Urkundenvorlegungspflicht bereits auch in anderen Ländern eingeführt[77] und wird auch in Deutschland seit langem diskutiert[78].

Zur Verbesserung der Informationsbeschaffung wurden in Deutschland verschiedene Änderungen in der ZPO vorgeschlagen. Unter den Vorschlägen der jüngsten Zeit fand wohl der Vorschlag von Gottwald auf dem 61. Deutschen Juristentag die stärkste Beachtung[79]. Auch der Verbesserungsvorschlag des Diskussionsentwurfs von 1999, Referentenentwurfs und Entwurfs des ZPO-RG stützt sich auf den Vorschlag Gottwalds. Die nachstehend ausgeführten Verbesserungsvorschläge gehen ebenfalls darauf zurück.

B. Allgemeine Vorlagepflicht von Urkunden

1. Möglichkeiten der Einführung der allgemeinen Vorlagepflicht von Urkunden

Die begrenzte Urkundenvorlagepflicht des Prozeßrechts ist für die Aufklärung des Sachverhaltes unzulänglich. Auch die großzügige Anwendung in Rechtsprechung und Lehre und die Nutzung von materiellrechtlichen Informationsansprüchen reicht zum Ausgleich dieser Unzulänglichkeit nicht immer aus. Vielmehr ist erforderlich, durch Änderung der Zivilprozeßordnung eine allgemeine Vorlagepflicht von Urkunden einzuführen. In Deutschland wird diese Notwendigkeit bereits seit langem aufgezeigt.

Mit der jZPO von 1996 wurde eine allgemeine Vorlegungspflicht von Urkunden unter Beibehaltung der formellen Anlage der vorherigen Vorschriften eingeführt. In der Folge bestehen nach Art. 220 jZPO gleichzeitig eine Pflicht der Vorlegung der unter Nr. 1 bis 3 genannten Urkunden und – mit Ausnahme der unter Nr. 4 (a) bis (c) geregelten Fälle – eine Pflicht zur Vorlegung sämtlicher Urkunden.

Eine allgemeine Vorlegungspflicht von Urkunden ist normalerweise so geregelt, daß bei Vorliegen bestimmter Voraussetzungen die Pflicht der

---

77 Vgl. dazu § 1.
78 Vgl. dazu § 2 V. und VI.
79 Gottwald, Gutachten, A 19 ff.

Vorlegung besteht, wobei die Vorlegung in Ausnahmefällen bei Bejahung gerechtfertigter Gründe nicht erforderlich ist[80].

Aber in der ZPO ist wie bei der ajZPO bereits im begrenzten Umfange eine Urkundenvorlagepflicht vorgegeben. In der Praxis wird die limitierende gesetzliche Bestimmung durch die Auslegung in Rechtsprechung und Lehrmeinungen und durch Auskunftsansprüche aus dem materiellen Recht ergänzt. Eine solche Situation bestand bis zur Verabschiedung der jZPO von 1996 auch in Japan. Der aus dieser Situation heraus definierte Art. 220 jZPO dürfte für das deutsche Recht nicht nur theoretisch, sondern auch als praktisches Ausführungsbeispiel interessant sein. Auch im deutschen Recht besteht die Möglichkeit, die geltenden §§ 422, 423 unverändert beizubehalten und gleichzeitig eine allgemeine Vorlegungspflicht von Urkunden einzuführen.

Bei dieser Bestimmung sind allerdings aufgrund seiner Anlage die Beziehungen zwischen den einzelnen Regeln problematisch. Es stellt sich die Frage, ob Art. 220 Nr. 1 bis 3 jZPO und Art. 220 Nr. 4 jZPO einander gleichgestellt sind oder ob eine Seite zunächst angewendet wird und die andere diese ergänzt. Nach den Erklärungen des Gesetzgebers regeln Art. 220 Nr. 1 bis 3 jZPO und Art. 220 Nr. 4 jZPO getrennte Urkundenvorlagepflichten. Demgemäß regeln Art. 220 Nr. 1 bis 3 jZPO die Auflegung der Vorlegungspflicht in Fällen, in denen zwischen Partei und Urkunde eine besondere Beziehung besteht. Demgegenüber gibt Art. 220 Nr. 4 jZPO unabhängig von solchen besonderen Beziehungen eine Vorlegungspflicht für alle Urkunden vor. Als Bestimmungskriterien für die Spanne der Urkunden, die durch Art. 220 Nr. 4 jZPO neu mit der Vorlegungspflicht belegt sind, wurden dann die unter (a) bis (c) genannten Urkunden vorgeschrieben[81].

Nach dieser Erklärung sind Art. 220 Nr. 4 (a) bis (c) jZPO die Vorschriften, die – nach der Auslegung der bisherigen jZPO – die anerkannten Befreiungsgründe von der Vorlegungspflicht in der Neufassung ausdrücklich regeln. Jedoch haben die Befreiungsgründe faktisch nicht denselben Umfang. Die Praxis versucht den heutigen Umfang der Entbindung von der Urkundenvorlagepflicht abweichend vom vorherigen zu behandeln. Zum Beispiel wurden die für den eigenen Gebrauch erstellte Urkunden in der vorherigen Praxis als nicht der Vorlegungspflicht unterliegend angesehen. Da heute

80 Vgl. dazu § 1 I . C.

81 Ichimon-Itto, S. 253 f.

eine allgemeine Vorlegungspflicht vorgeschrieben ist, wird nun versucht, auch solche Urkunden unabhängig von Art. 220 Nr. 4 (c) jZPO so weit wie möglich von ihren Besitzern vorlegen zu lassen. Auch wenn eine Urkunde für die eigene Verwendung erstellt wurde, besteht die Möglichkeit, daß das Gericht die Vorlegung anordnet, sofern dies die urkundenerstellende Tätigkeit des Erstellers nicht ungerechtfertigt begrenzt.

Sicherlich besitzt diese Erklärung nicht eine in allen Fällen ausreichende Überzeugungskraft. Man muß dieser Gesetzgebung aber zugestehen, daß versucht wurde, bei der Ausweitung der Urkundenvorlagepflicht die bisherige Praxis zu berücksichtigen und dem Auftreten negativen Auswirkungen vorzubeugen. Dieses Konzept dürfte auch für Deutschland, wo sich die Praxis an der Rechtsprechungstheorie orientiert, als Orientierungshilfe nützlich sein. Die Möglichkeit, §§ 422, 423 beizubehalten und gleichzeitig Regeln über eine allgemeine Vorlegungspflicht von Urkunden oder eine allgemeine prozessuale Aufklärungspflicht vorzuschreiben, besteht auch im deutschen Recht.

Eine Schwierigkeit in Deutschland stellt sich mit der Handhabung von Vorlegungspflichten, die aufgrund von Informationsansprüchen aus dem materiellen Recht zugestanden werden. Nach dem japanischen Beispiel sollte die Vorlegung von Urkunden nach der Einführung einer allgemeinen Vorlegungspflicht in einem über den Rahmen der materiellrechtlichen Informationsansprüche hinausgehend zugestanden werden.

Den Prozeßparteien kann die allgemeine Urkundenvorlagepflicht von Urkunden in der ZPO sowohl durch eine Vorschrift zur allgemeinen Urkundenvorlagepflicht als auch durch Aufnahme einer Vorschrift über eine allgemeine prozessuale Aufklärungspflicht aufgelegt werden, aus der sich die allgemeine Urkundenvorlagepflicht ableitet. Demgegenüber kann Dritten eine allgemeine Urkundenvorlagepflicht nur durch eine diese Pflicht klarstellende Vorschrift aufgegeben werden. Da die Beschaffung von Informationen und Beweisen von Dritten ebenfalls wichtig ist, sollte die allgemeine Vorlegungspflicht auch Dritten aufgegeben werden können: Dem Vorschlag vom Referentenentwurf und Entwurf des ZPO-RG ist zuzustimmen.

Die Berücksichtigung der vorstehenden Ausführungen ermöglicht folgenden Vorschlag zur Änderung bzw. Neueinrichtung von Vorschriften: Bezüglich der Vorlegungspflicht der Parteien sollte § 422 folgendermaßen geändert werden:

> „Der Gegner ist verpflichtet, jede für die Entscheidung des Rechtsstreits relevante Urkunde vorzulegen, die er in seinem Besitz hat oder die er sich ohne weiteres beschaffen kann.[82]" (als § 422 Abs. 1. Ein Vorschlag zu Abs. 2 und Abs. 3 vgl. u. D. 3.)

Bezüglich der Vorlegungspflicht von Dritten sollte § 429 folgendermaßen geändert werden:

> „Ein Dritter ist verpflichtet, die in seinem Gewahrsam befindlichen Urkunden, Ausdrucke von in seinem Gewahrsam befindlichen elektronischen Dokumenten oder sonstigen Unterlagen auf Anordnung des Gerichts bei Gericht einzureichen, sofern er über deren Inhalt nicht als Zeuge die Aussage gemäß §§ 376 und 383 bis 385 verweigern könnte.[83]" (als § 429 Abs. 1. Zu Abs. 2 vgl. u. 3.)

2. Erleichterung der Voraussetzungen der Urkundenbestimmung

Im deutschen Recht sind im Antrag auf Anordnung der Urkundenvorlegung die folgenden Angaben zu machen: Bezeichnung der Urkunde, Bezeichnung der mit der Urkunde nachzuweisenden Tatsache und möglichst vollständige Angabe des Inhalts der Urkunde (§ 424 Nr. 1 bis 3). Der Beweisführer muß sich bei der Forderung der Vorlegung durch den Gegner auf eine konkrete Urkunde beziehen. Diese Voraussetzungen beugen einer Ausforschung von Beweisen wirksam vor.

Allerdings ist, wie bereits angeführt, die Erfüllung dieser Voraussetzungen durch den Antragsteller auf Anordnung der Vorlegung nicht immer einfach. Niemand kann sich Kenntnis von Informationen verschaffen, wenn die betreffende Urkunde sich in den Händen einer anderen Person befindet. Wenn der Antragsteller nicht in der Lage ist, die unter § 424 Nr. 1 bis 3 geforderten Angaben auch nur annähernd zu machen, kann er von der Anordnung der Urkundenvorlegung keinen Gebrauch machen.

Nach der jZPO von 1996 genügt in Fällen, in denen die Erfüllung dieser Voraussetzungen für den Antragsteller sehr schwierig ist, die Angabe von

---

82 Vgl. Gottwald, Gutachten, A 19.
83 Vgl. Gottwald, Gutachten, A 20.

Gegenständen, anhand derer der Besitzer der Urkunden erkennen kann, zu welcher Urkunde die Vorlegung beantragt wird (Art. 222 Abs. 1 jZPO).

Als „sehr schwierig“ gilt die Erfüllung in Fällen, in denen der Antragsteller in keine Weise an der Erstellung der Urkunde beteiligt war oder keine Gelegenheit hatte, sich Kenntnisse über den Hergang der Erstellung der Urkunde zu beschaffen. Die Begrenzung auf diese Fälle wird folgendermaßen begründet: Die Beantragung der Urkundenvorlegung ist ein Instrument, mit dem die Vorlegung einer Urkunde verlangt wird, die sich im Besitz einer anderen Person befindet. Dadurch ist die Bestimmung einer Urkunde schwierig. Sollte dieses Instrument stets einsetzbar sein, wenn die Urkundenbestimmung schwierig ist, würde für den Antragsteller allerdings praktisch keine Notwendigkeit mehr bestehen, eine eigene Beweisführung zu versuchen, obwohl er die Beweislast trägt. Eine solche Situation wäre in Bezug auf Urkundenbesitzer und Antragsteller ungerecht.

Im US-amerikanischen Recht ist die Bestimmung der in die *discovery* einbezogenen Urkunden nicht für jede einzelne Urkunde (*by individual item*) erforderlich, sondern kann anhand von Kategorien (*by category*) erfolgen (Rule 34 (b) F. R. C. P.). Eine Bestimmung anhand von Kategorien und die Angabe von Gegenständen, die dem Urkundenbesitzer die Identifizierung einer Urkunde ermöglichen, sind aber in etwa gleichbedeutend.

Sicherlich besteht auch die Meinung, daß es eine zu starke Annäherung der ZPO an die *discovery* bedeuten würde, in die ZPO die gleichen Kriterien einzuführen wie die, die in der *discovery* verwendet werden. Eine solche Sorge besteht aber nicht. Auch bei Übernahme des Systems basiert die Anordnung der Urkundenvorlegung weiterhin auf der Beantragung durch die Partei. Darüber hinaus steht das System nur dann zur Verfügung, wenn die Erfüllung der Antragsvoraussetzungen sehr schwierig ist. Für eine Vorlegung sämtlicher Urkunden zu streitigen Punkten im Prozeß, wie dies im US-amerikanischen Recht der Fall ist, bietet es keine Grundlage. Vielmehr handelt es sich um ein System, das lediglich die Voraussetzungen zum Zeitpunkt der Antragstellung erleichtert. Zum Zeitpunkt der Erteilung der Anweisung der Urkundenvorlegung müssen die Urkunden wie bisher Urkunde für Urkunde konkret bestimmt sein. Es steht daher nicht zu erwarten, daß die Einführung dieses Systems in das deutsche Recht Probleme aufwerfen würde.

In Anbetracht der vorstehenden Erörterungen dürfte der folgende Vorschlag für die Einrichtung einer neuen Bestimmung möglich sein. Zu § 424 des geltenden Rechts wird als § 424 Abs. 1 und 2 die folgende Bestimmung ergänzt:

> „Wenn bei der Beantragung der Anordnung der Vorlegung der Urkunde die Klarlegung der unter Abs. 1 Nr. 1 bis 3 aufgeführten Gegenstände sehr schwierig ist, genügt es, wenn zum Zeitpunkt der Beantragung an deren Stelle Angaben gemacht werden, anhand derer der Besitzer der Urkunde erkennen kann, zu welcher Urkunde die Vorlegung beantragt wird."

3. Wirkung der Nichtvorlegung

Möchte der Prozeßgegner sein konkretes Wissen nicht preisgeben, kann er einfach die negative Beweiswürdigung in Kauf nehmen (zum Problem des Geheimnisschutzes vgl. u. D.). Wenn für den Fall der Nichtvorlegung strenge Sanktionen vorgeschrieben sind, könnte man zumindest davon ausgehen, daß die Urkunden zuverlässiger vorgelegt werden.

Falls der Gegner zur Urkundenvorlegung verpflichtet ist, sieht die ZPO bei Nichtvorlegung folgende Wirkung vor: Wenn zum Inhalt der betreffenden Urkunde keine konkreten Behauptungen möglich sind, können die vom Antragsteller zum beurkundeten Inhalt vorgebrachten Behauptungen vom Gericht als richtig angesehen werden (§ 427).

Dies wird allerdings nicht als eine ausreichende Sanktion gegen die Nichtvorlegung angesehen. Dies gilt insbesondere, wenn der Antragsteller nicht in der Lage ist, konkrete Behauptungen zum beurkundeten Inhalt vorzubringen, da die Behauptungen des Antragstellers in diesem Falle einen abstrakten Charakter annehmen. Solche abstrakten Behauptungen als zutreffend zuzugestehen trägt kaum zur Feststellung der das Beweisthema bildenden Tatsache bei. Für den Gegner ist dies als Sanktion bedeutungslos[84]. Die Vorlegung von Urkunden, die sich im gegnerischen Besitz befinden, ist in der Praxis aber gerade in Fällen wichtig, in denen der Antragsteller keine Kenntnis vom beurkundeten Inhalt haben kann.

---

84 Yoshimura / Kojima / Nomura, Chushaku Minji Sosho Ho, Bd. 7, S. 109; Omura, Bunsho Teishutsu Meirei (6), S. 238.

Hier sollte wie im japanischen Recht bei Nichtvorlegung durch den Gegner die das Beweisthema bildende Tatsache selbst als zutreffend zugestanden werden, wenn es für den Antragsteller sehr schwierig ist, zum in der Urkunde beurkundeten Inhalt konkrete Behauptungen vorzubringen und die mit der Urkunde zu beweisende Tatsache mit anderen Beweisen nachzuweisen. Bei Einführung dieser Sanktion ist zu erwarten, daß in Fällen, in denen die Aufklärung durch die nicht risikobelastete Partei wirklich erforderlich ist, die entsprechende Urkunde auch vorgelegt wird. Die deutsche Rechtsprechung läßt in den Fällen, in denen sie von einer Aufklärungslast der nicht beweisbelastete Partei ausgeht, das Beweisthema – und nicht den möglichen Urkundeninhalt – als zugestanden gelten. Die ausdrückliche Einführung in die ZPO verursacht kein besonderes Problem.

Für den Fall, daß die zur Vorlegung verpflichtete Person ein Dritter ist, ließe sich auch vorschlagen, dem Dritten die gleichen Sanktionen wie dem nicht erschienenen Zeugen (§§ 380, 381) aufzuerlegen. Die Belastung mit den durch Nichtvorlegung entstandenen Kosten und mit einem Ordnungsgeld als Sanktionen stellen hier sicherlich eine effektive Maßnahme dar.

Falls der Dritte den Besitz einer Urkunde bestreitet, weist er nach, daß diese nicht in seinem Besitz ist. Er wird dann bezüglich des Verbleibs der Urkunde als Zeuge vernommen.

Auch wenn die vorlegungspflichtige Person eine öffentliche Behörde ist, sollte die gleiche Handhabung erfolgen.

Unter Berücksichtigung der vorstehenden Überlegungen dürfte der folgende Vorschlag zur Änderung und Neueinrichtung von Bestimmungen möglich sein: Bezüglich des Gegners sollte als § 427 Abs. 2

> „Wenn es für den Gegner sehr schwierig ist, konkrete Behauptungen zum in der Urkunde beurkundeten Inhalt vorzubringen und die mit der Urkunde zu beweisende Tatsache mit anderen Beweismitteln nachzuweisen, kann das Gericht die Behauptungen des Gegners über diese Tatsache als richtig ansehen“

ergänzt werden. Bezüglich eines Dritten sollte als § 429 Abs. 2

„Wird die Vorlage innerhalb einer vom Gericht oder dem Berichterstatter bestimmten Frist verweigert, obgleich eine Vorlagepflicht besteht, so gelten die §§ 380, 381 entsprechend“

vorgeschrieben werden. Als § 429 Abs. 3 wird vorgeschrieben:

„Wenn der Dritte den Besitz der Urkunde bestreitet, kann er über den Verbleib der Urkunde als Zeuge vernommen werden.[85]“

Weiterhin sollte § 432 Abs. 2 gestrichen und Abs. 3 in

„Wenn die Behörde oder der Beamter die Mitteilung der Urkunde verweigert, gilt § 429 Abs. 2 und Abs. 3 entsprechend“

geändert werden[86].

C. Anerkennung der Mitwirkungspflicht beim Augenschein

Die Pflicht der Mitwirkung beim Augenschein ist in der ZPO nicht ausdrücklich vorgeschrieben. Nach herrschender Meinung ist diese Mitwirkungspflicht aber als eine Pflicht aus dem öffentlichen Recht anzusehen[87]. Wenn der Augenschein ohne gerechtfertigten Grund in Verletzung dieser Pflicht verweigert wird, ist im Falle einer Partei ein Nachteil bei der Tatsachenfeststellung hinzunehmen, während im Falle eines Dritten die Zahlung eines Ordnungsgelds verlangt wird (Art. 232 jZPO).

Auch im US-amerikanischen Recht wird in einem weiten Bereich die Vorlegung von Objekten und Duldung des Augenscheins verlangt. Die Parteien müssen im Stadium des *disclosure* die Prüfung der Berechnung geltend gemachter Schadensposten und der dieser zugrunde liegenden Urkunden zulassen und Kopien von Versicherungspolicen über die Deckung aus dem Urteil erwachsender Verpflichtungen vorlegen bzw. deren Prüfung zulassen (Rule 26 (a) (1) F. R. C. P.). Im Stadium der normalen *discovery* können die Parteien vom Gegner Vorlegung beweglicher Sachen und Ortsbesichtigung

85 Vgl. Gottwald, Gutachten, A 20.
86 Vgl. Gottwald, Gutachten, A 20.
87 Kato, Tetsuduki Sairyo Ron, S. 210 ff.; Kaneko / Matsuura / Shindo / Takeshita, Jokai Minji Sosho Ho, S. 1084, 1087; Mikaduki, Minji Sosho Ho, S. 478.

verlangen (Rule 34 F. R. C. P.). Weiterhin kann das Gericht dem Gegner auferlegen, sich körperlichen oder geistigen Untersuchungen zu unterziehen (Rule 35 F. R. C. P.). Dritte müssen sämtliches in ihren Händen bzw. in ihrer Verfügungsgewalt befindliche Material vorlegen. Weiterhin sind sie verpflichtet, auch die Inspektion eigener Immobilien zu erlauben (Rule 34 (c), 45 (a) F. R. C. P.).

Im deutschen Recht sind sämtliche Personen zur Duldung des Augenscheins und im Falle der Feststellung der Abstammung (§ 372a) zur körperlichen Untersuchungen verpflichtet. Die weitergehenden Pflichten sollten im deutschen Recht allgemein anerkannt werden.

In der Rechtsprechung werden diese Pflichten bereits anerkannt[88]. Weiterhin wurde ihre Einführung auch im Bericht der Kommission für das Zivilprozeßrecht 1977 geprüft[89]. Von der Einführung wurde 1977 zwar abgesehen, im Diskussionsentwurf von 1999 wurde sie aber erneut vorgeschlagen[90].

Von den Gegenmeinungen zum Vorschlag von 1977 wurde vorgebracht, durch die besondere Anerkennung einer Duldungspflicht für den Augenschein bestehe die Gefahr einer Verletzung des Schutzes der Unverletzlichkeit der Wohnung (Art. 13 GG). Sicherlich kann bei der Anerkennung dieser Pflicht eine Abstimmung mit den vom Grundgesetz garantierten Menschenrechten erforderlich sein[91]. Sofern sie sich auf die Pflicht der Mitwirkung beim Augenschein begrenzt, entspricht die Pflicht der Duldung des Augenscheins aber der Pflicht der Vorlegung von Augenscheinsobjekten. Weiterhin gilt, daß die Pflicht zur Vorlegung von Augenscheinsobjekten der Pflicht zur Vorlegung von Urkunden entspricht, sofern sie sich auf die Pflicht zur Vorlegung von beweglichen körperlichen Beweisen begrenzt. Wenn die Einführung einer allgemeinen Vorlegungspflicht von Urkunden möglich sein sollte, müßte somit auch die Einführung einer Pflicht zur Vorlegung von Augenscheinsobjekten und einer Pflicht der Duldung des Augenscheins als Pflicht zur Mitwirkung beim Augenschein möglich sein.

---

88 Vgl. LG Köln, NJW-RR 1994, 1487; LG Frankfurt (Main), NJW-RR 1991, 13; OLG München, NJW 1984, 807.

89 Kommissionsbericht von 1977, S. 151 ff.

90 Referentenentwurf des ZPO-RG, S. 115 f.

91 Kommissionsbericht von 1977, S. 151 f.

Die Betrachtung des japanischen Rechts zeigt, daß eine Einführung dieser Pflichten in das deutsche Recht auch ohne Änderung des geltenden Rechts möglich sein dürfte. Die ZPO enthält keine Bestimmung zur Anwendung der Vorschriften über die begrenzte Pflicht der Vorlegung von Urkunden auf Augenscheinsobjekte. Weiterhin erfordert die Anerkennung der Pflicht zur Mitwirkung beim Augenschein eine Harmonisierung zwischen der Pflicht zur Duldung des Augenscheins und dem Grundgesetz. Hierzu dürfte ein Zustand genügen, bei dem diese Pflicht noch stärker eingeschränkt ist als die Pflicht der Vorlegung von Urkunden. Es dürfte daher nicht unbedingt erforderlich sein, die Pflicht der Mitwirkung beim Augenschein gesetzlich vorzuschreiben.

D. Geheimnisschutz

1. Erweiterung des Informations- und Beweisbeschaffungssystems und Geheimnisschutz

Die Einführung der allgemeinen Urkundenvorlagepflicht in die ZPO dürfte rechtlich zulässig sein. Hier stellt sich aber auch die Frage, welche Nachteile die diesbezügliche Erweiterung des Beschaffungssystems für Informationen und Beweise mit sich bringen würde. Wie bereits unter § 1 aufgezeigt, besteht die Befürchtung, daß die Erweiterung des Systems folgende Probleme aufwirft[92]:

(a) Ein hoher Zeit- und Kostenaufwand der Beschaffung von Informationen und Beweisen könnte finanziell schwachen Parteien die Fortsetzung des Prozesses unmöglich machen.

(b) Die Parteien könnten zu bloßen Lieferanten von Informationen und Beweisen degradiert werden.

(c) Die Informations- und Beweisbeschaffung könnte nach anderen Kriterien als die Behauptungs- und Beweislast geleitet werden.

(d) Dem Besitzer der Informationen und Beweise könnte ein ungebührlicher Nachteil entstehen.

---

92 Vgl. § 1 I.

Zu untersuchen ist, inwieweit die Einführung der allgemeinen Urkundenvorlagepflicht diese Befürchtungen tatsächlich begründet.

Hier gilt zunächst, daß die Gefahr des Eintretens von (a) gering sein dürfte. Dies ergibt sich daraus, daß die Beweislast für das Bestehen der Vorlagepflicht von Urkunden im Prinzip beim Antragsteller auf Anordnung der Vorlegung liegt. Weiterhin ist bei der Erteilung der Anordnung als Voraussetzung neben der Erforderlichkeit für die Beweisaufnahme (vgl. Art. 181 Abs. 1 jZPO) auch die Notwendigkeit zur Beschaffung der betreffenden Urkunde auf dem Wege der Beantragung der Anordnung der Vorlegung gefordert (vgl. Art. 221 Abs. 2 jZPO). Die letztere Voraussetzung wurde aufgestellt, um im Zuge der Einführung der allgemeinen Vorlegungspflicht von Urkunden einer Zunahme unnötiger Anträge auf Anordnung der Vorlegung vorzubeugen.

Zu (b) besteht sicherlich die Möglichkeit, daß diese Befürchtung in gewissem Maße eintritt. Dies ergibt sich daraus, daß vom Urkundenbesitzer mehr Urkunden zur Vorlegung gefordert werden als dies zuvor der Fall war. Diese Forderungen dürften aber nicht so weit gehen, daß dadurch die tragende Rolle der Parteien im Prozeß gefährdet wäre, da Ausnahmen von der Vorlegungspflicht von Urkunden vorgeschrieben sind und nicht die Vorlegung sämtlicher Urkunden verlangt wird. Weiterhin wird dem Urkundenbesitzer die Vorlegung der Urkunde auf der Grundlage eines Antrags auferlegt, so daß das Gericht nicht von Amts wegen eine solche Anordnung erteilen kann.

Bezüglich der Befürchtung von (c) bestehen sicherlich keine wesentlichen Probleme, da der Antragsteller verpflichtet ist, das Bestehen der Vorlagepflicht von Urkunden nachzuweisen.

Zur Pflicht der Mitwirkung beim Augenschein gilt, daß die gleiche Handhabung wie bei der Vorlegungspflicht von Urkunden möglich sein dürfte.

Wie ausgeführt, ist die Wahrscheinlichkeit gering, daß sich bei der allgemeinen Vorlegungspflicht von Urkunden (einschließlich der Pflicht der Mitwirkung beim Augenschein) eine der unter (a) bis (c) angeführten Gefahren konkretisiert. In Bezug auf (d) kann allerdings diese Gefahr nicht vermieden werden.

Durch die Ausweitung des Beschaffungssystems für Informationen und Beweise wird von deren Besitzer auch die Darlegung von Informationen und Beweisen verlangt, deren Offenlegung bislang nicht nötig war. Dieser Umstand birgt zwei Möglichkeiten: Die eine besteht in der Gefahr, daß Rechte des Besitzers verletzt werden. Das ist besonders problematisch, wenn Informationen enthalten sind, die die Privatsphäre oder Betriebsgeheimnisse berühren oder deren Offenbarung Menschenrechte verletzen würde (z.B. bei Informationen darüber, ob eine H.I.V.-Infektion vorliegt). Die andere Möglichkeit besteht darin, daß das vom Verfassungsrecht garantierte Recht auf rechtliches Gehör (Art. 103 Abs. 1 GG) effektiver geschützt wird. Das Recht auf rechtliches Gehör bezeichnet den Anspruch auf Gewährleistung der Gelegenheit zur Rechtsausführung durch Tatsachenbehauptungen und rechtliche Ausführungen sowie auf Kenntnis der gegnerischen Tatsachenbehauptungen und rechtlichen Ausführungen und deren Widerlegung.

Bei der Erweiterung des Beschaffungssystems für Informationen ist ein Kompromiß zwischen der Achtung der Eigentumsrechte des Urkundenbesitzers und dem Recht des Beweisführers auf rechtliches Gehör anzustreben. Es ist somit darauf hinzuwirken, daß die Notwendigkeit der Informationsbeschaffung und der Schutz des durch die Offenlegung mit einem Nachteil belegten Besitzers im Gleichgewicht stehen.

2. Diskussion über Geheimverfahren

a. Gesetz

§ 169 Satz 1 GVG enthält folgende Bestimmung:

> „Die Verhandlung vor dem erkennenden Gericht einschließlich der Verkündung der Urteile und Beschlüsse ist öffentlich.“

Das Öffentlichkeitsprinzip ist durch die Forderungen des im 19. Jahrhundert aufgekommenen Rechtsstaatsprinzips garantiert. Allerdings kennt das Grundgesetz keine das Öffentlichkeitsprinzip garantierende Vorschrift. Man geht daher davon aus, daß zumindest die Offenbarung gegenüber der Öffentlichkeit als Dritter vom Grundgesetz nicht verlangt ist[93].

---

[93] Stürner, Verfahrensgrundsätze des Zivilprozesses und Verfassung in: FS für Baur, 1981, S. 647.

Nach § 172 GVG kann eine Verhandlung, die ein wichtiges Geschäfts-, Betriebs-, Erfindungs- oder Steuergeheimnis betrifft, ganz oder zum Teil von der Öffentlichkeit ausgeschlossen werden. Weiterhin kann nach § 174 Abs. 2 GVG die Urteilsbegründung ganz oder zum Teil von der Öffentlichkeit ausgeschlossen werden. Auch unterliegen die Richter der Schweigepflicht, wobei eine Verletzung dieser Schweigepflicht nach § 353d StGB geahndet wird (§ 174 Abs. 3 GVG). Darüber hinaus werden nach § 299 Abs. 2 Prozeßaufzeichnungen der Öffentlichkeit nicht zugänglich gemacht, solange nicht die Parteien dazu ihre Einwilligung geben. Auf diese Weise sind die Menschenrechte und Eigentumsrechte des Besitzers der Informationen vor einer Offenbarung gegenüber Dritten geschützt.

Die Parteiöffentlichkeit sollte dagegen nicht unbedenklich eingeschränkt werden, da sie sich aus dem Recht auf rechtliches Gehör (Art. 103 Abs. 1 GG) ableitet[94]. Das wichtigste Merkmal eines geheimen Verfahrens besteht darin, daß die gegnerische Partei, und je nach Fall sogar der Richter selbst, keine Kenntnis vom konkreten Inhalt der Beweisaufnahme erhält. Auf Grundlage des Rechts auf rechtliches Gehör räumt aber § 357 Abs. 1 im Prinzip allen Parteien den Anspruch auf Anwesenheit bei der Beweisaufnahme ein. Dieser Anspruch ist einer der wichtigsten Ansprüche, die sich für die Prozeßparteien aus dem Recht auf rechtliches Gehör ergeben.

b. Rechtsprechung

Der Standpunkt der Rechtsprechung in Bezug auf die Zulässigkeit des Geheimverfahrens ist nicht einheitlich.

In einem Urteil vom 12.11.1991 entschied der Bundesgerichtshof, ein Geheimverfahren durch einen Sachverständigen sei unzulässig[95].

Der Prozeß war vom Redakteur einer Werbezeitschrift gegen den Herausgeber einer Tageszeitung angestrengt worden. Bei der Untersuchung, ob kostenlose Werbung gegen das Kartellgesetz verstößt oder nicht, war Einsicht in die Erlösrechnung des Beklagten erforderlich. In Bezug auf diese Erlösrechnung bestand allerdings ein hoher Geheimhaltungsbedarf. In der Folge wurde die Erlösrechnung in der Vorinstanz nur einem Sachverständiger gezeigt. Auch das Gericht selbst nahm keine Einsicht in die

---

94 Vgl. Stürner, Die gewerbliche Geheimsphäre im Zivilprozeß, JZ 1985, S. 453, 458.
95 BGHZ 116, 47.

Erlösrechnung.

Der Bundesgerichtshof hob die Entscheidung der Vorinstanz aus u.a. den folgenden Gründen auf: Wenn ein Beweis selbst dem Gericht nicht gezeigt und nur einem Sachverständiger vorgelegt werde, wobei auch die Gutachtermeinung nicht offengelegt werde, stelle dies in Bezug auf die gegnerische Partei einen Verstoß gegen das auf Art. 103 Abs. 1 GG zurückgehende Recht auf rechtliches Gehör dar. Weiterhin verstoße es gegenüber dem Gericht gegen den Grundsatz der freien Beweiswürdigung nach § 286. Dem Gericht obliege die Pflicht, Sachverständigengutachten sorgfältig zu beurteilen. Damit es dieser Pflicht nachkommen könne, sei es erforderlich, daß sich das Gericht über den einem Gutachten zugrunde liegenden Sachverhalt selbst ein Bild machen könne.

Demgegenüber entschied der Bundesgerichtshof in einem Urteil vom 25.3. 1992, daß die Einschränkung des Anspruchs auf rechtliches Gehör zum Schutz der Arbeitsgrundrechte verfassungsmäßig sei[96].

In diesem Falle war streitig, ob der Kläger, eine Gewerkschaft, im Unternehmen des beklagten Arbeitgebers ein Vertretungsrecht besaß. Der Kläger leitete sein Vertretungsrecht daraus ab, daß Gewerkschaftsmitglieder im Unternehmen beschäftigt seien. Die Gewerkschaft weigerte sich aber, die Gewerkschaftsmitglieder unter namentlicher Nennung als Zeugen heranzuziehen, da sie nicht bereit war, deren Namen preiszugeben.

Der Bundesgerichtshof ließ folgende Methode der Beweisaufnahme zu: Der Kläger brachte die als Zeugen heranzuziehenden Gewerkschaftler zu einem öffentlichen Notar, der auf der Grundlage einer vom Kläger vorgelegten Liste eine notarielle Urkunde darüber ausstellte, daß die betreffenden Arbeitnehmer der Gewerkschaft angehörten. Mit dieser notariellen Urkunde wurde der Beweis erbracht, daß die als Zeugen aufgetretenen Arbeitnehmer Mitglieder der Gewerkschaft waren. Durch dieses Vorgehen wurde die Beweisaufnahme durchgeführt, ohne dem Beklagten oder dem Gericht die Namen der Gewerkschaftsmitglieder mitzuteilen, was faktisch ein Geheimverfahren darstellt.

Sicherlich deuten diese beiden Urteile an, daß die diesbezügliche Rechtsprechung speziell ist. Es sollte aber betont werden, daß in beiden Fällen

---

96 BAG NJW 1993, 612.

weder der Gegner noch der Richter bei der Beweisaufnahme zugegen war. Der Bundesgerichtshof hat zwar ein solches geheimes Verfahren abgelehnt. In diesem Falle hatte aber zwecks Geheimnisschutz nur der Gutachter Einsicht in den Urkundenbeweis, und dessen Inhalt wurde auch dem Gericht vorenthalten, was als Geheimverfahren als ziemlich radikal anzusehen ist. Es dürfte daher nicht erforderlich sein, sich allein anhand dieses Urteils darauf festzulegen, daß der Bundesgerichtshof Geheimverfahren insgesamt ablehnt.

c. Lehrmeinungen

Nach herrschender Meinung sind Geheimverfahren unzulässig[97]. Hierfür werden folgende Gründe genannt: Als erstes gilt, daß die Rechtmäßigkeit geheimer Verfahren im Zivilprozeßrecht nicht geregelt ist. Als zweites verstoßen geheime Verfahren gegen die von § 355 vorgegebene Unmittelbarkeit. Nach dem Unmittelbarkeitsprinzip muß ein Verfahren vor dem erkennenden Gericht durchgeführt werden. Das Unmittelbarkeitsprinzip sei vor dem Hintergrund zu sehen, daß nur ein Richter, der alle Verfahren mitverfolgt, die Aussagen der Beteiligten hört und an der Beweisaufnahme beteiligt ist, die Gesamtverantwortung für den Prozeß tragen kann. Weiterhin verstoßen solche Geheimverfahren gegen den unter § 357 vorgeschriebenen Grundsatz der Parteiöffentlichkeit und gegen die freie Beweiswürdigung nach § 286[98]. Auch verstoße ein solches Verfahren gegen Art. 103 Abs. 1 GG, der vorschreibe, daß das Gericht sein Urteil nur auf solche Tatsachen und Beweisergebnisse stützen dürfe, zu denen beide Parteien frei ihre Meinung äußern konnten.

Einflußreich sind auch die Meinungen, die Geheimverfahren bejahen. Stürner bringt vor, daß das Recht auf rechtliches Gehör kein Recht sei, daß anderen Grundrechten gegenüber in jedem Falle vorrangig zu schützen sei. Eine ständige Priorität des Rechts auf rechtliches Gehör sei aus der Sicht

---

97 Baumgärtel, „Geheimverfahren" im Zivilprozeß zur Wahrung von Geschäftsgeheimnissen nach Schweizer Vorbild? in: FS für Habscheid, 1989, S. 1; Habscheid, Zur Frage des Schutzes von Geschäftsgeheimnissen im Zivilprozessrecht in: FS für Kigawa, Bd. 3, 1994, S. 1; Lachmann, Unternehmensgeheimnisse im Zivilrechtsstreit, dargestellt am Beispiel des ECV-Prozesses, NJW 1987, S. 2206; Prütting / Weth, Geheimnisschutz im Prozeßrecht, NJW 1993, S. 576; Prütting, Geheimnisschutz im Zivilprozeß in: FS für Kigawa, Bd. 3, 1994, S. 88.

98 Deguchi, Doitsu Sosho Ho ni okeru Himitsu Tetsuduki no Doko in: FS für Kigawa, Bd. 3, 1994, S. 62, 74.

eines wirksamen Rechtsschutzes für Geheimnisträger nicht angemessen[99]. Anstatt zur Erteilung des vollen Rechts auf rechtliches Gehör die Gewährleistung anderer Rechte einzuschränken, solle versucht werden, bei der Heranziehung gegnerischen geheimen Materials einen effektiven Rechtsschutz zu erreichen[100]. Die Meinung Stürners folgt aus dem Gedankengang, daß der verfahrensrechtliche Schutz nicht so weit ausgedehnt werden sollte, daß dadurch vom materiellen Recht (insbesondere Verfassungsrecht) garantierte Positionen zerstört werden. Wenn ein Verfahren eine solche Position verletze, sei auch die Einschränkung vom Verfassungsrecht garantierter Rechte hinzunehmen. Nach Meinung Stürners sei es angemessener, unter den von der Verfassung garantierten Rechten nicht ein einzelnes vollständig, sondern mehrere jeweils nur etwas einzuschränken. Um einer Partei im Verfahren die Eröffnung eigener Geschäftsgeheimnisse gegenüber einem Gegner zu ersparen, der ein Konkurrent ist, schlägt Stürner folgende Maßnahme vor: Zunächst wird unabhängig davon, wer die Beweislast trägt, eine Beweisaufnahme in Abwesenheit des Gegners (und seines Anwalts) durchgeführt, aus der diesem jeweils nur die Ergebnisse mitgeteilt werden. Weiterhin achtet der Richter bei der Abfassung der Urteilsschrift darauf, daß durch diese keine Geschäftsgeheimnisse offengelegt werden[101].

Astrid Stadler erkennt zur effektiven Abstimmung zwischen Rechtsschutz und Geheimnisschutz die Verfassungsmäßigkeit des Geheimverfahrens an. Sie führt an, daß theoretisch der Ausschluß des Gegners von der Beweisaufnahme die einzige Methode zur Verwirklichung des Schutzes von Geheimnissen sei. Nach ihrer Meinung ist der Ausschluß des Gegners eine im Anspruch auf rechtliches Gehör inbegriffene Einschränkung, die zum Schutz der konträren rechtlichen Positionen der beiden Parteien angemessen und erforderlich ist[102].

Wie ersichtlich, legt die herrschende Meinung größeres Gewicht auf den Anspruch auf rechtliches Gehör gemäß Art. 103 Abs. 1 GG als auf Geheimnisschutz. Einflußreich ist aber auch die Ansicht, daß das Geheimverfahren zugelassen werden sollten, da Geheimnisse vom geltenden Recht nicht ausreichend berücksichtigt werden. Die Billigung des Geheimverfahrens

---

99 Stürner, JZ 1985, S. 458.
100 Stürner, JZ 1985, S. 459.
101 Stürner, JZ 1985, S. 458.
102 A. Stadler, Der Schutz von Unternehmensgeheimnissen im Zivilprozeß, NJW 1989, S. 1202, 1204.

durch Stürner und Stadler steht in engem Zusammenhang damit, daß beide für eine allgemeine prozessuale Aufklärungspflicht eintreten. Wenn eine solche allgemeine Aufklärungspflicht anerkannt wird, würde bei Nichtanerkennung des Geheimverfahrens die Vorlage solcher Dinge verlangt, deren Kenntnis für die andere Partei nicht erforderlich ist. In der Folge erhöht sich die Notwendigkeit zum Schutz von Geheimnissen. Dies bedeutet in anderen Worten, daß durch eine Erweiterung des Beschaffungssystems für Informationen und Beweise eine erhöhte Notwendigkeit zur Abstimmung zwischen der Achtung des Eigentumsrechts vom Urkundenbesitzer und dem Schutz des Rechts auf rechtliches Gehör vom Beweisführer besteht.

Nachstehend soll näher untersucht werden, wie diese Frage im Falle der Einführung der Parteibefragung und einer allgemeinen Vorlegungspflicht von Urkunden zu sehen wäre[103].

3. Allgemeine Vorlagepflicht von Urkunden und Geheimnisschutz

Wenn Urkunden, zu denen die Anordnung der Vorlegung beantragt wurde, Teile enthalten, die für die Beweisaufnahme nicht erforderlich sind oder zu denen eine Vorlegungspflicht nicht zugestanden wird, kann im japanischen Recht das Gericht anordnen, daß nur die nach Auslassung dieser Teile verbleibenden Teile der Urkunde vorgelegt werden (Art. 223 Abs. 1 jZPO). Wichtig ist hier, wann eine Vorlegungspflicht nicht zugestanden wird: Nicht zugestanden wird sie zu Teilen, zu denen der Besitzer einer Schweigepflicht unterliegt, zu denen er das Zeugnisverweigerungsrecht besitzt oder in denen ein berufliches oder technisches Geheimnis beurkundet wird[104].

Durch das Zugeständnis der Anordnung der teilweisen Vorlegung solcher Urkunden sind die Rechte des Besitzers geschützt. Gleichzeitig können Situationen vermieden werden, in denen das Gericht den ganze Teil einer Urkunde nicht vorlegen lassen kann, weil über einzelne Teile der Urkunde keine Vorlegungspflicht besteht, obwohl die restlichen Teile zur Aufklärung erforderlich wären. Aus diesem Grunde dient das System auch dem Interesse der risikobelasteten Partei[105]. Bei Auflegung einer allgemeinen Vorlegungspflicht von Urkunden ist eine solche Rücksichtnahme besonders wichtig.

---

103 Außer dem genannten Schrifttum vgl. Rosenberg / Schwab / Gottwald, § 118 V. 3.; Gottwald, Linzer Universitätsschriften, Beiträge zum Zivilprozeßrecht V., S. 42.

104 Ichimon-Itto, S. 264; Omura, Bunsho Teishutsu Meirei (6), S. 232 f.

105 Ichimon-Itto, S. 264; Omura, Bunsho Teishutsu Meirei (6), S. 233.

Auch im deutschen Recht dürfte im Falle der Einführung einer allgemeinen Vorlegungspflicht von Urkunden eine Anerkennung der nur teilweisen Vorlegung von Urkunden keine Probleme aufwerfen. Die nur teilweise Vorlegung von Urkunden wurde als Vorlegung des öffentlich beglaubigten Auszugs in dem Kommissionsbericht von 1977 auch für Deutschland vorgeschlagen (§ 420 (E))[106]. Nach dem Kommissionsbericht von 1977 sollte die teilweise Vorlegung zugestanden werden, wenn eine Urkunde Stellen enthält, die von der Vorlegungspflicht entbunden sind, d.h. wenn der Gegner glaubhaft macht, daß ihm mit Rücksicht auf die über die Entscheidung des Rechtsstreits hinausreichenden Folgen die Vorlegung nicht zugemutet werden kann oder daß er durch die Vorlegung überwiegend schutzwürdige Belange Dritter verletzen würde. Die Behauptungs- und Beweislast darüber, daß eine Entbindung der betreffenden Teile von der Urkundenvorlagepflicht nicht begründet ist, kommt dem Antragsteller zu. Wenn dies anerkannt wird, dürfte es in der Praxis dem Urkundenbesitzer zukommen, das Vorliegen eines Entbindungsgrundes geltend zu machen und nachzuweisen.

Im japanischen Recht wurde auch ein System eingeführt, bei dem zur Beurteilung, ob die allgemeine Vorlegungspflicht von Urkunden besteht oder nicht, nur das Gericht Einsicht in die betreffende Urkunde nimmt (*in-camera*-Verfahren, Art. 223 Abs. 3 jZPO).

Im US-amerikanischen Recht ist es für den Geheimnisträger unter der *Vaughn procedure* nicht erforderlich, im *Vaughn index* so detaillierte Angaben zu machen, daß ein Geheimnis preisgegeben werden müßte. Der Inhalt der Urkunde (des Geheimnisses) wird auch dem Gericht gegenüber nicht klargelegt. Im deutschen Recht dürfte die Einführung eines solchen Systems allerdings nicht wünschenswert sein, da hier im Unterschied zum US-amerikanischen Recht der Grundsatz der Beteiligung des Gerichts an der Beweisbeschaffung besteht. Weiterhin steht die deutsche Rechtsprechung Verfahren, bei denen Geheimnisse dem Gericht nicht gezeigt werden, negativ gegenüber. Für das deutsche Recht dürfte daher das japanische *in-camera*-Verfahren einfacher integrierbar sein.

Das *in-camera*-Verfahren schließt bei der Beurteilung, ob eine Urkunde der allgemeinen Vorlegungspflicht von Urkunden unterliegt, auch die Anwesenheit des Antragsstellers auf Anordnung der Vorlegung aus. In diesem Punkt ist die Parteiöffentlichkeit eingeschränkt.

---

[106] Vgl. dazu § 2 VI. A. 1.

Streng genommen ist die Anordnung der Urkundenvorlegung kein Verfahren der Beweisaufnahme, sondern ein Mittel zur Vorlegung von Beweisen. Entsprechend ist es formell nicht erforderlich, hier das unter § 357 Abs. 1 geregelte Recht auf Anwesenheit bei der Beweisaufnahme zu gewährleisten. Auch muß nicht davon ausgegangen werden, daß dieses System eine unmittelbare Verletzung des vom Verfassungsrecht garantierten Anspruchs auf rechtliches Gehör (Art. 103 Abs. 1 GG) mit sich bringt.

Zumindest ideell gesehen ist aber nicht wünschenswert, daß der Prozeß abläuft, ohne der Partei, von der die Anordnung der Urkundenvorlegung beantragt wurde, die Gelegenheit zu geben, am Verfahren teilzunehmen und sich dazu zu äußern. Dies ist insbesondere dann problematisch, wenn der Antrag abgewiesen wird oder die Beurteilung von Teilen der zur Vorlegung geforderten Urkunde schwierig ist.

Auch im Falle der Einführung des *in-camera*-Verfahrens sollte dieses daher nicht herangezogen werden, wenn zahlreiche mittelbare Tatsachen vorliegen, die eine Vorstellung vom Inhalt der Urkunde vermitteln, und das Gericht anhand dieser mittelbaren Tatsachen in der Lage ist, auf Bestehen oder Nichtbestehen der Urkundenvorlagepflicht zu erkennen[107]. Weiterhin sollte das Gericht vom Urkundenbesitzer die Vorlegung der Urkunde zum mündlichen Verhandlungstermin verlangen, um kein Mißtrauen auf Seiten des Antragstellers aufkommen zu lassen.

Auch wenn der Antrag auf Anordnung der Urkundenvorlegung abgewiesen wird, ist die Urkunde bereits vom Richter gelesen worden. In der Folge hat der Richter bereits reell einen auf der Urkunde basierenden Eindruck formiert. Falls sich dieser Eindruck im Prozeß niederschlägt, kann dies nicht nur für den Urkundenbesitzer, sondern auch für den Antragsteller nachteilig sein. Dies gilt, wenn in der Urkunde vom Antragsteller nicht vorhergesehene, für ihn ungünstige Tatsachen beurkundet sind. Dadurch besteht die Gefahr, daß ein Antragsteller den Prozeß verliert, ohne Gelegenheit zur Widerlegung gehabt zu haben. Weiterhin könnte der Richter wegen des Verdachts abgelehnt werden, sich einen Eindruck anhand einer Urkunde gebildet zu haben, die letztendlich nicht als Beweis erhoben wurde. In anderen Worten

---

107 Oku, Bunsho Teishutsu Meirei (5)—In Kamera Tetsuduki in: Miyake / Shiozaki / Kobayashi (Hrsg.), Shin Minji Sosho Ho Taikei, Bd. 3, 1997, S. 207, 215; Tanabe, Shoko Shushu Tetsuduki ni tsuite, Minshohozasshi Bd. 110, Heft 4-5 (1994), S. 718, 727.

besteht die Gefahr, daß nach der Ablehnung des Antrags auf Anordnung der Urkundenvorlegung ein Streit über ein Ablehnungsverfahren des Richters ausbricht. Um der faktischen Bildung eines Eindrucks nach Möglichkeit vorzubeugen, sollte das Gericht die Urkunde bei Vorlegung auf der Stelle lesen und beurteilen.

Die Berücksichtigung dieser Überlegungen ermöglicht den folgenden Vorschlag zur Einrichtung neuer Bestimmungen:

> „§ 422 (2) Wenn eine Urkunde Teile enthält, die zur Beweisaufnahme nicht erforderlich sind oder über die eine Vorlegungspflicht nicht zugestanden wird, kann die Vorlegung unter Auslassung dieser Teile angeordnet werden.
> (3) Würde die Vorlegung schutzwürdige Belange Dritter, insbesondere deren Persönlichkeitsrecht, ein Geschäftsgeheimnis oder eine Verschwiegenheitspflicht verletzen oder ist die Vorlage aus einem sonstigen Grunde unzumutbar, so kann der Gegner bei Gericht beantragen, daß er von der Pflicht zur Vorlage entbunden wird oder dem Gegner und einem Dritten die Einsicht nur so weit zu gewähren hat, wie es zur Feststellung der Richtigkeit oder Vollständigkeit der streitigen Tatsachenbehauptungen erforderlich ist.[108]"

E. Prozessuale Aufklärungspflicht

1. Ausdrückliche Einführung in die ZPO

Die jZPO von 1996 enthält zwar keine Vorschrift über eine allgemeine prozessuale Aufklärungspflicht, wird aber dahingehend verstanden, daß durch die Einführung der allgemeinen Urkundenvorlagepflicht in Bezug auf Urkundenbeweise faktisch eine prozessuale Aufklärungspflicht eingeführt wurde[109]. Klar ist zumindest, daß die von den Lehrmeinungen vertretene allgemeine prozessuale Aufklärungspflicht in der jZPO von 1996 in einer gegenüber vorher vereinfachten Form zugestanden wird.

---

108 Vgl. Gottwald, Gutachten, A 19 f.
109 Kigawa, 20 Seiki ni nokosareta Minji Sosho Seisaku no Kadai, Minjisoshozasshi Heft 45 (1999), S. 22, 26.

Die jZPO von 1996 beweist, daß einzelne Systeme für die Erweiterung der Informations- und Beweisbeschaffung einführbar sind, ohne die prozessuale Aufklärungspflicht vorzuschreiben. Diese Systeme würden allerdings effektiver funktionieren, wenn die allgemeine Aufklärungspflicht anerkannt würde, und zur Anerkennung der allgemeinen Aufklärungspflicht wäre es notwendig, eine diesbezügliche Vorschrift aufzunehmen[110]. Gottwald hat vorgeschlagen, § 138 Abs. 2 folgendermaßen zu ändern:

> „Jede Partei hat sich über die vom Gegner behaupteten Tatsachen zu erklären und zu streitigen Tatsachen alle relevanten Unterlagen vorzulegen, die sie in ihrem Besitz hat oder die sie sich ohne weiteres beschaffen kann.[111]"

Diese Vorschrift dehnt die in Bezug auf Tatsachenbehauptungen der Parteien zugestandene Erklärungspflicht in eine prozessuale Aufklärungspflicht aus.

2. Beziehung zur Verhandlungsmaxime

Die Parteien haben für die tatsächlichen Urteilsunterlagen (einschließlich der Beweismittel) zu sorgen. Dieser Grundsatz heißt die Verhandlungsmaxime. Die Verhandlungsmaxime stützt sich inhaltlich auf drei Säulen: Erstens darf das Gericht nur solche Tatsachen seiner Entscheidung zugrunde legen, die von einer Partei vorgebracht worden sind[112]. Zweitens muß das Gericht Tatsachen, die zwischen den Parteien nicht umstritten sind, der Entscheidung inhaltlich unverändert zugrunde legen. Drittens kann das Gericht bei der Feststellung zwischen den Parteien streitiger Tatsachen anhand von Beweisen diese Feststellung allein anhand der von den Parteien beantragten Beweise vornehmen. Der der Verhandlungsmaxime entgegengesetzte Grundsatz ist die Untersuchungsmaxime. Bei Geltung der Untersuchungsmaxime hat das Gericht für die Beschaffung und den Beweis der entscheidungserheblichen Tatsachen zu sorgen.

---

[110] Lang, Die Aufklärungspflicht der Parteien des Zivilprozesses vor dem Hintergrund der europäischen Rechtsvereinheitlichung, 1999, S. 264 f.; Gottwald, Gutachten, A 19; *ders.*, Linzer Universitätsschriften, Beiträge zum Zivilprozeßrecht V., S. 39 ff.; Lorenz, ZZP 111 (1998), S. 57 ff.

[111] Vgl. Gottwald, Gutachten, A 19.

[112] Vgl. BGH NJW 1998, 159; Brehm, Die Bindung des Richters an den Parteivortrag und Grenzen freier Verhandlungswürdigung, 1982, S. 216 f.

Im deutschen Recht ist grundsätzlich das Gericht an der Beschaffung von Informationen und Beweisen beteiligt. Bei der Einführung einer prozessualen Aufklärungspflicht besteht jedoch die Möglichkeit, daß das Gericht diese Pflicht als ein Instrument zur Beschaffung nach dem eigenen Ermessen erforderlicher Informationen benutzt. Dies bringt die Gefahr mit sich, daß die Parteien unabhängig vom Obliegen der Behauptungs- und Beweislast dem Gericht gegenüber zu bloßen Lieferanten von Informationen werden[113]. Wenn sich eine solche Situation einstellt, besteht die Möglichkeit, daß die Verhandlungsmaxime nicht mehr anerkannt wird.

Von den Gegnern der Einführung einer prozessualen Aufklärungspflicht wird in erster Linie geltend gemacht, daß diese mit der Verhandlungsmaxime nicht vereinbar sei[114]. Ob die prozessuale Aufklärungspflicht zusammen mit der Verhandlungsmaxime existieren kann, ist daher eine der wichtigsten Fragen, die sich bei ihrer Einführung stellt.

Es ist sicherlich zutreffend, daß die Verhandlungsmaxime durch die Einführung der prozessualen Aufklärungspflicht teilweise begrenzt und modifiziert werden kann. Diese Beschränkung bzw. Modifizierung ist aber nicht als unmittelbare Verbannung der Verhandlungsmaxime zu behandeln.

Zum Beispiel werden nach der Privatautonomie im Prinzip alle Individuen als frei und gleich behandelt. Weiterhin gehen Rechte und Pflichte aus den Intentionen des Individuums hervor. Wenn die Individuen allerdings unterschiedliche Macht besitzen, wird von Rechtsprechung und Gesetz zugestanden, daß der Staat sich an den Beziehungen zwischen den Individuen beteiligt, um zu verhindern, daß die Rechte der Schwachen durch die Rechte der Starken verletzt werden. Es wird aber nicht angenommen, daß diese Beteiligung das Fortbestehen der Privatautonomie gefährdet. Beispielsweise führte das Bundesverfassungsgericht in einem Beschluß vom 19.10.1993[115] folgendes aus:

> „Hat einer der Vertragsteile ein so starkes Übergewicht, daß er den Vertragsinhalt faktisch einseitig bestimmen kann, bewirkt dies für den anderen Vertragsteil Fremdbestimmung....... Handelt es sich

---

113 Vgl. § 1 I .

114 Vgl. Arens, Zur Aufklärungspflicht der nicht beweisbelasteten Partei im Zivilprozeß, ZZP 96 (1983), S. 1, 20 f.

115 BVerfG NJW 1993, 36.

[jedoch] um eine typisierbare Fallgestaltung, die eine strukturelle Unterlegenheit des einen Vertragsteils erkennen läßt, und sind die Folgen des Vertrages für den unterlegenen Vertragsteil ungewöhnlich belastend, so muß die Zivilrechtsordnung darauf reagieren und Korrekturen ermöglichen. Das folgt aus der grundrechtlichen Gewährleistung der Privatautonomie (Art. 2 Abs. 1 GG) und dem Sozialstaatsprinzip (Art. 20 Abs. 1, 28 Abs. 1 GG).[116]"

Auch im Zivilprozeßrecht ist eine Korrektur von Ungleichgewichtslagen erforderlich. Es ist unumstritten, daß diese Korrektur auch eine Beschränkung der Verhandlungsmaxime einschließen kann. Dies wird auch von Arens, einem Gegner der Einführung der prozessualen Aufklärungspflicht, bejaht[117]. Eine solche Beschränkung der Verhandlungsmaxime bedeutet keine wirkliche Beschränkung, sondern eine Korrektur im Dienste der ursprünglichen Funktion der Verhandlungsmaxime.

Die Verhandlungsmaxime hat schon bisher zahlreiche Arten von Beschränkungen erfahren. Diese Beschränkungen münden in die Stärkung der richterlichen Befugnis. Beispiele hierfür sind die richterliche Aufklärungspflicht (§ 139), die Möglichkeit einer Beweisaufnahme von Amts wegen (§§ 142, 143, 144, 273 Abs. 2, 448) und die erweiterte Befugnis des Gerichts in der mündlichen Verhandlung (§§ 273, 275, 276)[118].

Benötigt der Kläger zur Klageerhebung Informationen über einen Sachverhalt, der allein in der Sphäre der anderen Partei liegt, ist die Notwendigkeit einer solchen Korrektur groß. Dies ergibt sich daraus, daß der Kläger auf dem Wege der traditionellen Behauptungs- und Beweispflicht keine ausreichenden Informationen und Beweise beschaffen kann und es für ihn sehr schwer ist, ausreichende Behauptungen aufzustellen und den Beweis zu führen. Hier legt die prozessuale Aufklärungspflicht dem Gegner die Pflicht auf, Informationen und Beweise zum Sachverhalt vorzulegen. Dadurch, daß der Gegner diese Pflicht erfüllt, ist der Kläger erstmals imstande, in angemessener Weise Behauptungen aufzustellen und den Beweis zu führen.

---

116 BVerfG NJW 1993, 38.

117 Arens, ZZP 96 (1983), S. 19.

118 Vgl. dazu Bathe, Verhandlungsmaxime und Verfahrensbeschleunigung bei der Vorbereitung der mündlichen Verhandlung, 1977.

Auch nach Einführung der prozessualen Aufklärungspflicht sind zumindest die Behauptungen und die Beweisführung nach wie vor Sache der Parteien. Auch die gerichtliche Handhabung von Geständnissen ändert sich nicht. Somit bleibt der Grundsatz intakt, daß der Sachverhalt durch autonome und aktive Angriffs- und Verteidigungsmaßnahmen der Parteien aufgeklärt wird. Dem Gericht ist untersagt, Tatsachenmaterial von Amts wegen in die Verhandlung einzubringen und die Beweisinitiative ist grundsätzlich auf die beiden Parteien begrenzt, so daß vom Verlust der Verhandlungsmaxime nicht gesprochen werden kann.

Die Verhandlungsmaxime funktioniert nur, wenn die Parteien (insbesondere der Kläger) die Tatsachen bereits kennen und im Besitz von Beweisen oder in der Lage sind, noch nicht in ihrem Besitz befindliche Beweise zu beschaffen. Wenn diese Voraussetzungen nicht erfüllt sind, ist eine reelle Funktion der Verhandlungsmaxime nicht gegeben. In solchen Fällen ist es notwendig, im für den Prozeß erforderlichen Umfang sämtliche Informationen und Beweismittel vorlegen zu lassen. Darin, die Voraussetzungen für das Funktionieren der Verhandlungsmaxime zu schaffen und deren Funktion zu aktivieren, basiert die prozessuale Aufklärungspflicht.

Die prozessuale Aufklärungspflicht bewirkt somit keine Demontage der Verhandlungsmaxime, sondern trägt zur Bereitstellung der für die Verhandlungsmaxime geforderten Voraussetzungen bei[119].

3. Maßnahmen gegen Ausforschungsbeweis

Der nicht beweisbelasteten Partei eine allgemeine Urkundenvorlagepflicht aufzulegen kann zum Ausforschungsbeweis führen. Durch die Ausforschung von Beweisen besteht auf der einen Seite die Gefahr einer unbegründeten Verletzung der Rechte der nicht beweisbelasteten Partei. Auf der anderen Seite besteht aber auch die Möglichkeit, daß sie der beweisbelasteten Partei ausschlaggebende Beweise an die Hand gibt.

Zwar ist es ein hervorragendes System zur Abrundung und Förderung von Prozessen in der ersten Instanz, mit der Einreichung der Klageschrift und Klageerwiderungsschrift den Parteien die Pflicht zum gemeinsamen Besitz sämtlicher mit der Anspruchsgrundlage und Einwendung in Zusammenhang stehender Informationen und Beweise aufzugeben. Ein solches System

---

[119] Vgl. Schlosser, JZ 1991, S. 603; Lorenz, ZZP 111 (1998), S. 62.

begründet aber die Gefahr, daß eine Ausforschung von Beweisen betrieben wird. Wichtig zur Vermeidung dieser Gefahr sind die Voraussetzungen der Auferlegung dieser Pflicht.

Ein Instrument zur Aufklärung des Sachverhaltes, wie etwa die Anordnung der Urkundenvorlegung, soll unter der Voraussetzung konkreter Tatsachenbehauptungen ausgeführt werden[120].

Für konkrete Tatsachenbehauptungen dürfte es ausreichend sein, wenn die Tatsachen anhand bestimmter gegebener Anhaltspunkte vermutet werden. Dabei sollte nicht Wahrscheinlichkeit gefordert sein, sondern es sollte genügen, daß die Vermutungen wert sind, aufgegriffen zu werden. Bei Vermutungen, die im Zusammenhang mit einer konkreten Tatsache stehen, ist darüber hinaus wünschenswert, daß die Vorlegung in einem möglichst breiten Rahmen angeordnet wird. Dies ergibt sich daraus, daß der Kläger selbstverständlich den Inhalt der vom Beklagten besessenen Urkunden nicht genau kennen kann, wenn sich wichtige Beweise in den Händen des Beklagten befinden. Damit die Aufklärungspflicht reell funktioniert, sollten Urkunden, die Aufschluß darüber geben können, ob konkrete Tatsachenbehauptungen zutreffend sind oder nicht, so weit wie möglich zur Vorlage gebracht werden. Inwieweit die wirklichen Tatsachen mit den von der Partei konkret behaupteten Tatsachen übereinstimmen, ist hierbei sicherlich nicht relevant. Dadurch, daß umfangreiches Material zur Vorlage gebracht wird, wächst auch die Möglichkeit, daß eine Partei die eigenen konkreten Tatsachenbehauptungen korrigiert oder erkennt, daß der eigene Standpunkt nicht zutreffend ist und sich um einen Vergleich bemüht.

---

120 Lorenz, ZZP 111 (1998), S. 62 f.; Gottwald, Linzer Universitätsschriften, Beiträge zum Zivilprozeßrecht V., S. 39 f.

§ 6 ZUSAMMENFASSUNG

A. Informationen sind zur Aufklärung des Sachverhaltes als Voraussetzung der Entscheidung des Gerichts unverzichtbar. Jede Partei muß die für die eigene Sache günstigen Informationen beschaffen und den Richter davon überzeugen, daß die eigenen Behauptungen wahr und richtig sind (Verhandlungsmaxime).

Die Parteien sind aufgrund der Behauptungs- und Beweislast zur Aufklärung des Sachverhaltes verpflichtet. Die behauptungs- und beweisbelastete Partei verliert den Prozeß, wenn sie das Gericht nicht davon überzeugen kann, daß der dem Gericht gegenüber behauptete Vortrag wahr und richtig ist. Ob und inwieweit die Parteien die sachgerechte Informationen beschaffen können ist daher für die Parteien ein entscheidender Faktor für einen guten Ausgang des Prozesses.

Der Umfang der vom Gegner und von Dritten bereitzustellenden Informationen ist je nach der Zivilprozeßordnung eines jeden Staates verschieden. In jeder Zivilprozeßordnung ist die Aufklärungspflicht der nicht risikobelasteten Partei und Dritter jedoch eines der Hauptthemen. Die Materie bildet in jedem Staat eines der großen ungelösten Strukturprobleme. Sie ist Gegenstand einer ungebrochenen aktuellen Auseinandersetzung, zu der der Gesetzgeber nur marginale Verbesserungen liefert[1].

B. In Deutschland muß der Prozeßgegner in der Regel weder zur Prozeßvorbereitung noch während des Verfahrens der anderen Seite aus prozeßrechtlichen Gründen Auskunft gewähren oder Beweismaterial vorlegen[2]. Die geltende ZPO enthält kaum Regelungen eines Informationsbeschaffungssystems. Als Möglichkeit einer vorprozessualen Informationsbeschaffung sieht die ZPO das selbständige Beweisverfahren (§§ 485 ff.) vor. Die Beschaffung von Informationen und Beweisen erfolgt allerdings im Prinzip bei anhängigem Prozeß, sofern die von der ZPO vorgegebenen Systeme verwendet werden. Die Parteien sind zwar aufgrund der allgemeinen Prozeßförderungspflicht (§ 282 Abs. 1) verpflichtet, Angriffs- und Verteidigungs-

---

1 Gottwald, Linzer Universitätsschriften, Beiträge zum Zivilprozeßrecht V., S. 21.
2 MünchKomm-ZPO / Prütting, § 286 Rn. 125.

mittel in der mündlichen Verhandlung zeitig vorzulegen (§§ 272, 273), konkret obliegt der gegnerischen Partei eine allgemeine Pflicht zur Fallaufklärung aber nur, wenn sie als Beweisperson auftritt (Parteivernehmung). Das gleiche gilt auch für Dritte (Zeugenvernehmung). Zur Vorlegung von Urkunden sind beide nur in einem bestimmten Bereich verpflichtet (§§ 422, 423, 429) und es gibt keine Sanktion gegen die Verweigerung der Einnahme des Augenscheins. Überdies muß die verlangte Urkunde beim Vorlegungsantrag der Urkunden gemäß § 424 vollständig bezeichnet werden. Weiterhin werden lediglich die Behauptungen des Beweisführer über die Beschaffenheit und den Inhalt der Urkunde als bewiesen angenommen, wenn der Gegner der Anordnung, die Urkunden vorzulegen, nicht nachkommt (§ 427).

Wenn — wie in Produkthaftungsprozessen — der Gegner im Besitz wichtiger Informationen ist, kommt ist es in der Praxis häufig vor, daß die risikobelastete Partei trotz aller Bemühungen nicht imstande ist, sich die zur Prozeßführung erforderlichen Informationen zu beschaffen. In solchen Fällen sind die Informationsbeschaffungssysteme der ZPO unzureichend. Weiterhin kann eine Anordnung zur Vorlegung der Urkunden nicht beantragt werden, wenn deren Inhalt nicht im voraus bekannt ist (vgl. § 424). Solange der Beweisführer keine konkreten Tatsachen behaupten kann, hilft es ihm nicht, daß im Falle der Nichtvorlegung seine Behauptungen über die Beschaffenheit und den Inhalt der Urkunde als bewiesen angenommen würden. Somit besteht zwar ein System der Sachaufklärung, dieses funktioniert aber in der Praxis nicht. Es kann dazu führen, daß die Partei, die den Prozeß gewinnen sollte, ihren Prozeß verliert, weil sie nicht in der Lage ist, sich ausreichende Informationen und Beweise zu beschaffen.

In der deutschen Praxis wird der Mangel der ZPO ausgeglichen. Rechtsprechung und Lehre haben zusätzlich Theorien wie die Beweisvereitelung und die sekundäre Behauptungslast entwickelt. Weiterhin kann die Bereitstellung im Prozeß benötigter Informationen anhand von Auskunftsansprüchen aus dem materiellen Recht verlangt werden. Selbst wenn keine konkrete Vorschrift besteht, werden mitunter auch Auskunftsansprüche auf der Grundlage von Treu und Glauben (§ 242 BGB) zugestanden.

Um das Informationsbeschaffungssystem gründlich zu ergänzen, wurden mehrfach auch Änderungen der ZPO vorgeschlagen. In der letzten Zeit wurde ein solcher Entwurf von Gottwald vorgelegt, auf dessen Grundlage das Bundesministerium der Justiz im Diskussionsentwurf von 1999, Referentenentwurf und Entwurf des ZPO-RG die Vorschläge für die Erweiterung der Vorlegungspflicht von Urkunden erarbeitete[3].

Unabhängig davon wird auch die Auffassung vertreten, daß im Wege der Auslegung der ZPO eine allgemeine prozessuale Aufklärungspflicht eingeräumt werden sollte. Diese von Stürner verfochtene[4] Auffassung gewinnt zunehmend an Unterstützung[5], obwohl sie vom Bundesgerichtshof abgelehnt worden ist[6].

C. Die Theorie von Stürner ist ähnlich mit dem Konzept der Informationsbeschaffung im US-amerikanischen Recht. In den USA dient die *discovery* als ein Instrument, mit dem die Parteien sich über einen weiten Bereich Informationen beschaffen können. Dabei kann die Bereitstellung der Informationen verlangt werden, ohne daß dazu eine gerichtliche Anordnung erforderlich ist.

Im *disclosure* sind die Parteien verpflichtet, sämtliche für den Prozeß relevanten Informationen von sich aus offenzulegen. Dabei handelt es sich um Kopien bzw. Auflistungen von Urkunden sowie um Namen der Personen, die möglicherweise Informationen in Bezug auf im *pleading* detailliert behaupteten Tatsachen besitzen, und um deren Inhalt (Rule 26 (a) F. R. C. P.). Diese Informationen beziehen auch für die eigene Sache nachteilige Informationen ein. Im Stadium der *discovery* kann eine Partei von ihrem Gegner gemäß Rule 34 F. R. C. P. (*production of documents*) die Vorlegung von Urkunden verlangen. Die Vorlegung von Urkunden ist eine allgemeine Pflicht, von der Ausnahme lediglich im Falle von *privilege*, *work product* und *protective order* anerkannt sind. Selbst wenn keine klare Bestimmung einer Urkunde möglich ist, kann deren Vorlegung verlangt werden, wenn bestimmbar ist, daß diese einer bestimmten Kategorie von Urkunden angehört. Von den Parteien und Zeugen können Aussagen zu den den Prozeß betreffenden Gegenständen verlangt werden (*deposition*, Rule 30 F. R. C. P.). Weiterhin kann eine Partei den Gegner durch schriftliche Anfrage zu prozeßrelevanten

---

3 Vgl. § 2 VI.

4 Stürner, Die Aufklärungspflicht der Parteien des Zivilprozesses, 1976.

5 Henckel, Buchbesprechung, ZZP 92 (1979), S. 100 ff.; A. Stadler, Der Schutz des Unternehmensgeheimnisses im deutschen und U.S.-amerikanischen Zivilprozeß und im Rechtshilfeverfahren, 1989; Schlosser, Die lange deutsche Reise in die prozessuale Moderne, JZ 1991, S. 599 ff.

6 BGH NJW 1990, 3151.

Gegenständen befragen (*interrogatory*, Rule 31 F. R. C. P.). Auch kann eine Partei gegenüber dem Gegner und Dritten die Vorlegung von Augenscheinsobjekten und die Duldung der Ortsbesichtigung verlangen (Rule 34 F. R. C. P.). Weiterhin kann das Gericht anordnen, daß sich die Gegenpartei körperlichen oder psychiatrischen Untersuchungen zu unterziehen hat (Rule 35 F. R. C. P.).

Gegen eine Partei, die gegen die Vorschriften der *Federal Rules of Civil Procedure* zur *discovery* verstößt, sind als gesetzliche Sanktionen (Rule 37 F. R. C. P.); die Zahlung von Prozeßkosten (einschließlich der Anwaltshonorare), das Verbot der Vorlegung nicht mit den Behauptungen des Gegners übereinstimmender Beweise, die Fiktion bestimmter Tatsachen als bewiesen und die Bestrafung wegen Mißachtung des Gerichts (*contempt of court*) vorgesehen.

Die bis zum Ausforschungsbeweis reichende *discovery* kann den Parteien prozeßentscheidende Informationen und Beweise an die Hand geben. Das deutsche und das US-amerikanische Zivilprozeßrecht unterscheidet sich aber in ihren Grundstrukturen zur Beschaffung von Informationen. Für eine Einführung der *discovery* wären grundlegende Änderungen dieser Struktur erforderlich. Weiterhin wäre auch die die *discovery* tragende Infrastruktur, insbesondere die Zahl der Anwälte und Größe der Anwaltskanzleien, zu ändern. Sicherlich ist das US-amerikanische System im Hinblick auf eine umfassend angelegte Beschaffung von Informationen und Beweisen hervorragend. Gleichzeitig gilt aber auch, daß es wegen seines sehr radikalen Charakters in manchen Fällen zum „Fischen nach Beweisen“ und zu einer unnötigen Beschaffung sowie daraus resultierenden Verletzungen der Rechte des Gegners und Dritter führt.

Entsprechend sollte von einer vollständigen Einführung der Informations- und Beweisbeschaffungssysteme des US-amerikanischen Rechts in das deutsche Recht abgesehen werden. Geprüft werden sollte, welche Teile der *discovery*-Systeme in welchem Umfange als Muster geeignet wären.

D. Aufgrund des Gesichtspunkts, daß das US-amerikanische System zu weit ist, wurde im japanischen Zivilprozeßrecht teilweise die *discovery* eingeführt.

Die jZPO von 1996 basiert auf der nach dem Muster der ZPO verabschiedeten anfänglichen japanischen Zivilprozeßordnung. Auch im Hinblick auf die Systeme der Informationsbeschaffung besitzen das deutsche Recht und das japanische Recht noch heute die gleiche Struktur. In den USA zeigen sich sowohl die Vorteile als auch die Nachteile eines extensiven Beschaffungssystems für Informationen und Beweise. Für die jZPO von 1996 gingen von der Situation in den USA sowohl positive als auch negative Anregungen aus. In der Folge wurde teilweise US-amerikanisches Recht übernommen und das System der Informationsbeschaffung damit abgerundet.

Besonderes Interesse richtet sich in diesem Rahmen auf die Ausgestaltung der Vorschriften zur Parteibefragung (Art. 163 jZPO) und zur allgemeinen Urkundenvorlagepflicht (Art. 220 jZPO).

Die Parteibefragung ist ein Aufklärungsmittel, das nach dem Modell des *interrogatory* gestaltet wurde. Der bedeutenste Unterschied zwischen beiden besteht in der Wirkung der Nichtbeantwortung. Auch wenn eine Partei Fragen nicht beantwortet, bezieht das Gericht lediglich die Tatsache der Nichtbeantwortung auf Antrag in den „gesamten Inhalt der Verhandlungen“ ein. Entsprechend wird bei der Entscheidung lediglich die Tatsache der Nichtbeantwortung negativ berücksichtigt. Weiterhin kann in der Parteibefragung der Gegner nur zur Auskunft über Tatsachen befragt werden. Meinungen kann die Partei vom Gegner nicht erfragen.

Nach der jZPO von 1996 sind die Partei und Dritte in der Regel zur Vorlegung sämtlicher Urkunden verpflichtet. In Fällen, in denen die Klarlegung der zur Bestimmung der Urkunde erforderlichen Gegenstände zum Zeitpunkt der Antragstellung auf Vorlegungsanordnung sehr schwierig ist, genügt die Angabe von Umständen, anhand derer der Urkundenbesitzer die verlangte Urkunde identifizieren kann. Als nächstes gilt, daß auch eine nur teilweise Vorlegung von Urkunden ausdrücklich anerkannt wird. Weiterhin kann eine Urkunde bei der Beurteilung, ob diese von der Vorlegungspflicht entbunden ist (Art. 220 Nr. 4 jZPO), nur vom Gericht eingesehen werden. Dies dient dem Schutz der in der Urkunde enthaltenen Geheimnisse.

In Japan muß allerdings auch nach geltendem Recht beim Gericht ein Antrag auf Vorlegung der Urkunde gestellt werden. Der Urkundenbesitzer braucht eine Urkunde nur dann vorzulegen, wenn dies vom Gericht angeordnet wird. Dabei ist der Urkundenbesitzer nur verpflichtet, dem Gericht die jeweils vom Antragsteller beantragte Urkunde vorzulegen. Weiterhin liegt die Beweislast dafür, daß eine Urkunde nicht von der allgemeinen Urkundenvorlagepflicht entbunden ist, beim Antragsteller. Auch werden die Anforderungen der Urkundenbestimmung nur dann erleichtert, wenn eine exakte Bestimmung sehr schwierig ist. Alle anderen Voraussetzungen für die Anordnung der Urkundenvorlegung bestehen unverändert weiter. Selbst wenn der Urkundenbesitzer der Anordnung der Vorlegung nicht nachkommt, erfolgt keine Bestrafung z.B. wegen Mißachtung des Gerichts.

Damit kann man einen direkten Vergleich zwischen dem deutschen und dem japanischen Recht anstellen und die Übernahme oder Nichtübernahme einzelner Institute prüfen. Das deutsche Recht besitzt wie das bisherige japanische Recht kein groß angelegtes Informationsbeschaffungssystem. Die in den USA aufgetretenen Nachteile eines ausgedehnten Informationsbeschaffungssystems ließen sich wohl vermeiden, wenn das deutsche Recht sich an den Begrenzungsmethoden des japanischen Rechts orientieren würde.

E. Im Vergleich zwischen Deutschland, den USA und Japan liegen sich Deutschland und die USA diametral gegenüber, während das japanische System in der Mitte zwischen beiden einzuordnen ist. In Deutschland ist man bemüht, das Informationsbeschaffungssystem durch Auslegung und Gesetzesänderungen zu erweitern. Demgegenüber wird in den USA versucht, mit der Einführung des *disclosure* den Mißbrauch der *discovery* abzustellen. Als Folge davon haben sich die Systeme der beiden Länder einander angenähert. Die Tendenz zum Kompromiß zwischen beiden Systemen deutet an, daß das ideale System in der Mitte zwischen beiden zu finden wäre.

In Deutschland sind Vorschläge zur Erweiterung des Informationsbeschaffungssystems durch Änderung der ZPO vorgelegt worden. Diese dürften im Vergleich zu den in den USA und Japan vorgenommenen (verabschiedeten) Gesetzesänderungen angemessen sein. Am Inhalt der in Deutschland vorgeschlagenen Änderungen hat sich in den letzten 30 Jahren im Prinzip nichts geändert. Die Vorschläge sind bis heute noch nicht in der Gesetzgebung berücksichtigt und werden weiterhin diskutiert. Inhaltlich sind sie prinzipiell zu unterstützen.

Im japanischen Recht wurden entsprechende Vorschläge diskutiert; ein Teil davon wurde in die jZPO von 1996 aufgenommen. Von den neuen Instituten, die vom japanischen Recht aufgegriffen wurden, dürfte vor allem die Ausgestaltung der allgemeinen Urkundenvorlegungspflicht für das deutsche Recht eine nützliche Orientierungshilfe sein. Diese Einrichtung kennt auch das US-amerikanische Recht. Ein besonderes Merkmal im japanischen Recht besteht allerdings darin, daß das Institut in einer mit dem bisherigen japanischen Recht und mit der Praxis harmonierenden Form eingeführt wurde. Damit beweist die jZPO von 1996, daß manche Institute des US-amerikanischen Rechts ohne Konflikte von einem Land mit kontinentalem Recht übernommen werden können. Bezüglich der allgemeinen Urkundenvorlagepflicht gilt, daß diese dem Gegner und Dritten nicht nur in Japan, sondern auch in anderen Ländern wie Frankreich und der Schweiz auferlegt ist. Um die Nachteile der begrenzten Urkundenvorlagepflicht des Prozeßrechts von der Wurzel her auszumerzen, wäre zu wünschen, daß eine allgemeine Urkundenvorlagepflicht durch Änderung der Zivilprozeßordnung vorgeschrieben wird.

Die ZPO sieht eine auf einen bestimmten Umfang begrenzte Urkundenvorlagepflicht vor. Dabei hat sich die gängige Praxis entwickelt, die limitierenden Rechtsvorschriften durch Rechtsprechung und Lehre sowie anhand von Auskunftsansprüchen aus dem materiellen Recht einzudämmen. Hier wäre es wünschenswert, wie im japanischen Recht unter Beibehaltung der §§ 422 und 423 des geltenden Rechts eine neue Bestimmung aufzunehmen, die eine allgemeine Urkundenvorlagepflicht vorsieht. Auf diese Weise wäre die Vorlegung von Urkunden dann in einem über die Spanne der Auskunftsansprüche aus dem materiellen Recht hinausgehenden Umfang ermöglicht.

Den Parteien kann die allgemeine Urkundenvorlagepflicht in der ZPO sowohl durch Aufnahme einer Vorschrift über eine allgemeine Urkundenvorlagepflicht als auch durch Aufnahme einer Bestimmung über eine allgemeine prozessuale Aufklärungspflicht, aus der sich die allgemeine Urkundenvorlagepflicht ableitet, auferlegt werden. Demgegenüber kann Dritten eine allgemeine Urkundenvorlegungspflicht nur durch eine diesbezügliche direkte Vorschrift aufgegeben werden. Da auch die Beschaffung von Informationen und Beweisen von Dritten wichtig ist, wäre die allgemeine Urkundenvorlagepflicht auch diesen vorzuschreiben. Weiterhin sollte auf die Notwendigkeit einer vollständigen Bezeichnung der Urkunde im Antrag auf Klageanordnung verzichtet werden.

Auch in Bezug auf den Augenschein sollten zumindest die Parteien zur Vorlegung von Augenscheinsobjekten verpflichtet werden. Dies wird von der Rechtsprechung zwar bereits zugestanden. Allenfalls in vereinzelten Entscheidungen wäre es aber wünschenswert, daß dies auch von der Gesetzgebung eindeutig bejaht würde.

Wenn das Informationsbeschaffungssystem in dieser Weise erweitert wird, stellt sich die Frage, wie die Geheimnisse zu schützen sind. Zum Zwecke des Geheimnisschutzes gesteht das japanische Recht zu, daß bei der Prüfung, ob eine Entbindung von der Pflicht zur Vorlegung erfolgen soll, die betreffende Urkunde nur vom Gericht eingesehen wird. Zweifellos ist die Gewährleistung des Rechts auf rechtliches Gehör (Art. 103 Abs. 1 GG) sehr wichtig, die Anerkennung eines solchen Verfahrens dürfte aber erforderlich sein, um auch die Interessen des Geheimnisschutz berücksichtigen zu können.

Über diese Änderungen hinaus wurde von Gottwald die Verabschiedung einer allgemeinen prozessualen Aufklärungspflicht vorgeschlagen[7]. Das ermöglicht ein einheitliches Verständnis der verschiedenen diskutierten Änderungen, diesem Vorschlag ist zuzustimmen.

Die prozessuale Aufklärungspflicht steht nicht im Widerspruch zur Verhandlungsmaxime; vielmehr bildet sie eine ihrer Voraussetzungen. Zunächst einmal gilt, daß die Verhandlungsmaxime erst dann funktioniert, wenn die Parteien (und vor allem der Kläger) den Sachverhalt bereits kennen und im Besitz von Beweismitteln sind. Weiterhin bleiben auch nach erfolgter Einführung einer prozessualen Aufklärungspflicht zumindest die Behauptungen und die Beweisführung Pflichten der Parteien. Das Prinzip, daß die Sachverhalte von den Parteien autonom und aktiv durch Angriff und Verteidigung aufgeklärt werden, bleibt unverändert intakt. Die Einführung der Aufklärungspflicht steht somit nicht im Gegensatz zur Verhandlungsmaxime. Zwecks Verhütung von Ausforschungsbeweisen sollten allerdings der Fallaufklärung dienende Institute wie die Anordnung der Urkundenvorlegung unter der Vorbedingung konkreter Tatsachenbehauptungen durchgeführt werden[8].

---

7 Gottwald, Gutachten, A 15 ff.
8 Gottwald, Gutachten, A 19 ff.

F. Als Schlußfolgerung ergibt sich, daß in Deutschland eine Erweiterung des Informationsbeschaffungssystems erforderlich ist. Falls nötig, sollte dazu auch eine Änderung der ZPO vorgenommen werden. Der von Gottwald auf dem 61. Juristentag unterbreitete Vorschlag und die Vorschläge in den Gesetzentwürfen dürften im Prinzip zu unterstützen sein und darüber hinaus sollte auch auf die jZPO von 1996 Bezug genommen werden.

Literaturverzeichnis

Advisory Committee's Explanatory Statement Concerning Amendments of the Discovery Rules, 48 F.R.D. 486 (1971)

Akiyama, Hisanobu: Gyosei Sosho ni okeru Bunsho Teishutsu Meirei, in: Suzuki, Chuichi / Mikaduki, Akira (Hrsg.), Shin Jitsumu Minji Sosho Koza; Bd. 9, Tokio 1983, 288

Akiyama, Mikio: Shoko Shushu Tetsuduki (2)—Tojisha Shokai, in: Tsukahara, Tomokatsu / Yanagida, Kozo / Sonoo, Takashi / Kato, Shintaro (Hrsg.), Shin Minji Sosho Ho no Riron to Jitsumu; Bd. 1, Tokio 1997, 421

American Bar Association: Report of Special Committee for Study of Discovery Abuse, Chicago 1977

— Second Report of Special Committee for Study of Discovery Abuse, Chicago 1980

Arens, Peter: Minji Sosho Ho no Taikei ni okeru Shomeibogai ni tsuite, Minshohozasshi Bd. 87 Heft 1 (1982), 1

— Zur Aufklärungspflicht der nicht beweisbelasteten Partei im Zivilprozeß, ZZP 96 (1983), 1

Bathe, Heinrich T.: Verhandlungsmaxime und Verfahrensbeschleunigung bei der Vorbereitung der mündlichen Verhandlung, Berlin 1977

Baumbach, Adolf / Lauterbach, Wolfgang / Albers, Jan / Hartmann, Peter: Zivilprozeßordnung mit Gerichtsverfassungsgesetz und anderen Nebengesetzen; 58. Aufl., München 2000 (zitiert: Baumbach / Lauterbach / Bearbeiter)

Baumgärtel, Gottfried: Die Beweislast im Zivilprozeß, in: Festschrift für Winfried Kralik, Mainz 1986, 63

— „Geheimverfahren" im Zivilprozess zur Wahrung von Geschäftsgeheimnissen nach Schweizer Vorbild, in: Festschrift für Walter J. Habscheid, Bielefeld 1989, 1

— Beweislastpraxis im Privatrecht, Köln 1996

Becker, William H.: Modern Discovery: Promoting Efficient Use and Preventing Abuse of Discovery in the Roscoe Pound Tradition, 78 F.R.D. 267 (1978)

Bell, Griffin B. / Varner, Chilton Davis / Gottschalk, Hugh Q.: Automatic Disclosure in Discovery—The Rush to Reform, 27 Ga. L. Rev. 1 (1992)

Berger, Warren E.: Agenda for 2000 A. D.—A Need for Systematic Anticipation, 70 F.R.D. 83 (1976)
Bettermann, Karl August: Anfechtung und Kassation, ZZP 88 (1975), 365
Blomeyer, Arwed: Die Umkehr der Beweislast, AcP 158 (1959), 97
Braun, Thomas: Die Rolle des Federal District Court Judge im Verhältnis zu den Parteien – dargestellt anhand exemplarisch ausgewahlter Befugnisse, Berlin 1986
Brazil, Wayne D.: The Adversary Character of Civil Discovery: A Critique and Proposals for Change, 31 Vand. L. Rev. 1295 (1978)
Brehm, Wolfgang: Die Bindung des Richters an den Parteivortrag und Grenzen freier Verhandlungswürdigung, Tübingen 1982
Bruns, Rudolf: Zivilprozeßrecht; 2. Aufl., München 1979
Bundesministerium der Justiz (Bundesjustizministerium) (Hrsg.): Bericht der Kommission zur Vorbereitung einer Reform der Zivilgerichtsbarkeit, 1961
— Bericht der Kommission für das Zivilprozeß, 1977
— Bericht zur Rechtsmittelreform in Zivilsachen, 1999
Campbell, Richard P.: The Protective Order in Products Liability Litigation: Safeguard or Misnomer?, 31 B. C. L. Rev. 771 (1990)
Comment, The Potential for Discovery of Opinion Work Product under Rule 26 (b) (3), 64 Iowa L. Rev. 103 (1978)
Daini Tokio Bengoshi Kai Minji Sosho Kaizen Kenkyu Iinkai (Hrsg.): Shin Miinji Sosho Jitsumu Manyuaru, Tokio 1997
Deguchi, Masahisa: Doitsu Sosho Ho ni okeru Himitsu Tetsuduki no Doko, in: Festschrift für Toichiro Kigawa; Bd. 3, Tokio 1994, 62
DRB begründet Bestrebungen zur Rechtsmittelreform in Zivilsachen, DRiZ 1999, 426
Erickson, William H.: The Pound Conference Recommendations: A Bluepoint for the Justice System in the Twenty-First Century, 76 F.R.D. 277 (1978)
Fukuhara, Tadao: Bengoshi Ho, Tokio 1986
Gerhardt, Peter: Beweisvereitelung im Zivilprozeßrecht, AcP 169 (1969), 289
— Anmeldung, ZZP 86 (1973), 60
— Das neue Kindesunterhaltsgesetz – verfahrensrechtliche Änderungen, FuR 1998, 145
Gehrlein, Markus: Warum kaum Parteibeweis im Zivilprozeß?, ZZP 110 (1997), 451
Glaser, William A.: Pretrial Discovery and the Adversary System, New York 1968

Gottwald, Peter: Zur Wahrung von Geschäftsgeheimnissen im Zivilprozeß, BB 1979, 1780
— Empfehlen sich im Interesse eines effektiven Rechtsschutzes Maßnahmen zur Vereinfachung, Vereinheitlichung und Beschränkung der Rechtsmittel und Rechtsbehelfe des Zivilverfahrensrechts?, in: Verhandlungen des 61. Deutschen Juristentags; Bd. I (Gutachten), München 1996, A 1 (zitiert: Gottwald, Gutachten)
— Die prozessuale Aufklärungspflicht im Rechtsvergleich, in: Buchegger, Walter (Hrsg.), Linzer Universitätsschriften, Beiträge zum Zivilprozeßrecht; Bd. V., Wien u.a. 1995, 21 (zitiert: Gottwald, Linzer Universitätsschriften, Beiträge zum Zivilprozeßrecht V.)
Greger, Reinhard: Vom „Kampf ums Recht" zum Zivilprozeß der Zukunft, JZ 1997, 1077
Habscheid, Walter J.: Der Justizkonflikt mit den vereinigten Staaten von Amerika, Bielefeld 1986
— Zur Frage des Schutzes von Geschäftsgeheimnissen im Zivilprozessrecht, in: Festschrift für Toichiro Kigawa; Bd. 3, Tokio 1994, 1
Hahn, Carl / Mugdan, Benno: Die gesamten Materialien zur Civilprozeßordnung, Berlin 1881
Hansen, Mark: Early Discovery Hits Snag, 80 A. B. A. J., May 1994, 35
Hara, Tsuyoshi: Bunsho Teishutsu Meirei (1) – Gakusha kara mita Bunsho Teishutsu Gimu, in: Miyake, Shozo / Shiozaki, Tsutomu / Kobayashi, Hideyuki (Hrsg.), Shin Minji Sosho Ho Taikei; Bd. 3, Tokio 1997, 110
Hasebe, Yukiko: Kari no Kyusai ni okeru Shinri no Kozo (3), Hogakukyokaizasshi Bd. 102 Heft 9 (1985), 1728
Hattori, Takaaki: Beikoku ni okeru Puritoraiaru oyobi Kaiji no Seido, Tokio 1955
Hay, Peter: Informationsbeschaffung über schriftliche Unterlagen und Augenscheinsobjekte im Zivilprozeß unter besonderer Berücksichtigung des anglo-amerikanischen Rechts, in: Schlosser, Peter (Hrsg.), Die Informationsbeschaffung für den Zivilprozeß – Die verfahrensmäßige Behandlung von Nachlässen, ausländisches Recht und Internationales Zivilprozeßrecht, Bielefeld 1996, 1
Hazard, Geoffrey C., Jr.: Discovery Vices and Trans-Substantive Virtues in the Federal Rules of Civil Procedure, 137 Univ. Penn. L. Rev. 2237 (1989)
Henckel, Wolfram: Buchbesprechung von: Rolf Stürner, „Die Aufklärungspflicht der Parteien des Zivilprozesses", ZZP 92 (1979), 100

Hirayama, Masatake: Bunsho Teishutsu Meirei (3) — Kobunsho no Teishutsu Gimu, in: Miyake, Shozo / Shiozaki, Tsutomu / Kobayashi, Hideyuki (Hrsg.), Shin Minji Sosho Ho Taikei; Bd. 3, Tokio 1997, 156

Homusho Minjikyoku Sanjikanshitsu (Hrsg.): Minji Sosho Tetsuduki ni kansuru Kento Jiko, Bessatsu NBL Nr. 23 (1991)

— Minji Sosho Tetsuduki ni kansuru Kento Jiko Hosoku Setsumei, Bessatsu NBL Nr. 23 (1991) (zitiert: Kento Jiko Hosoku Setsumei)

— Minji Sosho Tetsuduki ni kansuru Kaisei Yoko Shian, Bessatsu NBL Nr. 27 (1994)

— Minji Sosho Tetsuduki ni kansuru Kaisei Yoko Shian Hosoku Setsumei, Bessatsu NBL Nr. 27 (1994) (zitiert: Yoko Shian Hosoku Setsumei)

— Ichimon Itto Shin Minji Sosho Ho, Tokio 1996 (zitiert: Ichimon-Itto)

Honma, Yasunori: Die Reform des Zivilprozeßrechts in Japan, ZZPInt 1 (1996), 327

Honma, Yoshinobu: Bunsho Teishutsu Meirei, in: Festschrift für Daijiro Kikkawa; Bd. 2, Kyoto 1981, 191

— Shomei Bogai, in: Koyama, Noboru / Nakano, Teiichiro / Matsuura, Kaoru / Takeshita, Morio (Hrsg.), Enshu Minji Sosho Ho; Shinpan, Tokio 1987, 504

Hosokai (Hrsg.): Amerika ni okeru Minji Sosho no Unei, Tokio 1994

Iihata Masao: Shokai Seido no Jisshoteki Kenkyu, Tokio 1984

Inoue, Harunori: Tojisha Shokai Seido no Honshitsu to sono Katsuyo, in: Takeshita, Morio (Hrsg.), Koza Shin Minji Sosho Ho; Bd. 1, Tokio 1998, 267

Inoue, Harunori / Ito, Makoto / Sagami, Yoshikazu: Korekara no Minji Sosho Ho, Tokio 1984

Ito, Makoto: Minji Sosho Ho, Tokio 1998

— Bunsho Teishutsu Gimu to Jiko Shiyo Bunsho no Igi, Hogakukyokaizasshi Bd. 114 Heft 12 (1998), 1444

Ito, Makoto et al.: Kenkyukai: Amerika ni okeru Minji Shiho no Doko — Nihon no Minji Sosho Ho Kaisei Sagyo to no Kanren ni oite, Jurisuto Nr. 1005 (1992), 70

Iwamatsu, Saburo / Kaneko, Hajime: Horitsu Jitsumu Koza Minji Sosho Ho Hen; Bd. 4, Tokio 1961

Jaeger, Wolfgang: Empfehlen sich im Interesse eines effektiven Rechtsschutzes Maßnahmen zur Vereinfachung Vereinheitlichung und Beschränkung der Rechtsmittel und Rechtsbehelfe des Zivilverfahrensrecht?, in: Verhandlungen des 61. Deutschen Juristentags; Bd. II/1 (Referat) Teil 1, München 1996, I 39

James, Fleming: Civil Procedure, Boston 1965

James, Fleming / Hazard, Geoffrey C., Jr. / Leubsdorf, John: Civil Procedure; 4. Aufl., Boston 1992

Jauernig, Othmar: Zivilprozeßrecht; 25. Aufl., München 1998

Judicial Conference of the United States: The Civil Justice Reform Act of 1990 Final Report, Alternative Proposals for Reduction of Cost and Delay Assessment of Principles, Guidelines & Techiniques, 175 F.R.D. 62 (1997)

Junker, Abbo: Die Discovery—Reform des Jahres 1993: Zeitenwende oder Gesetzkosmetik?, ZZPInt 1 (1996), 235

— Die Informationsbeschaffung für den Zivilprozeß: Informationsbeschaffung durch Beweispersonen, in: Schlosser, Peter (Hrsg.): Die Informationsbeschaffung für den Zivilprozeß—Die verfahrensmäßige Behandlung von Nachlässen, ausländisches Recht und internationales Zivilprozeßrecht, Bielefeld 1996, 63

Kakalik, James S. et al.: An Evaluation of Judicial Case Management under the Civil Justice Reform Act XVII, California 1996

— Implementation of the Civil Justice Reform Act in Pilot and Comparative Districts, California 1996

Kaminsky, Martin I.: Proposed Federal Discovery Rules for Complex Civil Litigation, 48 Fordham L. Rev. 907 (1980)

Kaneko, Hajime / Matsuura, Kaoru / Shindo, Koji / Takeshita, Morio: Jokai Minji Sosho Ho, Tokio 1986

Kasuga, Ichiro: Minji Shoko Ho Kenkyu—Shoko no Shushu, Teishutsu to Shomei Sekinin, Tokio 1991

— Minji Shoko Ho Ronshu—Joho Kaiji, Shoko Shushu to Jian no Kaimei, Tokio 1995

Kato, Shintaro: Tetsuduki Sairyo Ron, Tokio 1996

Kaufman, Irving, R.: Judicial Reform in the Next Century, 29 Stan. L. Rev. 1 (1976)

Kawano, Masanori: Wahrheits- und Prozeßförderungspflicht als Verhaltenspflicht der Parteien gegeneinander, in: Festschrift für Wolfram Henckel, Berlin 1995, 411

— Tojisha Shokai (1)—Sono Mokuteki, in: Miyake, Shozo / Shiozaki, Tsutomu / Kobayashi, Hideyuki (Hrsg.), Shin Minji Sosho Ho Taikei; Bd. 2, Tokio 1997, 144

Kigawa, Toichiro: Minji Sosho Ho Kaisei Mondai, Tokio 1992

— 20 Seiki Sue ni nokosareta Minji Sosho Seisaku no Kadai, Minjisoshozasshi Heft 45 (1999), 22

Kigawa, Toichiro / Ikuta, Miyako: Kisomaewakai to Kantei, Hanreitaimuzu Nr. 874 (1995), 32

Kikui, Tsunanori / Muramatsu, Toshio: Zentei Minji Sosho Ho, Hoteiban; Bd. 1, Tokio 1993

— Zentei Minji Sosho Ho; Bd. 2, Tokio 1989

Kobayashi, Hideyuki: Shogen Kyozetsuken, Hitoku Tokken, Minshohozasshi Bd. 90 Heft 4 (1984), 536

— Minji Saiban no Shinri, Tokio 1987

— Shoko Ho; 2. Aufl., Tokio 1995

— Shin Shoko Ho, Tokio 1998

Kobayashi, Hideyuki / Yoshida, Motoko: Shin Minji Sosho Ho no Gaiyo, in: Kobayashi, Hideyuki (Hrsg.), Shin Minji Sosho Ho no Kaisetsu, Tokio 1997, 8

Kojima, Takeshi: Shoko Hozen no Saikosei, Jiyu to Seigi Bd. 29 Heft 4 (1978), 28

Koller, Ingo: Zur Aufklärung über die Schadensentstehung im Straßentransportrecht—Zugleich ein Beitrag zur Beweislast im Rahmen des Art. 29 CMR, VersR 1990, 553

Koyama, Minoru et al.: Zadankai: Minji Bengo Jitsumu ha kawaruka—Minji Sosho Kaizen Undo to Shin Minji Sosho Ho, Hanreitaimuzu Nr. 932 (1997), 4

Koyama, Noboru / Nakano, Teiichiro / Matsuura, Kaoru / Takeshita, Morio (Hrsg.): Shinpan Enshu Minji Sosho Ho, Tokio 1987

Lachmann, Jens-Peter: Unternehmungsgeheimnisse im Zivilrechtsstreit, dargestellt am Beispiel des ECV-Prozesses, NJW 1987, 2206

Lang, Johannes: Die Aufklärungspflicht der Parteien des Zivilprozesses vor dem Hintergrund der europäischen Rechtsvereinheitlichung, Berlin 1999

Langbein, John H.: The German Advantage in Civil Procedure, 52 U. Chi. L. Rev. 823 (1985)

Lent, Friedrich: Zur Unterscheidung von Lasten und Pflichten der Parteien im Zivilprozeß, ZZP 67 (1954), 344

Lorenz, Stephan: Auskunftsansprüche im Bürgerlichen Recht, JuS 1995, 569
— Die Neuregelung der pre-trial-Discovery im US-amerikanischen Zivilprozeßrecht—Inspiration für den deutschen und europäischen Zivilprozeß?, ZZP 111 (1998), 35
Lüderitz, Alexander: Ausforschungsverbot und Auskunftsanspruch bei der Verfolgung privater Rechte, Tübingen 1966
Lüke, Gerhard: Der Informationsanspruch im Zivilprozeß, JuS 1986, 2
Maassen, Bernhard M.: Beweismaßprobleme im Schadensersatzprozeß—eine rechtsvergleichende Untersuchung zum Problem des Beweismasses im deutschen und anglo-amerikanischen Prozeßrecht unter besonderer Berücksichtigung des Schadensersatzprozesses, Köln u.a. 1975
Mengler, Thomas: Eliminating Abusive Discovery through Disclosure: Is It Again Time for Reform?, 138 F.R.D. 155 (1992)
Masuda, Katsuhisa / Tahara, Mutsuo: Shoko Shushu Hoho no Kakuju, Hanreitaimuzu Nr. 851 (1994), 14
Matsumoto, Hiroyuki: Zur Struktur des japanischen Zivilprozesses nach der Zivilprozeßordnung von 1996, ZZPInt 2 (1997), 335
Matsumoto, Hiroyuki / Ueno, Yasuo: Minji Sosho Ho, Tokio 1998
Matthias, Karl-Heinz: Anmerkung, JZ 1986, 959
Michigan Lawyers Weekly, August 2, 1993
Mikaduki, Akira: Minji Sosho Ho; 3. Aufl., Tokio 1992
Miki, Koichi: Bunsho Teishutsu Meirei (4)—Bunsho Tokutei Sekinin, in: Miyake, Shozo / Shiozaki, Tsutomu / Kobayashi, Hideyuki (Hrsg.), Shin Minji Sosho Ho Taikei; Bd. 3, Tokio 1997, 178
— Bunsho Teishutsu Meirei no Moshitate oyobi Shinri Tetsuduki, in: Matsumoto, Hiroyuki / Miyazaki, Kimio (Hrsg.), Koza Shin Minji Sosho Ho; Bd. 2, Tokio 1999, 59
Mitchell, Caroline T.: The Work Product Doctrine in Subsequent Litigation, 83 Colum. L. Rev. 412 (1983)
Morhard, Peter: Die Informationspflicht der Parteien bei der Erklärung mit Nichtwissen, Köln u.a. 1993
Morison Foster Horitsu Jimusho: Amerika no Minji Sosho, Tokio 1995
Moriwaki, Sumio: Tojisha Shokai (2)—Shokai suru gawa no Dairinin to shite, in: Miyake, Shozo / Shiozaki, Tsutomu / Kobayashi, Hideyuki (Hrsg.), Shin Minji Sosho Ho Taikei; Bd. 2, Tokio 1997, 165
Münchener Kommentar zur Zivilprozeßordnung, München 1992 ff. (zitiert: MünchKomm-ZPO / Bearbeiter)

Murray, Peter L.: Civil Justice Reform in America: The 1990 Civil Justice Reform Act and Its Consequences, ZZPInt 3 (1998), 319
Musielak, Hans-Joachim: Die Grundlagen der Beweislast im Zivilprozeß, Berlin 1975
— Grundkurs ZPO; 4. Aufl., München 1998
Musielak, Hans-Joachim (Begründer), Kommentar zur Zivilprozeßordnung mit Gerichtsverfassungsgesetz, München 1999 (zitiert: Musielak / Bearbeiter)
Musielak, Hans-Joachim / Stadler, Max: Grundfragen des Beweisrechts, München 1984
Nakamura, Hideo: Die Rezeption des deutschen Rechts in Japan, insbesondere auf dem Gebiete des Zivilprozeßrechts, ZZP 84 (1971), 74
— Japan und das deutsche Zivilprozeßrecht, in: Habscheid, Walter J. (Hrsg.), Das deutsche Zivilprozeßrecht und seine Ausstrahlung auf andere Rehtsordnungen, 1991, 420
Nakano, Teiichiro: Minji Tetsuduki no Genzai Mondai, Tokio 1989
— Shin Minji Sosho Ho no Seiritsu ni yosete, NBL Nr. 609 (1997), 8
— Kaisetsu Shin Minji Sosho Ho, Tokio 1997
Nakano, Teiichiro / Matsuura, Kaoru / Suzuki, Masahiro (Hrsg.): Shin Minji Sosho Ho Kogi, Tokio 1998
Nihon Bengoshi Rengokai Chosashitsu (Hrsg.): Jokai Bengoshi Ho, Tokio 1993
Nihon Bengoshi Rengokai Minji Sosho Ho Kaisei Mondai Iinkai (Hrsg.): Shin Minji Sosho Ho Kaisei no Pointo, Bessatsu NBL Nr. 42 (1997)
Nishiguchi, Hajime: Bunsho Teishutsu Meirei Saiko, Wasedahogaku Bd. 61 Heft 3 und 4 (1986), 287
— Shoko Shushu Tetsuduki (1)—Bunsho Teishutsu Meirei, in: Tsukahara, Tomokatsu / Yanagida, Kozo / Sonoo, Takashi / Kato, Shintaro (Hrsg.): Shin Minji Sosho Ho no Riron to Jitsumu; Bd. 1, Tokio 1997, 393
Nomura, Hidetoshi: Bunsho Teishutsu Meirei, in: Suzuki, Chuichi / Mikaduki, Akira (Hrsg.), Shin Jitsumu Minji Sosho Koza; Bd. 2, Tokio 1981, 173
Note, Development in the Law—Discovery, 74 Harv. L. Rev. 940 (1960)
Note, Protection of Opinion Work Product under the Federal Rules of Civil Procedure, 64 Va. L. Rev. 333 (1978)
Oda, Takayoshi: Tojisha Shokai Seido, in: Kobayashi, Hideyuki (Hrsg.): Shin Minji Sosho Ho no Kaisetsu, Tokio 1997, 234

Oku, Hiroshi: Bunsho Teishutsu Meirei (5) — In Kamera Tetsuduki, in: Miyake, Shozo / Shiozaki, Tsutomu / Kobayashi, Hideyuki (Hrsg.), Shin Minji Sosho Ho Taikei; Bd. 3, Tokio 1997, 207

Omura, Masahiko: Shin Minji Sosho Ho to Amerika Ho—Soten Seiri, Shoko Shushu no Hikaku wo Chushin to shite, Jiyu to Seigi Bd. 48 Heft 12 (1997), 89

— Bunsho Teishutsu Meirei (6) — Hatsurei Tetsuduki to Seisai, in: Miyake, Shozo / Shiozaki, Tsutomu / Kobayashi, Hideyuki (Hrsg.), Shin Minji Sosho Ho Taikei; Bd. 3, Tokio 1997, 224

Osaka Bengoshikai: Ikensho—Shin Minji Sosho Ho no Moto deno Shinri no Arikata, Hanreitaimuzu Nr. 938 (1997), 52

Otake, Takashi: Teiso Mae no Shoko Hozen Jissho no Shomondai, Hanreitaimuzu Nr. 361 (1978), 74

Paulus, Christoph: Deutsches Recht und das Haager Beweisübereinkommen, ZZP 104 (1991), 397

Peters, Egbert: Beweislastverteilung und Mitwirkungspflicht des Beweisgegners, ZZP 82 (1969), 200

— Auf dem Wege zu einer allgemeinen Prozeßförderungspflicht der Parteien?, in: Festschrift für Karl Heinz Schwab, München 1990, 399

Pike, James A. / Willis, John W.: The New Federal Deposition-Discovery Procedure I, 38 Colom. L. Rev. 1179 (1938)

Pollack, Milton: Discovery—It's Abuse and Collection, 80 F.R.D. 219 (1978)

Prütting, Hanns: Gegenwartsprobleme der Beweislast, München 1983

— Beweisprobleme im Arzthaftungsprozeß, in: Festschrift für 150 Jahre Landgerichts Saarbrücken, Köln 1985, 265

— Geheimnisschutz im Zivilprozeß, in: Festschrift für Toichiro Kigawa; Bd. 3, Tokio 1994, 88

Prütting, Hanns / Weth, Stephan: Geheimnisschutz im Prozeßrecht, NJW 1993, 576

Reimann, Mathias: Beyond Fishing—Weitreichende Neuerungen im amerikanischen Discovery-Verfahren, IPRax 1994, 152

Reitz, John C.: Grundlegende Unterschiede zwischen dem deutschen und dem U.S.-amerikanischen Zivilprozeßrecht: Vorzüge, die sich ausschließen?, ZZP 104 (1991), 26

Rosenberg, Maurice / King Warren R.: Curbing Discovery Abuse in Civil Litigation: Enough is Enough, 1981 B. Y. U. L. Rev. 579 (1981)

Rosenberg, Reo: Die Beweislast; 5. Aufl., München 1965

Rosenberg, Reo / Gaul, Hans Friedhelm / Schilken, Eberhard: Zwangsvollstreckungsrecht; 11. Aufl., München 1997
Rosenberg, Reo / Schwab, Karl Heinz / Gottwald, Peter: Zivilprozeßrecht; 15. Aufl., München 1993 (zitiert: Rosenberg / Schwab / Gottwald)
Roth, Herbert: Die Vorschläge der Kommission für ein europäisches Zivilprozeßgesetzbuch—das Erkenntnisverfahren, ZZP 109 (1996), 271
Saito, Hideo / Komuro, Naoto / Nishimura, Koichi / Hayashiya, Reiji: Chukai Minji Sosho Ho; 2. Aufl., Bd. 8, Tokio 1993
Sato, Shoichi: Bunsho Teishutsu Meirei, in: Shindo, Koji (Hrsg.), Koza Minji Sosho; Bd. 5, Tokio 1983, 271
Schaaff, Petra: Discovery und andere Mittel der Sachverhaltsaufklärung im englischen Pre-Trial-Verfahren im Vergleich zum deutschen Zivilprozeß, Berlin 1983
Schack, Haimo: Einführung in das US-amerikanische Zivilprozeßrecht; 2. Aufl., München 1995
Schellhammer, Kurt: Zivilprozeß: Gesetz—Praxis—Fälle; 8. Aufl., Heidelberg 1999
Schilken, Eberhard: Ansprüche auf Auskunft und Vorlegung von Sachen im materiellen Recht und im Verfahrensrecht, Jura 1988, 525
Schlosser, Peter: Der Justizkonflikt zwischen U.S.A. und Europa, Berlin 1985
— Die lange deutsche Reise in die prozessuale Moderne, JZ 1991, 599
Schneider, Egon: Die Beweisvereitelung, MDR 1969, 4
— Buchbesprechung von: Rolf Stürner „Die Aufklärungspflicht der Parteien des Zivilprozesses", NJW 1977, 428
— Der Zivilrechtsfall in Prüfung und Praxis; 7. Aufl., München 1988
Schroeder, Mary M. / Frank, John P.: The Proposed Changes in the Discovery Rules, 1978 Ariz. St. L. J. 475 (1978)
Schwarzer, William W.: The Federal Rules, the Adversary Process, and Discovery Reform, 50 Univ. Pitt. L. Rev. 703 (1989)
— Staying the Monsters of Cost and Delay: Would Disclosure Be more Effective than Discovery?, 74 Judicature 174 (1991)
Senninger, Erhard: Empfehlen sich im Interesse eines effektiven Rechtsschutzes Maßnahmen zur Vereinfachung, Vereinheitlichung und Beschränkung der Rechtsmittel und Rechtsbehelfe des Zivilverfahrensrecht?, in: Verhandlungen des 61. Deutschen Juristentags; Bd. II/1 (Referat) Teil 1, München 1996, I 11
Shiho Kenshujo: Kaitei Minjibengo ni okeru Rissho Katsudo, Tokio 1984
Shimizu, Masanori: Tojisha Shokai Seido, Jurisuto Nr. 1098 (1996), 49

Shindo, Koji: Sosho Teiki Mae ni okeru Karuteto no Etsuran Tosha ni tsuite, Hanreitaimuzu Nr. 382 (1979), 10

Sonoo, Takashi: Tojisha Shokai (4)—Tojisha Shokai ni Futekisetsu na Taio wo shita Baai, in: Miyake, Shozo / Shiozaki, Tsutomu / Kobayashi, Hideyuki (Hrsg.), Shin Minji Sosho Ho Taikei; Bd. 2, Tokio 1997, 200

Stadler, Astrid: Der Schutz von Unternehmensgeheimnissen im Zivilprozeß, NJW 1989, 1202

— Der Schutz des Unternehmensgeheimnisses im deutschen und U.S.-amerikanischen Zivilprozeß und im Rechtshilfeverfahren, Tübingen 1989

Stein, Friedrich / Jonas, Martin (Begründer): Kommentar zur Zivilprozeßordnung; 21. Aufl., Tübingen 1993 ff. (zitiert: Stein / Jonas / Bearbeiter)

Stiensta, Donna, et al.: Report to the Judicial Conference Committee on Court Administration and Case Management, A Study of the Five Demonstration Programs Established under the Civil Justice Reform Act of 1990, 1997

Storme, Marcel (Hrsg.): Approximation of Judiciary Law in the European Union, Dordrecht u.a. 1994

Stürner, Rolf: Die Aufklärungspflicht der Parteien des Zivilprozesses, Tübingen 1976

— Verfahrensgrundsätze des Zivilprozesses und Verfassung, in: Festschrift für Fritz Baur, Tübingen 1981, 647

— Die Geheimsphäre im Zivilprozeß, JZ 1985, 453

Stürner, Rolf / Brand, Astrid: Die amerikanische Beweisaufnahme in Deutschland, Jura 1983, 422

Sumiyoshi, Hiroshi: Hanreikenkyu Bunsho Teishutsu Gimu, Minshohozasshi Bd. 74 Heft 5 (1976), 803

Supreme Court of the United States: Federal Rules of Civil Procedure—Amendments to Federal Rules of Civil Procedure, Effective December 1993, 146 F.R.D. 401 (1993)

Tahara, Mutsuo: Bunsho Teishutsu Gimu no Hani to Futeishutsu no Koka, Jurisuto Nr. 1098 (1996), 63

Takahashi, Hiroshi: Juten Kogi Minji Sosho Ho, Tokio 1997

— Shin Minji Sosho Ho Ronko, Tokio 1998

Takami, Susumu: Shoko Hozen no Kino, in: Shindo, Koji (Hrsg.): Koza Minji Sosho; Bd. 5, Tokio 1983, 321

Takeda, Shinichiro: Tojisha Shokai (3)—Shokai wo uketa Gawa no Dairinin to shite, in: Miyake, Shozo / Shiozaki, Tsutomu / Kobayashi, Hideyuki (Hrsg.), Shin Minji Sosho Ho Taikei; Bd. 2, Tokio 1997, 183

Takeshita, Morio: Mosakuteki Shomei to Bunsho Teishutsu Meirei Ihan no Koka, in: Festschrift für Daijiro Kikkawa, Kyoto 1981, 172

— Ikata-Genpatsu-Sosho to Jian Kaimei Gimu, in: Festschrift für Toichiro Kigawa; Bd. 2, Tokio 1994, 1

— Shin Minji Sosho Ho to Shoko Shushu Seido, Hogakukyoshitsu Nr. 196 (1997), 15

Takeshita, Morio / Nomura, Hidetoshi: Minji Sosho ni okeru Bunsho Teishutsu Meirei (1) (2), Hanrei Hyoshaku Nr. 204 (1976), 116, Nr. 206 (1976), 114

Takeshita, Morio / Aoyama, Yoshimitsu / Ito, Makoto (Hrsg.): Kenkyukai Shin Minji Sosho Ho: Rippo, Kaishaku, Unyo, Tokio 1999

Tanabe, Makoto: Sosho Tetsuduki ni okeru Eigyohimitsu no Hogo (1) (2), Hanreitaimuzu Nr. 775 (1992), 25, Nr. 777 (1992), 31

— Shoko Shushu Tetsuduki ni tsuite, Minshohozasshi Bd. 110 Heft 4-5 (1994), 718

Tanaka, Kazuo: Sosho Shiryo no Aitekata yori no Shutoku (1) (2), Hogakukyokaizasshi Bd. 58 Heft 3 (1940), 1, Heft 4 (1940), 16

— Beikoku Minji Sosho Ho ni okeru Kaiji no Seido, Hosojiho Bd. 4 Heft 11 (1952), 1

Taniguchi, Yasuhei / Inoue, Harunori (Hrsg.): Shin Hanrei Kommentar Minji Sosho Ho; Bd. 5, Tokio 1994

Taupitz, Jochen: Prozessuale Folgen der » vorzeitigen « Vernichtung von Krankenunterlagen, ZZP 100 (1987), 287

Thomas, Heinz / Putzo, Hans / Reichold, Klaus / Hüßtege, Rainer: Zivilprozeßordnung mit Gerichtsverfassungsgesetz und den Einführungsgesetzen, dem Brüsseler EWG Übereinkommen und den Luganer Übereinkommen über die gerichtliche Zuständigkeit und die Vollstreckung gerichtlicher Entscheidungen in Zivil- und Handelssachen sowie dem Anerkennungs- und Vollstreckungsausführungsgesetz; 22. Aufl., München 1999 (zitiert: Thomas / Putzo)

Teply, Larry H. / Written, Ralph U.: Civil Procedure: Case Supplement, Colorado 1991

Thornberg, Elizabeth: Rethinking Work Product, 77 Virginia L. Rev. 1515 (1991)

Tobias, Carl: The Judicial Conference Report and the Conclusion of Federal Rules of Civil Justice Reform, 175 F.R.D. 351 (1998)

Ueda, Tetsuichiro: Minji Sosho Ho; 2. Aufl., Tokio 1997

Vincent, Jean / Guinchard, Serge: Procédure Civile; 24. Aufl., Paris 1996

von Hippel, Friz: Wahrheitspflicht und Aufklärungspflicht der Parteien im Zivilprozeß, Frankfurt am Main 1939

Vogel, Oscar: Grundriß des Zivilprozeßrechts; 2. Aufl., Bern 1988

Walter, Gerhald: Freie Beweiswürdigung—eine Untersuchung zu Bedeutung, Bedingungen und Grenzen der freien richterlichen Überzeugung, Tübingen 1979

Weber, Albrecht: Das Gesetz zur Vereinheitlichung des Unterhaltsrechts minderjähriger Kinder, NJW 1998, 1992

Will, Hubert L. / Merhige, Robert R., Jr. / Robin, Alvin B.: The Role of the Judge in the Settlement Process, 75 F.R.D. 203 (1978), 16

Winkler, v. Mohrenfels: Abgeleitete Informationspflichten im deutschen Zivilrecht, 1986

Wright, Charles A.: Federal Rules of Civil Procedure; 2. Aufl., Bd. 8, Minnesota 1990

— The Law of Federal Courts; 5. Aufl., Minnesota 1994

Yamamoto, Kazuhiko: Tojisha Shokai ni kansuru Shomondai, Hanreitaimuzu Nr. 965 (1998), 16

Yanagida, Kozo / Shiseki, Masamitsu / Ogawa, Hideki / Hagimoto, Osamu / Hanamura, Ryoichi: Kaisei Yoko Shian ni taisuru Kakkai Iken no Gaiyo, NBL Nr. 564 (1995), 43

Yanagida, Kozo / Shiseki, Masamitsu / Ogawa, Hideki: „Minji Sosho Tetuduki ni kansuru Kento Jiko" ni taisuru Kakkai Iken no Gaiyo, Bessatsu NBL Nr. 27 (1994) (zitiert: Kento Jiko ni taisuru Ikensho)

Yoshimura, Norishige / Kojima, Takeshi (Hrsg.): Chushaku Minji Sosho Ho; Bd. 7, Tokio 1995 (zitiert: Yoshimura / Kojima / Bearbeiter)

Zadankai, Minji Sosho Ho Kaisei no Chukan Tenbo, Jurisuto Nr. 1028 (1993), 8

Zadankai, Shin Minji Sosho Ho Ka no Shinri wo Saguru (2), Hanreitaimuzu Nr. 931 (1998), 4

Zöller, Richard (Begründer): Zivilprozeßordnung mit Gerichtsverfassungsgesetz und den Einführungsgesetzen, mit Internationalem Zivilprozeßrecht, Kostenanmerkungen; 21. Aufl., Köln 1999 (zitiert: Zöller / Bearbeiter)